동아시아 서원 문화의
현재적 계승과 활용

이 저서는 2022년 대한민국 교육부와 한국연구재단의
지원을 받아 수행된 연구임(NRF-2022S1A5C2A02093518)

동아시아 서원 문화의 현재적 계승과 활용

영남대학교 민족문화연구소 편

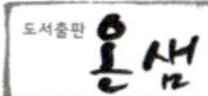

책을 펴내며

영남대학교 민족문화연구소는 2019년 〈동아시아 서원문화와 글로컬리즘〉이란 주제로 한국연구재단의 인문사회연구소 지원 사업에 선정되었다. 이 연구의 목적은 동아시아 서원이 가지는 보편성과 특수성을 통해 현대적 활용과 계승을 모색하는 데 있다. 지난 6년간의 연구는 크게 2단계로 구성되었다. 1단계 연구에서는 〈동아시아 서원문화의 보편성과 특수성〉이라는 주제 하에 동아시아 서원의 지역성을 연구하였고, 2단계에서는 '동아시아 서원문화의 변용과 현재적 계승'이라는 주제로 동아시아 서원의 문화 정체성을 규명하였다.

그 결과 『동아시아 서원의 기원과 제의례의 완성』(2021), 『동아시아 서원 아카이브와 지식 네트워크』(2022), 『동아시아 서원의 일반성과 다양성』(2023), 『한국 서원의 로컬리즘』(2023), 『근대 이후 동아시아 서원의 변용과 전개』(2024), 『중세 서원과 대학, 그리고 전환기 중국 서원의 변모』(2025), 번역서 『동아시아 서원의 다원성과 역동성(Confucian Academies in East Asia)』(2025) 등 7종의 민족문화연구총서, 『역주 옥원사실』(2021), 『영남서원자료선집』 I (2024), 『1877~1878년 영남 유림의 서원 복설 운동 - 역주 『청사원복설소소청록』 - 』(2025) 등 3종의 민족문화자료총서를 연구 결과물로 간행하였다. 특히 『동아시아 서원의 기원과 제의례의 완성』은 2022년 대한민국학술원 우수학술도서로 선정되면서, 연구 성과의 학술적 가치를 학계로부터 공인 받았다.

이번에 간행하는 민족문화연구총서 제53집 『동아시아 서원 문화의 현재적 계승과 활용』은 본 연구 사업 마지막 연차의 결과물이다. 지난 2019년 '한국의 서원'이 유네스코 세계유산으로 등재되었다. 이를 계기로 문화·교육 당국과 기관, 개별 연구자에 의해 서원 활용에 대한 다각적 연구가 활기를 띠게 된다. 본 연구소도 이러한 변화에 대응하고, 동아시아 서원의 가치를 미래 자산으로 활용하고자 서원의 현재적 계승과 활용 방안을 주목하였다.

『동아시아 서원 문화의 현재적 계승과 활용』은 크게 2부로 구성하였다. 제1부는 '한국 서원의 현재적 활용 방안'이다. 여기서는 서원의 무형유산인 제향 의례의 계승과 활용, 서원의 현대적 교육 활용 방안, 문화자산으로서 서원의 가치와 활용을 위한 몇 가지 과제, 인문 공간으로서의 가치, 그리고 대구·경산 지역 서원의 구체적인 활용 방안이 검토되었다. 제2부는 '해외 전통 교육 기관의 현재적 계승'인데, 중국 서원의 현대적 계승 양상, 베트남 문묘의 현대적 활용, 그리고 2차 대전 이후 사회적 변화에 대응한 영국 대학의 변모를 다루었다.

이 책이 출판되기까지 여러 연구자의 도움이 있었다. 본 연구 사업의 공동연구원인 정순우·이수환·정병석·이우진·류준형·황혜진·이병훈·배다빈 선생님은 연구 방향과 세부 주제 선정에 큰 도움을 주었다. 김순한·이광우·채광수·박소희 네 분의 연구교수는 주제 연구뿐만 아니라, 관련 자료 수집과 중간 점검을 위한 학술대회 개최에 이르기까지 여러 업무를 전담하였으며, 연구보조원인 윤정식·감병훈 두 분 선생님도 여기에 힘을 보탰다. 바쁜 일정 속에서도 본 주제와 관련해 연구와 저술을 맡아 주신, 중국의 웨이통량(魏同亮) 선생님, 베트남의 쩐득뚱(TrầnĐứcTùng)과 쩐홍항(TrầnHồngHạnh) 선생님, 한국의 석달호와 백지국 선생님, 그리고 마지막으로 본 총서의 편집 및 출판에 노고를 아끼지 않으신 신학태 온샘 사장님께 감사드린다.

2025년 11월

연구책임자 **조 명 근**

차 례

차 례

1

한국 서원 연구의 활성화 및 활용을 위한 제언

이 수 환

I

한국의 서원은 조선시대 성리학의 발전을 촉진시키고 지역의 교육, 문화, 지성사의 수준을 높이는데 크게 기여한 지방문화의 중심지로서 한국 유교문화의 다양성과 개성이 집약된 문화유산이다. 한국의 서원은 이러한 '탁월한 보편적 가치'를 인정받아, 2019년 소수서원을 비롯한 9개 서원이 유네스코로부터 세계유산으로 지정되었다. 이에 9개 서원을 통합 관리하는 '세계유산 한국의 서원 통합관리센터', 문화재청, 지자체 및 개별 서원 등에서 보존·관리·활용에 대해 많은 관심을 기울이고 있다.

조선시대 서원은 유교 교육기관일 뿐만 아니라 지배계층인 사족들의 정치·사회적 활동의 중심지로서 이와 관련한 서책 및 서원 운영과 관련한 많은 기록 자료를 남겼다. 이렇게 볼 때 서원은 정신·문화사적으로 의미 있는 다양하고 풍부한 유·무형의 자료를 소장한 보고(寶庫)라 할 수 있다. 이러한 자료들은 당대 사회의 기억이자 그 사회의 정체성이며 나아가 미래를 향한 디딤돌이 될 수 있다.

최근에 각 서원은 서원별로 서원이 지닌 고유하고 특별한 성격을 드러내어 이를 현대에 재조명하여 계승·활용하는 데 관심을 가지고 노력 중이다. 이를 위한 기초 작업이 바로 서원자료와 기록자료의 정리이다. 이를 통해 보다 정선된 서원별 문화사적 특징을 도출할 수 있을 것이다. 그러나 현재까지는 서원관련 원자료의 조사·정리가 미흡함에 따라 오늘날 콘텐츠 개발의 부진을 초래하여 서원문화의 다양성을 부각시키지 못하고 있다.

한국의 서원은 1543년 백운동서원이 설립된 후 대원군 서원훼철 때까지 사우를 포함하여 약 2,000여 개 이상 건립되었다고 보인다. 한국의 서원·사우가 총 몇 개였는지 구체적인 통계는 없다. 다만 김규락(金奎洛)의 『운하견문록(雲下見聞錄)』 〈숭학교철사원격려사추(崇學校撤祠院激厲士趨)〉[1]에서 당시 예조에 명하여 조사한 바에 의하면 각 지역의 향대부(鄕大夫)를 향사하는 향현사를 포함하면 전국의 원사 총수가 '1,700'개소나 된다고 하였다. 이는 어느 정도 당시의 실상에 근접하는 상황인식이었다고 보여지지만 실제로는 이보다 훨씬 많은 숫자가 건립되었다고 본다.

경상도의 예를 들어보면, 고종 5년(1868) 미사액원사 훼철 때 작성된 『도내각읍서원훼철사괄성책초(道內各邑書院毁撤查括成冊草)』[2]와 기간(旣刊)된 영남읍지 중 가장 많은 원사를 등재하고 있는 『교남지』를 비교해 보면 『사괄책』에 등재된 원사의 30%가 교남지에서는 확인되지 않는다. 이렇게 볼 때 각 읍마다 차이는 있지만 『교남지』도 19세기 이후 설립된 다수의 원사를 모두 반영하고 있지는 못하였다. 특히 고종 연간을 전후한 시기에 건립된 사우에 대한 기록은 누락된 것이 많았다고 본다. 또한 『교남지』 소재 원사 중에도 『사괄책』에 등재되지 않은 원사가 다수 있다. 5차에 걸쳐 진행된 1868년의 미사액원사 훼철은 1차에 263개, 2차 97개, 3차 34개, 4차에 24개, 5차에 87개소 등 총 505개소이다. 어쨌든 양 책에서 확인된 경상도 소재 원사는 사액 72, 미사액 639, 총 711개소이다. 이러한 경상도의 원사 수는 우리가 막연히

1) "立祠建院 享以俎豆 尊禮先賢 其有道德學業 功忠節義 顯于一國 聞于百世者 特蒙恩額 禮數尤別 其不及上徹 而如鄕大夫 祭祀之例者 謂之鄕賢祠 至是令禮部遍考所在爲一千七百之多".

2) 이 책은 日本 東洋文庫 所藏本으로 현재 『栖碧外史海外蒐佚本』(李佑成編) 15(아세아문화사, 1990)으로 간행되었다. 이 책은 고종 5년 대원군의 미사액원사 훼철시 경상도 監營에서 도내 각 읍의 훼철상황을 조사·작성한 보고서이다.

남설되었다고 생각하는 이상의 숫자이다. 이러한 사정은 여타 지역에서도 마찬가지였을 것으로 판단된다.[3] 이렇게 볼 때 대원군의 원사훼철 때까지 건립된 원사는 약 2,000여 개를 훨씬 넘었을 것으로 추측된다. 이는 청말까지 중국에서 건립된 서원 수가 약 7,000-8,000여 개였다는 점을 감안하면 훨씬 더 남설되었음을 알 수 있다. 앞으로 서원 연구의 종합적인 체계화를 위해서는 먼저 조선에서 건립된 서원과 사우에 대한 정확한 통계가 필요하다.

대원군의 원사 훼철 시 사우도 서원과 마찬가지로 그 대상에 포함되었지만, 원래 서원과 사우는 제향인물이나 목적, 기능, 구조 등에서 차이가 있고,[4] 각 서원도 그 설립시기, 사액·미사액 및 지역·당색별 또는 중앙 내지 지방에 있어서의 영향력의 정도에 따라 상당한 편차가 있었다. 특히 서원은 붕당정치하에서 자파세력의 확보·확대를 위한 매개체 내지 각 정치세력의 후방적 기지 역할을 수행하였다는 점에서 그 조직과 존립은 지역사족들 간의 이해관계 및 중앙의 정치상황과 밀접하게 관련될 수밖에 없었다. 따라서 각 서원은 지역과 당색에 따라 그 조직과 운영에 많은 차이가 있었다. 이러한 제 유형의 서원은 정치·사회·경제적인 측면에서 상당한 다양성을 띠고 전개되었다. 서원연구의 종합적인 체계화를 위해서는 이러한 다양한 서원에 대한 자료조사를 통한 사례연구가 필수적이다. 최근의 서원 연구는 새로운 자료의 조사·정리를 통한 다양한 서원에 대한 사례연구로 진행되고 있다.

---

3) 이수환(2001), 『조선후기 서원연구』, 일조각, 346~363쪽.

4) 書院·祠宇의 개념은 정만조(1975), 「17~18세기의 書院祠宇에 대한 試論」(『韓國史論』 2, 서울대 국사학과 ; (1997), 『조선시대 서원연구』, 집문당)에서 구체적으로 검토되었다. 여기에 의하면 양자는 여러가지 면에서 원래는 엄격히 구분되었지만, 17, 18세기 서원 남설로 양자 모두 祀賢 위주로 전환되면서 서로 혼칭되고 구분이 모호해졌다고 한다.

Ⅱ

한국 서원 연구의 활성화를 위해서 가장 시급한 과제는 현재 남아있는 자료들을 확인하여 정리·보존하고 나아가 한국 서원문화의 종합적인 연구와 활용을 위한 아카이브 구축이다. 한국의 서원에는 세계유산 9개 서원을 비롯하여 많은 서원에서 중요한 서원자료를 소장하고 있는데, 서원연구의 체계화를 위해서는 이들 자료에 대한 종합적인 조사·정리가 시급한 과제이다.[5] 현재까지의 조사에 의하면 대원군의 원사훼철 때 제외된 서원·사우에는 대부분 비교적 많은 자료가 소장되어 있었다. 그러나 이들 서원도 일제강점기, 6.25 전쟁, 근대화의 과정 등 외부적 영향과 관리 소홀로 인한 자료의 도난 내지 소실이 많아 서원에 따라 차이가 많다.[6]

그러나 대부분의 서원관련 자료들은 대원군의 전면적인 원사훼철 때 서원 측의 관리 소홀과 무관심으로 대부분 망실되거나 산실(散失)되었다. 대원군 실각 이후 많은 서원이 복설되기는 하였지만 관계자료는 서원 측에서 중요하다고 생각했던 원임안(院任案)·입원록(入院錄) 및 창건과 관련된 일부 자료만이 단편적으로 남아 있거나 또한 복설되지 못한 경우에는 중요자료 1-2건 만이 후손들에 의해 보관되는 것이 일반적이어서 그 수집, 정리에는 어려움이 있다. 그러나 이들 개별자료는 대체로 창건과정이나 연혁 등을 기록한 고왕록(考往錄)류 또는 서원 내 중요한 사건을 기록한 것들이라는 점에서 서원연구에 중요한 자료가 된다.

이들 서원자료들은 1980년대 이후 향촌사회사 연구가 활발해지면서 연구

---

5) 9개 서원의 장서와 고문서의 현황과 그 가치에 대해서는 『한국의 서원 문헌 아카이브 구축을 위한 학술포럼』(한국학중앙연구원, 2023)에서 소개되었다. 그러나 이러한 자료를 연구로 활용하기 위해서는 자료집으로의 출간이 반드시 필요하다.

6) 이하 서술은 이 주제와 관련된 필자의 「서원 기록자료 정리의 현황과 과제」(『민족문화논총』 52, 2012), 「한국 서원 기록문화와 아카이브 구축」(『한국 서원의 전통가치와 현대적 계승』, 한국학중앙연구원 출판부, 2018) 등을 참고하여 재정리하였다.

자들에 의해 각 서원에 소장되어 있는 필사원본류와 고문서 자료를 수집·정리한 개별 서원에 대한 사례연구를 통해서 소개되었다. 이러한 개별 서원에 대한 사례연구는 그 결과를 일반화할 수 없다는 일정한 한계를 가지고 있긴 하지만, 서원연구의 종합적인 체계화를 위해서는 필수적인 과제이다. 다만 단편적으로 남아 있는 개별 서원 자료의 이용은 신중을 기할 필요가 있다. 예컨대 서원의 경제적 기반에 관한 자료의 경우 많은 자료가 보관되어 있는 서원이라 하더라도 토지·노비안, 추수기·타작기·신공안(身貢案)·수호군안(守護軍案)·원속안(院屬案)·전장기(傳掌記) 및 중앙관료·지방관 또는 사림들의 현물기부 상황 등 경제적 기반에 관한 총체적인 분석이 가능한 모든 자료가 남아 있는 경우는 거의 없다. 따라서 이들 자료를 분석하는 데는 이 점을 염두에 두고 다양하게 검토되어야 한다.

현재까지 조사에 의하면 영남지역에 서원자료가 가장 많이 남아 있다. 영남지역에는 서원도 가장 많았을 뿐만 아니라 소장자료의 량이나 그 자료적 가치에 있어서도 타도에 비해 훨씬 크다. 경기·충청·전라 등 지역은 많은 서원이 일제시대 때에 관계문서를 정리하여 서원지를 편찬하였는데, 이때 서원 측의 관심사에 따라 서원연구에 중요한 자료인 고문서 형태의 잡문서들은 제외되는 경우가 많았지만, 영남지방의 경우는 대부분 관계자료가 미정리된 상태로 남아 있다는 점에서 자료적 가치는 매우 크다.[7)]

서원자료에 대한 조사, 정리는 1980년대 이후 향촌사회사 연구에 있어서 서원의 중요성이 인식되면서, 각 연구기관을 중심으로 이루어져 왔다. 9개 서원 외에도 소장자료의 량이 많은 개별 서원을 중심으로 연구기관이나 서원 자체적으로 '서원지'를 편찬하고 있다. 그러나 대부분의 개별 서원 자료는 조사 자체도 어렵고 또한 단편적이어서 개별적인 '서원지' 편간이 불가능한 상태이다.

1980년대 이후 서원자료에 대한 조사 정리 상황을 보면, 1990년에 목포

7) 이수환(2001), 「영남서원의 자료 현황과 특징」, 『대구사학』 65.

대학 박물관 주관으로 『전남(全南)의 서원(書院)·사우(祠宇)』(2책), 1999년에는 『충남(忠南)의 서원(書院)·사우(祠宇)』, 2007년에는 『경북서원지』 등이 발간되었다. 그러나 이 책들은 단지 개별서원의 배향인물, 연역, 건축관계 만을 기술하고 소장자료는 등재하지 않아 자료집의 성격은 아니다. 이후 개별서원 소장자료를 정리한 『서원지(書院誌)』 발간 작업이 진행되었는데, 그 대상은 주로 서원지를 편찬할 만한 자료를 소장하고 있는 영남지방 소재 서원이었다. 한국학중앙연구원(구 정신문화연구원)에서는 안동의 병산서원(屛山書院), 경주의 용산서원(龍山書院), 경남지역의 대표적인 서원인 남계(濫溪)·덕천(德川)·용연서원(龍淵書院) 등의 서원지를 발간하였으며, 영남대 민족문화연구소에서는 영남의 대표적인 서원인 옥산(玉山)·도동서원(道東書院) 소장자료를 조사·정리하여 1993·1997년에 각각 『옥산서원지(玉山書院誌)』(자료총서 13)와 『도동서원지(道東書院誌)』(자료총서 16)를 발간하였다. 그러나 이 두 서원지는 서원 내 소장자료가 너무 많아, 1책에 관계자료를 모두 정리한다는 원칙을 세워 서원지 편찬의 본뜻에 어긋나지 않는 범위 내에서 자료를 선별하였고 동일한 자료가 방대할 경우는 각 시대별로 대표적인 자료를 추출하였다. 서원자료는 서로 연관되어 있다는 점에서 볼 때 자료 해석에 오해의 소지가 있을 수 있다.[8)]

또한 단국대 퇴계학연구소에서는 도산서원(陶山書院) 소장자료 중 원규(院規)·의례(儀禮)·통문(通文)·일기류(日記類) 등 일부를 정리하여 『도산서원고문서(陶山書院古文書)』(Ⅰ)(Ⅱ)(1994, 1997)로 편간하였으며, 국사편찬위원회에서는 소수(紹修)·임고(臨皐)·도남서원(道南書院) 등 영남지역의 서원자료를 수집·정리한 『조선시대(朝鮮時代) 영남서원자료(嶺南書院資料)』(1999)를 발간하였다. 이러한 학술연구소의 서원지 편간 외에도 각 서원에서 자체적으로 서원지를 편찬하는 경우도 많이 있는데 상주의 『도남서원지(道南書院誌)』·『흥

8) 특히 傳掌記·都錄·秋收記·打作記 등 정기적으로 작성되는 경제관계 자료는 그 양이 너무 많아서 서원지 편찬에서 대부분 제외되고 있었다.

암서원지』, 영주의 『이산서원지(伊山書院誌)』, 논산의 『노강서원지』, 용인의 『심곡서원지』, 전주의 『화산서원지(華山書院誌)』, 순천의 『겸산서원지(謙山書院誌)』 등이 대표적인 예이다. 그러나 이러한 서원지 편간에는 서원연구에 중요한 자료가 되는 토지·노비안을 비롯한 각종 잡문서 등이 편찬자의 관심 여하에 따라 제외되는 경우가 있다는 점에서 문제가 있다.

한편 국민대학교 한국학연구소에서 국학기초조사사업의 일환으로 2006-2009년 동안 정리한 『서원종람(書院綜覽)』은 주목되는 성과이다. 이 책은 경기, 충청, 전라지역 각 2권, 경상지역 1권 등 강원도를 제외한 전국을 대상으로 하였다. 『서원종람』은 『증보문헌비고(增補文獻備考)』를 기준으로 서원과 제향인물을 선정하고, 서원사실(書院事實)·전기(傳記)·서원문헌(書院文獻) 순으로 분류·정리하였다. 서원사실은 서원의 건치(建置), 운영, 제향인물, 건물과 현재의 상태를, 전기는 제향인물의 신도비(神道碑), 행장(行狀), 묘갈명(墓碣銘), 묘지명(墓誌銘), 시장(諡狀), 행장(行狀) 등을 수록했다. 서원 문헌은 제향인과 주변인의 문집과 관찬 연대기로 구분하고, 문집은 다시 내용에 따라 시(詩)·서(書)·제문(祭文)·서발(序跋)·잡저류(雜著類) 등으로 구분하였다. 비록 현전하는 서원 고문서 등은 수록하지 못했지만 해당 서원과 관련된 관찬사료와 문집에 나오는 관련 원문을 수록하여 활용도를 높였다는 점에서 앞으로의 서원연구에 크게 기여할 것으로 판단된다.

서원자료는 소장자료의 량이 많은 개별서원을 중심으로 학술연구소나 후손 등에 의해 서원지로 편찬되고 있지만, 앞에서 언급한 바와 같이 대부분의 서원자료는 대원군의 원사훼철 과정에서 유실되어 단편적으로 남아 있다는 데서 이들 자료는 개별적인 '서원지' 편간이 불가능한 상태이다. 최근에는 이들 개별자료들이 연구자들의 편의를 위해 학술지 자료편에 영인되어 소개되기도 한다. 안동 사빈서원(泗濱書院)의 『사빈지(泗濱志)』가 『안동문화연구』 4집(1990)에, 영덕 인산서원(仁山書院)의 『인산록(仁山錄)』이 『민족문화논총』(영남대) 15집(1994)에 소개되었다. 일반적으로 이들 개별 서원자료는 서원의 창건과정이나 그 연혁 또는 훼철·향전 등 서원연구에 있어서 중요한 내용을 담고 있다.

따라서 앞으로 서원연구의 종합적인 체계화를 위해서는 이에 대한 조사·정리·편간은 시급한 과제이다. 서원 기록자료는 3단계를 거쳐 조사·정리·가공되어야 한다.[9] 첫째는 자료의 포괄적 수집과 정리이며, 둘째는 〈서원지(자료집)〉의 편찬, 보급 나아가 최종적으로 〈한국서원 아카이브〉의 구축이다. 〈서원 아카이브〉는 이후 콘텐츠 개발이나 스토리텔링 및 연구·교육·관광·체험 등의 소재로 활용될 수 있다.[10]

이러한 서원자료의 조사·정리와 보존·활용을 위한 아카이브 구축 작업에는 막대한 비용이 소요되는데 그 비용은 정부와 지자체가 분담하는 등 적극적인 지원이 필요하다. 현재 서원은 세계유산으로 지정된 만큼 그 활용을 위한 기초적인 작업은 국가의 몫이라 할 수 있다. 중국은 오래전부터 중국서원연구의 중심인 '호남대학(湖南大學) 악록서원(嶽麓書院)'을 중심으로 국가의 전폭적인 지원으로 '중국서원자료집' 수백권을 발간해 왔다. 최근에는 더 나아가 한국을 비롯한 일본, 베트남 등 동아시아 서원자료집 출간을 기획하여 진행하고 있다. 이러한 사정에 비추어 볼 때, 중국서원과는 다른 독자성을 갖고 있는 한국 서원의 정체성을 드러내어 이를 현대에 재조명하여 계승·활용하기 위한 기초작업인 서원자료의 조사·정리를 통한 아카이브 구축은 시급한 과제라 할 수 있다. 다만 이러한 작업은 시간·비용뿐만 아니라 자료의 정리·가공 단계에서 필요한 표준안을 마련하는 등 어려움이 많을 것이다. 따라서 이 문제는 세계유산 9개 서원을 통합관리하는 '세계유산 한국의 서원 통합관리센터' 및 서원 전문가들의 학회인 '한국서원학회' 등과 공동으로 추진하는 것이 필요하다. 그러나 이러한 작업은 모든 서원을 대상으로 동시에 할 수는 없고, 세계유산 9개 서원을 비롯한 일찍이 자료정리와 연구가 진행되어온 서원부터 시작하여 여타의 서원은 순서를 정해 진행해 나가는 것이

9) 이해준 외(2010), 『서원보존·정비 관리 방안 연구』, 문화재청, 참조.

10) 이수환(2018), 「한국 서원 기록문화와 아카이브 구축」, 『한국 서원의 전통가치와 현대적 계승』, 한국학중앙연구원출판부.

효율적이다.

전체 서원에 대한 자료의 조사·정리는 한두 연구자의 노력으로는 불가능한 상태이다. 현재까지 조사에 의하면 서원관계 자료는 지나치게 단편적으로 분산되어 있어 접근이 용이하지 않다. 따라서 우선적으로는 철저한 사전조사가 필요하다. 앞서 살펴본 대로 대다수 서원자료는 관리 소홀과 무관심으로 대부분 망실되거나 산실(散失)된 실정이다. 산실된 자료를 확인하기 위해서는 제향인의 후손과 원임 및 그들의 후손들을 중심으로 탐문조사를 실시하여야 한다.

이를 위한 사전 작업으로 조사지역에 대한 철저한 기초조사부터 시작한다. 대상 서원의 기본적인 연혁과 관련 문중의 구체적 구성과 위상, 연혁과 관련된 시대적 변화, 관련 유적, 주요 성씨와 중심인물 등에 대한 기초적인 사항 파악이 그것이다. 이를 위해 이미 간행된 보고서, 서원지, 학술논문 등을 참고한다. 조사의 분류와 범위는 서원, 제향인물과 관련된 유·무형의 유산이 이에 해당된다. 대략적으로는 ① 서원 입지와 경관 ② 서원역사 ③ 서원건축 ④ 서원자료 ⑤ 관련 유적과 전설·일화 등으로 나눌 수 있다.

① 서원입지와 경관 : 서원 내의 강학과 제의 공간, 수목식재의 경관, 서원 주변 경관 등
② 서원역사 : 창건과 변천사, 조직과 운영, 제향인물의 행적
③ 서원건축 : 서원의 입지환경과 배치, 건축의 양식과 구조
④ 서원자료 : 관찬기록, 서원고문서(조직운영, 경제, 의례, 사회사 등), 현판 및 금석문, 문집 및 전적, 관련 문중소장자료(전적, 고문서)
⑤ 관련유적과 전설, 일화 : 제향인 관련 전설, 일화.(생활관련 이야기들) 서원운영과 관련해 전해지는 이야기(조선~근대), 제향인물 관련 유적(비석, 정려, 묘소, 생가지, 누정, 서당 등), 서원창건 유적(屬寺, 舊址, 지명(書院里))

세계유산 9개 서원을 비롯하여 각 지역의 대표적인 서원은 정도의 차이

는 있지만 대부분 많은 서책와 서원운영과 관련된 필사원본과 고문서를 남겼다고 볼 수 있다. 이런 점에서 볼 때 각 서원의 관계자료는 소실된 것을 제외하고도 서원 측의 관리소홀로 후손가 내지 서원 관계자(원임)들에게 분산된 것들도 상당수 있을 것으로 짐작된다. 따라서 각 서원자료의 종합적인 정리를 위해서는 이에 대한 조사가 무엇보다 필요하다고 본다.

예컨대 소수서원 자료는 한국전쟁으로 상당수가 소실되거나 이후 산실되었다고 한다(『동아일보』 1969년 7월 5일(5면)기사). 그러나 2007년에 발간된 『소수서원지』에서 보면 현재는 서원으로 환수된 국사편찬위원회, 국학진흥원(도산서원소장본) 및 계명대 도서관에 중요한 소수서원 자료가 보관되어 있고, 특히 개인이 소수박물관에 기탁한 유물 속에도 서원관련 자료가 확인되고 있다. 옥산서원의 경우에서도 보면 배향자의 후손가(무첨당, 독락당)에서 서원관련 많은 중요한 고문서를 소장하고 있다. 옥산서원 문서는 이외에도 제향자의 후손가에 많이 소장하고 있음이 양동마을 일반동산문화재 일괄조사 때 확인되었다. 이와 같이 소수·옥산서원의 예에서 보듯이, 서원관련 자료가 배향자의 후손 또는 서원의 운영을 담당했던 원임들의 후손가에 남아 있을 가능성은 있다. 또한 현재는 규장각, 장서각, 한국국학진흥원 등의 학술기관과 대학 연구소, 도서관, 박물관 소장 자료들이 대부분 전산화 되어 있기 때문에 인터넷 검색을 통해 의외의 자료들을 발견할 수도 있다. 따라서 각 서원자료의 종합적인 정리를 위해서는 이와 같은 노력이 필요하다고 본다. 또한 문집이나 일기자료 등에도 서원과 관련된 각종 기문, 상량문, 봉안문, 시·서, 학규 등의 관련자료가 다수 수록되어 있는데 이에 대한 광범한 조사도 반드시 필요하다.

수집 정리된 자료 중 서원지 편찬이 가능한 자료가 확보된 서원은 『서원지』 편찬이 필요하다. 서원지 편찬을 위해서는 서원 고문서 정리하기 위한 기준안을 마련하는 것이 우선되어야 한다. 규장각, 장서각, 국학진흥원 등의 중요 기관들의 분류안에 따라 서원고문서를 분류하면 문서들 간의 연계성을 파악하기가 어렵게 된다. 따라서 서원자료는 그 종합적인 특징에 주의하여 실제 관리와 연구의 편의에 따라 구분할 필요가 있다.[11] 각 서원에서 소장하고 있는 사료를 크게 분류해 보면

1) 서원의 역사를 기록한 고왕록류(考往錄類)
2) 창건과정 또는 사액·중건·추향 또는 훼철 등 서원의 중요한 사건을 구체적으로 기술한 사적(事蹟) 및 일기류(日記類)
3) 서원을 구성하고 운영하는 실질적인 주체인 원임·원생 및 서원과 이해관계를 같이하는 원유 등 인적구성을 살필 수 있는 원임안·원생안 및 집사분정록(執事分定錄), 알묘록(謁廟錄), 심원록 등류
4) 전답안, 노비안, 추수기, 타작기, 신공안, 수호군안, 원속안, 전장기, 도록(都錄), 속사(屬寺), 속점(屬店) 등 서원의 경제적 기반에 관한 자료
5) 강안(講案, 강규(講規)), 학규(學規), 홀기(笏記), 치제문(致祭文), 고유문(告由文) 등 교육과 제향관련 자료
6) 서원을 매개로 한 당파 간, 적서 간, 문중 간에 야기된 향전에 관한 자료
7) 통문(通文)·소지(所志)·상소(上疏)·패지(牌旨)·입의(立議)·완의(完議) 등 서원운영 과정에서 그때 그때 작성된 각종 고문서 등이 있다.

이러한 서원지 편찬에는 서원관계자, 연구자, 활용자(교육자, 개발자, 관련 공무원 등) 등으로 구성된 편찬위원회를 구성한 후, 분야별 서원 연구자(인문, 경관, 건축, 문서, 기타)가 집필해야 하며, 서원지는 자료집의 성격으로 향후 제 분야에 기초자료로 활용될 수 있도록 해야 한다. 그간의『서원지』는 주로 제향자와 역사학에서 필요한 문헌 정보를 수록한 것이 일반적이었

11) 이해준은 서원 기록자료를 크게 ① 서원관계 관찬자료, ② 서원지와 제향인물의 문집, ③ 서원고문서로 나누고, 복합적 성격을 가진 서원 고문서는 주제에 따라 ① 창건과 연혁, ② 제향인물, ③ 조직과 운영규약, ④ 경제, ⑤ 향촌사회사 자료로 세분하였다.(이해준(2011),「한국서원 유형·무형유산의 특징」,『한국 서원의 어제와 오늘 그리고 미래』).

다. 최근에 서원은 역사학뿐만 아니라 교육학, 조경학, 건축학, 철학, 한문학 등 다양한 분야에서 관심을 가지고 있고, 문화콘텐츠학, 디지털콘텐츠학과 연계한 융복합적 연구도 진행 중이다. 따라서 조경·건축·문학 등 여러 분야의 정보를 수록한 새로운 형태의 『서원지』 편찬 방안을 구상해 볼 수도 있다.

아울러 서원자료에 대한 활용도를 높이기 위해서는 데이터베이스화하는 작업과 함께 탈초와 번역 작업도 필요하다고 본다. 나아가 최종적으로 이렇게 정리된 자료를 종합하는 〈한국서원 아카이브〉를 구축할 필요가 있다. 2000년대 이후 국가 DB 사업의 일환으로 주요 관찬 사료를 필두로 문집, 고지도, 유물, 신문, 고문서 등 다양한 멀티미디어 자료에 대한 아카이브 구축이 이루어졌다. 이렇게 축적된 각종 자료들은 서원 연구를 진행함에 있어서 보다 구체적으로 사건과 인물, 당대의 사정을 이해하는데 도움이 된다. 최근 서원 연구가 활발하게 진행되고 있는 것도 이러한 아카이브 구축의 결과일 것이다. 그러나 여전히 아카이브를 통해 제공되는 서원 자료는 제한적이며, 주요 서원에 치중되어 있다. 분류 체계 또한 통일성을 가지고 있지 않다. 그렇기에 그간 수집·정리된 자료와 개별 연구자에 의해 활용된 국내외 서원 자료를 DB화한 아카이브 구축 방안을 모색해야 한다. 이를 위해 우선 개별 서원 또는 문헌 종류에 의한 구분이 아니라, 서원의 특수성이 반영된 자료 구분 방안을 마련할 필요가 있다. 아울러 서원별 종류별 주제별 문헌 자료의 목록화 방안, 기 구축된 아카이브 자료의 통합 방안, 그간 관심을 두지 않았던 근대 이후 생산된 서원 자료의 정리 방안도 마련할 필요가 있다. 서원문화의 대중화를 통한 한국 유교문화의 저변확대를 위해서는 이러한 과제들이 속히 이루어져야 할 것으로 생각된다. 이러한 서원지 편찬과 아카이브 구축에는 서원 측뿐만 아니라 정부와 지자체들의 후원이 절대적으로 필요하다.

아울러 서원지 편찬과 더불어 한국서원의 기본 정보를 제공하고, 서원문화를 이해할 수 있는 지침서가 되는 『한국서원사전』의 편찬도 고려해 볼 수 있다. 서원사전은 디지털 아카이브를 구성하는 하나의 축이다. 현재 중국에는 『중국서원사전』이 편찬되어 있다. 그러나 『한국서원사전』 편찬은 역사,

건축, 서지, 민속, 조경 등 다양한 분야의 전문가들이 참여하여야 하고, 또 통일된 표준안 마련, 항목 선정 기준과 서술 양식 등을 정하는 등 어려운 점이 많다. 따라서 이 문제는 전문 학술단체인 '한국서원학회' 등과 함께 고민해 볼 문제이다.

Ⅲ

서원이 가지는 정신사적, 문화사적 위상을 조명하기 위해서는, 서원자료를 이용한 학제 간 연구가 필요하다. 특히 서원자료가 많이 남아 있는 소수, 도산, 옥산, 병산, 도동, 필암, 노강, 도남서원 등은 정도의 차이는 있지만 그 역사적 위상이나 현존 서원자료를 통해서 볼 때 학제 간 심층적인 연구가 필요하다. 이러한 연구는 장기적으로 다양한 콘텐츠 개발로 이어질 수 있다.

한국국학진흥원에서는 2011년부터 몇 년간 〈한국 유교문화 심층연구〉의 일환으로 도산서원 자료를 활용한 학제간 '서원포럼'를 진행하여 그 결과를 책으로 출판한 바 있고, 최근에 서원학회에서는 3차에 걸쳐 〈호계서원에 대한 학술회의〉를 개최한 바 있다. 서원정신과 역사의 올바른 이해와 계승이 우리에게 부여된 가장 큰 과제라고 볼 때 이러한 사업은 그 무엇보다 우선하여야 할 과제라고 생각된다. 특히 이러한 사업을 통해 그동안 미온적이었던 문학, 철학, 미술사 분야 등의 적극적인 참여가 필요하다. 다만 각 서원별로 이러한 연구가 활성되기 위해서는 서원 측의 힘만으로는 불가능하고 지자체 및 연구기관의 적극적인 지원과 노력이 필요하다. 각 서원별로 이러한 연구가 활성화된다면 서원의 홍보, 교육자료로 적극 활용되어 그 문화사적 의미들이 더욱 부각될 것이다. 이런 점에서 볼 때 한국학중앙연구원에 역사, 문학, 철학, 교육, 회화, 건축, 지리, 문화재학 등 다양한 분야의 전문가들이 참여하여 2018년부터 3차에 걸쳐 출간된 12책(17개 서원)은 주목된다. 이 책은 대중적인 것을 지향하면서도 전문 학술적인 내용을 담고 있다는 점에서 앞으로의 서원 연구에 시사하는 바가 크다.

한편 서원은 지역별, 당파별, 학파별로 다양한 특성을 나타낸다는 점에서 이에 대한 비교 검토가 필요하다. 지역별로 보면 당색의 분포에 따라 기호지방에 서인(노·소론)계 원사가, 영남지역에는 남인계 원사가 많이 건립되었다. 대체로 서·남인계 서원 간에는 창건과정뿐만 아니라 서원운영을 위한 원임의 구성에 있어서도 그 차이점이 확연하게 나타난다. 서원설립에 있어서 인근 지방관 및 향촌사림들의 물질적 협조라는 측면에서 보면, 그 규모나 범위면에 있어서 상당한 차이가 있었다. 이 시기 대부분의 서원이 그 범위가 동일 권역을 크게 벗어나지 못한 일향이 중심이었는데 비해, 대표적인 서인 또는 노론계 서원은 물질적인 부조를 한 지역이 충청·전라도 지역이 중심이 되긴 하나 거의 전국적인 범위이며, 서원창건에 주동적인 인물 또한 지방관을 포함한 중앙정계의 현직관료가 개입하는 경우가 많았다는 데서 본질적인 차이점이 있었다.[12)]

원임의 구성에서도 차이가 있었는데, 영남 남인계 서원은 '원장(院長)·유사(有司)'체제 서인계 서원은 '원장·장의(掌議)·유사'체제로 구분할 수 있다. 이 양자 간에는 원임의 자격·임기·직임 등에 있어서도 현격한 차이가 있었다. 영남 남인계 서원의 경우 원장은 실질적인 서원 운영의 책임자로, 대부분 향내의 사림으로 임명되며 현직관료는 제외되고 있었다. 이에 반해 서인계 서원의 원장은 중앙정계의 고위관료로 추대되었는데 이는 서원 측의 이해관계와 중앙관료의 자파세력 확대라는 상호관계가 결부되면서 나타난 현상이었다. 이러한 당시 서인계 서원의 권력지향적인 성격은 자파 현직관료로 임명되는 경원장(京院長)·경장의(京掌議)·경유사(京有司) 제도에서도 확연히 드러난다. 이 제도는 중앙과의 긴밀한 유대관계를 모색하기 위한 한 수단

12) 그러나 이 시기 모든 서원의 설립과정에서 당색 간의 뚜렷한 차이가 나타나는 것은 아니다. 다만 인조반정 이후 대표적인 서인계 서원은 그들의 학문적 정통성의 확보 및 집권의 명분과 연결되면서 여타의 서원에 비해 중앙권력이 크게 작용하였던 것이다.

으로 제시된 것이었다. 영남지역의 노론계 서원과 영남을 제외한 타도의 남인계 서원도 향내에서 독자적인 정치·사회적 기반을 확보하지 못하였다는 점에서 원임의 구성은 서인(노론)계 서원과 유사하였다.[13] 서원자료의 수집·정리가 축적된다면 이러한 지역별, 당파별 서원에 대한 구체적인 비교 검토가 필요하다고 본다.

나아가 도별(道別), 군현(郡縣)별 내의 서원 간 교류 실태 및 동일 제향인을 모신 서원 간의 연결 등도 검토가 필요하다고 본다. 조선사회는 성리학이 지배이념이었고 도학적 전통이 각 학파의 정치적 입장을 강화해 주는 사회였기 때문에 각파는 자파의 유현(儒賢)을 제향하는 원사를 건립해 나갔는데 그 과정에서 10여 개 이상에 제향된 인물도 10여 명이 넘는다. 이들은 문묘종사인 내지 기호학파나 영남학파의 대표적인 유학자이다.[14] 가장 많은 원사에 입향(入享)된 인물은 노론의 정신적 지주였던 송시열로 40여 개소 이상에 제향되었는데, 경상도에도 노론의 자파세력 확대책의 일환으로 14개소 원사가 건립되었다. 두 번째는 퇴계로 30여 개소에 제향되었다. 이들 동일한 인물을 제향한 서원은 서원 내에 각종 문제에 대해서 공동으로 대처해 나갔다고 본다.

조선시대 서원은 교육·교화적 기능을 넘어 사대부의 일상생활과 밀접하게 관련되어 있었다. 사대부들은 젊은 시절부터 서원을 출입하며 학문적 사회적 정체성을 확립해 나갔다. 서원 출입은 알묘, 향사, 원회·봉안제 참석, 거재, 설강(設講)을 위한 것이 주된 목적이었지만, 또한 사람들과의 만남의 장소로 서원에 출입하는 경우가 많았다. 또한 재지사림들은 타 지역을 방문할 때마다 대표적인 서원이나 연고가 있는 서원을 방문하면서 지역 유림들과 긴밀한 관계를 유지해 나갔다. 또한 학문적 위상이 높아지면 서원에서 개최하는 거접이나 백일장 및 순제의 답안지 평가에 참여하는 등 서원을 중심으로 활발한 교육활동을 하였다. 이러한 내용들은 조선후기 사대부의 일기 등에서 많이 나타

13) 이수환(2001), 『조선후기 서원연구』, 일조각, 104~130쪽.
14) 정만조(1997), 『조선시대 서원연구』, 집문당, 149~151쪽.

난다. 이러한 일기류와 간찰 자료는 어느 정도 DB화되어 있어, 재지사림들의 서원에서의 일상을 재구성하는 미시적 연구를 확산시킬 필요가 있다.

Ⅳ

한국의 서원이 16-17세기 성리학의 지방 전파의 거점 역할을 한 성리학 교육기관으로서 세계유산에 지정된 만큼, 서원의 정체성을 확보하기 위해서는 동·서양의 교육기관과 비교 연구가 필요하다.

서원은 한국과 중국, 그리고 동아시아 지역에서 유학 지식의 창출과 확대, 재생산의 거점이었다. 동아시아의 유교 전통은 서원을 통해 활발한 지적 활동과 교육 생산이 가능했고, 지역공동체의 구심점 역할을 담당하였다. 그동안 서원연구는 개별 국가 차원에서만 진행되었고, 동아시아 전체를 아우르는 거시적 차원의 연구는 아직 본격적으로 이루어지지 않았다. 때문에 동아시아에서 서원의 학술 및 다양한 역할과 기능을 종합적으로 연구하여 동아시아 전통문화의 한 축으로서 서원의 형성과 전개를 총체적으로 조망할 필요가 있다. 개별적·분절적인 일국사 차원의 '서원 문화' 연구를 넘어 동아시아 전체로 시야를 확대한다면, '동아시아' 문명의 새로운 학술사적 가치를 확인할 수 있을 것이다.

서원 연구는 한국과 중국을 중심으로 진행되어 왔으나, 동아시아 전체라는 넓은 시각에서의 접근은 아직 이루어지지 않고 있다. 각국의 기존 연구들도 자국 서원의 성격이나 원형을 구명하는데 머물고 있다. 이것이 동아시아 서원 문화라는 큰 틀속에서 함께 풀어가야 할 과제이다. 지금까지 각국에서 수집·정리된 서원 자료와 연구 성과를 공유하여, 자료부족과 연구방법 및 이론의 부재 등으로 단절되어 있던 서원연구의 한계를 동아시아 각국의 사례연구를 토대로 극복할 필요가 있다. 이처럼 다국적 시각에서 진행되는 통시적이고, 종합적인 연구는 한국 서원의 보편성과 특수성, 변용과 활용 가능성 등을 밝혀줄 매개가 될 것이다.

동아시아 각국이 서원연구를 본격적으로 시작한 것은 1980년대 이후이다. 한국에서는 1970년대 말부터 서원이 붕당정치의 이론을 뒷받침하고, 향촌사회의 공론을 형성하는 기구로 재조명되면서 연구가 본격화되어 그 대체적인 내용은 밝혀졌지만, 이후 자료의 부족과 새로운 연구 방법론의 부재로 연구가 답보 상태에 머물러 있다. 이를 해결하기 위해 서지학·건축학·사회학·국문학 등 제 분야에서 개별 서원에 대한 학제 간 연구를 시도하였지만 아직까지 초보단계이다. 한국 유교문화를 대표하는 서원의 정체성을 어떻게 규정할 것인가 하는 문제는 여전히 과제로 남아 있다.

중국의 경우 1980년대 개혁·개방 이후부터 유교문화를 자국의 전통문화로 재평가하면서, 서원에 대한 연구도 본격화 되었다. 이 시기 서원 연구는 점진적으로 기타 학문분야에서 독립하여 독자적인 학술단체와 조직, 전문적 학술지를 갖게 되었고, 그 결과 일종의 '중국서원학'을 형성하였다. 최근에는 각 시기별·지역별 서원 연구가 활발히 진행 중이며, 개별 서원 연구도 광범위하게 진행되고 있는 편이다. 특히 서원의 역사보다는 교육·학술·학파·장교(掌教)·학규(學規)·장서·경제·건축 등과 같은 주제가 주목을 받고 있다.

20세기 이후의 서원연구 성과를 돌이켜보면, 개별 서원에 대한 연구는 나름의 체계와 규모를 갖추었으며, 이른바 '서원학(書院學)'이라는 학문분과를 형성하여, 다양한 분야의 연구 성과를 축적하였다. 하지만 중국의 서원연구는 양적 성장에도 불구하고 서원제도 자체만을 중시하고 있다는 한계에 직면해있는데, 이러한 사정은 한국 서원연구에서도 동일하게 나타난다.

이에 각 시대마다 서원의 역사적 배경, 시대정신, 학술·교육사적 의의와 가치에 대한 연구는 중국은 물론 향후 동아시아 차원에서 공통적으로 추구해야 할 과제이다. 이와 관련해 한·중 서원에 대한 비교사적 검토는 양국 서원연구의 문제점을 풀어 가는데 중요한 열쇠가 될 것이다. 이를 통해 동아시아 서원의 보편성과 특수성을 확인해 나갈 수 있을 것이다.

나아가 동아시아 서원과 서양 대학이라는 대표적 교육기관을 '동서문화의 비교'라는 관점에서 학제간 비교 연구도 가능하다고 본다. 서원과 대학은 역사적 기원과 설립의 취지에 차이점이 있고, 그 기능과 역할에 있어서도 상이한 점이 있지만, 지식의 생산·보급·확산의 공간이라는 측면에서 유사성이 있다. 나아가 지역사회의 발전에 이바지한 '지식 문화적 거점'이란 차원에서도 동질성을 발견할 수 있어 비교 연구 대상으로서의 의미를 가지고 있다.

2023년 6월에 한국서원학회와 베네치아 카포스카리 대학교가 공동으로 '조선시대 서원(書院)과 서양 중세 수도원(修道院)의 아카이브적 성격의 비교 연구'라는 주제로 이탈리아 베네치아 카포스카리 대학교에서 국제학술회의를 개최한 바 있다.[15] 여기서는 한국의 서원과 중세 수도원을 소개하는 발표가 있었다. 2024년 5월에는 영남대 민족문화연구소에서 '동아시아 서원과 서양 중세 대학의 비교·검토'라는 주제로 국제학술회의가 개최되었다. 여기서는 서원과 대학의 출현과 전개, 교육목표와 교육과정, 운영과 변화, 원생과 학생, 규정 등에 대한 비교연구가 있었다. 대체로 초보적인 단순 비교에 그치고 있었지만 앞으로의 연구 활성화를 위한 초석을 놓았다는 점에서 두 번의 국제학술회의는 그 의미가 크다고 하겠다.

서원은 의례를 갖춰 유현을 정기적으로 제향하고, 대학 역시 수도원 교구에서 발원하여 종교적 색채를 띠고 있었던 만큼 양자는 유사점이 많았다. 따라서 서원과 대학의 비교연구는 동서양 지식문화 인프라의 상보적 이해를 높이고, 나아가 한국의 서원을 세계적으로 홍보하는 데에도 도움이 될 것이라는 점에서 더욱 활성화될 필요가 있다.

V

전국적으로 1,000여개 이상이 남아있는 서원의 현대적 활용은 쉬운 문제가 아니다. 1년에 한두 차례 지내는 향사 외에는 특별히 이용되지 않는 곳이

---

15) 『조선시대 書院과 서양 중세 修道院의 아카이브적 성격의 비교연구』 발표 자료.

대부분이고, 지정 문화유산이라 하더라도 일반인에게 잘 개방되어 있지 않고 있는 실정이다. 여기서는 그 서원만의 교유한 특성화 자원과 요소를 조명해 콘텐츠 방안을 제시하고, 현대적 활용이 잘 이루어지 있는 서원 사례를 통해 그 대안을 모색하고자 한다.

최초의 서원인 영주의 소수서원은 어느 서원에서도 볼 수 없는 다양하고 구체적인 강학 자료와 19세기까지 지속된 강학 전통이 남아있다. 조선시대 서원 강학의 전통과 문화를 이해하고 체험하는 것은 현대교육에서 멸실된 교육의 본질을 짚어보는 중요한 의미가 있다. 이에 유생의 하루 일과를 그대로 재현하는 프로그램을 기획해 보는 것이다. 그 순서는 다음과 같이 구성할 수 있다.

> 임원 선출 → 명륜당 정읍례·개접례(開接禮) → 경독(敬讀, 명륜당에 게시된 백록동규·경재잠 등) → 통독·독서·토론 → 유식 공간에서 소감문 작성 → 사색의 길 체험

또한 소수서원은 주변의 선비문화수련원, 선비촌, 소수박물관과 연계하는 프로그램도 기획해 볼 수 있을 것 같다.

은행나무가 장관인 현풍의 도동서원에서는 2013년에 전국최초로 사액봉행제를 재현한 바 있다. 이러한 사업은 서원의 전통문화를 현대적 의미로 재조명하고 이를 통해 지역의 새로운 문화·관광 콘텐츠로 발굴한 좋은 사례라 할 수 있다. 그러나 일회성 행사였다는 점에서 다소 아쉽게 느껴진다.

도동서원의 주향자 김굉필은 '소학동자'로 유명한 분이다. 소학은 현재에도 여전히 유효한 텍스트이자 경쟁에 매몰된 현대교육에 대안 될 수 있는 훌륭한 고전이다. 소학의 인성론과 공부론은 인성교육의 토대로서 근본을 함양하고, 지행(知行) 과정을 통해 전인교육적 방향을 제시해 주기 때문이다. 이를 응용하여 가족이 함께하는 "소학동자" 주말학교를 개설한다면 실효성이 있는 좋은 사례가 될 수 있을 것 같다. 맞벌이 등으로 부모와 자녀가 함께

하는 시간이 적은 현실에서 소학이 들려주는 "화목한 가족 이야기" 등을 현대적으로 구성한다면 가능성은 충분하다고 생각된다. 더구나 도동서원은 대구에 위치하여 수강생 모집이 여느 서원보다 유리하다.

충남 논산시의 돈암서원은 충청지역의 대표적 서원으로 김장생의 강학전통을 기반으로 수많은 인물을 배출하였다. 조선 예학(禮學)을 대성한 김장생을 제향하며, 조선 예학의 산실이자 연구의 거점이었고, 예서(禮書)의 출판 보급의 산실이었다.[16)]

예가 무너진 사회가 되었다는 말을 자주 듣는다. 예가 있는 사회를 조성하기 위한 방안은 어떤 게 있을까? 우리 전통에서 그 해답을 찾자면 성인식 즉 관례를 하나의 대안으로 언급할 수 있을 것 같다. 전통시대에는 관혼상제는 인간의 삶에 있어 가장 기본적인 일이었으며, 관례는 그 첫 번째였다. 관례는 관을 씌우고 관에 맞는 옷을 입힘으로써, 한 가정에서 뿐만 아니라 사회와 국가에 대해서도 책임과 권리와 의무를 다하도록 깨우쳐 주며 성인이 되었음을 축하하는 유교의 전통적인 의례이다.[17)]

예학의 산실인 돈암서원은 이러한 관례 재현을 통한 예의 재발견을 통해 현대적으로 활용을 할 수 있는 최적지이다. 이는 서원이 지향한 전인적 인재 양성이라는 목표에도 부합한다. 이를 통해서 현대 사회가 직면한 문제의 해결에 중요한 수단이 될 여지가 충분하다.

한편 현재 활용을 잘 하고 있는 우수 사례의 서원으로는 광주 월봉서원(月峯書院)과 대구 구암서원(龜巖書院)을 들 수 있다. 먼저 월봉서원은 2008년부터 문화유산 활용사업을 적극적으로 추진해 왔다. 특히 2014년부터 3년 연속으로 문화재청의 '살아 숨 쉬는 향교·서원' 우수 사업에 선정되었고, 문화체육관광부가 주관하는 지역문화대표브랜드 공모전에서는 대상을 수상하는 성과를 거두었다. 서원의 대표 프로그램으로는 '선비의 하루', '살롱 드 월

16) 이연숙(1993), 「遯巖書院 연구」, 충남대학교 석사학위 논문.

17) 송미화(2020), 「조선 중기 이후 영남지역 관례의 구성 체계와 그 문화적 의미 변화」, 영남대학교 박사학위 논문.

봉', '꼬마철학자 상상학교' 등이 있다. '선비의 하루'는 유생복 착용과 활쏘기 등의 체험활동을 통해 전통생활을 자연스럽게 이해하고 성찰할 수 있도록 구성된 프로그램이다. '살롱 드 월봉'은 조선 문사들의 풍류 문화인 '계산풍류'를 현대적으로 재해석한 프로그램으로, 최근에는 기후 위기와 같은 시대적 의제를 다루는 인문 토크 콘서트 형식으로 발전하였다. '꼬마철학자 상상학교'는 유치원생 및 초등학생을 대상으로 기대승의 사단칠정론 등 철학 개념을 놀이 활동으로 풀어내어 아이들이 자연스럽게 철학을 접할 수 있도록 유도한 프로그램이다.[18)]

아울러 광산구 홈페이지를 통해 월봉서원 및 무양성원, 고택종갓집, 광주 신창동 유적 등을 함께 소개하고 있다. 이는 지역 내 문화자산에 대한 접근성을 높이고, 지역 정체성과 역사성을 확장하는 플랫폼으로 기능하고 있다.

이처럼 월봉서원은 단순한 전통 유산의 보존을 넘어, 현대 사회의 교육적·문화적 요구에 부합하는 다양한 프로그램을 기획·운영함으로써 전통문화유산의 창의적 계승과 현대적 활용 가능성을 동시에 보여주는 모범 사례로 평가받고 있다.[19)]

구암서원은 달성서씨 문중 인사인 서침(徐沈), 서거정, 서해(徐解), 서성(徐渻), 서사원(徐思遠)을 제향하는 서원이다. 1665년(현종 6)에 창건되었으나 1868년 훼철되었다가 1924년에 복원되었다. 현재는 대구광역시 문화재자료로 지정되어 있다. 이 서원에서는 2016년에 전통문화의 계승과 인성교육의 장이었던 서원의 기능을 회복하고, 선비문화를 현대적으로 활용하기 위해 (사)영남선비문화수련원이 조직되었다. 본 수련원은 대구시교육청과 협력하여 인성교육을 실시 중이며, 다양한 체험 프로그램과 문화공연을 통해 선비문화를 대중적으로 확산시키는 데 힘쓰고 있다.

18) 백옥연(2022), 「지역 인문문화자원으로서 서원 활용에 관한 연구 - 광주 월봉서원을 중심으로」, 전남대학교 석사학위논문.
19) 전준산(2018), 「문화유산의 지속가능한 관광자원화 방안 연구 : 소수서원과 월봉서원 비교 관점에서」 배제대학교 관광축제호텔대학원 석사학위 논문.

특히 2017년부터 2025년까지 매년 문화재청의 향교·서원 문화재활용사업에 선정되며 대중과의 소통을 꾸준히 이어가고 있다. 주요 프로그램인 「문화유산! 서원에서 꽃피다」는 청소년을 대상으로 한복 체험, 국궁과 명상, 떡·부채·책·단청 만들기 등 전통 체험을 제공하고 있다. 이외에도 가족 단위의 캠프, 외국인을 위한 전통혼례 체험, 야간 미디어파사드 상영 프로그램인 「달빛 하모니」 등 대상별 맞춤형 체험 활동도 운영되고 있다.[20] 이처럼 구암서원은 전통과 현대를 잇는 중요한 문화유산으로서 그 가치를 더욱 확고히 하고 있다.

20) 김성실(2019), 『대구경북 서원 활용 문화콘텐츠 개발방향』, 대구경북연구원, 62~63쪽

참고문헌

이수환(2001), 『조선후기 서원연구』, 일조각.
이해준 외(2010), 『서원보존·정비 관리 방안 연구』, 문화재청.
정만조(1997), 『조선시대 서원연구』, 집문당.

김성실(2019), 『대구경북 서원 활용 문화콘텐츠 개발방향』, 대구경북연구원.
백옥연(2022), 「지역 인문문화자원으로서 서원 활용에 관한 연구 - 광주 월봉서원을 중심으로」, 전남대학교 석사학위논문.
송미화(2020), 「조선 중기 이후 영남지역 관례의 구성 체계와 그 문화적 의미 변화」, 영남대학교 박사학위 논문.
이수환(2001), 「영남서원의 자료 현황과 특징」, 『대구사학』 65.
이수환(2018), 「한국 서원 기록문화와 아카이브 구축」, 『한국 서원의 전통가치와 현대적 계승』, 한국학중앙연구원출판부.
이연숙(1993), 「遯巖書院 연구」, 충남대학교 석사학위 논문.
이해준(2011), 「한국서원 유형·무형유산의 특징」, 『한국 서원의 어제와 오늘 그리고 미래』.
전준산(2018), 「문화유산의 지속가능한 관광자원화 방안 연구 : 소수서원과 월봉서원 비교 관점에서」 배재대학교 관광축제호텔대학원 석사학위 논문.
정만조(1975), 「17~18세기의 書院祠宇에 대한 試論」, 『韓國史論』 2, 서울대 국사학과.

제1부
한국 서원의 현재적 활용 방안

세계유산 '한국의 서원' 제향의례(祭享儀禮) 활용 사례와 향후 과제

김 순 한

Ⅰ. 머리말

한국은 2024년 5월 「국가유산기본법」을 제정하며, 기존의 '문화재' 명칭을 '국가유산'으로 변경하였다. 국가유산은 크게 문화유산·자연유산·무형유산으로 분류되며, 분류 기준은 인위적이거나 자연적으로 형성된 국가적·민족적·세계적 유산 가운데 역사·예술·학술·경관적 가치를 중심으로 설정되었다. 이 법의 제정 목적은 국가 유산을 보호하고 창의적으로 계승·발전시키며, 국민이 차별 없이 자유롭게 문화를 향유 할 권리를 부여함으로써 삶의 질을 높이는 데 있다.[1] 법의 내용을 살펴보면, 과거 문화재는 '보존'에 중점을 두었다면, 새롭게 제정된 국가유산법은 공동체의 정체성 회복과 사회적 통합, 그리고 새로운 가치 창출에 초점을 맞추었다. 이중 무형유산[2]은 여러 세대에 걸쳐 전승되며, 공동체와 집단이 역사·환경과의 상호작용 속에서 끊임없이 재창조해 온 무형의 문화적 유산으로 정의된다. 이는 기존에 국가 주

1) 「국가유산기본법」, 제 1·2·3조(법률 제20309호, 2024. 2. 13., 타법개정, 시행 2024. 5. 17.).

2) 본 논문에서 무형유산은 2024년에 제정된 「국가유산기본법」과 2003년 11월에 협약한 유네스코 「무형문화유산 보호 협약」, 이전의 「무형문화재」를 모두 포함하는 상위 개념으로서의 무형유산으로 사용하였다.

도로 이루어졌던 보호 체계를 벗어나, 국가가 후원 역할을 맡고, 실제 운영과 전승은 전승주체와 공동체가 중심이 되어 보호하고 진흥하는 방향으로 전환되었음을 의미한다.

서원 연구는 1980년 중반 이후 정치·경제·사회적 측면에서 서원의 역사와 역할, 기능, 영향력 등을 중심으로 진행되었으며, 그 결과 대부분의 분야에서 서원의 실상이 해명되었다. 그러나 서원의 중요한 기능인 제향의례에 대한 연구, 특히 학술적·문화적 가치와 무형유산으로서의 의미를 규명하는 연구는 상대적으로 미진한 실정이다. 이는 기존 서원 연구가 제향보다는 정치·사회사 등에 편중되어 있고, 현전하는 제향의례 관련 자료가 부족하다는 한계에서 비롯된 것으로 보인다. 그러나 오늘날 지방 사회의 급격한 변화와 공동체 해체라는 현실을 고려할 때, 전통 유산으로서의 서원 제향의례를 보존하고 전승하기 위한 학술적 노력은 더욱 절실하다. 특히 9곳의 한국 서원이 유네스코 세계유산에 등재된 이후, 지방자치단체는 물론 학계에서도 제향의례의 가치에 주목하기 시작했으며, 서원 연구의 편중성을 극복하려는 시도들이 점차 늘어나고 있다.[3] 여기에 2024년 제정된 「국가유산기본법」은

---

3) 서원의 활용방안 관련 선행연구는 강판권(2022), 「경북 영주시 소수서원의 생태와 생태관광 연구」, 『문화정책논총』 36, 한국문화관광연구원 ; 김영숙(2021), 「세계유산 한국의 서원 보존과 활용 증대 방안 연구:돈암서원 사례를 중심으로」, 한국전통문화대학교 석사학위논문 ; 김자운(2021), 「서원의 교육환경 - 세계유산 등재 이전과 이후 문화재청 정책과 9개 서원 교육프로그램을 중심으로」, '한국의 서원' 세계유산 등재 이후 지속가능한 활성화 방안 학술대회 논문집, (재)한국의 서원통합보존관리단 ; 방미영(2019), 「지역문화자원으로서 유교문화 활성화를 위한 교육적 고찰 - 향교·서원 문화관광프로그램을 중심으로 -」, 『글로벌문화콘텐츠』 41 ; 백옥연(2022), 「지역 인문문화자원으로서 서원의 활용에 관한 연구:광주 월봉서원을 중심으로」, 전남대학교 석사학위논문 ; 이배용(2021), 「한국 서원의 지속 가능한 발전」, '한국의 서원' 세계유산 등재 이후 지속가능한 활성화 방안 학술대회 논문집, (재)한국의 서원 통합보존관리단 ; 오승주(2022), 「서원 공간의 특징과 활용프로그램 운영 방안:광주광역시 소재 서원을 중심으로」, 전남대학교 석사학위논문 ; 이종훈·최지운(2023), 「서원과 문화콘텐츠 접합의 방향성 검토」, 『글로벌문화콘텐츠』 55, 글로벌콘텐츠학회 ; 정순우(2021), 「세계유산 등재기준

각 지역 서원이 주체가 되어 제향의례의 원형을 복원하고 전승할 수 있는 제도적 기반을 마련함으로써, 이러한 흐름에 중요한 전환점을 제공하였다. 이에 본 연구는 「국가유산기본법」 제정의 취지와 선행 연구를 바탕으로,[4] 현재 국가유산청 '미래무형문화유산발굴육성사업'(3개년)의 일환인 "세계유산 한국의 서원 제향의례" 사업에 대한 제향의례 활용 사례를 검토하고, (사)세계유산 한국의서원 운영협의회 산하 제례보존회의 발족과 조직 구성 과정을 살펴본다. 아울러 제례보존회가 추진한 제향의례 관련 주요 활용 사업의 성과를 확인하고, 향후 과제를 점검해 보고자 한다.

Ⅱ. 제례보존회(祭禮保存會) 설립 배경과 활동

한국의 서원은 지역별·학맥별로 제향 인물의 상징성과 대표성을 기반으로 존숭되어 온 대표적인 유·무형의 문화유산이다. 또 서원은 제향 인물의 학문과 덕행을 통해 지역민을 교화하고, 제향의례를 통해 결속과 교류를 넓히는 역할을 해왔다. 서원의 이러한 기능은 시대의 정치, 사상, 문화를 이끄

으로 본 한국의 서원」, '한국의 서원' 세계유산 등재 이후 지속가능한 활성화방안 학술대회 논문집, (재)한국의 서원 통합보존관리단 ; 이동범 외(2013), 향교·서원 활용 운영모델 제시 및 기본계획 수립 연구, 문화재청 ; 임준성(2012), 「고봉 기대승의 유물유적과 월봉서원의 문화콘텐츠 활용」, 『유학연구』 27, 유학연구소 등을 참고하였다.

4) 무형유산 관련 자료는 「국가유산기본법」 등의 법령과 국제협약, 김용구(2023), 「2000년대 이후 한국무형문화재 정책의 전개과정」, 『무형유산학』 8, 무형유산학회 ; (2024), 「국가유산체제전환과 무형유산정책 과제」, 『무형유산학』 10, 무형유산학회 ; 전종한(2024), 「2024년 5월 「국가유산기본법」의 시행 맥락과 발전 과제」, 『문화역사지리』 36, 한국문화역사지리학회 ; 정수진(2015), 「무형문화유산의 문화정치학 : 유네스코 체제에 대한 한국의 대응을 중심으로」, 『실천민속학연구』 26, 실천민속학회 ; 조순자(2019), 「2000년대 이후 한국 무형문화재제도 변화의 특징과 요인 분석 – 역사적 제도주의 관점에서 –」, 『무형유산학』 4 등을 참고하였다.

는 전당으로 자리매김하였다. 2019년 한국이 세계유산으로 신청한 9개 서원은 '한국의 성리학과 관련된 문화 전통을 보여주는 유일한 독보적인 증거'로 평가되었으며, 유네스코의 '탁월한 보편적 가치(Outstanding Universal Value)'를 인정받아 세계유산에 등재되었다. 이는 한국이 지닌 역사적·문화적 가치를 국제적으로 입증한 사례이다.

세계유산 한국의 서원은 9개 서원들로 구성된 연속유산이다. 현재 9개 서원의 보존·관리와 활용은 국가유산청, 지방자치단체(6개 광역, 8개 기초)와 함께 '(재)세계유산 한국의 서원 통합관리센터(이하 서원통합관리센터로 표기)'[5]에서 함께 담당하고 있다.

서원통합관리센터는 한국의 서원에 대한 세계유산 등재추진과 등재 이후 연속유산(9개 서원)에 대한 통합관리 및 활용 사업들을 진행하고 있다. 서원통합관리센터는 세계유산 등재 추진 과정에서 워크숍, 국내·외 학술대회의 등을 개최하여 다양한 분야의 연구를 축적하였으며, 이를 정리하면 〈표 1〉과 같다.

〈표 1〉에 따르면 연구 주제는 크게 네 가지, 즉 세계유산 한국의 서원, 서원의 보호 및 관리, 서원의 활용, 그리고 실사 대비 워크숍으로 나눈다. 이 중 일부 실사 대비 워크숍을 제외한 발표 논문은 총 98편이며, 그 가운데 제향의례와 관련된 연구는 7편에 불과해 연구의 축적이 다소 부족해 보인다. 한국 서원의 세계유산 등재를 위한 연구는 사당과 제향의례를 포함해 이루어졌을 가능성이 크지만, 실제 신청 대상 서원의 제향의례 연구는 여전히 미흡한 실정이다.

---

5) (재)세계유산 한국의 서원 통합관리센터는 한국의 국가유산 중 9개 서원을 세계유산 등재 추진과 등재 이후 연속유산에 대한 통합관리·활용을 위해, 서원이 소재한 14개 지방자치단체의 업무협약(MOU)과 지원 조례 제정을 통해 설립되었고, 국가유산청 및 지자체의 지원을 받아 운영되고 있다.(https://k-seowon.or.kr/)

〈표 1〉 세계유산 한국의 서원 학술연구 개최 현황(2013~2024년)[6)]

순번	구분	개최 일자	학술회의 주제[연구 논문 편수]
1	국내	2013.4.18~19.	한국서원의 현대적 계승과 활용[6편]
2		2014.4.18	서원문화의 계승 방안과 서원의 현대적 활용[6편]
3		2021.11.5.	세계유산 등재 이후 지속가능한 활성화 방안[7편]
4		2022. 9. 2	세계유산 '한국의 서원' 탁월한 보편적 가치의 이해[4편]
5		2023.8.30.	한국의 서원 문헌 아카이브 구축을 위한 학술포럼[10편]
6		2023.10.27	'세계유산 한국의 서원 제향 의례' 학술대회[3편]
7		2024.5.10	세계유산 등재 이후 서원의 역할과 기능[10편]
8	국제	2011.10.27~29.	한국서원의 어제와 오늘 그리고 미래[6편]
9		2013.5.23.~24.	전통사회 교육시설의 세계 유산적 가치[6편]
10		2014.10.24.~25.	국외 교육유산의 이해와 한국 서원과의 비교[7편]
11		2020.10.29.	서원의 가치와 보존[5편]
12		2021.11.12~13.	세계유산 한국의 서원 등재 이후의 과제[8편]
13		2023.11.17~18.	세계유산 한국의 서원의 교육유산 가치와 현대적 활용 방안[8편]
14	워크숍	2011.12.12	한국 서원 문화재 보존관리 현황과 미래(1차)[4편]
15		2012.4.18.	서원 기록문화 정리, 보존관리 현황과 과제(2차)[4편]
16		2012.6.15.	서원의 교육(강학)과 제향의례(3차)[4편]
17		2012.11.9.	서원 현판자료 정리, 보존관리 현황과 과제(4차)
18		2013.3.15.	세계유산등재 대상 한국의 서원 보존관리 현황과 과제(5차)
19		2015.4.17.	세계유산등재 대상 9개 서원 보존관리 현황과 과제(6차)
20		2015.5.27.	실사대비등재 대상 9개 서원 보존관리 현안과 과제(7차)
21		2015.7.17.	실사대비등재 대상 9개 서원 보존관리 현안과 과제(8차)
22		2015. 8. 21.	실사대비 한국의 서원 보존관리 현황 최종 점검(9차)
23		2022. 1. 27	세계유산 한국의 서원 상시 모니터링 담당자 워크숍

6) (재)한국의 서원 통합보존관리단(2021), 『세계유산 한국의 서원 등재이후의 과제』, 국제학술포럼 자료집, 174쪽 ; (재)세계유산 한국의 서원 통합관리단(2021), 『세계유산 한국의 서원 학술연구 자료집 Ⅰ·Ⅱ』 ; 그 외 2024년까지 서원통합관리센터가 주최한 학술대회, 학술포럼을 반영한 연구성과를 정리한 표이다.

유네스코 세계유산으로 등재하기 위한 신청 규정을 참고하면 신청 유산은 '현존하거나 이미 사라진 문화적 전통이나 문명의 독보적 또는 적어도 특출한 증거일 것과 인류 역사에 있어 중요 단계를 예증하는 건물, 건축, 탁월한 보편적 중요성이 있는 사건이나 실존하는 전통, 사상이나 신앙, 예술 및 문학 작품과 직접 또는 유형적으로 연관되어야 한다.'[7]라는 조항은 상당히 중요한 기준으로 적용된다. 특히 3조 3항인 '사라진 문화적 전통이나 문명의 독보적 기준'은 신청한 서원의 제향의례에서도 다음 표와 같이 증거를 제시하였다.

〈표 2〉 탁월한 보편적 가치 기준을 반영한 제향의례의 증거[8]

구분	신청유산 등재기준[탁월한 보편적 가치] ● 탁월한 충족, ◎ 평균 수준의 충족				
	서원발전	교육체계	강학특성	제향특성	사림활동
소수서원	제도도입	●	●	●	◎
남계서원	설립주체	●	◎	●	●
옥산서원	출판활동	●	◎	●	●
도산서원	학맥형성	◎	●	●	●
필암서원	운영방식	●	◎	●	◎
도동서원	교육체계	●	◎	●	◎
병산서원	사회활동	◎	◎	●	●
무성서원	교화활동	●	◎	◎	●
돈암서원	예학심화	●	●	●	◎

위 표에 따르면, 세계유산 등재 신청을 위해 분석된 '탁월한 보편적 가치의 기준' 중에서 '제향의례' 항목이 가장 높게 충족된 것으로 나타났다. 이는 한국 서원이 선현에 대한 제향의 기능을 독보적으로 전승하고 유지해왔다는 강력한 증거이다.

---

7) 「유네스코 세계유산 등재 신청에 관한 규정」의 3조, 3·4·6항.
8) 대한민국(문화재청)(2019), 『한국의 서원 세계유산 등재 신청서』, 123쪽.

특히, 성균관과 향교 같은 전통적인 관립 유학 교육기관이나 중국 등 동아시아의 유학 시설과 달리, 한국의 서원은 공자를 제향하지 않고 해당 서원과 직접 관련된 선현만을 제향하는 특징을 갖는다. 이는 서원이 단순한 교육기관이 아니라, 지역 성리학자들이 학문적 계보를 정립하고 계승하는 중심지였음을 보여준다. 선현 대신 지역 지식인을 제향 대상으로 삼은 점은 중국 서원문화를 수용하면서도 이를 지역 실정에 맞게 토착화한 대표적인 사례이며, 이는 한국 서원이 독자적인 발전과정을 거쳤음을 보여 준다. 또한, 제향 대상에서 민간신앙적 요소나 자연물을 철저히 배제함으로써, 서원의 제향의례는 기복적 성격을 지양하고 순수한 유교적 성격을 유지한다는 점에서, 제향은 서원 문화의 중요한 특징이라 할 수 있다.

한편, 2012년에 서원통합관리센터가 한국의 서원이 세계유산에 등재되기 위한 활동 과정에서 신청 서원을 대표하는 '세계유산 한국의서원 운영협의회'라는 단체가 조직되었다. 이 단체는 세계유산 등재 추진을 목적으로 조직되었으며, 등재 이후 2024년 9개 서원의 가치를 보호하고, 전통문화를 계승·발전시키며, 유산의 효율적 보존·관리를 통해 그 가치를 지속시키는 것을 목적으로 개편되어 법인화되었다. 그리고 9개 서원의 합리적인 운영과 권익 향상, 상호 간 화합을 도모하기 위해 다음과 같은 사항을 결의하였다.

하나. 세계유산 한국의 서원 건축물 및 시설의 유지, 보수, 관리 및 환경개선 사업
하나. 세계유산 한국의 서원 소장 자료의 보존 및 관리
하나. 세계유산 한국의 서원 제향 의례(향사, 삭망례, 정알례, 고유례, 알묘 등) 전승
하나. 세계유산 한국의 서원 문화창달과 국민인식 제고를 위한 사업
하나. 세계유산 한국의 서원 서원간 교류 및 화합을 위한 사업
하나. 세계유산위원회 권고사항 이행을 위하여 (재)세계유산한국의서원통합관리센터에서 수립한 통합관리 계획 수행
하나. 기타 본회의 목적 달성을 위하여 필요한 사업[9]

'(사)세계유산 한국의서원 운영협의회' 법인 임원은 9개 서원 중 회장 1명을 선출하고, 나머지 8개 서원을 대표하여 각 1명씩 이사를 선출하여 총 9명으로 구성하였다. 한국이 신청한 서원이 세계유산으로 등재된 2019년 이후, '(사)세계유산 한국의서원 운영협의회'가 주체적인 활동을 위해 법인 등록을 신청하였고, 2024년에 정식 법인으로 등기되었다. 이후 서원통합관리센터가 기본 계획을 수립하고, '(사)세계유산 한국의서원 운영협의회'가 이를 주관하여 서원을 중심으로 한 지속 가능한 활성화 방안과 현대적 활용에 관한 종합적인 연구가 본격적으로 추진되었다. 이 과정에서 제향의례 전통이 동아시아 국가 중 오직 한국의 서원에서만 유일하게 전승되고 있다는 점에 다시 주목하였다. 더불어, 세계유산으로 지정된 한국 서원의 제향의례에 대한 학술연구, 특히 그 문화유산 가치와 무형유산으로서의 가치를 분석한 연구는 아직 미흡하다는 지적도 제기되었다.

이에 따라 '(사)세계유산 한국의서원 운영협의회'는 2023년부터 서원통합관리센터의 지원을 통해 제향의례 관련 문헌자료를 조사하여 이를 체계화하는 연구를 진행하였다. 동시에 9개 서원의 제향의례 전승자를 발굴하고, 그 구조를 구술 채록하는 한편, 제례 영상 및 사진 기록 작업을 병행하였다. 또한 학술대회를 개최하여 제향의례의 무형유산 가치를 주요 주제로 다루는 등 다각적인 노력이 이어졌다. 이러한 체계적인 연구성과를 통해 제향의례의 무형유산으로서의 가치가 더욱 뚜렷하게 부각되었다.

2024년 '(사)세계유산 한국의서원 운영협의회'는 산하에 '제례보존회(祭禮保存會)'[10] 설립에 대한 공론이 형성되어 '제례보존회' 구성원 선정 작업이

---

9) 사단법인(2024), 「세계유산 한국의서원 운영협의회」, 3조(목적).

10) '제례보존회'는 세계유산으로 등재된 9곳의 한국 서원을 대표하는 설립 준비 회원들이 주축이 되어, 2024년 4월 14일 영주 소수서원 충효교육관에서 설립총회를 개최함으로써 공식 출범하였다. 총회에서는 임시의장을 선출한 후, 의장의 진행 하에 회의가 본격적으로 열렸다. 회의는 '제례보존회' 설립 경과보고를 시작으로, 회칙 승인 절차를 거친 뒤 회장, 부회장, 총무 각 1인을 선출하였다. 이어 감사 2인과 운영위원 4인을 추가로 선출하며 조직 구성의 기본 틀을 완성하였다.

시작되었다. '제례보존회' 설립의 핵심 목적은, 제향의례라는 세계유산 한국 서원의 무형 가치를 지속적으로 발전시키기 위한 전승 환경을 구축하고, 이 전통문화를 계승하여 궁극적으로 서원 제향의례를 '국가무형유산'으로 지정받는 데 두었다. '제례보존회' 구성원 선정이 마무리 되자, '제례보존회' 설립을 위한 총회를 개최하였다. 총회에서는 임시의장을 선출한 뒤, '제례보존회' 회칙을 안건으로 상정하고 회원들의 심의를 거쳐 이를 통과시켰다. 이어 회장, 부회장, 총무 각 1인과 감사 2인, 운영위원 4인을 선출하였으며, 회원은 18명으로 구성되었다. 이와 함께, '제례보존회'의 설립 목적과 주요 추진 사업에 대해서도 회의에서 규정하고 결의하였다.

> 본회는 세계유산인 한국의 서원 9개 서원의 제향의례의 전통을 보존하고 지속 가능한 발전을 통해 성리학 교육기관의 이념구현과 전통문화 창달에 이바지함을 목적으로 한다. 또한 후계자 양성 교육 및 전승활동을 운영하면서, 한국의 서원의 제향의례를 '무형문화재 보전 및 진흥에 관한 법률'의 규정 제12조 국가무형유산 지정을 목표로 한다. 국가무형유산 지정을 달성하기 위해 추진할 사업은 제향의례 원형(봉행, 제찬, 의물, 복식 등) 보존과 전승을 위한 사업, 제향의례 전수 교육 및 장학 등 육영사업, 제향의례 봉행, 전시, 홍보 등 보급사업, 제향의례 가치 확산 및 국제교류 사업 등 목적 달성에 필요한 사업을 추진한다.[11]

'제례보존회'는 회칙에 따라 다양한 활용사업을 추진하였는데, 그 중 대표적인 사례로 '제례참관단' 운영, '제례 전승학교' 개설, '제향 인물 스토리텔링 경연대회' 개최 등을 들 수 있다. 특히 '제례참관단' 모집은 일반인들로부터 큰 관심을 끌었으며, 참가자들은 분향례, 삭망례, 향사례 등 실제 제례에 직접 참여함으로써 제향의례의 특징과 의미를 체험하고 이해하며, 국가유산 기본법 취지에 부합한 향유할 권리와 기회를 가지도록 프로그램을 구성하였다.

---

11) 「(사)세계유산 한국의서원 제례보존회(祭禮保存會)」, 제1장 3조(목적), 4조(사업).

'제례 전승학교' 운영 또한 매우 의미 있는 성과를 거두었다. 세계유산으로 등재된 서원들의 제향의례 구조, 특징, 절차 등을 서원별로 정리하여 교육 자료로 활용하였으며, 이를 통해 제향의례에 대한 이해도를 높이고 전승 기반을 확립하였다. 기존에도 연구자들에 의해 정리된 제향의례 자료는 있었으나, 대부분 한자로 정리되어 있어 일반인의 이해와 접근이 어려웠다. 이에 국문과 한문을 병기하여 쉽게 이해할 수 있도록 '제향의례 전승 교재'를 제작하였고, 이를 제향의례 교육과 전승 활동에 적극적으로 활용하였다. 이처럼 2023년부터 본격적으로 시작된 제향의례의 무형유산 가치 연구의 구체적인 내용과 활용 사례는 다음 장에서 살펴보기로 한다.

Ⅲ. 세계유산 한국의 서원 제향의례 활용 사례

이 장에서는 (사)세계유산 한국의서원 운영협의회의 '제례보존회'가 「국가유산기본법」의 목적과 기본이념을[12] 반영하여 2023년부터 추진한 활용사업들을 상세히 살펴보고자 한다. 활용사업의 방향은 정기 제향의례와 비정기 제향의례로 구분되며, 현재까지 전승되고 있는 제향의례를 중심으로 추진되었다.

〈표 3〉의 내용과 같이 서원의 제향의례는 정기 제향의례와 비정기 제향의례로 구분된다.

---

12) '이 법은 국가유산 정책의 기본적인 사항을 정하고, 국가유산 보존·관리 및 활용에 대한 국가와 지방자치단체의 책임을 명확히 함으로써, 국가유산을 적극적으로 보호하고 창조적으로 계승하여 국민의 문화 향유를 통한 삶의 질 향상에 이바지함을 목적으로한다.'(「국가유산기본법」, 제1장, 제1조, 목적) ; '이 법은 국가유산이 우리 삶의 뿌리이자 창의성의 원천이며 인류 모두의 자산임을 인식하고, 국가유산의 가치를 온전하게 지키고 향유하며 창조적으로 계승·발전시켜나감으로써 삶을 풍요롭게 하고 미래 세대에 더욱 가치있게 전해 주는 것을 기본이념으로 한다.'(「국가유산기본법」, 제1장, 제2조, 기본이념)

〈표 3〉 한국의 서원 제향의례 구분

구분	명 칭	내 용
정기	정알례(正謁禮)	매년 정월 초 분향하는 의례
	삭망례(朔望禮)	매월 초하루와 보름(1·15일)에 분향하는 의례
	춘추향사례(春秋享祀禮)	매년 봄·가을 봉행하는 의례
비정기	사액례(賜額禮)	국가로부터 사액 받을 경우
	치제례(致祭禮)	국가에서 제관을 보내어 제사를 지내는 경우
	예성제(禮成祭)	위패를 새로 봉안하거나 제외시킬 경우
	이안제(移安祭)	서원에 일이 있어 임시로 위패를 옮길 경우
	환안제(還安祭)	위패를 다시 제자리에 봉안할 경우
	알묘례(謁廟禮)	고위 관료, 일반인 등 사당에 참배할 경우
	고유례(告由禮)	서원의 특별한 사안을 사당에 고할 경우
	위안제(慰安祭)	불시에 재난을 입었을 경우

정기 제향의례는 정알례, 삭망례(혹은 향알례, 삭망분향례라고도 함), 춘추향사례로 구성되며, 이들 의례는 현재까지 전승되고 있다. 비정기 제향의례 중에서는 알묘례와 고유례가 전승되고 있는 반면 이안제와 환안제는 서원의 특별한 상황에 따라 드물게 봉행되는 제례이다. 이러한 제향의례들은 서원의 전통적인 교육과 제사 기능을 보여주는 중요한 문화유산으로, 현재까지도 그 전통을 유지한다는 점에서 높이 평가할 만하다.

또한 학계에서는 서원의 제향의례가 동아시아 국가 중 한국의 서원에서만 유일하게 전승된다는 점에 주목하여, 그동안 제례의 문화유산 가치와 무형유산으로서의 가치 연구가 부족했던 한계를 극복하고자 본격적인 연구를 시작하게 되었다. 이러한 연구는 「국가유산기본법」의 목적과 기본이념에 부합하는 것을 목표로 하며, 그 성과를 바탕으로 제향의례를 대중이 함께 향유할 수 있는 다양한 사업이 시도되었다. 이와 같은 일련의 과정은 제향의례를 국가무형유산으로 지정하기 위한 기반을 마련하고, '제례보존회' 설립 역시 이러한 목적을 실현하기 위한 활동의 일환으로 이루어졌다. 이 과정을 표로 정리하면 다음과 같다.

〈표 4〉 2023·2024년 제향의례 연구와 '제례보존회' 활동 내역[13)]

년도	프로그램	활동 내용
2023	제향의례 문헌조사	·한국의 서원 제향의례 특징 ·현대 제향의례 변모 양상 ·한국의 서원 춘추향사 비교·검토 ·제향의례 역사적 의미와 무형유산 가치연구 ·한국의 서원 제향의례 문헌자료 조사
	제향의례 구술채록	·9개 서원별 제향의례 구술할 2인 선정, 전체 18인을 구술 채록 ·구술내용: 구술인 생애, 9개 서원별 전승되고 있는 제향의례, 전승 제향의례의 특징, 제례 변화양상, 제례 절차, 제례 전승 과제
	제향의례 영상 제작	·9개 서원별 구술채록 전체 영상과 요약본 영상 제작 ·9개 서원별 향사례 사진 촬영 기록 ·9개 서원별 삭망례·알묘례 영상·사진 제작 ·한국의 서원 제향의례 전체 요약본 영상 제작 ·한국의 서원 제향의례 통합 홍보 영상 제작
	제향의례 학술대회	·세계유산 한국의 서원 제향의례 학술회의 주제 - 세계유산'한국의 서원' 제향의례와 지속 발전을 위한 방안 제안 - 서원 제향의례의 역사적 의미와 무형문화유산으로서의 가치 - 세계유산 한국의 서원 제향 전승 구조와 현황 - '세계유산 한국의 서원 제향 의례' 문헌 고증을 통해 본 서원 제례의 변천 과정과 현대적 의미 해석
2024	제례보존회 설립	·설립총회: 영주 소수서원 충효교육관 ·제례보존회 회칙 승인 ·임원선출: 회장(1인)·부회장(1인)·총무(1인)·운영위원(4인)·감사(2인) ·회원: 18명
	제례 참관단 운영	·제례참관 발대식·삭망례 참관·사당 알묘 참관 ·추향례 봉행 참관·도동서원 묘제 참관
	제례 전승 강사 공통 교육	·공통교육 장소: 소수서원 충효교육관 ·9개 서원별 제례 강사: 약 20명(서원별 각 2~3명)

13) 표에 내용의 2023·2024년 제향의례 연구과 제향의례 활용 사례들은 '(사)세계유산 한국의서원 운영협의회' 주도로 진행하였다.

년도	프로그램	활동 내용
	제례 전승학교 운영	·세계유산 한국의 서원 제향의례 전승학교 교재 제작 ·교육 장소: 서원별 강당과 사당 ·9개 서원 교육생: 약 100명 ·1회차: 제향인물, 제향의례 특징 및 의미, 영상시청 병행 ·2회차: 춘추향사 의미와 준비 과정, 진설도 교구·영상 활용 ·3회차: 춘추향사 봉행 절차 습례(習禮), 진설도 교구 활용
	제향 인물 스토리텔링 경연대회	·현수막 제작 2곳 게시하여 유림, 일반 대중 신청 홍보 ·지자체, 서원통합관리센터 홈페이지 팝업창 홍보 요청 ·심사위원: 6명 위촉 ·신청분야: 발표, 말하기, 그림, 영상, 공연 등 개인 혹은 팀 신청 ·신청: 10팀

위 표와 같이 제향의례에 대한 연구 및 활용사업은 2023년과 2024년을 중심으로 단계적으로 추진되었다. 2023년에는 제향의례 문헌자료 조사, 구술 채록, 영상기록, 학술대회 등 기초 연구 및 기록 중심으로 진행되었다. 2024년에는 '제례보존회' 설립, 제례 참관단 운영, 제례 전승 강사 공통교육, 서원별 제례 전승학교 운영, 제향인물 스토리텔링 경연대회 개최 등 제향의례 전승 기반과 대중 참여 확대를 위한 활용사업 중심으로 운영하였다.

1. 2023년 세계유산 한국의 서원 제향의례 사업

2023년에 추진된 제향의례 문헌조사 연구는 한국 서원의 제향의례가 지닌 문화적·역사적 가치를 고증(考證)하고, 무형유산 지정을 위한 기초 연구로서 중요한 의미를 지닌다. 이에 따라 가장 먼저 세계유산으로 지정된 9개 서원을 대상으로 제향의례 관련 문헌자료 조사를 실시하였다. 이 조사 결과를 바탕으로, 현재 전승되고 있는 서원의 제향의례가 어떻게 변모해 왔는지 그 양상을 추적하였으며, 아울러 9개 서원의 춘추향사례를 비교·분석함으로써 제향의례의 공통적 특징과 차이를 규명하였다. 이를 통해 제향의례가 지닌 역사적 의미와 무형유산으로서의 가치를 도출할 수 있었다.

구술채록은 세계유산에 등재된 한국의 서원별로 제향의례를 담당하는 유사 2인을 선정하여, 구술인의 생애와 더불어 문헌에 기록된 제향의례의 구조와 절차에 대해 구체적으로 구술하도록 진행하였다. 이를 통해 해당 의례가 실제로 서원에서 원형을 유지하며 전승되고 있는지, 또 어떤 부분에서 변화가 있었는지를 파악하고자 하였다. 또한 이러한 과정을 통해 제향의례의 전승 실태뿐만 아니라, 서원별 제향의례의 고유한 특징도 함께 확인할 수 있었다.

가장 뚜렷한 변화는 입재 시점과 봉행 시간이었다. 입재의 경우는 전통적으로 3일 전 입재가 대체로 2일 전 입재로 변경되었다가, 현재는 당일 입재로 변화된 경우가 많았다. 향사 봉행 시간은 전일 입재 후 새벽에 봉행하던 2곳 여 서원을 제외하고는 대체로 향사 당일 오전 11시에 봉행하고 있었다. 그 외에도, 문헌자료 조사만으로는 파악하기 어려웠던 제수(祭需) 물목의 변화, 서원별 제례 구조와 절차의 차이점 등을 구술 채록을 통해 확인할 수 있었다.

제향의례 영상 제작의 경우는 그간 세계유산 한국의 서원은 사당 내부 공간과 제향의례 구조와 절차를 일반 대중에게 모두 공개하는 데 많은 부담을 느껴왔다. 그러나 최근 들어 제향의례는 무형유산 관점에서 그 가치가 국가유산이며, 우리 삶의 뿌리이자 창의성의 원천, 나아가 인류 모두의 자산이라는 공감대가 형성되면서 점차 변화하기 시작하였다. 현재 각 지역 서원들은 「국가유산기본법」 중 국민의 권리와 의무를[14] 근거로, 국가유산은 국민 누구나 향유할 수 있는 권리라는 인식 아래, 다양한 활용방안을 모색하고 있으며, 서원과 제향의례의 무형유산 가치를 확산하기 위해 노력하고 있다.

그 일환으로 추진된 프로그램이 제향의례의 구조와 절차를 영상과 사진으로 기록하는 작업이었다. 기록 대상에는 춘추향사(春秋享祀), 삭망례(朔望禮, 香謁禮), 알묘례(謁廟禮), 제향의례 구술채록이 포함되며, 해당 자료들은

14) '모든 국민은 국가유산을 알고 찾고 가꾸어 새로운 가치를 더하며, 이를 차별 없이 자유롭게 향유할 권리를 가진다.'(「국가유산기본법」, 제1장, 제5조, 국민의 권리와 의무)

서원통합관리센터 홈페이지를 통해 일반 대중에게 공개되어, 제향의례에 대한 이해와 접근성을 높이고자 하였다. 특히 영상 콘텐츠는 각 의례별로 전체 영상과 요약본으로 나누어 제작되었으며, 시청자의 이해를 돕기 위해 자막을 함께 삽입하였다. 또한 제향의례 전반을 종합적으로 설명하는 통합 영상 요약본도 제작되어, 성우의 해설과 자막을 병행함으로써 시청자가 제향의례의 의미와 무형유산적 가치를 쉽게 이해하도록 구성하였다. 한편, 구술채록 영상의 경우는 제례별로 이해할 수 있도록 9개 서원별 춘추향사·삭망례·알묘례 전체 채록 영상과 이를 바탕으로 9개 서원을 통합한 구술채록 통합 영상도 제작하였다.

학술대회는 '세계유산 한국의 서원 제향의례'를 주제로, '세계유산 한국의 서원 제향의례 전승 가치와 무형유산 지정의 필요성'이라는 부제로 개최되었다. 발표자로는 제향의례 및 무형유산 분야의 전문 연구자들이 초빙되었으며, 제향의례를 무형유산 관점에서 고찰한 연구 내용 중심으로 구성되었다. 이 학술대회를 통해서 한국의 서원의 제향의례는 역사적·학술적·문화적으로 무형유산으로서의 가치를 충분히 지니고 있음이 확인되었고, 나아가 세계유산의 탁월한 보편적 가치(OUV)를 지속 가능하게 하는 무형유산으로서의 특별한 의미를 지닌다는 점이 도출되었다. 또한 한국 서원의 제향의례는 국가무형유산으로 지정되어 국가 차원에서 체계적인 관리와 원형 보존이 이루어져야 한다는 필요성이 더욱 뚜렷하게 제기되었다.

2. 2024년 세계유산 한국의 서원 제향의례 사업

2024년의 세계유산 한국의 서원 제향의례 사업은 2023년에 수행된 연구 성과물을 기반으로 활용 중심의 프로그램으로 확대되었다. 그중 제례 참관단의 운영은 서원을 출입하는 유림은 물론 일반 대중까지 제향의례 참여 범위를 확대하여, 참여자가 직접 제례 참관함으로써 무형유산의 가치를 체득할 수 있도록 기획되었다. 일반인이 참관 신청할 수 있는 제향의례는 알묘례, 삭망례, 향사례이며, 9개 서원에서는 참관 시 착용해야 할 의복을 미리 준비해 두고 있어 누구나 절차에 맞춰 참여할 수 있도록 하였다. 제향의례 참관 시에는 의복을 정제하고, 참관 예절, 이동 동선, 의례 절차 등에 대해 '제례보존회'에서 선임한 제향의례 전승자가 직접 안내를 맡아 전통의 의미와 절차를 전달하도록 하였다. 다만, 일반 대중은 복식, 예절, 절차 등에 익숙하지 않은 경우가 많아, 이를 보완하기 위해 지속적인 교육 프로그램과 체험 활동의 확대가 필요한 과제로 제기되었다.

제례전승학교 운영은 서원을 출입하는 유림과 일반 대중을 대상으로, 서원의 제향의례에 대한 개념·역사·구조·절차를 쉽게 이해할 수 있도록 구성된 전승학교 교재를 바탕으로 서원별 교육을 진행하는 프로그램이다. 교육은 '제례보존회'가 위촉한 9개 서원의 제례 강사가 교육을 진행하며, 각 서원의 '제례보존회' 임원과 회원들이 교육을 보조한다. 이를 위해 (사)세계유산한국의서원 운영협의회의 '제례보존회'는 서원별로 위촉된 20여 명의 강사를 대상으로, 교재 활용법과 교육 진행 방안을 안내하는 통합교육을 개강하였다. 이 통합교육은 제례전승학교 교재 제작팀과 전문 교수진을 초빙하여 진행하였다.

교육생 모집은 '제례보존회'가 주관하였으며, 세계유산으로 등재된 9개 서원이 위치한 지역을 대상으로 이루어졌다. 모집은 현수막, 지방자치단체 및 서원통합관리센터 홈페이지 등을 활용한 공개모집 방식으로 진행되었으며, 모집 대상은 제례 전승 후계자를 포함한 지역 유림은 물론 일반 대중 누구나 신청하여 교육받을 수 있게 하였다. 그 결과, 9개 서원에서 100여 명의 제례 전승학교 수료생을 배출하였다. 특히 제례 참관단 중 제향의례에 대한 이해가 부족했던 일반인들이 제례 전승학교 교육을 통해 개념과 의미를 습득함으로써, 제례 참관단 운영에서 드러났던 지식 부족의 한계를 보완하는 성과를 거두었다.

교재의 목차는 크게 1부 '세계유산 한국의 서원'과 2부 '세계유산 한국의 서원 제향의례'로 구성된다. 1부는 3개의 장으로 나뉜다. 1장은 '한국 서원의 이해'로, 서원의 개념과 기원, 구성원, 원임의 구성과 직무, 규약 및 재정 등을 다루어 서원 운영의 기본 구조와 의미를 이해하도록 하였다. 2장 '한국의 서원 제향 인물과 사당'에서는 세계유산으로 등재된 서원의 제향 인물과 사당에 대한 정보를 간략하게 표로 정리하여 기본 정보를 파악하도록 하였다. 3장 '한국의 제례 전승학교 운영'에서는 전승학교의 운영 목적과 역할, 필요 역량 등을 설명하였다. 또한 1부에서는 서원의 주요 기능인 강학, 강학의 종류 및 의례, 학문 교류와 유식을 설명하고, 동아시아의 사립 교육기관과 비교할 수 있게 구성하였다. 더불어, 세계유산으로서 한국 서원의 가치와 등재 과정을 이해하도록 하였다.

2부는 세계유산에 등재된 9개 서원을 건립 순으로 배열한 아홉 개의 장으로 구성된다. 각 장은 해당 서원의 역사와 운영, 제향의 종류, 제향 건물, 제향 인물, 제향의례의 특징, 제향의례 절차, 홀기 순으로 정리하여, 개별 서원에 대한 이해는 물론 서원 간 제향의례를 비교·검토할 수 있게 하였다. 또한 이론 교육과 함께 제향의례 실습 교육에 활용할 수 있도록 제수 교구를 제작하여 활용할 수 있도록 하였으며, 교육생의 이해를 돕기 위해 2023년에 제작한 제향의례 영상도 함께 제공하였다.

2024년 '제례보존회'의 마지막 활용사업은 제향의례의 관심과 무형유산 가치를 알리고자 기획한 '제향 인물 스토리텔링 경연대회'였다. 신청 대상은 세계유산 서원이 위치한 9개 지역의 유림과 주민은 물론 일반 대중을 대상으로 하였다. 참가 자격은 초등학생부터 일반 성인까지 모든 연령층에게 열려 있었으며, 개인 또는 팀 단위로 신청할 수 있게 하였다. 대회 홍보는 각 서원의 '제례보존회'가 주관하여 현수막을 설치하고, 지방자치단체 및 서원통합관리센터 홈페이지를 통해 홍보와 신청을 유도하였다. 대회의 주제는 '세계유산 한국의 서원 제향인물·제향의례'였으며, 신청 분야는 발표, 말하기, 그림, 영상, 공연 등 다양한 형식을 포함하여 참가자들이 각자의 재능을 자유롭게 표현할 수 있도록 하였다. 신청 분야와 시상 내역은 다음 표와 같다.

〈표 5〉 제향인물 스토리텔링 경연대회

구분	성명	신청부분	주 제
대상	김**(문화관광해설사)	말하기(발표)	그림으로 보는 하서 선생 이야기
최우수	노**(스토리텔러)	말하기(발표)	퇴계 선생 이야기
	김**(전북대 국제인문사회학부)	말하기(발표)	무성서원의 제향의례와 한국 서원 정신의 현대적 계승
우수	노**(남계서원 제향이사)	말하기(발표)	남계서원 분향 체험
	김**(문화관광해설사)	말하기(발표)	하서 김인후 선생의 필암서원 나르샤
	류**(병산서원 별유사)	말하기(발표)	병산서원의 제향인물
	서**(소수서원 별유사)	말하기(발표)	소수서원과 성인지도(聖人之道)
	김**(도동서원 재무유사)	영상	한훤당 유적지 소개
장려	김**(도동서원 운영위원)	영상	한훤당 선생 소개
	정**(남계서원 홍보이사)	말하기(발표)	자신과 약속을 지키기 위하여 목숨을 건 일두 선생

경연대회의 말하기와 발표 부분에는 8명, 영상 부분은 2명이 신청하였다. 신청자들은 문화관광해설사, 스토리텔러, 대학생, 서원을 출입하는 유림 등 다양한 계층에서 참여하였다. 대상 수상자의 발표 주제는 '그림으로 보는 하서 선생 이야기'로, 필암서원의 제향 인물인 하서 김인후의 문장과 절의를 도학적 관점에서 해석하고, 이를 세 점의 그림을 통해 효과적으로 표현하였다. 최우수 수상자의 주제는 '퇴계 선생 이야기'로, 퇴계 이황의 생애를 주요 나이대별로 나누어 소개하고, 자연 사랑 시, 『도산십이곡』 등의 내용 중심으로 발표하였다. 특히 수상자는 스토리텔러답게 퇴계 이황의 시를 낭송하고, 시의 내용을 직접 몸짓으로 표현해 관객의 큰 주목을 받았다. 또 다른 최우수 수상자는 대학생 신분으로 참가한 학생으로, '무성서원의 제향의례와 한국 서원 정신의 현대적 계승'이라는 주제로 발표하였다. 학생답지 않게 무성서원의 향사례의 준비과정과 절차, 그리고 제향의 가치를 대학생의 시각에서 풀어내 청중의 높은 관심을 끌었다. 그 외 수상자의 발표내용은 발표자가

서원에서 분향한 체험을 발표하거나, 제향 인물의 생애, 학문 활동 등을 주제로 발표하였다. 또한 제향 인물의 생애와 관련한 유적지를 영상으로 제작해 참가하여 수상하기도 하였다. 특히 제향 인물의 삶과 학문적 업적, 유적지를 영상으로 소개함으로써 관객의 관심과 이해를 더욱 심화시켰다. 이번 경연대회 참여자는 10명으로 신청자 수와 팀 수가 많지 않았던 점은 앞으로 보완해야 할 과제라 생각된다. 향후 경연대회를 지속적으로 개최할 경우, 제향의례의 가치를 일반 대중에게 확산시키는 데 큰 역할을 할 것으로 보인다.

3. 제향의례 전승학교 교재 제작 활용 사례

제향의례 전승학교 교재는 세계유산으로 등재된 9개 서원을 중심으로, 각 서원을 출입하는 유림을 비롯한 제향의례에 관심 있는 일반 대중, 특히 각 서원의 제향의례를 계승할 후계자 양성을 목적으로 제작되었다. 이 교재의 2부는 서원별 역사와 운영, 제향의례의 개념과 특징, 그리고 절차 등을 이해하는 데 핵심적인 내용을 담았다. 그중 1장은 소수서원을 다루고 있으며, 제1장 2절에는 소수서원의 제향의례 특징, 정기 및 비정기 제향의례의 의미, 그리고 현재 전승되고 있는 제향의례 절차를 정리하였다. 아래에는 제1장 2절에 해당하는 소수서원의 교재 내용을 사진을 제외하고 소개하면 다음과 같다.

제 2부.
1장. 영주 소수서원의 제향의례
 1. 소수서원의 역사와 운영
 2. 소수서원의 제향의례

※ 제향의례 특징
- 한국 서원 중 최초로 건립되어 사액된 서원
- 서원 향사의 전범을 제시한 최초의 홀기

· 지역 선현을 제향 인물로 선정하는 전통이 시작
· 한국 서원의 유일한 제례 예악 전통인 『도동곡(道東曲)』 악장을 춘추향사 때 초헌·아헌·종헌관의 전작 후 부름
· 『도동곡』은 신재 주세붕이 직접 지은 것으로 유학의 연원과 실천을 노래하고, 공자·주자 등의 도학을 칭송하며, 그 도학이 안향에 의해 한국에 전래 된 것을 찬양하는 내용
· 『도동곡』의 가사는 경기체가(景幾體歌)의 형식의 수장·중장·종장으로 구성
· 한국 서원에서 유일하게 예(禮)·악(樂)이 전승되고 있는 고유한 제례악의 전통을 보여줌
· 춘추향사 개좌(開座) 후 첫 순서로 강당에서 선임된 유생이 원규(院規)와 잠(箴)을 경독(敬讀)
· 현재 성생례(省牲禮)는 시행하지 않음, 본래 서원 정문 입구 성생단에서 성생례를 행함
· 성생홀기가 남아 있음
· 헌관이 묘우에 출입할 때는 중문(中門)으로 들어가 동문(東門)으로 나온다.

※ 제향의례 규정[원규]

· 춘향례·추향례(大享): 정례적으로 봄과 가을의 마지막 달 상정일(上丁日)에 하고, 일이 있으면 중정일(中丁日)에 거행
- 마지막 달로 하는 이유는 대개 옛 성현의 제향을 봄·가을 가운데 달로 하여 안향이 이미 배향되었기 때문에 삼헌관(三獻官)과 육집사(六執事)를 갖춤
- 유사가 7일 전에 사문에게 고하고 헌관과 집사를 미리 정함
- 현재는 향사 약 20일 전 서원에서 당회를 개최하여 아헌관·종헌관·재유사(2인)·축관(祝官)·찬자(집례) 천망 후 망기 발송. 그 외 제집사(諸執事)도 천망해 둠
· 치재(致齋)하는 날 헌관이 보관된 책을 점검하고 볕을 쬐이며, 담장과 집

이 기울거나 틈이 있는지 살펴보고, 미곡과 각종 물품을 세어 봄, 제삿날 사문들과 함께 살펴봄

※ 비정기 제향의례

(1) 알묘례(謁廟禮) – 소수서원 알묘례 영상 활용(2023년 제작본)

· 정알례와 삭망분향례, 춘추향사 때 올리는 알묘례는 정기 알묘례, 그 외 내방객이 사당에 참배하는 알묘는 비정기 알묘례

· 고위직 관료나 유림 단체, 일반 내방객이 사당에 참배차 방문했을 때 올리는 의례

· 고위직 관료나 단체 참배 등 특별한 알묘례는 찬자(집례)의 창홀(唱笏)로 거행하며, 개인 혹은 일반 방문객의 알묘는 서원에서 천망된 제례 담당 유사가 알묘를 도움

· 단체 알묘는 알자(謁者), 찬자(贊者), 봉향(奉香), 봉로(奉爐) 등의 집사가 알묘를 도움

· 서원에서 개최하는 여러 행사나 강학을 열었을 경우 참여자 모두 사당에 알묘

· 헌관(알묘 대표자)이 묘우에 출입할 때는 중문으로 들어가 동문으로 나온다.

· 알묘례를 올릴 때는 반드시 유복(儒服)을 갖추야 함

· 알묘례를 올린 후에는 서원에 비치된 심원록(尋院錄, 방명록)에 등록

알묘례 절차: 창홀로 알묘하는 사례(고위직 관료나 단체 참배)

① 도감(都監)이 "개좌(開座)아뢰오."를 삼창하면 모든 참배자와 알묘를 도와줄 찬자(집례), 봉향, 봉로 등의 집사는 강당에 정해진 자리에 서서 상읍례(相揖禮)를 한다.

② 도감은 알묘 대표자(이하 헌관으로 표기)와 참배자들을 인도하여 묘정의 정해진 배위(拜位)에 서도록 돕는다. 찬자는 창홀 자리에 서서 창홀을 시작하면, 헌관과 모든 참배자는 창홀 순서에 따라 알묘례를

올린다. 소수서원의 알묘례 홀기(笏記)는 향사례 홀기 내용 중 '상향례(上香禮)' 부분을 활용한다.

③ 헌관은 알자의 인도로 관세위에 나아가 손을 관세 후 사당 중문(中門)을 통해 안으로 들어가 원위인 문성공 안향 신위 앞에 무릎을 꿇고 앉아 세 번의 향을 피운다.(三上香) 향을 피울 때는 헌관의 오른쪽에는 봉향, 왼쪽에는 봉로 집사가 꿇어앉아 삼상향을 돕는다.

④ 원위 분향이 끝난 헌관은 알자의 인도를 받아, 차위(次位)인 문정공 안축 신위, 삼위(三位) 문경공 안보, 사위(四位) 신재 주세붕 순으로 신위 앞에 꿇어앉아 원위와 같은 방법으로 분향례를 올린다.

⑤ 분향이 끝난 헌관은 알자의 인도로 사당 동문(東門)을 통해 묘정의 배위로 돌아간다.

⑥ 헌관이 묘정의 배위에 서면 모든 참배자는 찬자의 창홀에 맞춰 재배한다. 이어서 도감이 "파좌(罷座) 아뢰오."를 삼창하면 알묘례가 마무리된다.

⑦ 모든 참배자는 강당으로 이동하여 정해진 자리에 서서 상읍례 한 후 파좌한다.

⑧ 헌관은 서원에 비치된 심원록에 등록한다.

※ 정기 제향의례

(1) 정알례(正謁禮, 정조알묘례正朝謁廟禮, 세알歲謁)

- 매년 정월 초 5일이 되면 새해를 맞이하여 유림이 사당의 선현께 알묘하는 의례
- 예전 정알례와 현재 정알례 차이점: 전일→당일 입재, 여명에 알묘→11시경 변경
- 정알례 참례 범위: 원장(분헌관), 원임, 향중 유림 등
- 정알례 참례자는 시도기(時到記)에 등록
- 정알례는 향사 홀기 중 **상향례(上香禮) 부분**을 찬자(贊者)의 **창홀**로 거행
- 헌관이 묘우(사당)에 출입할 때는 중문(中門)으로 들어가 동문(東門)으로

나온다.

정알례 절차

① 도감이 "개좌(開座) 아뢰오."를 삼창하여 정알례 시작을 알린다. 원장과 원로는 묘우 동문 밖 남향하여 도열, 연하자는 북향하여 연치순 도열 후 상읍례를 한다.

② 원장부터 순서대로 묘우 동문으로 입장하여 묘정의 배위(拜位)에 도열한다.

③ 찬자는 창홀 자리에서 창홀을 시작하면, 분헌관(焚獻官, 분헌관은 대체로 원장이 맡음. 이하 헌관으로 표기)은 알자의 인도로 관세위에 나아가 손을 관세한다.

④ 헌관은 창홀에 맞춰 알자의 인도로 사당의 중문을 통해 안으로 들어가 원위인 문성공 안향 신위 앞에 무릎을 꿇고 앉아 세 번의 향을 피운다.(三上香) 이때 헌관 오른쪽에는 봉향, 왼쪽에는 봉로 집사가 삼상향을 돕는다.

⑤ 찬자의 창홀에 따라, 헌관은 원위 앞에서 일어나 차위인 문정공 안축, 삼위 문경공 안보, 사위 신재 주세붕 순으로, 원위와 같이 신위 앞으로 나아가 무릎을 꿇고 앉아 분향례를 올린다.

⑥ 분향이 끝난 헌관은 알자의 인도로 사당 동문을 통해 묘정의 헌관 배위로 돌아간다.

⑦ 헌관이 배위에 서면 창홀에 맞춰 모든 참례자는 재배한다.

⑧ 이어서 도감이 "파좌(罷座) 아뢰오."를 삼창하면 정알례가 끝난다.

⑨ 모든 참례자는 강당으로 이동하여 원장과 연장자는 서향, 집례 이하는 동향하여 상하로 서서 상읍례한 뒤 파좌한다.

⑩ 잠시 새해 덕담을 주고받은 후 가까운 식당으로 이동하여 식사하는 것으로 떡국을 대신한다.

(2) 삭망례(朔望禮, 삭망분향례朔望焚香禮, 향알례香謁禮)
–소수서원 삭망례 영상 참고(2023년 제작본)

- 10인의 별유사(別有司)가 2인씩 윤회하며 음력 매월 초하루와 보름에 분향하는 의례
- 예전 삭망례와 현재 삭망례 차이점: 전일→당일입재, 여명에 삭망례→11시로 변경

삭망례 절차

① 별유사 2인은 묘정의 배위에 선후 관세위에 나아가 손을 관세 후 사당으로 들어간다.
② 별유사 2인은 봉향과 봉로를 맡아 원위부터 사위 순으로 세 번의 향을 피운다.
③ 분향이 끝난 별유사 2인은 묘정의 배위에 서서 재배한다.(再拜)
④ 분향례가 끝나면 사당 내외와 안팎의 이상 유무를 살피는 봉심례(奉審禮)를 행한다.
⑤ 별유사는 삭망례를 행한 내용을 『별유사시도(別有司時到)』 별첩에 기록한다.

(3) 춘추향사례(春秋享祀禮) –소수서원 제향의례 구술채록 영상 중 춘추향사 부분 활용(2023년 제작본)

- 음력 3월, 9월 초정일에 거행하는 의례
- 한국의 서원 중 소수·병산서원은 3·9월 초정일, 그 외 서원은 2·8월 중정일에 봉행한다.(향사날 유고시 초정일 다음 정일에 봉행)
- 춘추향사 입재 변화 과정: 3일 전 입재→ 2일 전 입재→ 전일 입재→ 당일 입재
- 현재 도감, 별유사는 3일 전부터 서원을 왕래하며 제물 준비 등 향사를 준비한다.
- 현재 성생례(省牲禮)는 거행하지 않는다.

· 모든 제관은 입재 후 파재 할 때까지 서원 밖을 나갈 수 없다.
· 춘추향사 참례 제관은 입재 순으로 시도기(時到記)에 기록한다.

춘추향사 절차

① **개좌(開座): 향사 절차는 개좌로 시작하여 파좌로 끝난다.**

· 도감은 오전 11시경 모든 제관이 강당에 입재하면 "개좌아뢰오."를 삼창한다.
· 이어서 집례(執禮)의 명에 따라 제관들이 양쪽에 도열하여 상읍례를 행한다.
· 입재 인원을 보고한다.

② **경독(敬讀): 재계의 첫 순서**

· 백록동서원규, 유학의 핵심을 요약한 잠언을 낭송한다.
  - 성독을 맡은 3인이 차례로 앞에 나와 백록동서원규, 사물잠(四勿箴), 경재잠(敬齋箴), 심잠(心箴), 숙흥야매잠(夙興夜寐箴)의 맡은 부분을 성독. 이때 모든 제관은 일어나 경청한다.

③ **집사분정(執事分定)**

· 경독 후 향사에서 봉무할 일을 나눔(分定)
· 강당에 걸린 분정판을 내려 헌관 앞에 놓고 문중, 연령, 학덕, 인품 고려하여 적임자 선정한다.
  - 춘추향사 7집사는 향사 드는 날 약 20일 전 명륜당에서 당회를 개좌하여 천망해 둠
  - 초헌관(初獻官)은 당연직으로 원장을 천망, 그 외 6집사 아헌관(亞獻官), 종헌관(終獻官,) 재유사(齋有司) 2인 및 축관(祝官)과 찬자(집례)를 천망하여 이들에게 보낼 망기(望記)를 작성하여 발송. 그 외 모든 제관도 미리 봉무를 당회 때 정해 둠
· 집사분정 기록이 완료되면 분정판 원위치에 집사분정기를 부착한다.
· 도감은 분정판을 들고 먼저 초헌관에게 보인 후 앉아있는 좌중을 한 바

퀴 돌며 분정의 오류 여부를 확인한다.

· 집사분정기는 다음 향사 때까지 강당에 걸어둔다.

④ **제축(制祝, 寫祝)**

· 천망된 축관이 초헌관을 모시고 문성공묘에 들어가서 축문祝文을 쓰고 축판에 붙여서 향안 위에 올린다.

· 축문은 향사 올리는 연유를 고하는 것으로 안향이 유학을 신봉하고 들여와 학교 세운 것을 칭송한 내용이다.

⑤ **봉준(封尊)**

· 향사에 올리게 될 술을 항아리에 담아 봉하는 의식(封入)

· 헌관과 재유사가 전사청에서 행함

· 도감이 구입한 청주를 원위 준(尊, 술항아리)과 3배위 순으로 준에 술을 채움

· 준의 봉함지에 '원위(元位)', '차위(次位)','삼위(三位)','사위(四位)'를 써서 배위별로 구분하여 봉준함

· 헌관과 재유사는 제주 검수를 위해 술 독상을 받아 제주 맛을 본다.

⑥ **진설(陳設): 실찬한 제기를 법식에 맞게 제상에 진열**

· 준비된 제수를 제기에 담는 것을 실찬(實饌)이라 한다.

· 실찬한 제기를 법식에 맞게 제상 위에 차리는 것을 진설이라 한다. 집사로 분정된 도진설 주도로 진설(陳設) 집사들이 제수를 종류별로 정돈한 다음 원위와 배향위를 구분하여 실찬한다.

· 진설은 서원 향사의절(享祀儀節)인 4변(籩) 4두(豆)로 담아 2행 2열로 진설, 2보(簠) 2궤(簋), 희생(犧牲), 폐비(幣篚) 순으로 진설

· **제기의 종류**

· 변(籩)은 마른 제수를 담는 대나무 제기

· 두(豆)는 젖은 제물을 담는 나무 제기

· 보(簠)는 쌀과 조를 담는 놋쇠 제기

· 궤(簋)는 찰기장과 수수(메기장)를 담는 제기

· 조(俎)는 희생을 담는 도마형 제기
· 비(篚)는 폐백을 담는 나무 제기
· 작(爵)은 헌관이 신위에 술을 올릴 때 사용하는 놋쇠 술잔
· 점(坫)은 작이나 축판을 올려놓기 위한 나무 받침
· 준(樽)은 술항아리.
· 작(勺)은 술을 뜨는 국자
· **제수 변화: 주세붕이 제정한 제수[15])를 퇴계가 개정하여 제수의 균형을 맞춤**

구분	변경전(주세붕 제정) 제수 물목	변경후(이황 개정) 제수 물목
보(簠)	도(稻, 쌀), 양(粱, 조)	도(稻, 쌀) → 도(稻, 쌀), 양(粱, 조)
궤(簋)	서(黍, 찰기장), 직(稷, 수수)	서(黍, 찰기장) → 서(黍, 찰기장), 직(稷, 수수)
4변(籩)	건조(乾棗, 대추), 녹포(鹿脯, 육포), 백자(栢子, 잣), 율황(栗黃, 밤)	어숙(漁鱐, 어포), 녹포(鹿脯, 육포) 건조(乾棗), 백자(栢子, 호두)
4두(豆)	어해(魚醢), 밀과(蜜果) 청저(菁葅), 구저(韭菹)	어해(魚醢, 조기), 녹해(鹿醢, 소고기) 청저(菁葅, 무), 구저(韭菹, 부추)
희생(犧牲)	계성(雞腥)	계성 → 시성(豕腥, 두頭) → 시성(豕腥, 육(肉)
제주(祭酒)	청주, 직접 담금	청주, 구입
폐백(幣帛)	모시	한지

15) 본래 녹해 자리에는 주세붕이 제정한 진설도 「안문성공춘추대향도(安文成公春秋大享圖)」를 따라 밀과(蜜果)를 두었는데, 퇴계 이황이 1549(명종 4) 녹해로 개정한 제수품이다. 또 어포도 이황이 진설을 개정할 때 율황(栗黃, 밤)을 내리고 어숙(漁鱐, 어포)로 변경한 것이다.

· **현 소수서원 진설도**

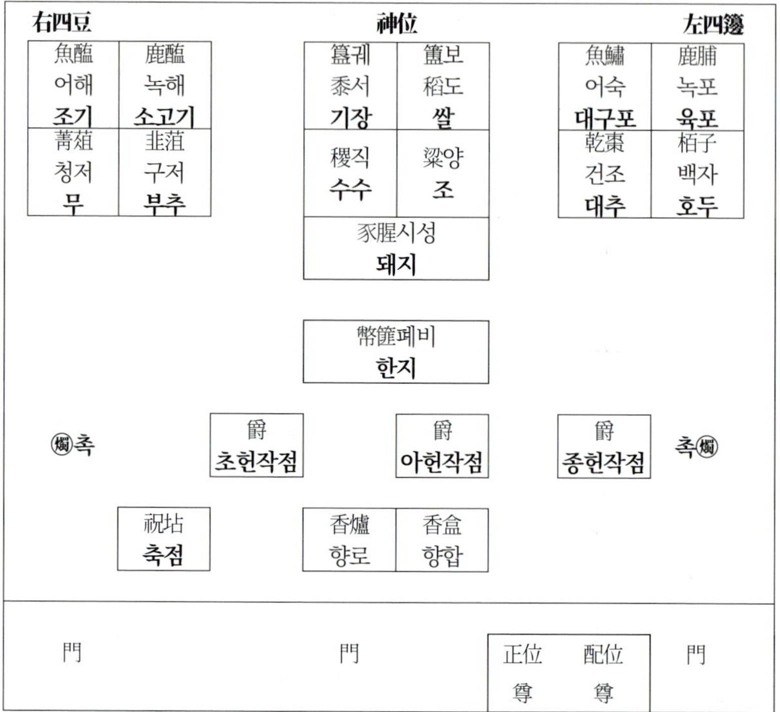

⑦ **점시진설(點視陳設)**

· 제상에 진설된 제수가 법식에 맞게 진열되었는지 상세히 살펴 검사하는 것이다.

· 점시진설은 재유사와 도진설(都陳設)이 주관한다.

· 점시진설시 모든 제관은 묘우 동문 밖에 도열하여 대기한다.

⑧ **축관과 제집사 재배, 삼헌관 재배**

· 도감의"행사 아뢰오"를 삼창하면 두 줄로 도열한 모든 제관은 상읍례를 행한다.

· 찬자(집례)가 먼저 묘정(廟庭)의 배위에 나아가 재배한 후 사당의 당상에

올라 알자와 찬인이 맡은 헌관을 외위로 인도하도록 창홀 한다. 이후 모든 춘추향사의 절차는 찬자의 창홀에 따라 행한다.

- 다음은 축관과 모든 집사는 찬인의 인도로 묘정의 배위에 나아가 재배한다.
- 재배가 끝나면 축관과 모든 집사는 찬인의 인도로 관세위에 나아가 관세 후 자신이 맡은 봉무 위치로 나아가 선다.(各就位)
- 다음 알자는 초헌관, 찬인은 아헌·종헌관을 묘정의 배위로 인도하면 삼헌관은 재배한다.

⑨ **상향전폐례(上香奠幣禮): 신위에 세 번의 향을 피우고, 폐백를 올리는 의례**

- 현재 상향전폐례는 퇴계 이황의 개정안을 적용하여 봉행하고 있다. 이는 이황이 주세붕이 제정한 홀기가 상향례와 초헌례 구분이 모호하여 이를 분명히 구분할 필요가 있다는 해석과 함께 개정안을 제시한 내용을 적용한 것이다.
- 초헌관은 알자의 인도로 관세위에 나아가 관세한 후 사당 중문을 통해 안으로 들어가 원위 앞에 무릎을 꿇고 세 번의 향을 피운다.(三上香) 이때 초헌관 오른편에는 봉향(奉)香 집사가 꿇어앉아 향합을 받들고, 왼편에는 봉로(奉爐) 집사가 꿇어앉아 향로를 받들어 초헌관의 삼상향을 돕는다. 이어서 초헌관은 축관에게 폐를 받아 헌폐한 후 다시 축관에게 주면 축관은 제상 위 폐비 자리에 올린다.
- 초헌관은 원위의 상향전폐례가 끝나면 일어나서 알자의 인도를 받아 차위부터 사위까지 같은 방법으로 상향례와 전폐례를 행한다. 이후 알자의 인도로 사당 동문으로 나와 묘정의 초헌관 배위로 돌아간다.

⑩ **초헌례(初獻禮): 신위에 첫 번째 술잔을 올리는 의례**

- 초헌관은 알자의 인도를 받아 원위의 준소(樽所)로 나아가, 사준(司尊)이 작(爵)에 술을 채우는 것을 감작(監爵)한다. 이어서 초헌관은 원위 문성공 안향 신위 앞에 나아가 무릎을 꿇고 앉는다. 이때, 봉작(奉爵) 집사는 사

준 집사로부터 헌작주가 채워진 작을 받아 사당 안으로 들어가 초헌관의 오른쪽에 꿇어앉아 작을 드린다.

- 작을 받은 초헌관은 두 손으로 헌작한 후, 왼쪽에 꿇어앉아 있는 전작(奠爵) 집사에게 작을 건넨다. 작을 받은 전작은 제상 위 초헌관 작점(爵坫)에 작을 올린다.
- 초헌관은 몸을 굽혀 엎드렸다가 약간 물러나 다시 무릎을 꿇고 앉는다. 이어 축관이 초헌관의 왼편에 동향하여 꿇어앉아 축문을 읽는다. 독축(讀祝)하는 동안 묘정의 모든 제관은 고개를 숙이고 부복(俯伏)한다.
- 축문 낭독이 끝나면, 장로(長老) 1인과 수장 담당 젊은 유생 1인이 사당 중문 앞에 마주 서서 『도동곡(道東曲)』 1~3장의 수장(首章) 부분을 함께 노래한다. 『도동곡』의 악곡은 전하지 않아, 예전부터 전승해 온 가락을 바탕으로, 수년 전 전문가들에 의해 채보되어 오늘날까지 전해지고 있다.
- 도동곡이 끝나면, 초헌관은 자리에서 일어나 차위 준소로 나아가 감작한 뒤, 원위와 같은 방식으로 차위부터 사위까지 헌작한다. 이후 알자의 인도를 받아 사당 동문을 통해 나와, 묘정의 초헌관 배위로 돌아간다.

⑪ **아헌례(亞獻禮): 신위에 두 번째 술잔을 올리는 의례**

- 아헌관은 찬인(贊引)의 인도를 받아 초헌례와 같은 방법으로 준소에 나아가 감작한 뒤, 원위(元位)부터 사위(四位) 순으로 나아가 헌작한다. 초헌례와 다른 점은 축관의 축문 낭독이 없고, 전작은 헌작한 작을 아헌관 작점(爵坫)에 올리는 것이다. 또 『도동곡』은 원위 헌작 뒤, 장로 1인과 중장 담당 젊은 유생이 4~6장[중장(中章)]을 함께 노래하는 것이다.

⑫ **종헌례(終獻禮): 신위에 마지막 술잔을 올리는 의례**

- 종헌례는 아헌례 절차와 같다. 아헌례와 다른 점은 헌작한 작을 종헌관 작점에 올리는 것과 『도동곡』은 장로 1인과 종장 담당 젊은 유생이 7~9장[종장(終章)]을 함께 노래하는 것이다.
- 종헌관은 종헌례가 끝나면, 찬인의 인도를 받아 묘정의 배위에 서면 창홀에 맞춰 삼헌관만 재배를 올려 삼헌례가 끝났음을 알린다.

⑬ 음복수조례(飮福受胙禮): 초헌관이 모든 제관을 대표하여 음복하는 의례

· 음복례는 신위에 올렸던 술을 마시는 의례이고, 수조례는 신위에 올렸던 고기를 받는 의례(현재 퇴계가 수조례-음복례 순으로 정리된 홀기를 지적한 후 음복-수조례 순으로 개정안 홀기를 적용한다)

· 음복수조례는 초헌관이 모든 제관을 대표하여 신위에 올린 술을 마시고 고기를 받아 신이 주시는 복을 공유한다는 의미

· 음복위(飮福位)는 묘우 동문 앞에 마련한 후 집사는 음복위에 있는 술잔을 들고 문성공 준소에 나아가 사준이 따른 복주(福酒)를 받아 음복상에 올려 둔다.

· 축관(祝官)은 신위 진설된 육포를 조금 떼어 음복상에 올려 둔다.

· 초헌관은 알자의 인도로 음복위에 나아가 서향하여 꿇어앉는다. 집사가 초헌관 왼쪽에서 술잔을 드리면 초헌관은 술잔을 받아 모두 마시고, 축관이 준 육포를 받았다가 다시 축관에게 준다. 일어나 알자의 인도로 묘정의 초헌관 배위로 돌아간다.

· 초헌관이 배위에 서면 헌관 이하 모든 제관은 재배한다. 이 재배를 수희배(受禧拜)라고 한다. 수희배는 신이 주신 복을 감사히 받겠다는 의미이다.

· 현재 수희배는 퇴계가 본래 홀기에 수희배가 삭제된 것을 지적하며 반드시 행하도록 개정한 홀기를 적용하고 있다.

⑭ 철변두(撤籩豆): 제상의 제물을 거두는 의례

· 축관이 변과 두를 조금씩 옮겨놓는 것으로 대신한다. 철변두가 끝나면 신위에 대한 모든 의례는 끝나며, 초헌관 이하 모든 참례자가 재배하여 송신(送神)의 예를 올린다.

⑮ 망예례(望瘞禮): 신위에 올린 축문을 땅에 묻는 의례

· 소수서원의 예감(瘞坎)은 사당의 서편에 구덩이를 파서 항아리를 묻어 두었다.

· 초헌관은 알자의 인도로 망예위에 나아가 북향하여 서면, 축관이 축문

을 들고 서쪽 계단으로 내려가 초헌관이 보는 상태에서 항아리에 넣고 뚜껑을 닫는다.

- 축문을 묻는 의례가 끝나면 알자는 초헌관의 왼편으로 나아가 "예필(禮畢)"이라고 고한다. 이로써 향사 의례가 끝난다.
- 알자는 초헌관, 찬인은 아헌관과 종헌관을 차례로 사당 밖으로 인도한다.
- 축관과 봉무를 맡은 모든 집사는 묘정의 배위에서 재배한 후 사당 밖으로 나간다.
- 마지막으로 찬자(집례)가 묘정의 배위에서 재배한다.

⑯ **제사공사(祭祀公事, 祭公事): 향사 결과를 강당에서 보고하는 의례**

- 도감은 헌관 이하 모든 제관이 강당에 모이면 "개좌 아뢰오"를 삼창하면, 삼헌관과 축관, 집례를 중심으로 도열하여 상읍례를 한다. 제사공사 진행 유사가 "조사원님 오르시오."라고 하면, 조사원 유생은 네 방향을 돌면서 "제공사 통합니다."라고 알린다. 네 방향에 모두 알리고 나면, 조사원은 다시 집례 앞에서 "제공사 통했습니다."라고 말한다.
- "차원님 오르시오."라고 하면, 차원인 유생이 네 방향을 돌며 "향사 시 실례한 분을 못 봤습니까."라며 질문한다. 이 질문은 향사 봉행시 문제점이 있었는지를 묻는 예이다. 제관들의 대체적인 답변은 "실례한 분 못 봤습니다."라고 답해 준다. 차원은 이 내용을 집례 앞에 나아가 그 내용을 보고한다. 만약 이론이 없으면 향사시 실례한 분이 없었다고 보고한다.
- "차차원님 오르시오."라고 하면, 차차원 유생이 네 방향을 돌며 "제공사 파합니다."를 고한다. 이어 집례 앞에 나아가 "제공사 파했습니다."라고 고하면 제사공사가 끝난다.

⑰ **음복례(飮福禮): 향사에 올린 제수를 음복하는 의례**

- 음복상은 삼헌관은 독상, 그 외 모든 제관은 겸상을 준비하여 강당으로 내어온다.
- 강당에 음복상이 다 나오면 집사는 초헌관, 아헌관, 종헌관 순으로 술잔에 술을 따른다. 이어 모든 제관도 술잔을 채운다.

· 도감이 "순배(巡杯) 아뢰오."라고 하면, 삼헌관과 제관들은 술잔을 들어 좌읍하고 술잔을 비운다. 이런 순서로 삼순배(三巡杯)를 한다. 술은 석 잔 이상 마시지 않는다. 음복례가 끝난 후 차기 원장을 천망하는 당회(堂會)를 개최하고, 당회가 끝나면 파좌한다.

※ 소수서원 제향의례 전승 10분 요약 영상 활용(2023년 제작본)

Ⅳ. 맺음말

이상과 같이 세계유산으로 등재된 한국의 서원 제향의례를 무형유산으로 계승하고 활용하기 위한 활용 사례들을 살펴보았다. 특히 세계유산 한국의 서원 제향의례의 역사, 제례 구조에 대한 문헌조사 및 구술채록, 영상기록 등의 작업은 제향의례의 학술적 기반을 구축하였다. 또한, '(사)세계유산 한국의서원 운영협의회' 산하에 '제례보존회'를 설립·운영함으로써 제향의례 전승을 위한 제도적 토대를 마련하였고, 제향의례 교재 제작과 전승학교 운영은 후계자 양성뿐만 아니라 일반 대중의 참여를 확대하는 성과를 보였다. 또한 제례 참관단 운영, 제향 인물 스토리텔링 경연대회 등 다양한 활용 프로그램을 통해 제향의례는 지역의 전통을 넘어서 무형유산으로서의 문화유산 가치를 지닌다는 점을 입증하였다. 이러한 일련의 노력은 한국 서원의 제향의례가 단순한 전통 의례가 아니라, 유교적 이상과 공동체 정체성을 현대사회에 맞게 계승·재해석하며 대중의 문화 향유 기회를 확장하는 의미 있는 유산임을 보여 주었다.

하지만 '제례보존회'의 활용사업은 여러 문제점과 한계도 드러났다. 그 내용으로는 아직은 서원 제향의례에 대한 학술연구의 축적이 부족하다는 점이다. 2013년 이후 다수의 국내외 학술대회가 열렸지만, 제향의례만을 집중적으로 다룬 논문은 극히 적었으며, 대부분은 강학이나 건축 중심의 연구였다. 이로 인해 제향의례의 역사적 변천, 지역별 차이, 전승 구조 등에 대한 체계적 비교와 분석이 아직 미흡한 실정이다. 또 전승 인력의 고령화 및 지역 편중 문제도 컸다. 제향의례 전승자의 대부분은 고령이며, 일부 서원은 전승자를 확보하지 못한 상황이어서 교육 프로그램이 지속하기 어려운 문제도 있었다. 특히 중장기적으로 '제례보존회'를 운영할 후속 세대 확보가 어려운 점은 구조적인 한계였다.

또한, 대중 참여 확대의 한계 역시 존재했다. 제향의례는 복잡한 절차와 엄격한 예절을 요구하는 특성상, 일반인의 접근이 어렵고, 교육을 받더라도 실질적으로 참여하기까지의 진입 장벽이 높아 보였다. 제례 참관 프로그램이 운영되고 있으나 체계적인 대중 교육 콘텐츠가 부족하고, 참여 동기 유발을 위한 전략도 미흡한 편이었다. 그리고 제향의례 활용 콘텐츠는 영상, 경연대회 등으로 확장되었지만, 여전히 현대적 해석과 재창조가 미진하여 젊은 세대나 외국인 등 폭넓은 대상층의 관심을 끌기에는 한계가 있었다.

이러한 문제점과 한계를 극복하기 위한 몇 가지 방안을 제시하면 다음과 같다. 첫째, 제향의례의 무형유산으로서 국가지정 추진을 위해서는 다양한 제향의례 관련한 학술연구가 축적되어야 한다. 특히 지역별 서원 간 제향의례 차이, 사료를 기반한 제향의례 원형 복원이 가능한 범위, 시대별 제향의례 변천 등을 중심으로 비교연구가 축적되어야 할 것이다. 이를 바탕으로 국가 무형유산 지정 기준에 부합하는 요건을 충족시킬 수 있을 것이다. 둘째, 제향의례 전승 인력의 체계적인 양성 시스템 구축이 필요하다. 제례 전승학교를 통한 단기 교육에 그치지 않고, 장기적인 양성과 인증 제도, 인턴십, 후속 리더십 교육 등 지속 가능한 인재 육성 체계를 마련해야 할 것으로 생각된다. 특히 청년 유림의 참여 확대를 위한 서원과 학교 연계 교육이 한 사례의 방법일 것이다. 셋째, 제향의례의 현대적 해석과 재창조 콘텐츠 개발도 추진할 필요가 있다. 제향의례 자체의 의미를 보존하되, 시청각 자료, 체험형 프로그램, 디지털 콘텐츠 등으로 재해석하여 대중과의 거리감을 좁히는 방안을 마련해야 할 것이다. 제향인물 스토리텔링 경연대회와 같은 참여형 사업을 정례화하고, 문화상품화 전략도 병행할 방법도 모색해야 할 것이다.

넷째, 제향의례를 지역사회와 연계한 문화 생태계로 확장해야 한다. 제향의례를 하나의 단절된 행사로 보는 것이 아니라, 지역 축제, 역사관광, 인문교육과 결합하여 서원을 중심으로 한 전통문화 허브로 육성할 방법을 찾아야 할 것이다. 이를 통해 문화유산의 생활화, 지역공동체 재건, 문화 향유권 확대라는 법제 목적을 실현할 수 있을 것이다. 이러한 일련의 노력을 통해 제향의례의 국가무형유산 지정을 위한 기반을 마련함과 동시에, 지역 문화유산의 현대적 계승 모델로서 서원 제향의례가 재조명될 것으로 생각된다.

참고문헌

「국가유산기본법」, 「유네스코 세계유산 등재 신청에 관한 규정」.

국립문화재연구소(2011), 『서원향사 소수서원·도산서원』; (2012), 『서원향사 병산서원·옥산서원』 ; (2012), 『서원향사 돈암서원·노강서원』 ; (2013), 『서원향사 남계서원·도동서원』 ; (2013), 『서원향사 필암서원·무성서원』.

문화재청(2018), 『한국의 서원 세계유산 등재 신청서』.

문화재청(2018), 「2018년 문화유산 향유 및 인식 실태조사 보고서」.

(재)한국의 서원 통합보존관리단(2021), 『세계유산 한국의 서원 등재이후의 과제』, 국제학술포럼 자료집.

________(2021), 『세계유산 한국의 서원 학술연구 자료집 Ⅰ·Ⅱ』.

________(2023), 『세계유산 한국의 서원 제향의례 특성과 무형유산의 가치연구』.

________(2023), 『세계유산 한국의 서원 제향의례 전승 구술 채록』.

________(2023), 『세계유산 한국의 서원 제향의례 학술대회 자료집』.

________(2024), 『세계유산 한국의 서원 제향의례 전승학교 교재』.

영남대학교 민족문화연구소(2021), 『동아시아 서원의 기원과 제의례의 완성』, 온샘.

한재훈(2021), 『퇴계 이황의 예학사상』, 소명출판.

권삼문(2001), 「향사의 역사와 구조」, 『역사민속학』 12, 한국역사민속학회.

권삼문(1999), 「향사의 지속과 변화」, 『민속연구』 9, 안동대학교 민속학연구소.

김미영(2013), 「서원 향사의 변화와 사회문화적의미 - '도산서원' 사례를 중심으로」, 『국학연구』 22, 한국국학진흥원.

박동석(2017), 「문화재 활용 사업 모니터링 및 평가 - 2016년 살아 숨 쉬는 향교·서원 만들기 사업을 중심으로」, 『한국전통조경학회지』 35, 한국전통조경학회.

윤숙경(1998), 「향교와 서원의 제례에 따른 제수에 관한 연구」, 『한국식생활문화학회지』 13-4, 한국식생활문호학회.

윤희면(2000), 「조선시대 서원의 제례와 위차」, 『진단학보』 9, 진단학회.

임근실(2020), 「조선시대 서원의 향사의례에 대한 특징과 의미 - 남인계·서인계 서원을 중심으로 -」, 『한국서원학보』 11, 한국서원학회.

이수환(2012), 「서원 기록자료 정리의 현황과 과제」, 『민족문화논총』 52, 영남대학교 민족문화연구소.

정순우(1998), 「조선 시대 제향 공간의 성격과 그 사회사적 의미」, 『사회와 역사』 53, 한국사회사학회.

최순권(2013), 「도동서원 제향의례의 특징」, 『한국서원학보』 2, 한국서원학회.

채경진 외(2018), 『지역문화재 활용사업 10주년 계기 자생력 강화방안 연구』, 문화재청.

한재훈(2013), 「퇴계의 서원 향사례 정초에 대한 고찰 - 백운동서원 향사례 수정을 중심으로 -」, 『퇴계학과 유교문화』 53, 경북대학교 퇴계연구소.

한재훈(2017), 「조선시대 서원향사례 비교연구 - 9대서원 향사의절을 중심으로 -」, 『퇴계학논집』 20, 영남퇴계학연구원.

국가유산 활용 사업을 통한 서원의 현대적 교육 활용 사례 분석

박 소 희

Ⅰ. 머리말

조선시대 성리학의 요람이자 선현을 받들던 서원(書院)은 오늘날 중요한 국가유산으로 자리잡고 있다. 그러나 서원이 대중에게 친화적인 존재로 받아들여지기까지는 꽤 오랜 시간이 걸렸다. 초창기 서원은 고등교육기관이자 학파의 거점으로서, 학문 교류의 장이 되었지만, 조선후기로 가면 문중 서원이 남설되기 시작하였다. 흥선대원군의 서원 철폐령으로 대부분의 원사들이 철폐되었지만, 다시 19세기 말부터 근현대를 지나며 많은 서원들이 문중 중심으로 복설·신설되었다. 당시 사람들은 일제강점기 나라를 빼앗긴 와중에도 자신의 가문만을 중시하는 모습에 비판의 목소리를 내기도 했었다.[1)]

그러다 현대로 접어들면서 한국의 9개 서원이 유네스코 세계문화유산으로 지정되고, 국가유산청에서도 서원·향교 등 우리 문화유산에 대한 각종 활용 사업을 진행하면서 서원은 대중을 위한 문화 교육 공간으로 거듭나고 있다. 전국의 수많은 서원이 이 사업에 참여하여 인문학 강좌, 전통 예절 체험, 철학 교육 등 다채로운 프로그램을 운영하면서 대중에게 친근히 다가가고 있다.

이러한 흐름 속에 서원을 올바로 활용하기 위한 연구자들의 모색도 이루

1) 「경북유림에게 일언함」, 『동아일보』, 1931년 6월 4일.

어지기 시작하였다. 기존 선행연구를 보면, 2000년대~2010년대 중반까지는 주로 서원의 복원 및 보존관리, 문화콘텐츠 개발이 주를 이루었다.[2] 이후 2020년 무렵까지는 한국의 서원에 대해 세계문화유산 등재가 논의되면서 지역과 서원의 특징을 활용한 다양한 프로그램과 서원의 인문학적 가치 등을 조망하고 활용 방안을 구상하는 연구가 활발히 진행되었다.[3] 그리고 한국의 서원이 유네스코 세계문화유산으로 등재된 후 현재까지의 연구는 대부분 세계문화유산으로 지정된 9개 서원의 활용 방안에 대한 논문이 다수 발표되고 있다.[4] 기존 연구 성과들은 서원의 인문학적 가치를 조망하고 다양한 활용 방안을 제시함으로써 서원이 대중과 공존·소통하는데 방향성을 제시해 주고 있다.

이중 서원의 현대적 교육에 주목한 연구들도 교육학 분야에서 일부 발표

---

2) 이해준(2010), 「睡隱 姜沆과 內山書院의 문화콘텐츠 활용」, 『島嶼文化』 35, 목포대학교 도서문화연구소; 박종수(2014), 「포은선생 배향서원의 문화콘텐츠 활용 방안」, 『포은학연구』 14, 포은학회; 이상호(2015), 「복설될 연경서원의 현대적 활용 방안」, 『퇴계학논집』 16, 영남퇴계학연구원; 이상호(2016), 「영남지역 사례를 통해 본 서원 활용 방안 제언」, 『유학연구』 37, 충남대학교 유학연구소; 진성수(2016), 「전북지역 서원(書院)의 현대적 활용 방안」, 『원불교사상과 종교문화』 70, 원광대학교 원불교사상연구원.

3) 박종수(2015), 「서원을 활용한 다문화 가치 창조에 대한 연구 : 임고서원을 중심으로」, 『포은학연구』 15, 포은학회; 충청남도역사문화연구원(2011), 『畿湖儒敎文化와 遯巖書院 : 충남 문화예술의 경쟁력 강화를 위한 콘텐츠』; 이해준 외(2018), 『한국 서원의 전통가치와 현대적 계승』, 한국학중앙연구원출판부; 김선의(2018), 「세계유산 잠정목록 한국의 서원인 돈암서원의 보존을 위한 활용」, 『건축』 62, 대한건축학회.

4) 박정민(2020), 「무성서원의 역사적 특징과 활용방안」, 『인문과학연구』 66, 강원대학교 인문과학연구소; 김소희(2021), 「논산 돈암서원 책판의 현황과 활용방안」, 『서지학연구』 87, 한국서지학회; 이주빈·김선영(2021), 「유네스코 세계유산 '한국의 서원'을 활용한 지역 경제활성화 방안 – 백제역사유적지구 사례를 바탕으로」, 『문화와 융합』 43, 한국문화융합학회; 박정민(2023), 「태산선비문화권의 설정과 활성화 방안」, 『인문과학연구』 79, 강원대학교 인문과학연구소; 조나리(2023), 「스토리텔링을 통한 서원문화유산 활용 방안」, 『史學志』 63, 단국사학회.

된 바 있다. 조선시대 원규(院規)와 강회(講會)를 중심으로 서원 교육의 이념을 현대 교육에 어떻게 녹여낼 수 있는지 모색한 연구[5], 한국의 서원이 세계문화유산으로 등재되기 전후 문화재청 정책을 비교하고 서원 교육 프로그램을 '진정성 있고 지속 가능한 교육과 활용'이라는 측면에서 방향성을 제시한 연구[6]가 있다.

하지만 그럼에도 불구하고 아직까지 서원의 현대적 교육 양상은 여전히 일회성, 체험 위주에 그치고 있다. 이는 조선시대와 달리 대상층이 일반인, 어린이, 가족 등으로 변경되면서 그들의 눈높이에 맞게 프로그램을 구성할 수밖에 없기 때문에 나타난 현상이다. 물론 이러한 교육 프로그램들은 서원이 대중과 소통하고 친근한 존재로 다가갔다라는 점에서 긍정적으로 평가할 수 있다. 하지만 한편으로는 조선시대 서원이 가졌던 교육 기관으로서의 정체성이 현대적 활용 과정에서 어떻게 구현되고 있는지 깊은 고민이 필요하다. 현재의 교육 프로그램들이 서원의 본질적 가치를 충분히 담아내고 있는지, 혹은 대중화라는 목적 아래 체험 행사로만 소비되고 있는 것은 아닌지 검토가 필요한 시점이다.

여기서 생각해볼 부분은, 어떤 교육이 서원의 본질적 가치를 충분히 담아내고 있는가?라는 문제이다. 단순히 조선시대 강학 교육을 똑같이 재현해 냈는가?, 즉 원형을 그대로 계승하고 있는가? 라고 한다면 어느 시점을 기준으로 할지 모호한 지점들이 생긴다. 이와 관련하여 「문화재보호법」 제3조(문화재보호의 기본원칙)에 의하면, "문화재의 보존·관리 및 활용은 원형 유지를 기본원칙으로 한다."[7]라고 되어 있다. 이 조항은 1999년 신설되었으며, 유·무형 유산은 모두 이 조항에 근거하여 정책을 실시하였다.[8] 이후 이 법령은

5) 김민재(2019), 「서원 교육의 이념과 실제가 지니는 현대적 시사점 연구 - '원규(院規)'와 '강회(講會)'를 중심으로 -」, 『퇴계학논집』 25, 영남퇴계학연구원.

6) 김자운(2021), 「지속 가능한 교육과 활용을 위한 서원의 교육환경 - 세계유산 등재 전후 문화재청 정책과 서원 교육프로그램을 중심으로 -」, 『한국서원학보』 13, 한국서원학회.

7) 「문화재보호법」 [시행 2020. 5. 27.] [법률 제16596호, 2019. 11. 26., 일부개정].

2023년 '문화재'를 '문화유산'으로 용어 변경하여 「문화유산의 보존 및 활용에 관한 법률」 제3조(문화유산보호의 기본원칙)으로 일부 개정되었다. 여기서 '원형 유지'는 그대로 적용되고 있었다. '원형'은 유형 유산으로서 문화유산을 다룰 때 가장 기본이 될 수 있다. 서원 역시 유형 유산으로 본다면, 이 조항을 적용할 수 있다.

하지만 무형 유산에 대해 '원형'을 적용한다면 '전승'의 특수성을 놓치기 마련이다. 무형 유산은 시간이 흐름에 따라 주체나 외부의 제반 조건들에 의해 조금씩 변용되기도 하기 때문이다. 이에 2016년 「무형문화재 보전 및 진흥에 관한 법률」이 신설되었는데, 제3조(기본원칙)에 의하면, "무형문화재의 보전 및 진흥은 전형 유지를 기본원칙으로 하며 …"라고 되어 있다. 여기서 '전형'이란, 해당 무형문화재의 가치를 구성하는 본질적인 특징을 말한다. 여기에 포함되는 것이 민족정체성 함양, 전통문화의 계승과 발전, 무형문화재의 가치 구현과 향상 등이다.[9] 이후 '전형'의 개념은 2024년 일부 개정되어 "여러 세대에 걸쳐 전승·유지되고 구현되어야 하는 고유한 기법, 형식 및 지식"이라고 설명하고 있다.[10]

이에 본 논문에서는 조선시대 유학자들이 서원에서 행했던 활동[교육·제례·유식(遊息) 등]을 무형 유산의 일환으로 보고 원형 유지가 아닌, 위기지학(爲己之學)을 목표로 했던 조선시대 서원 교육의 본질적 가치에 초점을 두고자 한다. 그리고 2025년 국가유산 활용 사업에 참여하는 서원의 현대적 교육 사례를 분석해 보고자 한다. 이를 위해 2장에서는 2025년 '우리 고장 국가유산활용사업'에 참여하는 31개 서원의 교육 프로그램을 유형별로 나누고, 서원의 핵심 기능이었던 강학이 현재의 교육 프로그램에서는 어떻게 전승·변

8) 김형근(2021), 「무형문화유산의 전승, 그 원형과 전형 사이 – 부산시무형문화재 기장 오구굿을 대상으로」, 『동남어문논집』 51, 동남어문학회, 7쪽.

9) 「무형문화재 보전 및 진흥에 관한 법률」 [시행 2016. 3. 28.] [법률 제13248호, 2015. 3. 27., 제정].

10) 「무형유산의 보전 및 진흥에 관한 법률 시행령」 제2조 [시행 2025. 5. 20.] [대통령령 제35522호, 2025. 5. 20., 일부개정].

용되고 있는지 분석해 본다. 3장에서는 이러한 분석을 바탕으로 서원이 가진 학문적 깊이와 정신을 되살리면서 현대 대중과 소통할 수 있도록 교육 모델의 사례를 제안하고자 한다. 그리고 현재 국가유산활용사업에 포함되어 있는 서원 중 비교적 강학의 전형을 잘 유지하고 있는 사례를 소개함으로써 서원의 현대적 교육 방향을 모색해 보고자 한다.

Ⅱ. 서원의 현대적 교육 활용 사례

1. 서원의 현대적 교육 현황

2025년 국가유산청의 '우리 고장 국가유산활용사업' 향교·서원 분야를 보면, 현재 약 31개 서원이 각종 체험·교육을 실시하고 있었다. 본 사업의 목표는 향교·서원을 문화공간이자, 인문정신과 청소년 인성의 함양 공간으로 조성하기 위함이다. 이에 사업에 선정된 서원들 역시 그 취지에 부합하는 교육프로그램들을 시행하고 있었다. 우선 체험을 제외한 교육·강연 중심의 현황은 다음 표와 같다.[11)]

〈표 1〉 2025년 국가유산활용사업 서원 분야 목록

	서원명	제향자	지역	교육 내용
1	월봉 서원	기대승(奇大升), 박상(朴祥), 박순(朴淳), 김장생(金長生), 김집(金集)	광주 광역시	사단칠정을 주제로 한 어린이 맞춤형 철학 교육·체험프로그램으로 놀이와 예술을 접목

11) 이 표는 2025년 현재 국가유산청 〈국가유산 유유자적〉 홈페이지 내 '살아 숨쉬는 향교·서원' 홍보책자를 중심으로 정리하였다.

	서원명	제향자	지역	교육 내용
2	무양 서원	최사전(崔思全), 최윤덕(崔允德), 최부(崔溥), 유희춘(柳希春), 나덕헌(羅德憲)	광주 광역시	무양서원의 배향인물이자 어의였던 장경공 최사전의 의술적 사상을 기초로 하는 건강 프로그램
3	우저 서원	조헌(趙憲)	경기도 김포시	전통 예절 교육
4	심곡 서원	조광조(趙光祖), 양팽손(梁彭孫)	경기도 용인시	인문학강좌 및 현대적 해석을 통해 선비의 하루, 백일장, 인성예절교육, 성리학적 우주론과 별자리 관련 강의
5	충렬 서원	정몽주(鄭夢周), 조광조(趙光祖), 정보(鄭保), 이시직(李時稷)	경기도 용인시	인문학강좌 및 현대적 해석을 통해 선비의 하루, 백일장, 인성예절교육, 성리학적 우주론과 별자리 관련 강의
6	자운 서원	이이(李珥), 김장생(金長生), 박세채(朴世采)	경기도 파주시	율곡 이이 공부법, 이이의 효심
7	용연 서원	이덕형(李德馨), 조경(趙絅)	경기도 포천시	서원의 배향인물인 오성(이항복)과 한음(이덕형)의 스토리를 바탕으로 한 인문학 콘서트
8	화산 서원	이항복(李恒福)	경기도 포천시	서원의 배향인물인 오성(이항복)과 한음(이덕형)의 스토리를 바탕으로 한 인문학 콘서트
9	용산 서원	이세필(李世弼)	강원도 동해시	문화유산 지정 학규현판 및 서원 소장 전적류를 키워드로 한 체험프로그램 위주
10	창절 서원	박팽년(朴彭年), 성삼문(成三問), 이개(李塏), 유성원(柳誠源), 하위지(河緯地), 유응부(兪應孚), 김시습(金時習), 남효온(南孝溫), 박심문(朴審問), 엄흥도(嚴興道)	강원도 영월군	예절 교육
11	신항 서원	경연(慶延), 박훈(朴薰), 김정(金淨), 송인수(宋麟壽), 한충(韓忠), 송상현(宋象賢), 이색(李穡), 이이(李珥), 이득윤(李得胤)	충청북도 청주시	신항자주학당(동양 한문 고전강독)

	서원명	제향자	지역	교육 내용
12	충현 서원	주자(朱子), 이존오(李存吾), 이목(李穆), 성제원(成悌元), 서기(徐起), 조헌(趙憲), 김장생(金長生), 송준길(宋浚吉), 송시열(宋時烈)	충청남도 공주시	예티켓 인성교육 및 선비예절 체험
13	명탄 서원	이명성(李明誠), 이명덕(李明德)	충청남도 공주시	서원과 선비를 주제로 하는 인문학 강좌
14	노강 서원	윤황(尹煌), 윤문거(尹文擧), 윤선거(尹宣擧), 윤증(尹拯)	충청남도 논산시	유교아카데미, 알묘례
15	창강 서원	황신(黃愼)	충청남도 부여군	무방오우와 황신 인물탐구
16	송곡 서원	정신보(鄭臣保), 정인경(鄭仁卿), 류방택(柳方澤), 윤황(尹璜), 류백유(柳伯濡), 류박순(柳泊淳), 류윤(柳潤), 김적(金積), 김위재(金偉材)	충청남도 서산시	천상열차분야지도와 인문학 이야기, 류방택, 정신보, 류윤 이야기
17	영천 서원	안처순(安處順), 정환(丁煥), 정황(丁熿), 이대빙(李大聘)	전북 임실군	향교와 서원의 차이
18	주암 서원	최덕지(崔德之), 최연손(崔連孫), 장급(張伋), 장경세(張經世)	전북 임실군	향교와 서원의 차이
19	덕양 서원	신숭겸(申崇謙)	전라남도 곡성군	교수님과 함께하는 기후변화와 문화유산, 향교 서원에 전교와 도유사의 해설 강의
20	동락 서원	장현광(張顯光), 장경우(張慶遇)	경상북도 구미시	생활예절, 서원 역사
21	근암 서원	홍언충(洪彦忠), 김홍민(金弘敏), 이덕형(李德馨), 이구(李榘), 홍여하(洪汝河), 이만부(李萬敷), 권상일(權相一)	경상북도 문경시	청대일기 기반 인문학 강의
22	옥동 서원	황희(黃喜), 황효헌(黃孝獻), 전식(全湜), 황뉴(黃紐)	경상북도 상주시	황희 정승 이야기
23	회연 서원	정구(鄭逑), 이윤우(李潤雨)	경상북도 성주군	한강 정구, 무흘구곡 강의
24	묵계 서원	옥고(玉沽), 김계행(金係行)	경상북도 안동시	서원이 가진 의미와 기능 강의

	서원명	제향자	지역	교육 내용
25	도계 서원	권위(權暐)	경상북도 안동시	세시풍속, 인문예술교육
26	의산 서원	이개립(李介立), 이흥상(李興商)	경상북도 영주시	선비문화와 의산서원 강의, 전통예절
27	월봉 서원	이보림(李普林)	경상남도 김해시	오래된 미래, K-서원 인문학: 이보림의 사상과 과업, 김해의 서원 강학 및 고전문학 강연
28	예림 서원	김종직(金宗直), 박한주(朴漢柱), 신계성(申季誠)	경상남도 밀양시	김종직 관련 인문학 강좌, 서원 안내
29	덕곡 서원	이황(李滉)	경상남도 의령군	퇴계 이황과 관련된 강의
30	가호 서원	정문부(鄭文孚)	경상남도 진주시	기초한문 체험 교육, 명심보감, 논어 등 유교경전 이해
31	청계 서원	김일손(金馹孫)	경상남도 함양군	함양 선비들의 나라사랑정신과 의병정신을 알기쉽게 구성하는 인문학 콘서트

이와 같이 현재 서원에서 시행하고 있는 교육은 ① 제향자 중심 교육, ② 인문 및 철학 교육, ③ 전통 예법과 고전 한문 강독, ④ 서원 자체에 대한 교육 등으로 나눌 수 있다. 먼저 제향자 중심 교육으로는 서원에 제향된 인물을 탐구하고 스토리텔링하거나 제향자의 사상 및 학문을 강연하는 것이다. 무양서원에서는 고려시대 어의였던 최사전의 의술 사상을 바탕으로 건강 교육 프로그램을, 용연·화산서원에서는 이항복과 이덕형의 이야기를 바탕으로 인문학 콘서트를 시행하였다. 옥동·창강서원은 각각 황희, 황신의 인물에 대해 교육하고 있으며 예림서원[밀양]은 조선조 사림파의 영수였던 김종직을 제향하는 곳으로, 그와 관련된 인문학 강좌를 열고 있다.

좀 더 깊이 들어가서 월봉서원[광주]은 기대승과 관련된 사단칠정을 주제로 어린이 철학 프로그램을 운영하고 있다. 조선시대 가장 열띤 토론이 오갔던 퇴계와 기대승의 사단칠정을 어린이의 눈높이에 맞게 풀어내었다고 볼 수 있다. 회연서원[성주]은 정구 및 정구가 설정한 무흘구곡에 대해 교육을 진행하였다. 정구는 주희의 무이구곡을 본떠 회연서원 대가천 주변의 아름

다운 경관을 선정하여 구곡을 설정하였는데, 조선시대 학자들의 장수(藏修)와 유식(遊息)기능을 반영한 프로그램이라 할 수 있다.

이외 자운서원(파주)은 율곡의 공부법과 효심을, 덕곡서원[의령]은 퇴계의 처향(妻鄕)인 의령에 위치한 서원으로, 퇴계와 관련된 내용을 강의하고 있다. 월봉서원[김해]은 근대전환기 인물인 이보림[李普林, 1903~1972]을 제향하는 곳이다. 이보림이 살았던 시대는 신문물의 유입과 근대화로 인해 전통 유학이 무너져 내릴 때였다. 이에 이보림은 전우[田愚, 1841~1922]와 오진영[吳震泳, 1868~1944]에게 수학하며 전통 유학을 수호하고자 하였고, 월봉서당을 만들어 후학을 양성하였다. 따라서 현재 월봉서원에서는 이러한 내용과 연결지어 이보림의 사상과 과업을 강연하고 있다.

송곡서원[서산]은 고려 말~조선 초 천문학자인 류방택과 정신보, 류운에 대한 이야기를 전하고 있다. 특히 이 서원에서 주목할 점은 천문학과 인문학의 융합이다. 류방택은 1395년(태조 4) 고구려의 것을 저본으로 삼아 천상열차분야지도를 만들 때 권근과 함께 참여했던 인물이다. 송곡서원에서는 이 역사를 활용하여 천상열차분야지도 속 동양 천문 사상과 역사, 전통 별자리 28수 등에 대한 천문학 강좌를 실시하고 있다.

인문 및 철학 교육은 대체로 현대적 해석을 가미한 인문학 강좌나 철학적 주제를 다루고 있다. 인문학 강좌 및 콘서트에서는 선비정신, 역사, 문학 등 폭넓은 주제를 다루고 있는데, 심곡·충렬서원[용인]·명탄서원은 선비를 주제로 한 인문학 강좌, 청계서원[함양]은 함양 선비들의 나라 사랑 정신과 의병정신을 주제로 한 인문학 콘서트를 열고 있다. 함양을 비롯한 경남 일대는 임진왜란이 터졌을 때 가장 먼저 의병을 일으킨 지역인 만큼 이를 주제로 한 교육을 시행하고 있는 것으로 보인다. 근암서원[문경]은 영남 지역 퇴계학파를 대표하는 권상일(權相一)을 제향하는 곳이다. 이 서원에서는 권상일이 쓴 『청대일기(淸臺日記)』를 주제로 강좌를 개설하고 있다. 『청대일기』는 17세기 후반~18세기 전반 영남 유학자와 향촌 동향을 살펴볼 수 있는 자료로써, 조선시대 선비의 일상을 다채롭게 구성할 수 있다.

철학 및 사상 교육은 대체로 성리학적 우주론이나 특정 철학 개념을 다루고 있다. 먼저 충렬서원은 성리학적 우주론과 별자리 관련 강의를 진행하고 있다. 충렬서원에 제향된 정몽주는 태어났을 때 어깨에 북두칠성 모양의 점이 일곱 개 있었는데, 이를 두고 하늘에서 위인을 세상에 내려보낸 것이라고 여겼다.[12] 월봉서원[광주]도 앞서 언급한 기정진과 퇴계의 사단칠정을 주제로 한 철학 프로그램을 운영하고 있다. 국가유산활용사업은 아니지만 월봉서원은 이미 일반인을 대상으로 한 강학회와 퇴계를 제향하는 도산서원과 함께 영호남 교류 강학회를 시행한 바 있다.[13]

전통예절로는 우저서원[김포]·창절서원[영월]·충현서원[공주]·동락서원[구미]·의산서원[영주] 등이다. 이들 서원은 어린이, 또는 청소년을 대상으로 인성 교육 및 전통 생활 예절들을 가르치고 있다. 고전 한문 강독은 유교 경전이나 한문 고전을 직접 읽고 배우는 프로그램이다. 신항서원[청주]에서는 동양 한문 고전을 강독하는 '신항자주학당'을 운영하고 있고, 월봉서원[김해] 및 가호서원[진주]에서도 고전 문학 및 기초 한문, 명심보감, 논어 등 유교 경전을 교육하고 있다.

서원 자체에 대한 교육으로는 서원의 역사, 기능, 건축, 소장 유물 등을 주제로 강연을 시행하고 있다. 영천·주암서원[임실]은 향교와 서원의 비교를 다루고, 묵계서원[안동]·예림서원[밀양]은 서원이 가진 의미와 기능 및 내력을 교육하고 있었다. 특히 용산서원[동해]은 문화유산으로 지정된 학규(學規) 현판과 서원에 소장된 전적류를 활용하여 교육하고 있었다. 용산서원의 학규 현판은 1705년(숙종 31) 삼척부사로 부임한 이세필[李世弼, 1642~1718]이 학문 진작을 위해 서당을 건립하고 21개 조항을 제정한 것이다. 서원에서는 이를 소재로 기록유산의 보존과 활용 가치를 배울 수 있는 프로그램을 구성하였다.

---

12) 鄭夢周, 『圃隱集』, 「行狀」.

13) 「월봉서원 강학회 '논사록(論思錄)을 새기다'…고봉 기대승의 논사록 강학」, 『광주인터넷뉴스』, 2024.9.3 ; 「서원, 현대에서 본연 역할 찾다」, 『무등일보』, 2023.1.13.

2. 서원의 현대적 교육 분석

조선시대 서원은 제향과 강학이라는 두 가지 역할을 가지고 있다. 제향은 서원에 모셔진 선현과 그의 학문·사상에 대해 존경의 의미를 담아 지내는 의례였다. 그리고 강학은 학문을 탐구하고 지식을 쌓는 것에서 나아가 내면을 수양하는 위기지학의 실현을 목표로 한다. 조선시대 서원은 기본적으로 과거 시험에만 얽매여 있는 관학을 비판하며, 인격 수양을 목표로 하고 있었다. 하지만 양반 관료제 사회에서, 조선의 유자(儒者)들은 과거 시험으로부터 자유로울 수 없었다. 이에 퇴계는 「이산서원 원규(伊山書院 院規)」를 통해 공부의 우선 순위를 『소학(小學)』과 『가례(家禮)』 및 사서오경을 근본으로 삼고, 과업(科業)은 그 말단(末端)으로 규정하였다. 반면 율곡은 「은병정사 학규(隱屛精舍 學規)」를 통해 서원 내에서의 과거 공부를 단호히 반대하였다. 다만 「학교모범(學校模範)」에 의하면, 과거 응시가 불가피할 경우 어쩔 수 없이 허용한다는 입장이었다. 결론적으로 퇴계나 율곡은 서원에서의 공부는 위기지학이 중심이 되어야 한다는 면에서 공통된 입장이었다.[14)]

이중 퇴계가 제정한 「이산서원 원규」를 통해 서원에서의 공부법과 인성 함양을 위한 조항들을 좀 더 세밀히 살펴보자.[15)]

·공부법에 관한 조항

一 모든 유생들의 독서는 사서오경(四書五經)을 근본으로 삼고, 소학과 가례를 입문으로 하여 국가가 추구하는 교육 방침을 준수하고 성현의 절실(切實)한 가르침을 지킨다. … 모든 사서(史書)와 제자백가, 여러 문집과 문장, 과거 공부 또한 하지 않으면 안 되니 마땅히 내외(內外)·본말(本末)·경중(輕重)·완급

14) 박종배(2010), 「學規에 나타난 조선시대 서원교육의 이념과 실제」, 『한국학논총』 33, 국민대학교 한국학연구소 46~47쪽.

15) 원규의 번역문은 이산서원복설추진위원회(2010), 『伊山書院誌』, 홍익문화사, 38~42쪽 재인용.

(緩急)의 순서를 알아서 항상 스스로 격려하며 ….

一 모든 유생들은 마땅히 각 방에서 항상 조용히 거처해야 한다. 오직 독서에 전념할 것이며, 의심나고 어려운 문제를 강론하고 연구하는 일이 아니면, 제멋대로 다른 방에 가서 잡담으로 시간을 보내다가 서로 학업을 게을리 하거나 그만 두는 일이 없도록 해야 한다.

一 성균관 명륜당에 이천(利川) 선생의 「사물잠(四勿箴)」과 회암(晦庵) 선생의 「백록동규십훈(白鹿洞規十訓)」, 진무경(陳茂卿)의 「숙흥야매잠(夙興夜寐箴)」을 걸어두었는데, 그 의미가 매우 좋다. 우리 서원 안에도 마땅히 이것을 써서 모든 벽에 걸어 놓고 서로 깨우치며 경계하도록 한다.

•인성에 관한 조항

一 … 사악하고 허황하고, 요망하고, 괴이하고, 음란하고, 편벽한 책을 서원에 들여와 가까이 두고 보면서 결코 도(道)를 어지럽히고 뜻을 현혹하게 해서는 안 된다.

一 … 만일 성품과 행실이 괴상하여 예법을 비웃고 성현을 무시하고, 경상도의(經常道義)를 속이고 위반하며 나쁜 말로 어버이를 모욕하며 단체의 질서를 무너뜨리고 따르지 않는 자는 서원에서 함께 의논하여 축출하도록 한다.

一 책을 밖으로 가지고 나가서는 안 되며, 여자를 데리고 들어와서도 안 된다. 서원 안에서 술을 빚어도 안 되며, 형벌을 사용해도 안 된다. … 소위 형벌이라는 것은 유생이나 유사(有司)가 사사로운 노여움으로 다른 사람을 때리는 것으로, 이런 것은 처음부터 발단이 되어서는 안 된다. ….

一 모든 유생들과 유사는 예의를 갖추고 서로 사귀며 존경과 믿음으로 서로 대하도록 노력한다.

一 서원에 속한 사람들을 잘 돌봐 주어야 한다. 유사와 모든 유생들은 마땅히 하인들을 사랑하고 보호해 주어야 한다. 서원이나 학사의 일 외에 누구나 개인적인 심부름을 시켜서는 안 되며, 사사로운 노여움으로 벌주어서는 안 된다.

퇴계의 원규는 단순히 배움만을 좇는 것이 아니라 윤리 실천을 통한 인격 수양까지 담고 있다. 그리고 퇴계의 제자들까지 서원 보급 운동에 동참하며 위기지학의 학문은 전국으로 펴져 나갔다. 이처럼 조선시대 서원 교육이 가지는 의미를 고려하면서 현대 서원 교육은 어떠한 방식으로 유지하고 있는지 살펴보자.

먼저 원형을 계승하고자 노력하고 있는 서원은 신항·가호·노강·월봉서원이 있다. 이 서원들은 조선시대 서원에서 공부 교재로 활용했던 고전을 강독하고, 그 속에 담긴 의미를 배움으로써 위기지학이라는 본질적 가치와 당시의 공부법을 비교적 충실히 이어오고 있다. 일례로 신항서원은 현재 '식(識): 신항자주학당'을 운영하고 있다. 자주학당은 '자신의 인생에 주인이 되어 살아가는 법을 배우는 곳'이라는 뜻으로, 『논어』를 읽으며 그 속에 담긴 이야기와 철학을 배우고 있다.[16]

다음으로 원형을 현대적으로 재해석하여 전형을 이룬 곳으로 자운·옥동·덕곡·용연·화산서원이다. 이들 서원은 제향자에 관한 강좌 및 대중에게 친화적으로 다가갈 수 있도록 인문학 콘서트 등을 개설하였다. 또 월봉서원[광주]의 사단칠정이나, 심곡·충렬서원의 인성예절교육 등은 선비정신과 인격 수양이라는 목표를 담고 있다. 즉 이 서원들은 전통적 가치[인물, 사상, 정신]를 기반으로 하되, 현대인이 쉽게 이해하고 참여할 수 있도록 인문학 강좌·콘서트라는 형태로 변용한 사례라 할 수 있다. 조선시대 서원에서 선현을 추모하는 방식이 의례와 제향자의 저술 간행 등이었다면, 이제는 제향 인물의 삶과 사상을 현대적으로 변용하여 교육함으로써 '선현 추모'의 가치를 실현하고 있다.

세 번째로는 다양한 분야의 주제를 활용하여 외연을 확장한 경우이다. 유교 성리학적 교육 보다는 덕양서원[곡성]처럼 전문가를 초빙하여 기후변화와 문화유산을 설명한다거나, 무양서원[광주광역시]과 같이 의술 건강 프로그램

16) 신항서원 홈페이지(https://blog.naver.com/new_sinhang)

을 운영하는 것이다.[17] 이러한 교육은 비교적 원형과는 다소 거리가 있지만 서원을 대중에게 알리고 새로운 역할을 모색한다는 점에서 의미가 있다고 할 수 있다.

이처럼 2025년 국가유산활용사업에 참여하는 서원들은 조선시대 교육의 가치를 충실히 계승하려는 노력과 함께 그 정신을 현대적으로 재해석하거나, 새로운 주제를 통해 대중의 참여를 이끌어 내고 있었다. 이는 교육을 받는 대상자가 어린이, 청소년, 일반인들로 되어있다 보니 전문적인 교육보다는 서원과 친숙해질 수 있는 방향으로 교육 내용을 구성한 것이다. 이러한 접근은 결국 서원이 과거의 유산으로만 머무는 것이 아니라, 전통을 계승하며 현대 사회와 소통하고자 하는 노력이 반영된 것이라 할 수 있다.

하지만 교육의 본질적 가치, 즉 전형이라는 측면에서 생각하면 다소 아쉬움이 있다. 조선시대 서원 교육은 학자들이 장기간에 걸쳐 경전을 탐구하고 토론하는 깊이 있는 과정이었다. 그러나 현재 다수의 교육들이 일회성 행사나 단기 체험에 머물면서 서원 교육이 가진 학문적 깊이를 재현하는 데 한계가 있다. '선비의 하루'를 다루는 교육은 선비의 삶을 피상적으로 경험하게 할 뿐, 그들이 추구했던 치열한 지적 탐구와 인격 수양의 과정과는 본질적으로 거리가 있다. 또 향교와 서원의 비교, 서원의 의미 등은 대중에게 서원이라는 기구가 가지는 의미만 전달할 뿐, 서원 내에서 실제 수행된 교육의 본질까지 담아내지는 못한다.

이러한 요인이 발생한 데는 주관 기관의 사업 목적이 '대중과의 소통 및 활용'에 치중되었다는 것도 간과할 수 없다. 2024년 6월 공고된 '2025년 생생 국가유산 사업 공모 계획'[18]을 보면, 사업 목적에 '국가 유산 문턱은 낮게, 프로그램 품격은 높게, 국민 행복은 크게'라는 전략을 담고 있다. 대상 요건

17) 무양서원의 프로그램은 제향자가 어의 최사전이므로 그의 의술 사상을 기초로 한 건강 프로그램을 기획한 것이다.

18) 국가유산청 공지사항 '2025년 지역국가유산교육 활성화 사업 공모 계획 알림' 글 참고, 2024. 6. 13.

은 '국가 유산과 연관된 유적·유물이나 이야기 등 내재적 가치를 융·복합하여 새로운 부가가치를 창출, 지속 가능한 역사 문화 자원으로 활용하는 사업, 연중 지속적으로 국가유산을 활용할 수 있는 프로그램 운영, 지역주민의 참여를 이끌어 내어 향토문화진흥 및 지역경제 활성화에 기여할 수 있는 사업'이다. 이처럼 사업 자체가 본질적 가치에 집중하기보다는 '활용'과 '지역주민의 참여'이다보니, 교육 내용도 여기에 맞게 구성될 수밖에 없었다. 또 기후변화 대응 프로그램을 기획, 운영하면 가점을 받는 조항도 있었다. 기후변화에 대한 대응은 현대 사회에서도 중요한 현안이며, 일반 대중들에게 그 중요성을 환기시키는 것은 매우 뜻깊은 일이다. 하지만 국가유산마다 가지는 정체성과 특수성을 고려한다면, 이러한 사회적 현안과 서원을 융합시키기란 쉽지 않다.

결론적으로, 현재의 서원 활용 사업은 대중화라는 성과를 거두고 있으나, 그 과정에서 학문적 깊이와 전문성 등 본질적 가치들이 상당 부분 완화되고 있었다. 진정한 서원 교육을 계승하기 위해서는 이벤트성 활용을 넘어, 소수 정예라도 심도 있는 강학 프로그램을 복원하고 서원이 가진 본질적 가치와 학문적 전통을 유지하려는 노력이 병행되어야 할 것이다. 물론 이렇게 했을 때 서원은 대중의 관심에서 멀어질 수도 있다. 이에 전문성과 대중성을 모두 고려한 프로그램을 구상하기 위해 각종 노력을 기울여야 할 것이다.

Ⅲ. 서원 교육의 전형을 회복하기 위한 제언

1. 서원 강학 기능의 회복을 위한 제언

서원이 전문성과 대중성을 모두 확보하려면 우선 교육 대상자에 맞게 프로그램도 이원화(Two-Track)되어야 할 것이다. 즉 전문가 과정과 대중 과정을 분리 운영하는데, 먼저 전문가 과정은 다시 두 가지 프로그램으로 나눌 수 있다. 첫 번째는 심화 강학(講學) 프로그램의 복원이다. 이를 위해 자주학당과 같이 장기 과정의 프로그램을 도입하여 유교 경전이나 제향 인물이 남긴 저서를 선정, 한 학기 또는 1년 단위로 집중 강독·토론하는 것이다. 예를 들어, 덕곡서원에서는 퇴계 이황의 저서를, 자운서원에서는 율곡 이이의 저서를 심도 있게 탐구하는 과정을 운영할 수 있을 것이다. 대상자로는 학문 탐구에 진지한 의지가 있거나 한학에 대한 이해가 깊은 중장년층, 또는 노년층을 선발할 수도 있을 것이다. 이 과정은 서원을 단순 체험 공간이 아닌, 실제 학문이 이루어지는 '연구 공동체'로 복원하여 학문적 깊이를 더할 수 있다.

두 번째 프로그램은 서원별 특화된 학술 연구를 만드는 것이다. 실제 조선시대 서원은 저명한 학자를 초빙하여 강의를 듣고 학문을 토론하며 열린 교육의 장이었다. 이에 각 서원을 제향자별, 또는 서원 소장 고문헌 등을 활용하여 '특화 연구 거점'으로 지정하고, 관련 분야의 학자나 대학원생을 초청하여 정기적인 학술 세미나를 개최하는 것이다. 이러한 방식은 현재 국학 연구기관, 또는 지자체 문화원, 유네스코 지정 서원 등에 한정되어 시행하고 있는데, 제향자나 전공에 따라 각 서원도 연구 거점으로서 동참한다면, 서원의 학문적 위상도 회복될 수 있고, 현대 인문학 연구의 중요 거점으로도 자리매김 할 수 있을 것이다.

다음으로 대중 과정은 기존에 시행하고 있는 인문학 콘서트, 선비의 하루, 어린이 철학 교육, 생활 예절 등 대중 친화적인 프로그램을 유지·발전시키는 것이다. 대상자들은 일반인·청소년·어린이 계층으로, 이들은 이미 현대의 공교육 시스템 속에서 교육을 받아왔다. 그렇기 때문에 이들에게 서원 교육은 전통시대를 이해하는 보조적 수단으로 여겨질 수밖에 없을 것이다. 이에 조선시대 서원에서 행해진 다양한 활동을 현대로 접목시켜 공유한다면 대중이 보다 친밀감을 느낄 수 있을 것이다. 여기에 각 지역 교육청과의 연계는 서원에 대한 대중의 관심을 보다 환기시킬 수 있는 계기가 될 수 있다.

이를 잘 반영하고 있는 사례로 대구 구암서원(龜巖書院)을 들 수 있다. 구암서원은 1665년(현종 6) 달성서씨 서침[徐沈, ?~?], 서거정[徐居正, 1420~1488], 서해[徐解, 1537~1559], 서성[徐省, 1558~1631], 서사원[徐思遠, 1550~1615]을 제향하는 서원으로 건립되었다. 이 서원에서는 2016년 전통문화 계승 및 인성교육의 장이었던 서원의 기능을 회복하고, 선비문화를 현대적으로 활용하기 위해 (사)영남선비문화수련원을 조직하여 다양한 사업들을 진행하고 있다.[19] 특히 2017년부터 2025년 현재까지 향교·서원 문화재 활용사업에 선정되면서 대중 친화적인 프로그램을 많이 기획하고 있는데, 그중 속수례(束脩禮)의 재현은 눈여겨볼 만하다. 속수례는 제자가 스승을 찾아뵙고 처음으로 예를 올리는 의식으로, 사제관계가 맺어지는 상징적 절차라 할 수 있다. 구암서원에서는 그 가치는 살리되 현대에 맞게 변용하여 스승의 날 선생님과 학생이 모여 속수례를 행하고 있다.[20]

한편 대중 친화적 프로그램이라 하더라도 서원의 정체성과 명확한 연결고리는 가져야 한다고 본다. 즉 새로운 프로그램을 기획할 때 '이 프로그램이 제향 인물의 사상, 또는 업적과 어떻게 연결되는가?', '서원의 고유성은 놓치지 않는가?' 등을 기준으로 삼아야 한다는 것이다.

예를 들어 용산서원에서 문화유산 지정 학규현판 및 서원 소장 전적류를 키워드로 할 때 '기록유산의 보존과 활용', '학규현판과 기후변화대응의 연계'도 좋지만, 학규의 내용에 좀 더 집중하는 것도 중요해 보인다. 원규[학규]는 일방적인 강의가 아니라 공부하는 제생들이 독서와 토론을 통해 깨달음을 얻고 이를 통해 마음을 닦고 실천하는 자율적인 학습, '장수(藏修)'를 강조한다.[21] 이 학규 역시 공부법과 타인을 대할 때의 윤리, 자신을 대할 때의 자세 등이 모두 담겨 있다. 즉 성현의 가르침을 바탕으로 한 엄격한 자기 수양과 공동체적 학문 정신을 포함함으로써, 단순한 지식 습득이 아닌 인격의 완

19) 영남선비문화수련원(www.sunbicamp.co.kr) 참고.
20) 「[포토뉴스] 스승의 날 앞두고 속수례 체험하는 학생들」, 『영남일보』, 2024.05.14.
21) 정만조(2002), 「한국 서원의 연구현황과 전망」, 『한국의 서원과 학맥 연구』, 경기대학교 소성학술연구원·국학자료원, 15쪽.

성을 추구하고 있다.

이러한 학규의 의미를 담아 현대적으로 교육한다면, 예를 들어 '용산서원 학규에서 배우는 자기 주도적 삶'과 같은 주제를 구상할 수 있다. 일반인이나 청소년을 대상으로 하여 삶의 방향을 설정하고 나를 성장시키는 방법 속에 학규를 적용시키는 것이다. 교육과정은 1회차 〈삶의 방향 설정하기〉→2회차 〈성장루틴 만들기〉→3회차 〈공동체 속 관계 맺기〉→4회차 〈나의 삶에 학규 적용하기〉이다. 먼저 1회차 〈삶의 방향 설정하기〉에서 적용할 수 있는 학규는 다음과 같다.

1. 옛날에 성현(聖賢)이 사람을 가르치고 학문을 한 참 뜻은 모두 의리(義理)를 밝히고 수신(修身)을 하려는 것이며, 다만 글자를 배워 기록하고 보는 데 쓰고, 사장(詞章)을 공부하여 명예와 재물을 얻으려는 데에만 있는 것은 아니다. 사람이 배우지 않으면 마음이 막히고 아는 것이 없기 때문이다. 공부를 하고 수신하는 방법은 대강 알아서 그것을 시행하는 것이 아니라, 반드시 깊이 연구하여 분명히 안 후에 그것을 열심히 시행해야만 중용(中庸)을 얻어서 옛날 성현들이 교인(教人)하는 본의에 어긋나지 않을 것이다. 공부하는 학생들은 열심히 연구하고, 공부하는 것을 평생의 사업으로 해야 한다.
2. 공부하는 방법은 궁리하고 연구해서 열심히 실행하는데 있다. 뜻은 공부의 근본이며, 경(敬)은 공부의 마지막이자 처음이다. 따라서 뜻과 경(敬) 둘은 궁리역행(窮理力行)하는 근본으로 해야만 두서(頭緒)가 있어서 공부가 잘 되는 것이니, 더욱 열심히 공부해야 하며 게을러서는 안 된다.
3. 공부하는 사람은 우선 배우려고 하는 진실한 마음이 있어서 입지(立志)와 거경(居敬)을 해야 하는 것이니, 궁리역행 해야만 마침내 참된 공부가 되는 것이다. 그렇지 않으면 비록 공부를 한다 하더라도 실이 없는 것이며, 성취하기 어렵다. 그러므로 공부하려는 사람은 먼저 공부하겠다는 진실된 마음을 가지고 열심히 공부해야 한다.
6. 독서를 해서 사람이 지켜야 하는 도(道)를 배워야 한다. 『소학』에서는 사친

(事親), 경형(敬兄), 충군(忠君), … 친우(親友)의 도를 배워야 하며 『대학』에서는 격물(格物), 치지(致知) … 의 도를 배워야 한다. 『논어』, 『중용』, 『시전』, 『서전』, 『주역』에서는 우주만물의 이치와 도를 알아야 한다. …[22]

원규나 학규는 현대 교육에 있어 공부의 근본적인 목적과 요구되는 자세가 무엇인지 숙고할 수 있는 기회를 제공해 준다는 시사점을 가진다.[23] 우리가 왜 배워야 하는지, 그 목적을 바로 알고 내 삶의 궁극적인 목표를 설정해 보는 것이다. 요즘 청소년·현대인에게 배움의 목적은 입시, 승진, 경력 쌓기 등 다양하다. 그런데 진정한 배움의 의미는 학규 1과 같이 명예와 재물을 얻기 위함이 아니라, 의리(義理)와 수신(修身), 즉 올바른 가치와 자기 수양을 통한 도덕적 인격을 갖추는 것이다. 그렇다면 '의리와 수신'의 삶을 살기 위해서는 2번과 같이 뜻을 세우고, 진실한 마음을 가져야 한다. 막연한 목표를 설정하는 것이 아니라, 내면의 목소리에 귀를 기울이고 진실된 나만의 목표를 세우는 것이다. 이때 6번처럼 우주 만물의 이치와 도를 알아야 하듯, 우주 만물이라는 세상 속에서 나의 위치와 역할도 함께 생각해 볼 수 있다.

왜 배워야 하는지, 삶의 궁극적 목표가 설정되었다면, 2회차에는 어떻게 공부할 것인지, 나만의 구체적인 〈성장루틴 만들기〉를 구상해 본다. 이에 부합하는 학규는 다음과 같다.

4. … 공부하기 위해서 독서하는 용산서당의 모든 학생들은 매일 아침 일찍 일어나 침구를 정돈하고, 세수하고, 머리를 단정하게 빗고, 의관을 바르게 한다. 그리고 각기 독서하는 곳으로 가서 자세를 바르게 꿇어앉은 다음 책을 펴고 정신을 모은 후 공부해야 한다. 글자 한 자, 글귀 하나라도 정독해야하며, 대

22) 이하 용산서원 학규는 동해문화원(2018), 『동해향토사록 16, 동해사 정체성 확립을 위한 東海學』 16, 도서출판 청옥, 77~81쪽의 번역문을 재인용하였다.

23) 김민재(2019), 「서원 교육의 이념과 실제가 지니는 현대적 시사점 연구」, 『퇴계학논집』 25, 영남퇴계학연구원, 311쪽.

강 지나쳐서선 안된다. …

5. 독서하는 순서는 먼저 책의 순서를 정해 차례로 읽어야 한다. 제일 먼저 『소학』부터 시작해서 『대학』, 『논어』, 『맹자』, 『중용』, 『시경』, 『역경』, 『춘추』 순서대로 읽고 다 읽었으면 다시 처음부터 되풀이해서 반복해야 한다. … 격언과 같이 좋은 글은 성실한 마음으로 토론하고, 실천하는 데 모든 정성을 다해야 한다.

7. 정자(程子)의 사물잠(四勿箴), 주자(朱子)의 경재잠(敬齋箴) … 을 벽 위에 붙여 놓고 수시로 보고 외우며 열심히 실천한다.

16. 아침부터 저녁 때까지 하루동안 해야 할 일은 경사(經史)를 읽고, 의리를 강론하고, 혹은 글을 짓고, 혹은 심신을 항상 반성하고 조심해야 하는 것인데, 한시라도 방심하여 게을리 해서는 안된다. 저녁에도 등불을 밝히고 공부하다가 밤이 깊은 후에 취침해야 한다.

17. 서당에 있을 때에는 비록 공부를 하더라도, 집에 돌아가서는 계속하지 않고 놀게 되면 공부하는 맥이 끊겨서 마침내 위습(僞習)이 되고 말 것이니, 이 점을 깊이 생각해서 귀가 후에도 계속 공부해야 한다.

먼저 아침 일찍 일어나 나만의 루틴을 설정하는 것이다. 옷차림과 자세를 바로 하고 명상을 통해 건강한 정신을 만든 뒤 공부하는 것이다. 공부 방법으로는 자신의 공부 순서를 정하고, 정독함으로써 깊이 있게 읽어내고, 반복적으로 학습한다. 또 '서당에 있을 때처럼' 집에서도 꾸준히 공부를 유지한다.

3회차는 〈공동체 속 관계 맺기〉이다. 이는 말과 행동, 사람들과의 관계 속에서 예(禮)를 실천함으로써 공동체 구성원들과 올바른 관계를 형성할 수 있다.

8. 항상 의관을 반듯이 하고, 용색(容色)은 엄숙히 하며, 앉을 때는 무릎을 뻗어선 안된다. … 일동일정(一動一靜: 하나 하나의 움직임)을 모두 예에 의해서 해야 한다.

9. 말하는 것과 침묵하는 것을 반드시 조심하고, 삼가서 해야 한다. … 마음의

준비를 한 후 말해야 하며, 고성으로 떠들썩하게 말을 해서 위의(威儀)를 손상시켜서는 안되며, 간략하고 무게 있게 말해야 한다. 다른 사람의 과실을 말해서는 안되며, 조정의 시비를 말해서도 안되고, … 음설(淫媟), 희만(戱慢), 패사(悖辭), 신괴(神怪)의 일을 말해서도 안된다.

11. 거처에 있어서는 자신이 좋은 곳을 택하지 말아야 하며 반드시 연장자에게 먼저 양보하고 10세 이상자가 출입할 때는 반드시 일어서야 한다.
12. 식사는 반드시 나이 순서대로 차례를 정하여 질서정연하게 해야 한다. 맛있는 것만 가려서 먹지 말고, 너무 많이 먹어서도 안된다.
13. 사람을 접대할 때는 공손한 자세로 성심성의껏 하고, … 당파가 다른 구실로 소홀히 해서도 안된다. 해학이나 조소를 하며 상대를 비방하여 화목과 공경을 잃게 해서는 안된다.
14. 서당에 소속된 모든 학생들은 이미 한 곳에서 생활하고 있으니 동거(同居)의 의리가 있는 것이고, 또한 같이 수업을 하니 동문(同門)의 의리가 있는 것이다. 따라서 교의와 정분이 두터운 것이다. 그러므로 동향(同鄕)의 사람들과 비교할 수 없다. … 질병이 있을 때는 친척이 환란을 당한 것과 같이 생각해서 서로 도와주어야 한다.
15. 독서할 때 의심나는 것이 있으면 서로 토론하고, 이해가 되면 서로 권도(勸導)해야 한다. …
21. 소속된 하인들을 잘 보살펴 자기의 자제와 같이 잘 인도하고 대우해 주어서, 그들로 하여금 마음이 상해 이반하는 일이 없도록 한다.

8·9번은 나의 행동과 말 하나 하나가 상대에게 어떤 영향을 끼칠 수 있는지 생각함으로써 신중하고 예의 있게 대하는 것이다. 11·12·13은 상대를 예의있게 존중한다면 그것의 실천 방안이라 할 수 있다. 연장자에 대한 자리양보나 식사 예절, 타인에 대한 접대와 칭찬과 비방 등은 가정에서부터 학교, 사회에 모두 적용할 수 있어 공동체 속 올바른 관계 맺기에 적절한 수칙들이다. 14·15·21은 의리와 소통, 배려이다. 함께하는 공동체의 일원에 대한

의리를 지키고, 아플 때는 내 가족처럼 도와주어야 한다는 점, 또 의심나는 부분은 함께 토론하고 서로 응원해 줌으로써 함께 소통할 수 있다. 또 이반하는 일이 없도록 타인의 마음을 헤아리는 자세도 공동체 생활에서는 필요한 덕목이다.

4회차는 앞으로 어떻게 살아갈 것인가? 〈나의 삶에 학규 적용하기〉이다. 그동안 배웠던 내용을 토대로 나만의 학규를 설정해 보는 것이다. 여기에는 다음의 학규들을 적용할 수 있다.

> 10. … 지금 사자(士子)들은 향교나 서당으 일과 같이 부득이한 일이 아니면 절대 관가의 출입을 삼가하여 자중의 의를 잃지 않게 해야한다.
> 18. 서당에서 선비를 택하여 입학을 허락하는 것은 문벌과 지위의 고하를 논하지 않고, 연세의 장유를 논하지 않으며, 용모가 단정하고 준수하며 배우려고 하는 의욕이 있는 자를 입학시킨다.
> 19. 서당에 입학한 학생은 반드시 학규를 먼저 읽어야 하며, 이름만 서당 학생으로 올려놓고 학생으로서의 의무를 다하지 않으면 … 퇴학시킨다.
> 20. 서당에서 공부 잘하는 한 사람을 택해서 '장의(掌議)'로 하고 나이가 적은 두 사람을 택해서, 한 사람은 '색장(色掌)', 또 한 사람은 '유사(有司)'로 하고 …

10번의 조선시대 유생들에게 관가의 출입을 삼가라는 것은 공부에 방해되는 일은 하지 말라는 의미가 강하다. 이를 현대에 적용하면, 나의 공부 목표에 불필요한 요소들은 없는지 돌이켜 보고 스스로 제어하며, 항상 배우고자 하는 의욕을 가져야 한다는 마음 자세를 요구한다. 20·21은 나의 삶 속에서 내가 맡을 수 있는 역할을 생각하고, 리더로서 책임감을 가질 수 있도록 해준다. 마지막에는 이렇게 강의를 들은 후 나만의 학규(약속)을 만들어 보는 것도 좋을 것 같다. 이처럼 학규의 각 조항을 지식 습득에서 나아가 인격 수양과 나의 삶을 설계하는 데 적용한다면 원형성과 진정성을 반영한 교육이 될 수 있을 것이다.

이렇게 대중 강연을 실시하고, 여기서 심도있는 교육을 원하는 참가자는 전문가 과정으로 들어올 수 있다. '평생교육'이 보편화된 요즘, 앞서 심화 과정에 참가한 노년층은 서원에서의 교육과정을 이수하고 나면, 다시 대중 강연자로 초빙할 수도 있다. 이는 결국 노인층의 일자리 창출 효과로도 이어진다. 즉 전문가 과정과 대중 과정의 선순환 구조가 이루어진다면 서원의 본질적 기능을 훼손하지 않으면서 대중과의 소통도 이어갈 수 있을 것이다.

2. 서원 교육의 전형성을 반영한 사례: 김해 월봉서원을 중심으로

김해 월봉서원은 근대전환기를 살았던 이보림을 제향하는 서원이다. 이보림은 조선시대 중종의 다섯째 아들 덕양군(德陽君) 이기[李岐, 1524~1581]의 후손으로, 이 가문은 신임사화 이후 7대조 이춘흥[李春興, 1684~1766]이 낙남하여 김해에 정착하였다. 이보림이 살았던 시대는 신문물의 유입으로 전통이 무너지고, 새로운 근대화의 물결이 한반도를 뒤덮었던 시기였다. 당시 전통 성리학적 사고를 가지고 있던 유림들에게 그러한 변화는 전통의 위기로 다가왔다. 이들은 대를 이어 내려온 유학의 수호자를 자처하였으며, 이러한 모습은 일제강점이라는 현실을 외면한다는 점에서 비판받기도 했다. 하지만 그들은 전통 유학을 지키는 것이 나라를 살리는 길이라 믿고 있었다.

이보림 역시 그러했다. 그는 1920년 아버지의 명으로 당시 전라도 부안 계화도에서 은거하고 있던 전우를 찾아가 문인이 되었다. 그리고 문하에 들어간 지 2년 뒤 전우가 세상을 떠나면서 이보림은 석농 오진영을 스승으로 모셨고, 김해에 월봉서당을 열어 학문에 정진하며 후학을 양성하였다. 그는 망명의 길도 생각했으나, 부모에 대한 효와 자식으로서의 역할도 소홀히 할 수 없었기에[24] 이를 실행하지 못하고, 지역 내 후학을 양성하는 데 전념하였다. 이와 함께 1968년 함양의 정여창 후손 정도현[鄭道鉉, 1895~1977]과 함

24) 李普林, 『月軒集』 권1, 書, 「上石農先生」(9).

께 의령에 전우를 제향하는 의산서원 건립을 주도하였고, 이후 향사와 강학을 시행하였다.[25] 1972년 생을 마감하자 유림들의 공론에 의해 1984년 월봉서당을 서원으로 승격하였다.

이처럼 월봉서원은 현대에 건립된 서원이기 때문에 조선시대 서원 교육의 원형을 그대로 적용하기에는 일정한 한계가 있다. 그러나 근대전환기부터 해방 이후까지 활동한 유학자들을 보면 여전히 조선의 유학적 사고를 기반으로 하며, 일상생활에서 유학의 실천을 더욱 강조하기도 하였다. 이러한 점에서 볼 때, 비록 현대에 세워진 서원이지만 조선시대적 사고를 계승한 이들이 서원 교육의 본질을 구현하고 이를 지속적으로 계승하고자 노력해온 모습은, 서원 교육의 전형에 비추어 하나의 사례로 충분히 소개될 수 있다고 판단된다.

현재 월봉서원에서는 국가유산활용사업의 일환으로 '번개 막은 선비, 지구를 구하라-월봉 그린 감성학교'를 진행하고 있다. 교육의 취지는 '물질보다 인간', '욕망보다 자연'의 사상을 현대생활에 접목하여 인터넷과 스마트폰에 익숙한 현대인에게 유교 문화와의 교감과 기후위기 속에서의 인성교육, 역사탐방, 생태 체험 등을 시행하는 것이다. 월봉서원의 프로그램 중 체험을 제외한 교육 프로그램으로는 '오래된 미래 k-서원 인문학'이 있다. 이 교육은 이보림의 사상과 과업, 고전문학 등의 내용을 다룬다.[26] 이중 'k-강학회'는 전통적으로 행해진 서원 강학회를 계승하고, 그 본질과 주제를 현대적으로 재조명하여 시민들과 공유하기 위한 목적을 가지고 있다.

2025년 4월 14일(월)부터 5일간 진행된 'k-강학회'는 월봉서원의 향사일을 포함하여 일정을 구성하였다. 1회차에 전통 강학의 특징과 『논어』, 『소학』을 통한 유교의 핵심 사상을 알리고, 2회차에서는 김해의 서원과 전통 강학을 주제로 강의를 진행하였다. 김해는 남명의 처향(妻鄕)으로 일찍이 남명의 강학처인 산해정이 있었고, 남명 사후에는 그를 제향하는 신산서원이 창건

25) 정경주(2004), 「月軒 李普林의 生涯와 學問」, 『간재학논총』 4, 간재학회, 426쪽.
26) 「김해 월봉서원, 월봉 k-강학회 개최」, 『뉴스경남』, 2025.4.13.

되며 덕천[산청]·용암[합천]서원과 함께 남명학파의 3대 서원이 되었다. 이밖에 송담서원[송빈·이대형·김득기·류식]·구천서원[허경윤]·예암서원[조이추]·미양서원[김계금]·월봉서원 등[27]이 존재하는데, 신산서원의 유래부터 근대 월봉서당[서원]까지 내려오는 김해 지역 유학의 흐름을 설명하였다.

3일째에는 월봉서원의 강학공간인 일신재와 화산정사에 대해 알아보았다. 원장[성백효, 해동경사연구소]와 이보림의 후손 주도 하에 한문학 전공자 및 학부생들이 참여하여 간재학파의 영남 거점 공간으로 여겨지는 화산정사를 답사, 강학 공간으로서의 특징도 살펴보았다. 저녁에는 다시 서원으로 돌아와 강독회를 진행하였다. 먼저 이보림의 정수가 담긴 글과 현판에 투영된 유학적 의미를 되새겨 보고, 원장의 주도 아래 전우의 핵심 사상에 대한 강독회가 있었다. 강독회가 끝난 뒤에는 서원에서는 소장하고 있는 전우의 영정과 친필 유묵 및 관련 고문서들을 꺼내어 다 같이 살펴보는 시간을 가졌다. 그리고 이날 강독회에 참여한 사람들은 서원에서 하루를 묵고, 다음날 향사에 참여하였다.

4일째 오전에는 향사를 지내고, 오후부터는 원장의 중용[조화와 절제의 미학]을 주제로 한 강연과 해동경사연구소의 전문가들이 격물(格物)과 정심(正心), 도심(道心)과 인심(人心)에 대해 강의하였다. 마지막 날은 월봉서원의 강학공간에 대한 현대적 접근이라는 주제로 강연이 끝이 났다.

조선시대 서원의 원장은 대외적으로 서원을 대표하며 원내 대소사를 관장하는 사람이다. 이에 퇴계는 「이산원규」에서 '선비 중에 사리를 알고 조행(操行)에 있어서 여러 사람이 추앙하고 따를 수 있는 사람'을 상유사[원장]로 삼아야 된다고 하였다.[28] 정구는 도동서원 「원규」를 통해 다음과 같이 원장의 역할을 기술하였다.

27) 박소희(2023), 「근현대 경남 지역 서원의 건립 현황과 추이」, 『민족문화논총』 85, 영남대학교 민족문화연구소, 39~43쪽.
28) 李滉, 『退溪集』 권41, 雜著, 「伊山院規」.

하나. 강습을 부지런히 한다.〔勤講習〕

원장은 벗들을 불러들여 학문을 권하고 강습하는 것을 폐하지 않는다. 겨울과 봄에는 오경(五經)과 사서(四書) 및 이락(伊洛 정호(程顥)와 정이(程頤))의 여러 성리서(性理書)를 읽고, 여름과 가을에는 역사서, 자서(子書), 문집을 대상으로 하여 마음내키는 대로 읽도록 한다.[29]

이처럼 월봉서원은 저명한 한학자를 원장으로 초빙하고 k-강학회를 통해 강학을 시행하였다. 그리고 서원 제향자 이보림과 그의 스승인 전우의 학문과 사상을 함께 되새겨보았다. 이와 함께 서원에 소장된 고문서들을 함께 살펴봄으로써 당대를 살았던 이들의 삶에 좀 더 구체적으로 다가가는 뜻깊은 시간을 가졌다. 이러한 일련의 과정은 강우 지역 내 기호학맥을 계승한 월봉서원의 정체성을 잘 보여주는 사례라 할 수 있다.

Ⅳ. 맺음말

본 연구는 국가유산 활용 사업의 일환으로 시행되는 서원의 현대적 교육 프로그램 현황을 분석하고, 조선시대 서원 교육의 전형이라는 측면에서 현재의 교육이 갖는 한계와 가능성을 찾아보고자 하였다. 분석 결과 현재 서원 교육은 대중의 참여를 확대하고 서원의 문턱을 낮추는 데에는 상당한 성과를 거두고 있었다. 다만 본래 서원이 지녔던 깊이 있는 학문 탐구와 인격 수양이라는 본질적 가치에 있어서는 상당 부분 희석되었음을 확인할 수 있었다. 많은 프로그램이 일회성 체험이나 흥미 위주로 구성되어, 조선시대 지식인들의 치열했던 지적 탐구의 장으로서, 서원 교육의 본질은 충분히 담아내지 못하는 한계를 보였다.

29) 鄭逑, 『寒岡續集』 권4, 雜著, 「院規」, 한국고전종합DB 번역문 재인용.

이러한 한계를 극복하고 서원이 현대 사회에서도 의미 있는 교육 공간으로 거듭나기 위해서는 대상과 학문의 깊이 등 여러 가지 사항을 고려해야 한다. 본 연구에서는 서원의 핵심 기능인 '강학'의 현대적 복원을 제안하였다. 구체적으로 학문적 깊이를 추구하는 '전문가 과정'과 대중의 눈높이에 맞춘 '대중 과정'을 분리하여 운영하는 '투 트랙(Two-Track)' 과정을 제시했다. 특히 대중 과정이라 할지라도 서원별 제향 인물의 사상이나 소장 기록물 등을 통해 고유의 정체성과 명확히 연결하여 단순히 체험을 넘어, 교육적 가치를 확보해야 함을 강조하였다.

그리고 이러한 방향성에 따라 비교적 전형을 잘 구현한 사례로 김해 월봉서원의 'k-강학회'를 살펴보았다. 월봉서원은 저명한 한학자를 원장으로 초빙하여 제향 인물의 학문 세계를 깊이 있게 조명하는 강독회를 열었다. 그리고 실제 향사 참여와 고문서 열람 등을 연계함으로써 서원의 강학 및 제향 기능을 현대적으로 복원하였다.

결론적으로, 서원의 현대적 활용은 과거의 유산을 단순히 보존하거나 재현하는 데 그쳐서는 안 된다. 서원이 지닌 '위기지학'의 정신, 즉 참된 자아를 찾고 인격을 수양하는, 배움의 가치를 현대적으로 재창조하는 노력이 필요하다. 전문성과 대중성의 조화를 통해 서원이 구시대적인 공간을 넘어, 현대인의 올바른 인성 함양과 자아성찰의 공간으로서, 살아있는 인문 교육의 거점으로 자리잡기를 기대한다.

참고문헌

1. 관찬사료 및 문집류

『세종실록』, 鄭夢周『圃隱集』, 李普林『月軒集』, 李滉『退溪集』, 鄭逑『寒岡續集』

2. 단행본

동해문화원(2028), 『동해향토사록 16, 동해사 정체성 확립을 위한 東海學』 16, 도서출판 청옥.

이산서원복설추진위원회(2010), 『伊山書院誌』, 홍익문화사.

이해준 외(2018), 『한국 서원의 전통가치와 현대적 계승』, 한국학중앙연구원출판부.

충청남도역사문화연구원(2011), 『畿湖儒教文化와 遯巖書院 : 충남 문화예술의 경쟁력 강화를 위한 콘텐츠』, 충청남도역사문화연구원.

3. 학술논문

김민재(2019), 「서원 교육의 이념과 실제가 지니는 현대적 시사점 연구 - '원규(院規)'와 '강회(講會)'를 중심으로 -」, 『퇴계학논집』 25, 영남퇴계학연구원.

김선의(2018), 「세계유산 잠정목록 한국의 서원인 돈암서원의 보존을 위한 활용」, 『건축』 62, 대한건축학회.

김소희(2021), 「논산 돈암서원 책판의 현황과 활용방안」, 『서지학연구』 87, 한국서지학회.

김자운(2021), 「지속 가능한 교육과 활용을 위한 서원의 교육환경 - 세계유산 등재 전후 문화재청 정책과 서원 교육프로그램을 중심으로 -」, 『한국서원학보』 13, 한국서원학회.

김형근(2021), 「무형문화유산의 전승, 그 원형과 전형 사이 - 부산시무형문화재 기장오구굿을 대상으로」, 『동남어문논집』 51, 동남어문학회.

이해준(2010), 「睡隱 姜沆과 內山書院의 문화콘텐츠 활용」, 『島嶼文化』 35, 목포대학교 도서문화연구소.

박소희(2023), 「근현대 경남 지역 서원의 건립 현황과 추이」, 『민족문화논총』 85, 영남대학교 민족문화연구소.

박종수(2014), 「포은선생 배향서원의 문화콘텐츠 활용 방안」, 『포은학연구』 14, 포은학회.

______(2015), 「서원을 활용한 다문화 가치 창조에 대한 연구 : 임고서원을 중심으로」, 『포은학연구』 15, 포은학회.
박정민(2020), 「무성서원의 역사적 특징과 활용방안」, 『인문과학연구』 66, 강원대학교 인문과학연구소, 2020.
______(2023), 「태산선비문화권의 설정과 활성화 방안」, 『인문과학연구』 79, 강원대학교 인문과학연구소.
박종배(2010), 「學規에 나타난 조선시대 서원교육의 이념과 실제」, 『한국학논총』 33, 국민대학교 한국학연구소.
이상호(2015), 「복설될 연경서원의 현대적 활용 방안」, 『퇴계학논집』 16, 영남퇴계학연구원.
______(2015), 「영남지역 사례를 통해 본 서원 활용 방안 제언」, 『유학연구』 37, 충남대학교 유학연구소.
이주빈·김선영(2021), 「유네스코 세계유산 '한국의 서원'을 활용한 지역 경제활성화 방안 - 백제역사유적지구 사례를 바탕으로」, 『문화와 융합』 43, 한국문화융합학회.
정경주(2004), 「月軒 李普林의 生涯와 學問」, 『간재학논총』제4집, 간재학회.
정만조(2002), 「한국 서원의 연구현황과 전망」, 『한국의 서원과 학맥 연구』, 경기대학교 소성학술연구원·국학자료원.
조나리(2023), 「스토리텔링을 통한 서원문화유산 활용 방안」, 『사학지』 63, 단국사학회.
진성수(2016), 「전북지역 서원(書院)의 현대적 활용 방안」, 『원불교사상과 종교문화』 70, 원광대학교 원불교사상연구원.

4. 신문 및 홈페이지
『동아일보』, 『광주인터넷뉴스』, 『뉴스경남』, 『영남일보』
국가유산청(www.khs.go.kr)
신항서원(blog.naver.com/new_sinhang)
영남선비문화수련원(www.sunbicamp.co.kr)

서원문화자산의 활용과 과제: 2025년 「향교·서원 국가유산 활용사업 90선」을 중심으로

백 지 국

Ⅰ. 머리말

최근 문화콘텐츠 산업의 성장에 따라 전통문화 자원을 현대적으로 재해석하고 이를 적극적으로 활용하려는 시도가 활발히 전개되고 있다. 이러한 흐름 속에서 2019년 '한국의 서원'의 유네스코 세계문화유산에 등재는 서원문화자산에 대한 관심과 활용의 전환점이 되었다. 서원은 조선 시대 사림(士林)에 의해 설립된 사학(私學) 기구로, 성리학적 이념을 바탕으로 교육·제향·건축·경관·운영 등 다양한 요소가 복합적으로 결합된 전통 문화자산이다. 세계유산위원회는 서원이 성리학 관련 한국 문화 전통의 탁월한 증거이며, 중국에서 수용된 성리학이 한국의 사회문화적 여건에 맞게 변용되고 전승되어 온 과정과 현재에도 이를 잘 보존하고 있다는 점을 높이 평가하여 세계문화유산으로 등재하였다.[1)]

서원이 지닌 복합적 특성은 다양한 콘텐츠 개발로 이어졌으며, 이를 뒷받

1) 공공문화외교부(2019.07.06), 「'한국의 서원' 유네스코 세계유산 등재」 https://www.mofa.go.kr ; 국가유산청, 「한국의 서원」 https://www.heritage.go.k

침하는 학술 연구도 지속적으로 이루어졌다. 특히 2019년 세계문화유산 등재를 기점으로 서원 관련 학술 연구가 급증하였고,[2] 서원문화자산에 대한 심도 있는 분석과 활용방안에 대한 새로운 시각이 제시되었다.[3] 그 결과 서원의 건축적 특징을 활용한 공간 재구성, 지역 문화자원으로서의 스토리텔링

---

2) 서원 연구는 2009년까지는 연간 10편 이하의 논문이 발표되었으나, 2010년 이후 매년 10편 이상으로 증가하였고, 2019년 이후에는 매년 30편 이상의 논문이 발표되었다. 연구 대상은 보존 및 활용 방안에 집중되는 경향을 보인다.(석승징·김재규(2025), 「언어 네트워크 분석을 활용한 유교연구 동향 분석 가능성 모색에 관한 연구 - 성균관·향교·서원 연구 결과를 중심으로」, 『한국철학논집』 84, 한국철학사연구회, 286~290쪽.)

3) 2019년 이후 서원문화자산을 활용에 대한 연구 성과를 정리하면 다음과 같다. 강상철(2024), 「도산서원 건축특성을 적용한 폐교활용 독서캠핑장의 설계」, 국립창원대학교 석사학위논문 ; 김영숙(2021), 「세계유산 한국의 서원 보존과 활용 증대 방안 연구: 돈암서원 사례를 중심으로」, 한국전통문화대학교 일반대학원 석사학위논문 ; 김자운(2021), 「지속 가능한 교육과 활용을 위한 서원의 교육환경: 세계유산 등재 전후 문화재청 정책과 서원 교육프로그램을 중심으로」, 『한국서원학보』 13, 한국서원학회 ; 박경환(2023), 「세계유산 서원의 역사적 의의와 현대적 계승 활용: 도산서원의 사례를 중심으로」, 『안동학연구』 22, 한국국학진흥원 ; 박은희(2023), 「서천 문헌서원 교육·체험 활용 방안 연구」, 공주대학교 문화유산대학원 석사학위논문 ; 방미영(2023), 「서원과 문화콘텐츠: 한국서원의 현대적 활용방안」, 『아시아태평양융합연구교류논문지』 9, 한국융합기술연구학회 ; 서진숙·정창윤(2024), 「문화재 활용 관람특성에 따른 사후평가 차이검정 및 영향관계에 관한 연구: 생생문화재, 향교·서원문화재 활용사업을 중심으로」, 『관광연구저널』 38, 한국관광연구학회 ; 오승주(2024), 「서원의 공간적 특징과 활용 프로그램 운영 방안: 광주광역시 소재 서원을 중심으로」, 『호남학』 75, 전남대학교 호남학연구원 ; 이종훈·최지운(2023), 「서원과 문화콘텐츠 접합의 방향성 검토」, 『글로벌콘텐츠』 55, 글로벌문화콘텐츠학회 ; 정우락(2024), 「호계서원 제향 인물의 문학관과 공간 감성」, 『한국서원학보』 19, 한국서원학회 ; 정화현(2008), 「문화재의 보존과 지속가능한 관광활용방안: 장성 필암서원을 중심으로」, 경희대학교 관광대학원 석사학위논문 ; 조나리(2023), 「스토리텔링을 통한 서원문화유산 활용 방안」, 단국대학교 석사학위논문 ; 최정근(2024), 「참회와 서원을 활용한 치유프로그램 효과: 학림선원 프로그램을 중심으로」, 동국대학교 불교문화대학원 석사학위논문 ; 백옥연(2022), 「지역 인문문화자원으로서 서원의 활용에 관한 연구: 광주 월봉서원을 중심으로」, 전남대학교 석사학위논문.

기반 콘텐츠, 교육과 체험을 결합한 프로그램 등 다양한 시도가 이루어지고 있다. 그러나 아직 일부 서원에서는 단순한 재현이나 모방에 치중한 체험 활동을 운영하고 있으며, 농사·공예·김장 체험과 같이 서원의 본질에서 벗어나는 프로그램도 포함되어 있는 실정이다. 물론 이러한 프로그램은 기획이 쉽고 대중의 접근성을 높이는 장점이 있지만, 장기적으로는 서원 문화자산의 정체성과 본질을 훼손할 우려가 있다. 또한, 서원의 본질적 가치를 잘 반영한 경우도 서원문화자산의 다양한 구성 요소 중 일부에만 편중되는 경향이 강해 오히려 서원이 지닌 잠재적 가치와 활용 가능성을 축소시키는 결과로 이어 질 수 있다. 따라서 서원 문화자산의 활용은 학계의 지속적인 연구와 지방자치단체의 협조 및 체계적인 보완이 필요한 실정이다.

이에 본고에서는 서원 문화자산의 다양한 유형을 체계화하고, 최근 국가유산청이 주관한 「2025년 우리고장 국가유산 활용사업」에 선정된 서원 프로그램들을 중심으로 활용 유형과 운영 방식의 적용 양상을 분석하였다.[4] 이를 통해 서원문화자산의 본질을 명확히 하고, 향후 실천 가능한 활용 방향을 제시함으로써 서원 문화자산의 정체성을 보존하면서도 시대적 요구에 부응하는 지속 가능한 활용 방안을 모색하고자 한다.

Ⅱ. 서원문화자산 유형 분류

서원문화자산을 활용 현황을 이해하기 위해서는 서원문화자산이 어떤 유형이 있는지부터 파악할 필요가 있다. 서원은 조선 시대 사림에 의해 설립된 사학 기구로서 향촌 사회 내에서 성리학적 이념을 실천하고 선현(先賢)을 제향 하는 장소이자, 향촌 자치기구로 기능하였다. 하지만 건립-발전-남설-훼

4) 국가유산청 보도자료(2024.09.19.), 「국가유산청, 2025년 우리고장 국가유산 활용사업 355건 선정」(https://www.khs.go.kr)

철-복설이라는 역사적 과정을 거치는 동안 그 성격이 변모하였고, 학파와 지역에 따라 제향 인물, 운영 주체, 운영 방식에서 차이를 보여 하나의 틀로 규정하기에는 다층적이고 복합적인 양상을 보인다. 따라서 '서원문화자산'은 시대성과 지역성, 기능적 변화를 아우르는 개념으로 정의되어야 하며 그 유형은 학계의 종합적 고찰과 학제 간 연구가 전제되어야 할 것이다.

그러나 현재까지 '서원문화자산의 유형화"에 대한 학계의 구체적인 논의는 이루어지지 않았으며 체계적인 분류 또한 미흡한 실정이다. 이에 본고에서는 이러한 문제의식을 바탕으로 서원문화자산 유형 분류에 대한 기초적 접근을 시도하고자 한다. 이는 서원문화자산 활용을 위한 첫 단계로서 가장 기초적인 보편적 분류 틀을 마련하는 데 목적이 있다. 이후의 중·소분류 체계는 향후 연구자들의 학문적 논의와 현장 적용을 통해 보완되어야 할 것이다.

먼저 서원문화자산 유형 분류의 큰 틀은 『서원의 보존과 관리에 관한 일반지침』(문화재청훈령 제452호, 2018.3.15 제정)[5]에서 제시한 서원의 기초조사 항목과 분류 체계를 바탕으로 설정할 수 있다. 해당 지침 제2장 제8조를 보면 서원 조사 범위를 "서원의 역사 및 제향 인물 자료, 역사문화 자료, 건축문화 자료, 경관, 무형의례 및 구비전승 자료"로 규정하고 있으며[표 1], 이러한 기준은 제3장에서 서원 자료집의 편찬 항목[표 2]으로 구체화 되었다. 이 항목들은 대부분의 서원에서 공통적으로 확인되는 역사적·문화적 요소이므로 서원문화자산 유형 분류의 체계를 설정하는 합리적 기준이 될 수 있다.

〈표 1〉 서원의 조사 범위 및 세부 항목[6]

1차 분류	2차 분류	세부항목
역사 문화 자료	사회문화적 기능별	교육, 강학
		제향의례
		사족활동[학맥·정치]

5) 국가유산청 역사유적정책과(2018.3.15),「서원의 보존과 관리에 관한 일반지침」(https://www.law.go.k)

1차 분류	2차 분류	세부항목
		사회교육
		출판과 도서관
		문화예술[경관]
	조사대상 유형별	유적·관찬기록
		서원고문서
		제향인물 문집 및 전적
		현판·금석기문
		교육·제향의례
		지명·전설·일화
	서원자료 내용별	제향 인물 자료
		연혁 변천 자료
		조직과 운영 자료
		교육 제향의례 자료
		서원경제 자료
건축 문화재 자료	건축물 배치	향촌사회사 자료
		서원의 영역 내에 포함되어 있는 모든 건축물
		시설물[석조 철조·목조· 다리·축대 등]
		서원 영역 및 일정 주변의 모든 식재의 위치와 크기
	개별건축물 양식·구조	평면
		입면
		단면
		주요구조부분
		공포양식
		창호
경관 자료	입지	연원과 이동과정
		입지 지형유형과 형국
	전망	문루 강당 기문 및 관련 인물의 시문에 나타난 경관의미 해석
	경관요소	위요경관의 구성 및 특성
		진입로 구성의 특성
		축선과 대칭구조의 특성
		건축물의 명칭과 의미

1차 분류	2차 분류	세부항목
		연지와 내외 수로(구거) 특성
		안마당의 경관구성
		수목식재 특성
		서원 주변 장소 경관과 관련 시문

〈표 2〉 서원지 편찬을 위한 항목별 분류 체계[7)]

범위	주요 수록 내용
서원 경관	1. 서원 입지와 전망경관 1) 서원의 입지 경관 입지의 연원과 이동 ∣ 입지의 자연성 ∣ 전저후고 배치 경관∣개방성 2) 서원의 전망 경관 풍수 형국 ∣ 전면 전망 특성 2. 서원 경관과 주위 자연적 장소경관 1) 圍繞 경관　　2) 禮 경관　　3) 水 경관 4) 안마당(中庭) 경관　5) 수목식재 경관 6) 주변 장소경관
서원 역사	1. ○○서원의 창건과 역사변천 1) ○○서원의 창건사적 건립유서 ∣ 건립 주체세력과 관련인물 지역 사족의 동향 및 서원운영 주체세력의 변화 ○○서원의 훼철과 복설, 이건, 중건과 사액 ∣ 사액과정 2) ○○서원의 주요활동 ○○서원의 강학활동과 인물배출 ∣ ○○서원의 정치적 활동과 학맥∣ ○○서원의 사회경제 활동 2. ○○서원의 조직과 운영 1) 서원 조직　2) 제향 의례　3) 교육, 강학의례　4) 경제와 운용 3. ○○서원 제향인물의 행적 * 위차 및 추배인물 1) 제향인물의 생애와 저술　　2) 주요행적과 서원관련 유서 3) 후학과 추숭, 현창활동　　4) 관련 유적 기타

6) 「서원의 보존과 관리에 관한 일반지침」 별표 2 '내용별 조사 자료 항목'을 정리한 것이다.

7) 「서원의 보존과 관리에 관한 일반지침」 별표3 '서원자료집(서원지) 편찬 항목'을 정리한 것이다.

범위	주요 수록 내용
서원 건축	1. 서원의 입지환경과 배치계획 1) 서원의 입지환경 2) 서원의 배치계획 2. 서원건축의 양식과 구조 1) 사당의 건축양식과 구조 2) 강당의 건축양식과 구조 3) 동서재의 건축양식과 구조 4) 수직사의 건축양식과 구조 5) 기타 서원 내 부속건축물의 양식과 구조
소장 자료	1. ○○서원의 소장자료 1) 서원건립 관련 고문서 2) 제향인물 관련 문서 3) 문중관련 고문서 4) 관련인물 자료와 금석문 5) 제향인물의 문집류와 옛 서원지
관련 유적과 일화	1. ○○서원 관련 문화유적 1) □□서원(관련 있는 타서원) 2) 묘소와 유허지 3) 서원의 옛터 4) 정려와 비석 2. ○○서원 일화와 전설 1) 제향인물 관련 일화와 전설 2) 서원운영과 관련하여 전해지는 이야기

〈표 1〉을 보면 서원 조사의 범위는 크게 역사문화자료, 건축문화재자료, 경관 자료의 세 분야로 구분된다. 먼저 역사문화자료는 다음 세 가지 기준에 따라 세분화 된다. ① 사회문화적 기능 측면에서는 교육과 강학, 제향의례, 사족 활동, 사회교육, 출판 등이 포함되며, ② 조사대상 유형으로는 관찬기록, 고문서, 문집, 금석문, 전설 등이 해당한다. ③ 자료의 내용별 항목에는 제향 인물, 연혁, 조직·운영, 경제 활동, 향촌사회 관련 내용이 포함된다. 건축문화재자료는 서원 영역 내 건축물의 배치, 양식, 구조, 식재 위치 등을 중심으로 구성되며, 평면·입면·단면, 공포, 창호 등 세부 건축 형식까지 포함한다. 경관 자료는 서원의 입지 조건과 지형적 특성, 시문 속 경관 해석을 비롯하여 진입로, 축선, 수로, 연지, 안마당, 수목 등 주요 경관 요소의 구성과 의미에 주목한다. 이러한 분류 체계는 서원의 물리적 공간과 상징성, 사회문화적 기능과 역사성, 기억과 지식의 전승 구조를 포괄적으로 파악하고자 설정된 것으로, 향후 서원문화자산의 대분류 체계를 수립하는 데 중요한

기준이 될 수 있다.

〈표 2〉는 〈표 1〉의 조사 범위를 실질적인 기술 항목으로 구체화한 것으로 서원지 편찬을 위한 항목별 분류 체계를 제시하고 있다. 그 내용은 다섯 개의 범주로 구성된다. 첫째, 서원경관은 입지와 배치, 전망, 위요 공간, 수로, 수목 등 물리적 환경과 상징적 의미를 중심으로 정리된다. 둘째, 서원역사는 창건과 변천 과정, 운영 주체의 변화, 제향 인물의 활동과 학맥, 사회경제적 역할 등을 포함한다. 셋째, 서원건축은 사당, 강당, 동·서재 등 주요 건축물의 구조와 양식, 공간 배치를 중점적으로 다룬다. 넷째, 소장자료는 고문서, 문집, 금석문 등 서원이 보유한 기록유산을 포괄하며, 정체성과의 연관성을 내포한다. 다섯째, 관련 유적과 일화는 제향 인물과 관련된 전승 이야기, 유허지, 묘소 등 서원의 장소성과 연결되는 요소를 포함한다.

이와 같은 항목별 분류 체계화는 서원문화자산을 구체적이고 실질적인 콘텐츠 자원으로 확장할 수 있는 기반을 제공한다는 점에서 중요한 의미를 지닌다. 『서원의 보존과 관리에 관한 일반지침』에서 제시한 조사 항목과 편찬 기준을 토대로 서원이 지닌 복합적 특성과 역사·문화적 가치를 구조화하면 서원문화자산은 다음과 같은 아홉 가지 유형으로 분류가 가능하다.

① 교육·강학 : 강학 활동, 교육 내용, 학문 전승
② 제향·의례 : 제향 대상 인물, 제사 의례, 의식 체계
③ 운영·조직 [네트워크]: 서원 조직 구조, 문중·사족 중심의 운영체계
④ 인물·학맥: 제향 대상 인물의 생애, 학맥, 사상 전개
⑤ 건축·경관 : 입지, 배치, 건축양식, 경관 구성 등 공간 구조와 환경
⑥ 생활양식 : 서원을 중심으로 한 원생들의 일상생활문화 전반
⑦ 기록문화·기록유산 : 고문서, 문집, 금석문, 관찬 기록 등
⑧ 경제활동 : 서원촌·원노비 등을 비롯한 서원을 중심으로 한 경제활동
⑨ 전설·일화 : 제향 인물이나 서원 운영과 관련된 전승, 구비 이야기

이와 같은 유형 분류는 서원문화자산의 전통성과 장소성, 교육성과 상징성 등 복합적인 성격을 다각도로 조명할 수 있는 기초가 되며, 향후 문화콘텐츠 개발, 교육 프로그램 설계, 디지털 아카이빙 등 다양한 분야에서 실질적인 활용 방안을 도출하는 데에도 유용하게 적용될 수 있을 것이다.

Ⅲ. 서원문화자산 활용 현황

서원문화자산의 활용은 2018년 「서원의 보존과 관리에 관한 일반지침」 제정과 2019년 9개 서원의 유네스코 세계유산 등재를 계기로 본격화되었다. 이후 정부기관과 지자체를 중심으로 서원문화자산을 활용한 다양한 프로그램이 개발되었으며, 그 실태는 국가유산청이 주관한 「2025년 우리고장 국가유산 활용사업」을 통해 확인할 수 있다.[8)]

이 사업은 전국에 분포한 문화유산(유·무형 및 자연유산 포함)의 역사적 의미와 가치를 지역의 인적·물적 자원과 연계하여, 국민의 문화 향유 기회를 확대하고 지역 경제 활성화를 목적으로 기획되었다. 서원은 「향교·서원 국가유산 활용사업 90선」에 포함되어 있으며 이는 서원문화자산의 활용 양상을 파악하는 데 적절한 사례집 역할을 한다.[9)]

〈표 3〉 향교·서원 국가유산 활용사업 90선 항목

번호	지역		대상	사업명
1	서울	서울	양천향교	조선시대 유생과 21세기 뉴(New)생의 만남!
2	대구	대구	구암서원	서원, 빗장을 열다!

8) 보도자료, 「2025년 우리고장 국가유산 활용사업 355건 선정」(국가유산포탈 https://www.heritage.go.kr)
9) 국가유산청(2025), 「2025년 우리고장 국가유산 활용사업 355선」 및 「향교·서원 국가유산 활용사업 90선」, 『홍보책자』(https://www.khs.go.kr)

번호	지역		대상	사업명
3	대구	대구	칠곡향교	선조들 숨결 '仁'의 감동
4	인천	인천	부평향교	흥겨워, 흥(興)! 부평향교
5	인천	인천	인천향교	인천향교, THE 다가감
6	광주	광주	월봉서원	달의 정원_월봉서원
7	광주	광주	무양서원	무양 in the city
8	광주	광주	광주향교	광주향교 路 거닐다 '시시각각'
9	대전	대전	도산서원	도산서원으로 떠나는 라온마실
10	울산	울산	울산향교	모여樂! 도심 속 유遊학學나들이!
11	세종	세종	연기향교	연기향교, 사람과 문화를 잇다
12	경기	김포	향교 +서원	통(通)하는 김포 유생, 장원 급제요!
13	경기	수원	수원향교	향교골에서 만난 정조대왕님
14	경기	양주	양주향교	양주향교, 시대와 통(通)하다
15	경기	여주	여주향교	선비의 배움터 여주향교
16	경기	용인	향교+서원	선비정신, 용인에서 꽃피우다
17	경기	파주	이이유적	율곡 코드(Yulgok Code)
18	경기	평택	진위향교	이무기 진위의 진위향교 나들이
19	경기	포천	향교+서원	We are the 포천 선비
20	경기	하남	광주향교	우리 곁에 광주향교
21	경기	화성	남양향교	같이의 가치, 남양향교
22	강원	동해	용산서원	용산서원 문화정원으로 New-學(유학)가자!
23	강원	삼척	삼척향교	함께해요 문화가 향기로운 삼척향교
24	강원	영월	영월향교	내가 찾는 행복, 과거로 미래로
25	강원	영월	창절사	창절서원, 과거의 가치에서 미래를 열다
26	강원	원주	원주향교	슬로우플레이스, 나를 만나는 곳, 원주향교
27	강원	정선	정선향교	불사이군의 선비정신 아리랑을 만나다
28	강원	춘천	향교+전통장	행복한 봄내, 선비를 품는 춘천향교
29	충북	괴산	향교+사마소	괴산, 풍월이 담을 넘다!
30	충북	보은	보은향교	내일을 여는 보은향교
31	충북	옥천	청산향교	청산향교의 길, 다(多) 가치 다 같이
32	충북	청주	신항서원	신항서원 휴休·식識시대
33	충북	충주	충주향교	충주향교 꼬마선비의 선비풍류

번호	지역		대상	사업명
34	충남	공주	공주향교	선비의 품격을 담은 공주향교
35	충남	공주	충현서원	충현을 담은 꿈꾸는 서원
36	충남	공주	충절사	“명탄서원”공주를 추로지향으로 꿈꾸다
37	충남	금산	금산향교	錦山, 일일청한(一日淸閑) 일일선(一日仙)하고
38	충남	논산	향교+서원	예(禮)와 충(忠)을 찾아 떠나는 역사기행
39	충남	논산	노강서원	가문의 영광 노강서원
40	충남	보령	보령향교	프로듀서 10003(만세), 보령향교
41	충남	보령	남포향교	보령 남포향교 옛 이야기에 깃든 교훈
42	충남	부여	부여향교	기품있는 부여의 향교
43	충남	부여	창강서원	꽃피는 부여 창강에 돌아온 추포 황신
44	충남	서산	송곡서원	송곡서원에서 별이야기를 하다
45	충남	서산	향교+호산록	선비, 어진사람을 꿈꾸다
46	충남	아산	향교+동헌	유생들 어서 온양!
47	충남	아산	신창향교	과거와 현재가 공존하는 신창향교
48	충남	예산	덕산향교	도담도담학이(學而)와 습지(習知)를 담(談)다
49	충남	예산	예산향교	Yes! 예(禮)예(藝)예(叡)
50	충남	청양	청양향교	어제를 담아 내일을 여는 청양의 향교
51	전북	김제	향교+관아	김제향교에서 통하라
52	전북	부안	향교+기타	조선의 마지막 선비, 간재 전우를 만나다!
53	전북	완주	고산향교	고산향교에서 배우는 충효!
54	전북	임실	향교+서원	어이~ 유생! 유생!
55	전북	장수	장수향교	다음 30년, 장수향교와 이룰 시간
56	전북	정읍	고부향교	공정아 민주야 향교가자
57	전남	강진	향교+초당	폼生폼士 강진향교
58	전남	곡성	향교+서원	기후 위기에 대응하는 국가유산 수비대
59	전남	나주	나주향교	나주향교 굽은 소나무학교
60	전남	담양	창평향교	창평향교 은행나무 명륜학교
61	전남	순천	순천향교	‘순천(順天)’ 하늘의 이치를 따르다
62	전남	장흥	장흥향교	자~흥, 나는 향교
63	전남	해남	해남향교	희喜낙樂 해남향교
64	경북	경주	경주유연정	구름계곡, 물따라 바람따라

번호	지역		대상	사업명
65	경북	고령	고령향교	대가야 Culture, 향교에서 다!! 다(多)!! 다(All)!!
66	경북	구미	인동향교	조선성리학 인동향교를 품다
67	경북	구미	동락서원	동락서원나들이 - 조선선비들의 롤모델 엿보기
68	경북	문경	근암서원	구비구비 아홉구비 출발! 근암서원
69	경북	상주	상주향교	상(賞)주고 상(償) 받으며 향교에서 즐겨보자!
70	경북	상주	옥동서원	사적지 옥동서원에서 옛 선현 따라하기
71	경북	성주	회연서원	조선선비들의 자연찬가 - 회연서원에서 무흘구곡을 노래하다!!
72	경북	성주	성주향교	성주향교 인성사랑[愛] 캠프
73	경북	안동	묵계서원	꼬마도령의 놀이터 묵계서원
74	경북	안동	도계서원	도계의 열두마당 세시이야기
75	경북	영주	의산서원	선비꽃이 피었습니다!
76	경북	영주	영주향교	향교야! 같이 놀자
77	경북	영천	영천향교	영천향교에서 선비를 만나다!
78	경북	의성	의성향교	발길 닿는 의성으路 마음 가는 향교路
79	경남	거제	거제향교	거제향교愛서 새기는 충효 정신
80	경남	김해	월봉서원	월봉 그린 감성학교
81	경남	밀양	밀양향교	밀양 향교! 천년의 역사를 잇다
82	경남	사천	사천향교	육기예로 사천향교에서 놀아보자
83	경남	산청	단성향교	단성향교 지리산선비의 향을 잇다
84	경남	의령	덕곡서원	덕곡에 매화(梅花)를 꽃피우다!
85	경남	진주	가호서원	북관대첩, 가호서원
86	경남	창원	진해향교	선비마을 선비의 품격
87	경남	창원	창원향교	창원향교 "선비문화피움"
88	경남	함안	향교+서원	함안의 풍류, 예(藝)에 노닐다
89	경남	함양	청계서원	탁영의 선비정신을 담다
90	제주	제주	제주향교	제주향교 - 탐라선비의 꿈을 잇다

〈표 3〉을 보면 본 사업에 선정된 프로그램은 총 90개이다. 이를 지역별·대상별로 정리하면 아래의 〈표 4〉와 같다.

〈표 4〉 향교·서원 국가유산 활용사업 90선 항목별·지역별 통계

분류	서울	대구	인천	광주	대전	울산	세종	경기	강원	충북	충남	전북	전남	경북	경남	제주	계
향교	1	1	2	1	0	1	1	6	4	3	9	3	5	7	6	1	51
서원	0	1	0	2	1	0	0	0	2	1	5	0	0	8	4	0	24
향교·서원	0	0	0	0	0	0	0	3	0	0	1	1	1	0	1	0	7
향교·기타	0	0	0	0	0	0	0	1	1	1	2	2	1	0	0	0	8
계	1	2	2	3	1	1	1	10	7	5	17	6	7	15	11	1	90

〈표 4〉에 따르면, 향교를 단독으로 활용한 프로그램은 총 51건으로 전체의 약 56.7%를 차지하였다. 또한 향교를 중심으로 서원, 사마소, 5일장, 지역 읍지 등 주변 문화자산을 연계한 프로그램 도 활발하게 이루어지고 있어 향교 활용이 매우 적극적인 양상을 보인다. 문화 자산 간 연계는 전체 중 소수에 해당하지만 활용 방식의 다양성을 보여준다는 점에서 의의가 있다. 반면, 서원을 단독으로 활용한 프로그램은 24건으로 전체의 26.7% 수준에 그쳤으며, 대부분 서원에 중심을 두고 있다.[10)]

지역별로는 충청남도가 총 17건으로 가장 많은 활용 사례를 보였으며, 이어 경상북도 15건, 경상남도 11건 순으로 나타났다. 향교 활용은 충청남도 9건, 경상북도 7건, 경기도·경상남도 각 6건으로, 충청·경상 지역이 높게 나타났다. 서원 활용은 경상북도 8건, 충청남도 5건, 경상남도 4건으로 경상북도가 서원 중심 활용의 거점 지역임을 보여준다. 향교와 서원을 함께 활용한 프로그램은 경기도 3건, 충청남도, 전라남도, 전라북도, 경상남도에서 각 1

10) 서원의 경우, 다른 문화자산과의 연계 사례는 향교와 함께 진행한 7건의 프로그램이 전부이이다. 영주 의산서원의 「선비, 꽃이 피었습니다」 중 'A Day at Uisan Academy'라는 명칭으로 지역 내의 타 서원인 소수서원을 답사하는 일정이 포함되어 있으나, 이는 단순한 현장 방문에 그치기 때문에 실질적인 문화자산 간 연계 프로그램으로 보기에는 한계가 있다.(국가유산청, 「2025년 우리고장 국가유산 활용사업 355선」 및 「향교·서원 국가유산 활용사업 90선」, 『홍보책자』, 129쪽)

건씩 분포하였다. 향교와 기타 문화자산을 활용한 프로그램은 충청남도와 전라북도에서 2건씩, 경기도·강원도·충청북도·전라남도에서 각각 1건씩 확인되었다.

이상 살펴본 「향교·서원 국가유산 활용사업 90선」 중 서원 단독 프로그램이 어떠한 서원문화자산을 활용하였는지 살펴보겠다.

〈표 5〉 「향교·서원 국가유산 활용사업 90선」중 서원 단독 활용 프로그램 사례

	지역	대상	프로그램명	세부내용	유형	활용
1	대구	구암서원(우수)	서원, 빗장을 열다!	① 국가유산! 서원에서 꽃피다.	제향·의례	교육·체험
				② 서원나들이	건축·경관	관람·체험
				③ 웰컴투, 구암서원	건축·경관	체험
				④ 친환경, 자연아 놀자	건축·경관	교육
2	광주	월봉서원(유유)	달의정원, 월봉서원	① 선비의 하루	생활양식	체험
				② 살롱드 월봉	건축·경관	교육
				③ 꼬마철학자 상상학교	교육·강학	교육·체험
				④ 월봉 로맨스	인물·학맥	교육
3	광주	무양서원(우수)	무양 in the city	① 무양에서 만난 어의 -思全악방문	인물·학맥	교육·체험
				② 무양 청년선비	기록문화	교육
				③ 무양, 百世별곡	인물·학맥	교육·체험
				④ 무양, 다(多) 누리 사랑방	건축·경관	답사·체험
4	대전	도산서원	도산서원으로 떠나는 라온마실	① 유생의 하루	생활양식	체험
				② 속수례 : 스승님! 받아주시옵소서	제향·의례	체험
				③ 조선선비 색(色)에 물들다	생활양식	체험
				④ 숯뱅이 사람들-이야기를 만들다	전설·일화	스토리텔링
5	동해	용산서원	용산서원 문화정원으로 New-學(유학)가자!	① 동해 국가유산 서포터즈-올(all)	기록문화	교육
				② 명인, 전통을 담다	건축·경관*11)	체험
				③ 과학창의교실 꼬마 환경운동가, 지구를 지키다	인물·학맥 기록문화	체험
				④ 황화고지 안해 드니 - 고려가요(동동)	기록문화	전시·공연·체험

	지역	대상	프로그램명	세부내용	유형	활용
6	영월	창절사	창절서원, 과거의 가치에서 미래를 열다	① 창절서원, 선비의 하루	생활양식	체험
				② 월중도를 따라서 단종을 찾다	전설·일화	교육
				③ 숨과 마음의 조화 : 창절서원 힐링 요가	건축·경관	체험
7	청주	신항서원 (우수) (유유)	신항서원 휴休·식識 시대	① 신항 뉴선비 休테크	건축·경관*	체험
				② SHOW ME THE 신항	생활양식	체험·축제
				③ 으랏차차 서원마을	교육·강학	교육·체험
				④ 차이나는 신항 스테이	건축·경관	체험
8	공주	충현서원	충현을 담은 꿈꾸는 서원	① 꼬무樂 꼬마선비	건축·경관*	체험
				② 공감토크 고청 사랑방	건축·경관	공연·강연
				③ 박문약례 인성교실	교육·강학	교육
				④ 충현서원 선비교실	건축·경관*	체험
9	공주	충절사	"명탄서원" 공주를 추로지향으로 꿈꾸다	① "명탄서원" 공주를 추로지향으로 꿈꾸다	교육·강학	교육
				② 명탄서원 공주에 유교문화를 꽃피우다.	건축·경관	교육·체험
				③ 명탄서원 유생 예악을 실현하다.	제향·의례	공연·교육
				④ 명탄서원과 함께하는 우리 유교, 선비문화	건축·경관*	체험
10	논산	노강서원	가문의 영광 노강서원	① 가문의 영광	교육·강학 제향·의례	교육·체험
				② 서원의 일상	교육·강학 제향·의례	교육·체험
				③ 노강서원 유교아카데미	교육·강학 제향·의례	교육
11	부여	창강서원	꽃피는 부여 창강에 돌아온 추포 황신	① 창강의 꽃에 담긴 일 신우일신日新又日新	건축·경관	체험
				② 창강의 선비 청아록에 새기다	인물·학맥	공연·교육
				③ 선비의 공부방 문방오우	교육·강학	체험
12	서산	송곡서원	송곡서원에서 별이야기를 하다	① 금헌 류방택과 천상열차분야지도	기록문화	교육·체험
				② 서산 송곡서원에서 만나는 3인3색	인물·학맥	교육
				③ 송곡서원 별빛음악회	기록문화 인물·학맥	공연·교육
				④ 송곡서원에서 옛생활을 만나다	건축·경관*	체험

	지역	대상	프로그램명	세부내용	유형	활용
13	경주	경주 유연정	구름계곡, 물따라 바람따라	① 구름을 걷는 선비	인물·학맥	체험
				② 구름계곡 꼬마선비	교육·강학	교육
14	구미	동락 서원	동락서원 나들이 - 조선선비들의 롤모델 엿보기	① 동락서원 주말 나들이	교육·강학	교육·체험
				② 同居同樂 서원 스테이	건축·경관	체험
				③ 꼬마선비들의 서원 나들이	건축·경관	교육·체험
				④ 주말, 서원에 가볼까?	인물·학맥	교육·체험
15	문경	근암 서원	구비구비 아홉구비 출발! 근암서원	① 근암서원에서 청대선생을 만나다	기록문화	공연·체험·교육
				② 근암서원 컬쳐캠핑 스테이	건축·경관	체험
				③ 성과공유 및 전통연희	건축·경관*	공연
16	상주	옥동 서원	옥동서원에서 옛 선현 따라 하기	① 유불생 융합트레킹	건축·경관*	체험
				② 황희정승 이야기 인형극 만들기	인물·학맥	공연
				③ 전통과 함께하는 지구 살림법	건축·경관	체험
				④ 서원에서 농경문화 체험	건축·경관*	체험
17	성주	회연 서원	조선선비들의 자연찬가 - 회연서원에서 무흘구곡을 노래하다!!	① 회연서원 자연찬가 콘서트	인물·학맥	교육·공연
				② 회연서원 인성이 자라는 교실	기록문화 건축·경관	교육·체험
				③ 회연서원 백매원 카페	건축·경관	기타
18	안동	묵계 서원 (우수)	꼬마도령의 놀이터 묵계서원	① 사계절놀이터	건축·경관	체험
				② 우리가족묵계나들이	건축·경관	기타
				③ 비긴어게인(Begin again), 묵계	생활양식	체험
				④ UP! 열린 서원 묵계서원	진체	공연
19	안동	도계 서원	도계의 열두마당 세시이야기	① 열 두 마당 세시이야기	건축·경관*	체험
				② 도계야작 1박2일	건축·경관	체험
				③ 텃밭 정원 가꾸기	건축·경관*	체험
				④ 도계문화교실	교육·강학	교육·체험
20	영주	의산 서원	선비꽃이 피었습니다!	① 선비 꽃이 피었습니다!	생활양식	체험
				② 슬기로운 서원생활	생활양식 제향의례	체험·공연·관람
				③ AdayatUisan Academy	생활양식	체험·공연 관람·답사

	지역	대상	프로그램명	세부내용	유형	활용
21	김해	월봉서원	월봉 그린 감성학교	① 오래된 미래, K-서원 인문학	건축·경관 기록문화	교육·체험
				② 차향(茶香) 테라피	건축·경관	체험
				③ "치유의 쉼터" 월봉 인성스쿨	생활양식	체험
				④ 덕정마을 월봉12곡 〈옛 책을 품고 자연을 마신다〉	건축·경관*	복합
22	의령	덕곡서원	덕곡에 매화(梅花)를 꽃피우다!	① 덕곡서원, 탐매행	생활양식	체험
				② 덕곡서원, 개화	건축·경관	게임
				③ 백암환경 단속반!	인물·학맥	교육·체험
23	진주	가호서원	북관대첩, 가호서원	① 가호서원 힐링문화	건축·경관	교육·체험
				② 선비는 수신제가	교육·강학	교육·체험
				③ 달빛소나타! 가호서원 국가유산제	제향·의례	공연·교육
				④ 충의공과 북관대첩비 따라	전설·일화	체험
24	함양	청계서원	탁영의 선비정신을 담다	① 선비들의 풍류	교육·강학	공연
				② 서원아 놀자	생활양식	체험
				③ 선비인문학콘서트	생활양식	공연
				④ 선비들의 치유 길을 걷다.	건축·경관	체험

〈표 5〉를 보면 24개의 서원에서 87개의 프로그램을 운영하였다. 87개 프로그램이 앞에서 분류하였던 서원문화자산 유형 9개 중 어떠한 것을 활용하였는지 정리하면 아래와 같다.

---

11) 건축·경관은 서원의 역사적·문화적 가치를 반영하기보다는, 단순히 공간을 활용한 프로그램에 해당한다. 즉, 「명인, 전통을 담다」 프로그램은 동해시의 전통 자기(磁器) 도공을 초청하여 지역 국가유산의 가치를 조명하는 것으로, 서원의 고유한 문화적 맥락과는 직접적인 관련이 없다. 본고에서는 이처럼 서원 문화자산의 본질에서 벗어난 프로그램에 대해 별표 *를 붙여 구분하였다.(가유산청(2025), 「2025년 우리고장 국가유산 활용사업 355선」 및 「향교·서원 국가유산 활용사업 90선」, 『홍보책자』, 102쪽)

〈표 6〉 24개 서원에서 활용한 서원문화자산 유형

유형	교육·강학	제향·의례	운영·조직	인물·학맥	건축·경관
수	10	4	0	10	34
유형	생활양식	기록문화·유산	경제활동	전설·일화	교육·강학 제향·의례
수	12	5	0	3	3
유형	제향·의례 생활양식	인물·학맥 기록문화·유산	건축·경관 기록문화·유산	전체	합계
수	1	2	2	1	87

〈표 6〉을 보면 총 87개의 프로그램 중 서원문화자산 유형별 활용은 건축·경관이 34건으로 가장 많았고, 생활양식 12건, 교육·강학 10건, 인물·학맥 10건 순으로 확인된다. 반면, 서원의 핵심 기능 중 하나인 제향·의례는 4건에 그쳐 활용 비중이 낮았으며, 운영·조직이나 경제활동과 같은 유형은 활용 사례가 전무하였다. 이는 현재 프로그램 기획과 운영이 서원의 물리적 공간성과 일부 전통적 체험에 치우쳐 있음을 보여준다. 특히 제향·의례처럼 서원의 본질적 가치에 해당하는 요소조차 충분히 반영되지 못하고 있으며, 서원이 과거 지역사회에서 수행했던 사회적 기능까지도 거의 활용되지 않고 있다는 점은 향후 개선이 필요한 지점이다. 또한 일부 프로그램에서는 도예, 농사, 직조 등 서원과 직접적 관련성이 낮은 체험 활동이 포함되어 있어 서원문화자산과의 연계성을 높이기 위한 체계적 재정비가 요구된다.

Ⅳ. 서원문화자산 활용 과제

「향교·서원 국가유산 활용사업 90선」에 선정된 서원문화자산 활용 현황을 분석한 결과 몇 가지 주요 과제가 확인되었다.

첫째, 서원 활용사업의 지역 편중 현상이다. 서원문화자산 활용 프로그램은 지역별 분포를 보면 영남과 충청 지역에 집중되어 있다. 이러한 편중은 역사적으로 재지사족(在地士族)의 기반이 강했던 지역 전통성과 정체성, 현재의 소유권 구조, 활용 주체 간 이해관계, 그리고 지역별 문화정책 추진 역량 등 복합적 요인에서 기인한다. 원형 자원의 질적·수적 차이에 따른 불균형은 일정 부분 구조적 측면이 있으나, 이외의 요인은 제도적·정책적 노력으로 개선이 가능한 과제이다. 이를 개선하기 위해서는 먼저 정부 차원의 정책적 지원과 함께, 상대적으로 활용 기반이 미비한 지역의 서원을 대상으로 한 기초 학술조사 및 자원 실태 파악이 이루어 져야 한다. 나아가 지방자치단체 차원에서는 방치되어 있던 서원 주변 정비 및 활용 주체 간 네트워크 형성, 콘텐츠 기획 인력 양성 등을 통해 각 서원의 역사적·문화적 정체성을 반영한 프로그램 개발 기반을 마련할 수 있을 것이다.

둘째, 활용 유형의 편중 문제이다. 프로그램 유형 분석 결과 건축·경관 자산의 활용 비중이 압도적으로 높았으며, 생활양식, 교육·강학, 인물·학맥 등의 유형은 일정 비중을 보였다. 하지만 제향·의례, 운영·조직, 경제활동과 같은 서원의 핵심 기능과 관련된 자산은 활용 빈도가 매우 낮거나 전무한 상태였다. 이러한 편중은 서원의 역사성과 전통성에 대한 인식 부족, 활용 주체의 기획력, 그리고 콘텐츠 개발 방식의 한계 등이 복합적으로 작용한 결과라고 생각된다.

이를 해결하기 위해서는 먼저 서원의 역사적 기능과 문화자산의 성격을 바르게 해석하고 콘텐츠로 구현할 수 있는 지역 전문 인력의 체계적 양성이 필요하다. 현재 국가 유산 진흥원에서 운영 중인 '국가유산교육 전문가 양성과정'은 이러한 기반을 제공할 수 있는 하나의 경로가 될 수 있다.[12] 하지만 문화유산 전반에 대한 것이므로, 서원과 지역사에 대한 전문 교육 과정이 뒷받침 되어야 할 것이다. 동시에 서원문화자산의 대중적 접근성을 제고하기

12) 해당 프로그램의 교육 내용을 보면 연령별 학습자 특성 이해, 국가유산교육 사례 공유, 무형유산 활용, 디지털 유산교육, 수업 시연 등으로 구성되어 있으나, 서원 고유 기능에 특화된 교육은 보안이 필요하다.(국가유산진흥원(2025.06.17.), 「2025년 제3기 국가유산교육 전문가 양성과정 교육생 모집 공고」(https://www.kh.or.kr))

위한 실질적인 노력이 병행되어야 한다. 학술연구와 전문가 양성이 서원에 대한 전문성과 역사성, 기획 능력 제고에 기여한다면 일반 대중을 대상으로 하는 프로그램은 보다 유연하고 친화적인 방식으로 구성될 필요가 있다. 즉, 프로그램을 직접 체험하는 방문객의 경우 서원에 대한 전문적인 이해가 높지 않으므로, 내용이 어렵거나 절차가 복잡하면 서원에 대한 접근을 방해할 수 있다.[13] 제향·의례가 그 대표적인 예일 것이다.

서원의 제향·의례는 절차가 복잡하고 봉행시간이 길기 때문에 대중의 접근이 어렵고 그 결과 콘텐츠 활용도도 낮았던 것으로 보인다. 이에 제향의 본질을 훼손하지 않는 선에서 간소화된 체험형 콘텐츠를 개발할 필요가 있다. 예를 들어 관수세수(盥手帨手), 향 피우기[三上香], 헌작(獻酌), 진설(陳設) 등 일부 상징적인 의례 일부만을 프로그램화 한다면 방문객의 참여를 높이는 동시에 서원의 제향·의례의 가치를 전달할 수 있을 것이다. 운영·조직 유형 역시 향회 체험이나 통문·만인소 작성 등의 활동으로 발전시킬 수 있다. 특히 지역 현안을 반영한 통문 작성 등은 지역 주민의 시정에 대한 관심을 높이고, 지역 홍보 효과도 거둘 수 있을 것이다. 이상 일부 유형과 프로그램 개발을 사례로 제시하였지만 보다 다양한 한 콘텐츠 기획을 통해 유형 편중을 극복해야 할 것이다.

셋째, 서원문화자산 활용의 외연 확대이다. 현재 대부분의 프로그램은 서원 내부 공간을 중심으로 체험, 교육, 공연 등의 활동에 집중되어 있다. 그러나 「향교·서원 국가유산 활용사업 90선」에 선정된 향교의 경우 일부지만 사마소, 동헌, 전통장 등 부속 문화자산과의 연계를 통해 보다 입체적인 프로그램을 운영하고 있었다. 서원 역시 이러한 문화자산 간 유기적 연계를 통해 외연을 확대할 필요가 있다.

우선 지역 내 유·무형 자산과의 연결이 중요하다. 이는 일부 프로그램에

---

13) 서진숙·정창윤(2024), 「문화재 활용 관람특성에 따른 사후평가 차이검정 및 영향관계에 관한 연구: 생생문화재, 향교·서원문화재 활용사업을 중심으로」, 『관광연구저널』 38, 한국관광학연구학회, 76쪽.

서 '전통'이라는 명목으로 서원과 직접적인 관련성이 부족한 콘텐츠가 운영되는 문제를 동시에 해소할 수 있다. 예컨대 지역 내 유·무형 문화자산을 아우르는 문화자산 지도를 제작하여, 서원에서는 교육·제향·향촌 자치 등 본질적 기능에 기반 한 프로그램을 운영하고, 고택에서는 혼례나 김장 체험과 같은 대중 친화형 콘텐츠를 구분하여 운영할 수 있다.

광산지역 문화자산 별 운영 프로그램 현황[14)]

향교서원 국가유산 활용사업	
월봉서원 색다른 워크숍 '고봉다움 고봉다음'	무양서원 무양청년 선비

고봉 기대승의 정신과 월봉서원의 자연이 어우러진 고품격 인문 워크숍	무양서원의 제향인물과 건축 및 생태를 스토리텔링으로 엮은 프로그램
고택종가 활용사업	생생국가유산 사업
김봉호 가옥 농가의 사계	신창동 타입캡슐을 열어라 신창동 손기술 공방
	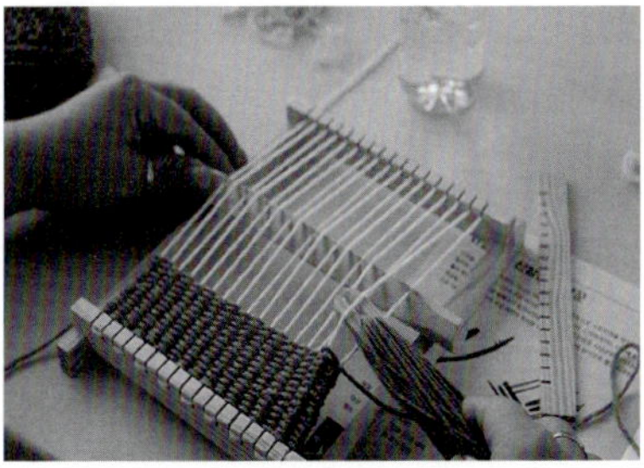
계절별 농가음식을 기후미식 만나보며 농가의 4계절을 느껴보는 체험프로그램	신창동 유적에서 출토당시 제작 기술을 배우는 프로그램

광주 광산구 사례도 좋은 대안이 된다.[15] 광주 광산구는 홈페이지를 활용하여 관내 향교서원 국가유산 활용사업, 고택종갓집 활용사업, 생생 국가유산사업, 지역 국가유산교육 활성화 산업, 국가유산 활용사업 등을 소개한다. 각각 개별 프로그램이지만, 방문객이 홈페이지를 통해 각 사업의 특징이나 프로그램을 잘 이해할 수 있게 한 동시에 문화자산 특성에 맞게 프로그램을 운영하고 있었다.[16] 이는 각각의 문화자산이 지닌 정체성을 훼손하지 않으면서도 상호보완적 시너지를 창출하는 방식이라 할 수 있다.

또한, 지역을 넘어서 동일한 제향 인물을 모시는 서원 간의 프로그램 공유, 자매결연 도시와 연계한 스탬프 투어, 기타 지역 간 교류 프로그램 개발 등도 외연 확장의 일환이 될 수 있다. 동시에 서원의 공간을 물리적으로 확장하는 방안도 필요하다. 단순히 서원 내에서 활동을 유도하는 데 그치지 않고, 지역 내 학교나 교육기관으로 서원 관계자들이 직접 찾아가는 교육 프로그램을 통해 서원의 역사와 가치를 대중에게 전달하는 적극적 홍보 전략이 요구된다. 대표적인 사례로 월봉서원의 "월봉서원 탐험대"가 있다. 월봉서원 탐험대는 문화유산 방문학교로 초중등학교 및 지역아동센터 학생을 대상으로 페이퍼토이, 스토리큐브 등을 활용하여 서원 탐색활동 등을 제공한다.

마지막으로, 서원이 지닌 전통적 가치를 단순히 모방하는 데 그치지 않고, 이를 현대적으로 계승·재해석하려는 노력이 필요하다. 실제로 많은 서원에서 역사성과 정체성을 반영한 프로그램 개발을 시도하고 있지만, 여전히

14) 사진출처: 지속가능 광산(https://www.wolbong.org)

15) 지속가능 광산(https://www.wolbong.org)

16) 월봉서원과 무양서원은 2025년 「향교·서원 국가유산 활용사업 90선」에 선정되었다. 월봉서원의 경우 '선비의 하루', '살롱 드 월봉' 등 우수 프로그램을 통해 문화유산 활용의 대표 사례로 자리매김하였으며, 2024년 '국가유산 활용사업 대표 브랜드 10선'에 선정되기도 하였다. 무양서원은 '사전약방문', '무양 청년선비' 등 체험 중심 프로그램의 우수성을 인정받아 2023~2024년 2년 연속 우수사업에 선정되었으며, 지역 일상 속 살아 숨 쉬는 국가유산 사례로 주목받고 있다. 두 서원은 서원문화자산 활용의 모범으로 평가할 수 있다.(지속가능 광산(https://www.wolbong.org))

월봉서원 문화유산 방문학교 "월봉서원 탐험대"[17]

일부에서는 한문 교실이나 서예 교실처럼 전통 형식을 반복하는 수준에 머무르고 있다.[18] 이러한 한계를 극복하기 위한 시도로 디지털 콘텐츠와 사회적 이슈의 접목을 통한 프로그램 기획이 주목된다. 묵계서원의 「UP! 열린 서원 묵계서원」은 애니메이션과 AR 콘텐츠를 활용하여 서원의 역사문화자산을 새로운 방식으로 전달하며, 문화유산의 디지털 전환 가능성을 보여주었다.[19] 물론 이러한 프로그램은 제작비용, 인력, 학제 간 연계 등의 현실적 과제가 있지만, 장기적 관점에서 필요한 투자라 판단된다.

이와 함께 일부 서원에서는 기후위기나 생태 문제와 같은 현대 사회의 이슈를 서원 공간에서 재해석하는 시도도 이루어지고 있다. 대구 구암서원의 「친환경! 자연아 놀자」에서는 한옥의 생태적 구조를 체험하고 대형 모형을 조립하는 활동을 통해 전통 건축물의 친환경 가치를 전달한다.[20] 광주 월봉

17) 사진출처: 지속가능 광산(https://www.wolbong.org)
18) 김자운(2021), 「지속 가능한 교육과 활용을 위한 서원의 교육환경 - 세계유산 등재 전후 문화재청 정책과 서원 교육프로그램을 중심으로」, 『한국서원학보』 13, 한국서원학회, 98~99쪽.
19) 미래문화재단(http://www.gbculture.org)

서원의 「살롱 드 월봉」은 조선의 계산풍류와 프랑스 살롱 문화를 결합한[21] 기후위기 주제의 인문 토크 프로그램이다.[22] 이처럼 전통문화와 현대적 관심사를 접목한 프로그램은 서원의 공공성과 지속 가능성을 강화하는 데 기여하고 있다.

이러한 프로그램들은 서원이 단순히 과거를 보존하는 장소가 아니라 현대적 의미를 창출하고 사회적 가치를 환기하는 교육 공간이 될 수 있음을 보여준다. 향후에는 이와 같은 우수 프로그램을 기반으로 서원의 지역적 정체성과 고유한 역사·인물을 결합하여 각 서원의 특수성을 드러내는 방향으로 콘텐츠를 재창조하는 노력이 필요하다.

Ⅳ. 맺음말

서원은 조선 시대 사림에 의해 설립된 사학 기구로, 유교적 가치관을 바탕으로 교육, 제향, 향촌 자치 등의 기능을 수행한 역사적·문화적 가치가 높은 유산이다. 이러한 이유로 학계와 문화유산 관련 기관은 서원을 주목 해왔으며, 2019년 '한국의 서원'의 유네스코 세계문화유산에 등재를 기점으로 그 관심은 더욱 증폭되어 서원문화자산을 계승·활용하려는 움직임이 활발히 전개되고 있다. 이에 「2025년 우리고장 국가유산 활용사업」 중 '향교·서원 국가유산 활용사업 90선'에 포함된 프로그램을 대상을 분석하여 서원문화자산의 활용 현황과 과제를 고찰하였다.

---

20) 영남선비문화수련원(http://www.sunbicamp.co.kr)

21) 전준산(2018), 「문화유산의 지속가능한 관광자원화 방안 연구 : 소수서원과 월봉서원 비교 관점에서」 배제대학교 관광축제호텔대학원 석사학위 논문, 48쪽.

22) 이외에도 동해 용산서원의 「과학창의교실 – 꼬마 환경운동가, 지구를 지키다」, 충남 공주 충절사의 「명탄서원 공주에 유교문화를 꽃피우다」, 경북 상주 옥동서원의 「전통과 함께하는 지구 살림법」 등은 기후변화와 환경보호라는 동시대 문제의식을 서원의 전통 공간에서 풀어냈다.

먼저 서원문화자산의 유형별 활용도를 살펴보기 위해 『서원의 보존과 관리에 관한 일반지침』의 조사 범위와 서원 자료집 편찬 항목을 활용하여 ① 교육·강학, ② 제향·의례, ③ 운영·조직(네트워크), ④ 인물·학맥, ⑤ 건축·경관, ⑥ 생활양식, ⑦ 기록문화·기록유산, ⑧ 경제활동, ⑨ 전설·일화 등으로 서원문화자산을 체계화 하였다. 이를 바탕으로 '향교·서원 국가유산 활용사업 90선' 가운데 서원 단독으로 운영한 프로그램을 분석하였다.

분석 결과 서원문화자산의 활용은 영남과 충청 지역에 집중되는 현상을 보였다. 특히 경상북도는 서원문화자산 활용의 중심지로 확인되었다. 유형별로는 건축·경관의 비중이 가장 높았고, 생활양식, 교육·강학, 인물·학맥 등의 유형도 일정한 활용도를 보였다. 반면, 서원의 본질적 기능과 직결되는 제향·의례, 운영·조직, 경제활동 유형은 활용 빈도가 매우 낮거나 거의 전무하였다. 일부 프로그램은 서원의 본질적인 가치보다는 단순히 공간적 요소만을 활용하는 사례도 존재하였다.

이에 따라 서원문화자산의 지속가능한 활용을 위해 다음과 같은 과제가 제기된다. 첫째, 지역 간 편차 해소를 위해 정부, 학술기관, 민간단체 간의 유기적 협력을 바탕으로 소외지역 서원에 대한 발굴과 활용 기반을 마련해야 한다. 둘째, 서원의 역사적·문화적 가치를 올바르게 이해하고 이를 기반으로 프로그램을 설계할 수 있는 전문 인력을 양성하고, 제향·의례나 향회 운영 등 전통 요소는 본질을 훼손하지 않는 범위 내에서 간소화함으로써 대중적 접근성을 높여야 한다. 셋째, 서원활용의 외연을 확대하여 지역 내 다른 문화유산과의 연계, 타 지역과의 교류, '찾아가는 서원' 프로그램 등 다양한 방식으로 서원의 개방성과 접근성을 제고할 필요가 있다. 마지막으로, 전통 서원이 지녔던 교육과 교화의 사회적 기능을 현대적으로 재구성함으로써, 서원이 과거의 유산에 머무르지 않고 현재와 미래를 연결하는 문화 플랫폼으로 자리매김할 수 있도록 해야 할 것이다.

참고문헌

1. 논문

김자운(2021), 「지속 가능한 교육과 활용을 위한 서원의 교육환경 – 세계유산 등재 전후 문화재청 정책과 서원 교육프로그램을 중심으로」, 『한국서원학보』 13, 한국서원학회.

국가유산청(2025), 「2025년 우리고장 국가유산 활용사업 355선」 및 「향교·서원 국가유산 활용사업 90선」, 『홍보책자』.

서진숙·정창윤(2024), 「문화재 활용 관람특성에 따른 사후평가 차이검정 및 영향관계에 관한 연구 : 생생문화재, 향교·서원문화재 활용사업을 중심으로」, 『관광연구저널』 38, 한국관광학연구학회.

석승징·김재규(2025), 「언어 네트워크 분석을 활용한 유교연구 동향 분석 가능성 모색에 관한 연구 – 성균관·향교·서원 연구 결과를 중심으로」, 『한국철학논집』 84, 한국철학사연구회.

전준산(2018), 「문화유산의 지속가능한 관광자원화 방안 연구: 소수서원과 월봉서원 비교 관점에서」, 배제대학교 관광축제호텔대학원 석사학위 논문.

2. 웹사이트

국가유산지흥원: https://www.kh.or.kr

미래문화재단: http://www.gbculture.org

영남선비문화수련원: http://www.sunbicamp.co.kr

외교부: https://www.mofa.go.kr

지속가능 광산(월봉서원): https://www.wolbong.org

서원의 진정성 있는 활용

윤 정 식

Ⅰ. 머리말

한국의 서원은 문화적 전통 가치를 계승하는 대표적인 문화유산으로 1972년에 체결된 「세계유산협약」에 의거, 유네스코 세계유산위원회가 인류 전체를 위해 보호되어야 할 뛰어난 보편적 가치가 있다고 인정한 세계유산목록[1]으로 2019년에 등재되었다.

세계의 문화유산이라는 인류의 보편적이고 탁월 가치를 인정받은 9개 서원뿐만 아니라 우리나라에는 전국 각처에 공간적 특성과 전통적 가치 수호를 전제(前提)하는 서원이 오랜 시간 지역사회 인적 네트워크의 한 축을 담당하고 있다.

현재 대부분 서원의 경우 조선시대 지방 교육과 선현에 대한 봉사를 담당하였던 측면을 나타내는 일종의 현장으로만 보여지고 있다고 해도 과언이 아니다. 다시 말해 서원이라는 문화유산의 역사·문화적 특성과 가치를 오롯이 담아내는 살아있는 현장으로서의 정체성이 명확하게 확립되지 않아 이를 기반으로 한 서원의 적극적이면서 자립적인 생태 확립과 발전에 어려움을 겪고 있다. 더불어 서원의 세계유산등재로 인해 유교문화 개발에 관한 기대가 높아가고 있으나 모두가 공감하고 공유하는 가치실현을 위한 문화개발의

1) 국가유산포털(https://www.heritage.go.kr/)

기조가 아직 부족하다[2]고 생각된다.

9개의 서원에 국한된 것이지만 한국의 서원이라는 명제로 2019년 유네스코 문화유산에 등재되면서 서원을 찾는 인원이 매년 꾸준히 증가하고 있음에도, 서원 내부 구성원은 서원 활동에 대한 일반인들의 인식 부족, 행사와 관련된 홍보 미비, 전문관리 및 프로그램 운영 인력 부족 등 여러 요인으로 인해 서원에 대한 사회적·문화적 기대와 참여 활동 요구에 능동적으로 대처하기 어려운 상황이다.

한편 전국의 지자체는 다양한 역사·문화·예술자원을 활용한 지역문화의 창달을 목적으로 활발하게 사업을 진작시키고 있다.[3] 특히 역사문화자원은 거의 모든 지역에서 상징적인 콘텐츠로 정착되는 경향이며 이는 곧 지역사회 경제와 관광산업의 성패와도 직결되면서 나름대로 정체성 확립의 주요한 재제(再製)로 활용되고 있다. 이는 자원으로서의 활용을 넘어 지역사회의 주요한 토대로서 기능해야 한다는 과제도 수반한다.

즉, 서원이라는 공간을 역사적 기능을 향유했던 전통 콘텐츠로서 생명력을 부여하여 지역을 상징하는 다채로운 문화적 자산으로서 지역 관광산업 활성화, 자원화 등 지역 사람들의 생활밀착형 가치유산으로 발전시켜 나갈 기회는 남아있다고 하겠다. 이는 곧 서원의 활용 방안을 모색할 필요성이 더욱 명료하다는 것을 의미한다.

서원뿐만 아니라 우리가 향유할 수 있는 문화유산은 단순히 우리의 것만으로 소모되거나 방치할 수 없는 것은 당연하다. 이는 서원이 가진 전통적 가치를 바탕으로 정체성을 확인하는 공간이자, 교육공간, 체험의 장, 문화관광 자원 등으로의 개발하여 전통 계승의 중간자적 위치를 확인받는 지표로서 인식하여 진정성 있는 활용이 지속될 수 있게 하는 방향성을 제시하는 것으로 계속되어야 한다.

---

2) 김문준(2016), 「대전지역 향교·서원 배향 명현의 선비정신과 유교문화콘텐츠」, 『유학연구』 37, 334쪽.

3) 최도식(2024), 「삼척시의 역사문화예술 자원 활용 방안」, 『강원사학』 42, 25쪽.

본고는 일반론적 관점에서 접근하여 기술하고자 한다. 다시 말해 유네스코에 등재된 9개의 서원을 비롯한 이미 널리 알려져 원활하게 운영과 활용을 하는 서원을 두고 비판적으로 접근하는 것을 논의하는 바가 아니다. 물론 지향해야 할 모델형으로서 등재된 서원은 이미 완성형이라고도 볼 수 있는 것이거니와 이는 우리나라의 서원 절대 다수의 일반적인 서원의 실정이나 사정에서 현실적으로 빠른 시일 내에 구현되기에는 불가능하기에 그러하다. 더욱이 현실적으로 서원 활용의 선진 모델을 추구하고자 하는 방향성 제시는 각 서원이 안고 있는 현실을 직시하지 않은 진정성이 결여된 것이다.

각 지자체를 중심으로 역사문화유산을 활용하여 지역의 정체성을 확립하고 이를 통한 관광문화 상품으로 연계 발전시켜 지역경제 활성화를 도모하고 있다. 이는 곧 인프라(Infrastructure) 구축의 의지가 공고하다는 것을 의미하고 서원의 활용 방안 모색은 이를 기본 환경으로 설정해야 한다.

수많은 서원이 국가 혹은 지방 문화유산으로 등록되어 실질적인 관리주체는 비교적 명확하다. 반면 그에 못지 않게 많은 서원들의 운영이 주체들에 의해 적극적이고 능동적으로 이루어지기 보다는 현상 유지에 머물러 있는 것은 부정할 수 없는 사실이다. 여기에는 서원을 찾는 이들로 하여금 매력적인 요인을 발생시키지 못한 인식과 그로 인한 관리주체들의 소극적 행정, 지역에서의 서원의 사회적 기능이라고 할 수 있는 연대감과 공동체 유대의 이완 등 사람들의 관심으로부터 점차 거리를 두게 된 것이 중요한 요인이라고 할 수 있다.

서원에 대해 막대한 재정 지원이 이러한 문제를 일거에 해결할 수 있으리라는 의견이 적지 않은 것도 사실이지만 결론적으로 이러한 방법을 통한 인식 개선이라는 것은 불가능하다. 대다수의 서원들이 사립이라는 태생적 한계로 인해 적든 많든 공적자금이 투여되는 것에 대한 근원적인 부정 인식이 존재하는 것은 당연하다. 그리고 그러한 인식은 특정인들의 특정한 공간이라는 의식을 불식시키지 못한다면 개선의 여지는 없다. 그렇기에 공공성이 더욱 가미되어야 하고 공공재로서 역할을 적극적으로 수행하고자 하는 의지가 지속적으로 표명되어야 한다. 그것은 관리주체들의 적극적 참여 및 협조가 선행되어야 한다. 이러한 모습을 통해 서원을 찾는 이들을 막고 있는 문을 하나씩 열어서 맞이하게 되면 서원 활용에 재정 지원의 공감대를 형성하는 것은 자연스러워질 것이다. 나아가 관리주체들은 그들만의 유산이 아니라 우리와 우리 후손에게 물려주어야 할 역사문화적 전통적 가치에 중점을 두고 서원에 대한 인식을 전환해야 한다.

그리고 행정 기관이나 관련 단체는 한발 더 나아가 더욱 적극적으로 전략적인 정책을 수립해야 한다. 이런 후에야 서원의 운영 프로그램이 현실적으로 구현될 수 있는 것이고 공공재로서의 효능감을 통해 그 대상자를 한층 더 아우르게 될 것이다.

Ⅱ. 문화자원으로서의 서원

국가유산기본법[4]에 의하면 '국가유산'이란 인위적이거나 자연적으로 형성된 국가적·민족적 또는 세계적 유산으로서 역사적·예술적·학술적 또는 경관적 가치가 큰 우리나라의 유산으로 크게 〈문화유산〉, 〈자연유산〉, 〈무형유산〉으로 구분한다. 문화유산은 우리 역사와 전통의 산물로서 문화의 고유성, 겨레의 정체성 및 국민생활의 변화를 나타내는 유형의 문화적 유산을[5] 의미한다. 자연유산은 동물·식물·지형·지질 등의 자연물 또는 자연환경과의 상호작용으로 조성된 문화적 유산을 말하며, 무형유산은 여러 세대에 걸쳐 전승되어, 공동체·집단과 역사·환경의 상호작용으로 끊임없이 재창조된 무형의 문화적 유산을 일컫는다. 이에 따라 국가유산의 종류는 문화유산 성격에 따른 유형화, 문화유산 지정여부에 따른 유형화, 행정주체에 따른 유형화 등

4) 《국가유산기본법》제3조(시행 2024.5.17)
5) 같은 법, 제3조 제2호(시행 2024.5.17)

으로 구분된다.[6)]

가치 중심의 철학자 하인리히 리케르트(Heinrich John Rickert)는 그의 저서 『문화과학과 자연과학』(1899)에서 실체적 문화적 현상은 상황에 따라 즉, 현상을 대하는 연구자와 여타의 문화적 현상과의 관계에 따라 특수한 의미와 가치를 지니며 역사의 진행에 따라 끊임없이 변화한다고 보았다. 따라서 그는 다양한 문화적 산물에서 드러나는 개성과 역사성을 내재된 가치의 상징이라고 판단하였다.[7)] 법률로서 규정되어진 범주에 국한하지 않더라도 문화적 소산을 인식하는 올바른 접근방법이라고 생각된다. 즉 전문적 가치를 표방한 유형적 분류는 행정적 편의, 전문 영역의 판단, 암묵적 인식 강요로도 볼 수 있는 부분이고, 이는 곧 수요자와 생산자의 괴리를 더욱 깊게 할 결과로 귀결될 것은 자명하다. 다행인 것은 문화유산의 인식에 대한 변화가 우리사회에서 부지불식간에 일어나고 있으며, 2025년 개정된 법으로 인해 문화재라는 용어도 문화유산이라는 범주에 포함되게 되었다.[8)] 이보다 앞서 재정된 문화재보호법에 의하면 문화재는 국가 내지 시도단체장에 의해 지정되거나 등록되는 문화유산을 뜻한다. 협의의 의미로 철저하게 재화적 가치에 매몰된 측면이 강하다고 할 수 있다.

문화유산은 대상이 구현하는 정신적 가치와 시각적·음향적으로 표현하는

---

6)

구 분	종 류
문화유산 성격에 따른 유형화	유형문화유산, 무형문화유산, 기념물, 민속문화유산, 유산자료
문화유산 지정권자에 따른 유형화	국가지정문화유산, 시도지정문화유산, 문화유산자료
문화유산 등록권자에 따른 유형화	국가등록문화유산, 시도등록문화유산

7) 하인리히 리케르트 저, 이상엽 역(2004), 『문화과학과 자연과학』.

8) 본고에서 사용하고 있는 문화유산이라는 용어의 사용이 익숙하지 않아 발생되는 '문화재'라는 표기가 발견될 여지를 미리 밝혀둔다. 본문에 언급한 바와 같이 문화유산은 문화재를 포괄한다.

심미적 가치가 독특하고 주체성을 보존하는 중요한[9] 매체로 문화재를 둘러싼 과거로부터 전승된 유무형의 민족자산으로서 세속적으로 특별히 지정된 재산은 아니지만 보호·관리되어 계승해야 하는 것을 의미한다. 과거로부터 남겨진 것 가운데 현재적 가치보다는 미래지향적 의미를 지향하고 있다는 것이다. 그리고 이를 조금 더 폭 넓게 인식하고자 하는 의미로서 인용되고 있는 용어가 문화자원이다.

문화자원은 문화유산을 포괄한다. 문화재와 문화유산뿐만 아니라 보호되거나 활용될 잠재적 가능성이 있는 민족자산[10]으로 시간과 공간, 인적 자원을 널리 가리킨다. 보편적 가치로서의 전승되어야 할 산물로서 실효적으로 확장성을 가지고 있는 자원으로서 문화를 보다 적극적으로 수용하여 발전적으로 개발할 가능성이 전제되었다고 하겠다. 서원이야말로 문화자원의 표본이라고 할 수 있겠다. 자원으로서 필요한 구성요소를 두루 갖추고 있으며 그 원형도 보존하면서 역사적 전개를 통해 변천사를 오롯이 담아 왔다. 제향인물을 중심으로 서원이 건립되면서 그를 둘러싸고 있는 다양한 인적 네트워크가 오랜 시간 동안 이어져 오고 있으며, 건립과 함께 다양한 사건을 둘러싸고 서원이 처한 시간적 변화에 따른 유동성도 담아 내고 있고, 건축물을 비롯하여 부침에 따른 공간의 변화 또한 경험한 곳이 바로 서원인 것이다. 유형문화유산과 무형문화유산, 민속문화유산과 기록유산 등 문화콘텐츠 소재의 총아라고 할 수 있다. 그로부터 야기되는 다양한 가치와 의미는 서원이라는 곳이 여느 문화유산보다 뛰어난 문화자산으로서의 역할을 할 수 있는 토대가 구축되었다고 하겠다.

그럼에도 불구하고 우리나라에 존재하고 있는 수많은 서원의 보편적이면서도 진정성있는 활용에 대한 대안이 쉽게 정립되지 못하는 것은 어디에서 기인하는 것일까?

---

9) 한국민족대백과사전(https://encykorea.aks.ac.kr/Article/E0019790)
10) 심승구 외(2007), 『문화재활용을 위한 정책기반 연구』, 문화재청, 29~30쪽.

서원의 문화유산 유형별 분류

유형	종 류
유형문화유산	주거건축, 조경건축, 석조물, 공예품 등
무형문화유산	의식·의례 등
민속문화유산	전통지식, 구비전승, 생활관습 등
기록유산	전적류, 서간류, 문서류, 서각류 등

문화유산의 소비는 특정 유형에 집중되어 있는 경향이 있다. 아직까지 우리나라의 문화유산을 찾는 이들의 가장 큰 선택의 이유는 의미보다는 재화적 가치에 더 치우쳐져 있는 것은 부정할 수 없는 사실이다. 문화적 활동이라는 행위 자체가 가지는 일회성에서 기인한다고 할 수 있다. 다시 말해 우리의 문화 활동은 대개 재화의 등가(等價)에 따라 합리적 소비를 추구하는 경향을 나타내는데, 취미활동이나 일상생활의 연장이라는 영속성과 철저하게 배척되어 소비하는 패턴과 그 맥락을 같이한다고 하겠다. 그런 측면에서 서원과 같은 현격히 낮은 재화로서의 가치를 지닌 공간으로의 관람객 유도가 쉬운 일은 아니다. 단순한 흥미를 유도하여 체험하는 공간으로 머물러서는 가치의 의미를 전달하고자 하는 진정성의 근처에도 다다를 수 없다는 뜻이기도 하다. 이러한 사실은 우리나라 수도권과 대표 관광지인 제주의 주요 관광지점 입장객 통계에서 여실히 드러난다.

【서울특별시】

주요관광지점	2024	2023	2022	비고
경복궁	6,443,600(1)	5,579,905(1)	3,382,603(3)	유료
롯데월드	5,256,920(2)	5,192,688(2)	4,516,912(1)	유료
국립중앙박물관	3,865,945(3)	4,179,508(3)	3,398,658(2)	무료
덕수궁	3,402,284(4)	3,099,577(4)	2,696,402(4)	유료
창덕궁	1,759,643(5)	1,639,910(5)	1,186,361(6)	유료
서울시립미술관본관	1,678,589(6)	1,300,516(7)	2,452,057(5)	무료
서울스카이	1,295,288(7)	1,333,489(6)	1,126,670(7)	유료

주요관광지점	2024	2023	2022	비고
남산골한옥마을	1,216,444(8)	1,155,773(9)	928,726(9)	무료
창경궁	1,113,821(9)	1,083,389(10)	887,806(10)	유료
아쿠아리움	1,095,055(10)	1,180,598(8)	1,124,489(8)	유료

* 출처: 관광지식정보시스템 주요관광지점 입장객 통계

【경기도】

주요관광지점	2024	2023	2022	비고
킨텍스	5,850,042(1)	5,840,252(2)	5,314,707(2)	유료
에버랜드	5,597,998(2)	5,881,640(1)	5,773,834(1)	유료
경마공원	2,522,289(3)	2,584,965(3)	2,397,806(3)	유료
임진각관광지	1,637,253(4)	1231675(9)	1,324,720(8)	유료
서울대공원	1,591,134(5)	1,478,902(4)	1,553,550(4)	유료
서울랜드	1,449,789(6)	1,332,898(6)	1,383,301(6)	유료
화담숲	1,372,104(7)			유료
캐리비안베이	1,150,888(8)	1,270,237(7)	995,280(10)	유료
한국민속촌	1,095,866(9)	1,102,213(10)	1,021,763(9)	유료
고양체육관	939,760(10)			유료
두물머리		1,445,127(5)	1,349,006(7)	무료
마장호수		1,233,940(8)	1,417,236(5)	무료

* 출처: 관광지식정보시스템 주요관광지점 입장객 통계

【제주특별자치도】

주요관광지점	2024	2023	2022	비고
한라산국립공원	928,409(1)	923,680(3)	850,744(4)	무료
성산일출봉	906,188(2)	856,161(4)	818,803(5)	유료
천지연폭포	890,241(3)	1,007,896(1)	998,867(1)	유료
중문대포해안주상절리	816,210(4)		888,211(2)	유료
카멜리아힐	774,153(5)	808,939(5)	450,465(10)	유료
정방폭포	533,040(6)	659,051(7)	682,043(6)	유료
마라해양도립공원	524,431(7)	497,574(8)		유료
비자림	476,787(8)	688,905(6)	876,050(3)	유료
절물자연휴양림	418,518(9)	484,395(10)	595,266(7)	유료

주요관광지점	2024	2023	2022	비고
산방산	379,475(10)	494,073(9)	557,162(8)	유료
한화아쿠아플라넷		976,607(2)		유료
만장굴관광지			536,478(9)	유료

* 출처: 관광지식정보시스템 주요관광지점 입장객 통계

이는 국내는 물론 우리나라를 찾는 해외 관광객들에게도 포함된다. 냉정하게 말하자면 서원은 매력적인 문화자원으로서 크게 각광받지 못하고 있는 실정이다. 더 가혹하게 평가하면 서원에 대한 일반론적인 이해가 매우 낮은 수준이다. 역사에 관심이 많은 애호가, 중등 교육과정에서 들어본 적이 있는 학생, 서원이라는 공간과의 인접성으로 인해 이미 인지하고 있는 일반 대중 정도가 사전적 의미의 서원에 대해 매우 얕게 이해하고 있는 정도라고 하겠다. 그럼에도 불구하고 서원을 자원으로서 문화콘텐츠 재생산의 장으로 만들 수 있는 가능성은 결코 낮은 이해도 및 인식과 궤를 같이 하지 않는다. 오히려 무관심 속에서, 혹은 문화유산으로서의 가치평가가 절하되고 있음에도 불구하고 그 맥락을 유지, 발전시켜 나가고 있다고 해도 과언이 아니다. 데이터에서 나타나는 의외의 사실은 서원이 자생적 생태를 갖춘다면 한국적인 공간을 대표하는 또 하나의 장소로서 각광을 받을 수도 있다는 것이다.

서원은 조선시대를 관통하는 주요 교육 및 언론기관이자 역사적 인물의 상징적 현장이다. 우리나라 건축 관련 문화유산 중 직간접적으로 연결되어 있는 유·무형의 유물이 많은 편에 속한다고 할 수 있다. 왕궁 유적이나 도성 유적 등 대규모의 건축물이 집결되어 있는 유적을 제외하면 단위 서원만 하더라도 현전 여부와는 상관없이 많은 인물과 유물이 직결된다고 할 수 있다.

서원을 활용한 콘텐츠 창출은 건물을 활용한 콘텐츠, 제향 인물과 그 학문·사상을 활용한 콘텐츠 등으로 활용할 수 있을 것이며, 건물 활용은 결국 제향 인물과 그 학문·사상의 현대적 활용의 장으로 활용하는 것이므로 제향 인물과 그 학문·사상을 활용한 콘텐츠 개발이 관건이라고 할 수 있다.[11)]

하지만 일부 서원을 제외하고 이와 관련된 유물을 전시 등을 통해서 콘텐츠로서 같은 공간에서 제공하는 곳은 많지 않은 실정이다. 물론 현전하는 것이 전무하거나 미비하여 별도의 공간을 마련할 필요성이 대두되지 않은 곳이 상대적으로 더 많은 것은 부정할 수 없는 사실이다. 그러나 적지 않은 서원에서 많은 유형의 유물과 그에 못지 않은 스토리를 담고 있음에도 불구하고 확인되지 않는 서원의 가치에 기대고 있는 것은 매우 안타까운 현실이다. 이는 무형의 문화유산에서도 상통하는 것으로 서원에서 생활과 연중행사 등은 특별한 공간에서의 일상생활을 이해하는 중요한 부분임에도 그러한 정보를 제공하고 있는 곳이 많지 않다. 서원의 기록문화유산은 앞서 언급한 유무형의 자산 보완을 뛰어 넘어 서원 문화콘텐츠 개발의 주요한 원천이 될 수 있다.

문화유산의 현장은 그것만으로 찾는 이들로 하여금 그곳의 정체성을 이해시켜 주는 경향이 짙다. 가령 궁궐에서는 굳이 왕실 구성원들의 실체적 이미지를 제공하는 공간을 찾으려 하지 않으며, 특정한 왕과 사건을 현장화하여 구체적으로 체험하고자 하지 않는다. 사찰에 가더라도 건립연대의 배경이나 관련 인물, 유물 등을 찾아 보고 이를 통해 사찰이 무엇을 위해 조성된 공간이라는 의구심을 갖지 않는다. 즉 가치 판단을 위한 체험의 현장으로 인식하지 않기 때문에 오롯이 정체성에 집중하게 되는 것이다. 굳이 콘텐츠의 소재를 제공하는 별도의 공간이 마련되어 있지 않더라도 일반적인 이해를 바탕으로 그들의 직간접적 경험이 그대로 공간에서 그들에 의해 가치가 의미로서 변환되는 것이다. 그러나 서원의 경우는 팜플렛이나 안내판 등을 통해 성격이나 인물 등과 관련된 사실 정보를 최대한 전달이 되도록 내용을 정리하지만 결국 그것이 의미하는 바가 무엇인지에 대한 실효성을 느끼지 못한다. 즉 공간에 대한 이해가 충분하지 못하고 그로 인해 지적 호기심을 자극하지 못하게 되며 이는 곧 머무르는 시간이 짧아지게 되는 결과로 이어지고 나아가서는 서원이라는 공간에 대한 감정적 접근성을 떨어뜨리게 된다.

현전 유물의 유무나 복제품의 사용 여부는 그리 중요한 문제가 아니다.

---

11) 김문준(2016), 앞의 논문, 335쪽.

당시 서원에서 행해지는 교육과 선현에 대한 봉사의 실체는 어떠한 것이었고, 그 의미는 무엇인지 등 관람객들이 사유할 수 있는 실체를 제공해야 한다는 것이다. 서원에 배향된 인물도 크게 다르지 않다. 유물과 인물을 통해 이야기를 보고 들을 수 있게 만들어야 하지만 현재 상황은 그렇지 못하다.

일부 서원을 제외하고 한해 동안 단위 서원을 찾는 관람 인원이 파악되지 않는 경우가 많다. 서원 문화의 다양성을 제고하고 바람직한 운영이 되기 위해서라도 현황을 파악하는 것이 선행되어야 한다. 수요자 중심으로 서원의 현실을 진단하고 발전 방안을 강구하는 것은 기초적인 작업이라고 하겠다. 다음은 최근까지 집계되고 있는 유네스코 등재 '한국의 서원'방문객 현황이다.[12)]

	2021	2022	2023	2024	2025.5
소수서원	140,143	268,683	280,258	299,768	99,645
남계서원	8,129	25,200	16,656	17,738	8,547
옥산서원	43,703	71,461	68,666	69,116	22,035
도산서원	87,796	156,796	198,662	214,701	67,743
필암서원	23,904	36,211	40,222	43,951	10,574
도동서원	54,404	37,151	35,127	38,429	10,198
병산서원	46,830	88,034	81,780	94,629	36,397
무성서원	33,213	29,304	28,812	31,666	12,664
돈암서원	14,182	30,946	37,738	34,180	15,968
	452,304	763,786	787,921	844,241	283,798

* 출처: (재)세계유산 한국의 서원 통합관리센터 디지털아카이브
** 2021년 데이터의 경우 COVID-19로 인하여 대략 하반기부터 집계된 결과임

주목할 만한 부분은 2021년부터 연간 집계가 마무리된 2024년까지 매해 각 서원 방문객은 꾸준히 증가하는 추세라는 것이다. 물론 유네스코 등재 9개의 서원과 일반적인 서원을 직접적으로 비교하고자 하는 데이터는 절대 아니

12) 이 데이터를 기반으로 서원의 방문객을 일반화하는 것은 아니다. 다만, 서원이라는 가치가 사회적으로 수치로서 어떻게 증명되고 있는지에 대한 경향을 살피는데 목적을 둔다.

다. 다만, 참고자료로서 서원이라는 장소에 대한 표면적 인지도 증가라는 측면을 보여주는 중요한 수치라고 하겠다. 거의 모든 서원에서 방문객이 증가하는 추세를 보인다. 4년의 기간 동안 서원 홍보를 위한 국가적 차원에서의 대대적인 홍보성 행사나 지속적인 프로그램 운영이 일괄적으로 적용된 것도 아님에도 불구하고 나타나는 현상이다. 물론 단위 서원에서 주도적으로 운영한 활용 프로그램에 의해 비약적인 변화가 나타나는 서원의 경우도 있지만 우리나라 보편적인 서원으로 확장하여 적용하더라도 일반적인 양상에서 점차 시간이 흐를수록 관람객들과의 접촉 빈도가 확연히 증가한다고 할 수 있다.

더욱이 이미 대중들에게 알려진 서원뿐만 아니라 비교적 접근성이 떨어지는 곳도 그러한 경향에서 벗어나지 않는다는 점이다. 다시 말해 서원의 접근성은 체계적인 운영을 통해 해소될 수 있는 충분한 여지가 있다는 것을 의미한다.

관광산업의 측면에서 무엇보다 중요한 것은 사회간접자본(SOC) 등의 인프라 구축 여부이다. 여기에는 연령이나 계층 별로 이용에 있어서의 차등이 존재하지만 점차 그 간극은 해소되고 있는 실정이고 머지않은 미래에 인프라 여부는 일부 도서산간 지역을 제외하고 문화유적에 대한 물리적 접근성에 크게 영향을 미치지는 않을 전망이다. 다시 말해 접근성이 개선되면 서원을 찾는 이들이 더 많아진다고도 볼 수 있는 것이다. 현재까지 서원과 거리와의 상관을 연구한 전문적이고 구체적인 성과는 전무한 실정이라 저자가 제공한 기초적인 데이터를 중심으로 다음과 같은 통계조사를 실시하였고, 다음은 거리별 서원의 방문자 수의 상관관계를 나타낸 것으로 각 연도별 서원의 방문자 수와 서울 IC 기준[13] 서원 별 거리를 대비로 그 상관계수는 각각 다음과 같다.

13) 현 상황에서 서원을 찾는 관람객들의 출발지를 설정하고 조사를 진행하기란 불가능하다. 따라서 우리나라 관람 수요가 가장 높은 지역을 표본을 삼아 조사된 내용이므로 적확성에서 차이가 존재할 가능성을 전혀 배재할 수 없다. 다만, 9개 서원의 관람객 수에서 나타나는 일반론적 형태는 서울에서 멀어질수록 방문객 수가 적다는 전제하에 조사가 진행되었다는 점을 전제한다.

연도	2021년	2022년	2023년	2024년
상관계수	-0.3358	-0.4014	-0.4274	-0.4192

상관계수(r)가 나타내는 의미는 다음 산점도와 같다. ±0.4 이상이면 사회과학에서는 일반적으로 상관관계를 가진다고 본다.[14] 전체적으로 (-)의 상관관계를 가지기 때문에 거리가 멀수록 서원의 방문자 수가 줄어드는 경향을 가진다고 해석이 가능하다.[15] 통계를 통한 조사에서 서원의 거리는 방문자 수가 증감하는 요인일 수 있다는 것이다.

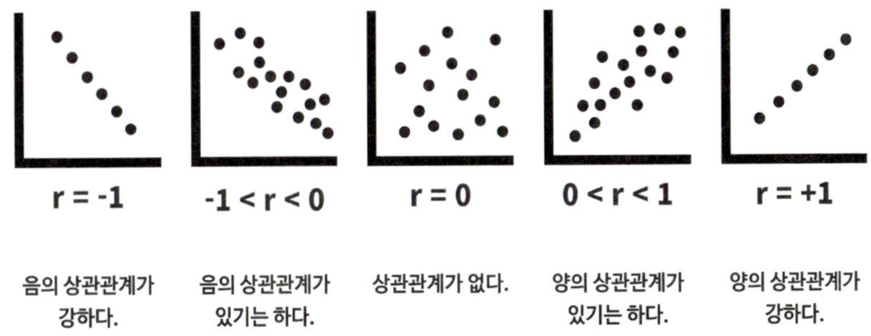

한편 서원이 활용하고자 하는 운영 프로그램에 있어서도 마찬가지로 적용된다. 서원 활용과 연관된 프로그램이 풍부해지면 관람객의 방문도 자연

14) **절대값 ±0.9~1** : 매우 강한 상관, 자연과학, 공학, 경제학 등의 학문 분야에서 대부분 이 조건을 요구, **절대값 ±0.7~0.8** : 강력한 상관, 의학, 유전학 등, **절대값 ±0.5~0.6 : 중간 상관, 절대값 ±0.3~0** : 상관관계가 없음

15) 표의 상관계수는 한국의 서원(9개)을 기준으로 추출한 표본으로 데이터량이 충분하지 못한 한계가 존재한다. 그래서 회귀분석(거리가 방문자 수를 학습하여 그것이 학습자 수를 예측하는 관계가 있는지 확인하고 나아가 식이 유효한지 확인하는 것)을 통해 분석을 해 본 결과 p-value는 0.3771~0.2512로 종합적으로 약한 상관관계는 있지만 방문자 수가 변화하는 결정적인 요인으로 볼 수만은 없다는 결론에 도달하였다. 본 통계조사는 본교 학부생 박성훈(통계학)군의 도움으로 진행되었다.

스럽게 증가할 개연성이 이미 증명되고 있다고 해도 과언이 아니다. 물리적 접근성과는 별개로 문화 프로그램에 대한 접근성은 이미 충분히 마련되어 있는 현실이 반영된 결과이기도 하다. 특정 매체의 홍보나 광고를 통해서 일방 소통의 방식이 극복된 것은 이미 오래전이고 인터넷을 비롯하여 SNS 등 개개인이 문화채널의 플랫폼이 되어 있기 때문이고, 이 또한 물리적 거리와 마찬가지로 연령이나 계층에 따른 격차가 줄어들고 있기 때문이다.

반면 현재까지도 잘 알려지지 않은 서원을 찾는 이들이 존재하며 그것은 서원 프로그램 여부와 상관없는 방문으로 인프라가 크게 저촉되지 않는다는 것을 방증하기도 한다. 물론 이런 부분을 성급하게 일반화하여 해석하자는 것이 아니라 서원이라는 특수성이 함유하고 있는 측면을 묵과해서는 안된다는 의미이다. 또한 굳이 유네스코에 등재된 서원을 찾지 않더라도, 혹은 그곳을 다녀와서 별다른 감흥을 느끼지 못했더라도 우리 주변에는 쉽게 서원이라는 공간을 찾을 수 있을 정도로 많은 수의 서원이 산재되어 있기 때문이다.

그럼에도 불구하고 찾는 이들을 위한 구조적 설비가 제대로 갖춰지지 못한 서원도 많다. 휴게시설이나 편의시설을 의미하는 것이 아니라 문화유적지로서 찾는 이들이 불편함을 느끼지 않을 정도의 기초적인 시설을 말하는 바다. 국가지정 혹은 시도지정문화유산임에도 불구하고 일반 관광객의 출입을 원천 차단하기 위해 잠금장치가 상시로 설치되어 있는 곳도 적지 않을 뿐만 아니라, 강당을 비롯한 최소한의 공간만을 공개하는 경우, 주차장이나 공용시설물을 사적으로 유용하는 경우 등도 상당하다. 문화유산으로서 자원으로 서원이 유용하게 활용되기 위해서는 무엇보다 콘텐츠로서의 체험의 장이 되어야 한다는 점을 다시 한번 강조한다. 체험은 많은 소비자에게 무엇보다 매력있는 형태의 자원으로 이를 통해 체험의 강도는 더욱 수요자와 밀착해 가고자 하는 방향성을 띄어야 하며 이를 통해 서원의 가치 정보의 의미를 더욱 두텁게 구축해야 한다.

적지 않은 수의 서원은 주요 교통로에서는 떨어진 곳에 위치한다. 그러나 유사한 성격의 문화유적지와 크게 차이를 보이지 않는 것도 사실이다. 그럼에도 일반인들의 접근 빈도는 상대적으로 낮다. 전반적으로 서원의 현실을 타계하는 가장 원초적인 해결책은 바로 활용 방안을 모색하는 것과 직결된다고 할 수 있다. 서원을 찾아오고 싶은 공간으로 만들기 위한 문화의 공간으로 자리매김하느냐가 곧 서원의 진정성 있는 활용의 성패와 연결된다.

서원은 전반적으로 강당 전면에 동·서재, 후면에 묘우로 구성되어 있다. 사당이 있는 공간이라는 특성으로 인하여 평소에 정문을 비롯하여 사당의 문은 개방해 놓지 않은 경우가 대다수로 익숙하지 않은 관람객들은 오인하는 경우가 적지 않다. 발길을 돌리지 않은 이들은 출입을 위해 이곳저곳을 찾아 헤매는 것도 부지기수다.

왜 그런지, 어떠한 경우에 문을 여는지, 출입의 예법은 어떠한지 가치 규범을 전달하는 것의 시작으로서의 의미까지 묻을 수는 없으나 보다 광범위한 안내가 이뤄질 수 있도록 정보제공이 필요한 것이 사실이다. 각각의 건축물의 용도나 의미를 전달하는 것도 중요하다. 교장실은 교장이 사무를 보는 사실을 안다. 교무실은 선생님이 사무를 보는 사실을 학교를 다니는 학생들은 시나브로 이해하게 된다. 서원도 그렇게 되지 말라는 법은 없지 않다.

Ⅲ. 문화유산 활용 인식의 변화

1. 문화 소비 패턴의 변화

인구 급감에 따른 경제적 위축은 문화유산으로서의 서원의 질적 성장에 장애 요소가 될 수 있지만, 4차 산업혁명에 따른 기술의 발달은 디지털화 및 지식정보화를 촉진하여 주제별로 서원의 다채로운 면모를 보여줄 기회를 제공할 것이다. 이는 곧 전통적 사고나 인식이라는 정형화된 서원의 이미지 변화 요구를 수반하는 것은 사실이지만, 활용이라는 측면이 발전적으로 구현된다면 이 또한 기술 및 인문학의 발달 등을 통하여 향후 극복될 수 있는 부분이라고 생각된다. 그리고 서원의 원론적 기능을 복원하는 것도 중요하지만, 서원이 무엇을 보여줄 수 있는 것인가에 주안점을 놓고 상정해 본다면 문제는 그리 어렵지 않다. 즉 특정한 주제를 가진 지역 서원이 가진 지역적 특색을 보여준다는 것은 고정 수요가 확대된다는 것을 의미한다. 그리고 서원이라는 공간의 전통적 의미는 그리 단층적이지 않다는 사실을 주지할 필요가 있다. 교육의 공간이자 선현 봉사의 공간에 머무른 것이 아니라 전통사회에서 공론을 형성하고 지역 사회의 질서 확립과 안녕 유지, 나아가 국가와 지방의 소통 공간으로서 역할을 하면서 다양한 이야기가 상존했던 문화유산이자 자원임을 널리 알려야 할 필요가 있다.

문화유산으로서의 단위 서원의 소재 구축, 즉 콘텐츠 디지털화[16]는 국가 혹은 지자체의 관심과 지원으로 어느 정도 그 결실을 축적하고 있다. 문화자원의 콘텐츠 과정에서 가장 많은 시간이 소요되는 작업이 일반인들에게 가시적인 성과로 제공되고 있다는 의미로 향후 계속해서 누적될 것임은 자명하다. 이어 쉽게 소비할 수 있는 아카이브 또한 구축되어 보다 폭넓은 정보의 습득을 보다 다양한 방면으로 빠른 시간 내에 이뤄질 수 있는 단계도 넘어서고 있다. 많은 수요자들에게 다양한 정보와 지식 체계를 전달하고 그것의 실현 공간으로서 서원이 자리하게 되었다는 것을 의미한다. 여기서 머무를 것이 아니라 능동적으로 소비 패턴에 대한 조사와 연구가 뒷받침되어야 한다.

최근 문화소비 패턴은 코로나 19 팬데믹을 거치며 가속화된 디지털화와 함께 개인의 가치, 취향, 경험을 중시하는 방향으로 크게 변화하였다. 경제적으로는 고물가와 저성장 기조의 영향으로 '절약'과 '고가 소비'가 공존하는 양극화 현상도 뚜렷하게 전개되면서 4가지의 양상으로 구체화되고 있다.

첫째, 초개인화된 취향 소비의 확산이다. 옴니보어(Omnivore)는 나이나

16) 디지타이징(Digitizing) : 아날로그 신호를 디지털 신호로 변환하는 프로세스를 일컫는 말로, 서원 연관 자료의 디지털화를 의미한다.

성별 같은 전통적인 기준에 얽매이지 않고, 자신의 취향에 따라 다양한 문화를 자유롭게 소비하는데, 이들은 고전과 최신 트렌드, 하이엔드 문화와 일명 B급 문화의 경계를 허무는 경향이 뚜렷하다. 그런가하면 대중적인 취향을 따르기보다 개인의 깊이 있는 취향을 만족시키는 소수의 문화 콘텐츠에 기꺼이 소비를 아끼지 않는 니치(Niche)문화의 성장은 특정 분야에 대한 깊은 애정이 시장에 큰 영향을 미치기도 한다. 그리고 단순히 물건을 구매하는 행위를 넘어, 자신의 가치관이나 신념에 부합하는 제품을 선택해 개인의 정체성을 표출하는 미닝아웃(Meaing Out)도 증가하고 있다.

둘째, 디지털 기반의 콘텐츠 소비가 확대되고 있다. 코로나19를 거치며 TV 시청 시간이 늘고 온라인 플랫폼을 통한 콘텐츠 소비가 일상화되면서 스트리밍 및 OTT 플랫폼을 통해 영화, 드라마를 비롯한 다양한 콘텐츠를 소비하는 것이 보편화되었다. 게다가 가상현실, 증강현실 기술이 접목된 문화콘텐츠가 게임, 엔터테인먼트, 교육 등 다양한 분야에서 확산되어 디지털 환경에서 현실에 가까운 몰입형 경험을 제공하는 것이 중요해지고 있다. 이처럼 디지털 콘텐츠 이용이 확산되면서도, 여전히 연령이나 소득 등에 따라 디지털 접근성 격차가 존재하고 있다.

셋째, 경험과 소통을 중요시하는 소비이다. 소유에 대한 욕구보다는 특별한 경험을 중시하는 '경험 소비'가 확산되고 있다. 여행, 콘서트, 전시회, 페스티벌처럼 직접 체험하고 기억에 남을 만한 경험을 얻는 데 투자를 아끼지 않는다. 또한 팬데믹 기간 동안 억눌렸던 문화생활 욕구가 표출되면서 오프라인 공연 시장이 다시 활기를 띄면서 보복 소비와 특정 공연이나 아티스트에 대한 강한 애정을 바탕으로 반복 관람하는 회전문 관람도 흔한 현상이다.

마지막으로 양극화되는 소비 행태이다. 고물가, 고금리 시대의 경제적 부담으로 인해 '무지출 챌린지'처럼 극단적인 절약을 추구하는 소비자가 늘고 있는 반면, 자신을 위한 명품 소비나 가격대비 심리적 만족감을 중시하는 럭셔리 소비는 꾸준히 증가하며 양극화 현상을 심하시키고 있다. 이렇듯 최근 문화 소비 패턴은 소비자 개인의 가치와 취향을 중심으로 매우 세분화되고 다양해지고 있는 만큼 서원의 문화 소재도 변화를 모색해야 한다.

구체적으로 대상을 설정하여 시대적 요구와 서원이 확보하고 있는 재화의 충족을 통해 궁극적으로 소비 행위에 대한 의미를 각인해야 함이 궁극적인 지향점이라고 하겠다.

2. 문화 및 교육 수요의 증대

사회문화의 발전에 따라 문화에 대한 다양한 수요가 증가하였고, 문화 수요의 확대와 지속 가능한 발전이라는 관점에서 서원 교육도 새로운 방향을 모색할 때이다. 더불어 교육 수준의 향상에 따라 다양한 지식을 추구하게 되었고, 이는 대중매체의 다양화와 발전이 결부됨으로써 문화, 예술적 수요 또한 동반 증가시켰다. 특히 기술 발전과 고령화, 그리고 개인의 삶의 질을 중요하게 여기는 가치관의 변화는 이를 가속시켰다.

인공지능(AI), 로봇, 사물 인터넷(IoT) 등 4차 산업혁명 기술의 발전은 기존 일자리에 대한 불안감을 높였고 이로 인해 성인들은 새로운 기술을 배우고 직무를 전환하려는 목적으로 평생 교육에 대한 수요를 늘리고 있다. 특히 온라인을 통한 학습이 접근성 측면에서 강점을 보이면서 관련 시장이 크게 확대 되었다. 뿐만 아니라 건강 상태가 좋아진 고령층이 늘어나면서 사회활동 참여 의지가 높아졌으나 아직 고령층의 높아진 요구를 충족할 만한 평생 교육 프로그램은 부족한 상황에서 고령화 사회는 더욱 가속화되고 있다. 게다가 사람들은 소유보다 경험을 중시하면서, 특별한 경험을 제공하는 문화 콘텐츠에 대한 소비를 늘리고 있으며, 퇴근 후나 주말 여가 시간을 활용해 취미 생활이나 자기 계발을 하는 사람이 많아지고 있고 박물관과 같은 문화 기반시설이 단순한 전시 공간을 넘어 문화예술 교육기관으로서의 역할에 대한 기대가 커지고 있는 것이다.

이에 따라 서원에서의 대중 교육 수요에 대한 내용도 다양해져야 한다. 지금까지 대체적인 서원에서의 교육은 서원의 전통 기능이 강조되면서 특정

시기의 특정 계층에 의해 특정 교육 프로그램이 소비되고 특정 전문가를 중심으로 진행되었다. 그러나 점차 문화에 대한 수요의 다양화와 확대에 부응하여 서원은 차츰 문화공간으로서의 성격을 띠게 변화하고 있다. 단순한 교육장소로서 서원이라는 장벽을 허물고 서원이라는 특수성을 감안하면서 문화적 포용성을 확장시켰고 이를 통해 보이지 않았던 경계도 많이 허물어 가고 있다. 더불어 다양한 주제의 영역을 소화하는 서원이 등장하면서 그에 따른 문화 이벤트 및 다양한 문화 영역에 걸친 서원 교육 프로그램이 개설되고 있다.

서원 교육의 외연 확장은 단순한 물리적 공간을 넘어선 새로운 개념의 장소성이나 특성화된 교육의 장으로의 변화를 수용할 필요가 있다. 동시에 서원 교육의 대상자도 확대되어 유아, 어린이, 청소년, 학생, 성인, 노년 등 정규 교육을 받는 대상자를 포함하여 연령, 학력, 지역, 국적, 이념을 뛰어 넘어 사회 통합을 이룰 수 있는 교육이 가능할 수 있다. 이는 지구화, 세계화시대의 사회통합이라는 측면에서 서원의 교육적, 사회적 의무라고 할 수 있다.

특히 앞으로의 주요 소비층이 될 것으로 여겨지는 어린이를 비롯한 청소년층은 4차 산업과 디지털에 익숙한 세대로서 디지털 매체나 직접적인 체험요소가 있는 프로그램을 통해 자신의 내재적 동기에 부합하여 만족감을 충족하고 있다. 서원 또한 디지털 기술을 접목하여 찾는 이로 하여금 적극적으로 참여할 수 있는 콘텐츠로의 확장성을 갖춘 변화를 염두해 두어야 할 것이다.

서원에서의 문화 생활이나 교육프로그램 이수에 대한 관심도를 수치로 측정된 바는 없다. 단순하게 각 서원에서의 관람객 변동을 통해 매년 어떠한 양상을 나타내는가를 표면적으로 측정할 수 있는 수준이지만, 관광지로서의 서원의 위치를 확인하는 데이터를 통해 이러한 변화의 움직임에서 서원의 가능성을 엿볼 수 있다. 동일 유형 관광지 지역별 관람객 현황을 통해서 서원의 현재가 주목된다.[17]

---

17) 관광지식정보시스템에서 제공하고 있는 모든 서원정보를 수합하여 정리한 것이다.

【충남 동일 유형 관광지】

주요관광지점	2024	2023	2022	2021	2020	비고
돈암서원		51,880	46,145	33,160		
공주한옥마을	46,430	43,306	41,676	38,134	53,323	
명재고택		39,140	45,168	27,254	9,288	
문헌서원		14,449	13,968			
김좌진생가		28,918	27,020	23,105	26,991	

* 출처: 관광지식정보시스템 주요관광지점 입장객 통계

【충북 동일 유형 관광지】

주요관광지점	2024	2023	2022	2021	2020	비고
충렬사(임충민)	**15,528**	**15,433**	**15,506**	**13,484**	**10,680**	
육영수생가		156,692	169,020	63,393	26,594	

* 출처: 관광지식정보시스템 주요관광지점 입장객 통계

【경남 동일 유형 관광지】

주요관광지점	2024	2023	2022	2021	2020	비고
통영 충렬사	28,407	28,628	28,939	19,389	20,676	
한산도 제승당		126,645	127,831	64,712	69,305	
밀양 영남루		301,200	272,002	228,837	181,929	
밀양 표충사	305,582	287,183	185,838	179,071	154,149	
남계서원		**28,169**	**42,410**			

* 출처: 관광지식정보시스템 주요관광지점 입장객 통계

【경북 동일 유형 관광지】

주요관광지점	2024	2023	2022	2021	2020	비고
도산서원	247,414	204,356	177,919	152,333	147,856	
소수서원	202,916	184,388	191,147	128,149	115,444	
양동마을	126,502	138,013	134,779	118,109	82,607	
교촌한옥마을	361,213	302,998	270,478	191,923	84,100	
하회마을	593,936	529,217	490,062	402,729	836,839	
임고서원		16,203	26,657	44,154	45,628	

주요관광지점	2024	2023	2022	2021	2020	비고
괴시리전통마을		39,560	39,486	34,929	35,693	
회연서원	39,230	40,657	44,040	41,117	27,650	

* 출처: 관광지식정보시스템 주요관광지점 입장객 통계

【전남 동일 유형 관광지】

주요관광지점	2024	2023	2022	2021	2020	비고
낙안읍성	791,703	767,227	672,390	333,834	333,453	
소쇄원	113,557	118,703	126,491	111,792	116,579	
다산초당		9,710	12,267	21,567	65,552	
필암서원		75,823	67,056	46,626	30,811	
운림산방	166,262	471,743	161,094	155,389	125,061	

* 출처: 관광지식정보시스템 주요관광지점 입장객 통계

【전북 동일 유형 관광지】

주요관광지점	2024	2023	2022	2021	2020	비고
무성서원	8,814	12,557	9,873	7,341	12,097	
구이안덕마을	34,720	36,078	21,319	12,950	20,014	
무주향교	10,774	8,572	6,616	5,414	5,558	
의암사	23,792	15,947	3,942	3,553	58,135	
무장읍성	104,616	35,547	23,104	22,728	23,471	

* 출처: 관광지식정보시스템 주요관광지점 입장객 통계

【대구 동일 유형 관광지】

주요관광지점	2024	2023	2022	2021	2020	비고
도동서원	59,964	37,925				
구암서원	37,602	44,195	43,837	47,718	26,938	
병암서원			2,630	156	330	
녹동서원		22,733	22,305	19,824	10,887	
옻골마을		162,039	111,663	66,236	83,247	

* 출처: 관광지식정보시스템 주요관광지점 입장객 통계

【광주 동일 유형 관광지】

주요관광지점	2024	2023	2022	2021	2020	비고
이장우가옥	14,953	1,589	293	859	14,156	
월봉서원		32,285	18,264			

* 출처: 관광지식정보시스템 주요관광지점 입장객 통계

표는 관광지식정보시스템에서 집계되고 있는 전국의 관광지 가운데 서원과 성격이 유사한 관광지점을 비교하고 있다. 전국 18개소에서 입장객이 집계되는데 그 가운데 9곳이 꾸준하게 수치가 증가하고 있고, 3곳은 집계된 데이터가 2년 이하라 경향을 파악하기가 힘들며, 6개소는 패턴을 나타낸다고 보기에는 한계가 존재한다. 돈암서원, 밀양 표충사, 도산서원, 소수서원, 필암서원, 의암사, 도동서원, 월봉서원 등 지역에서 익히 알려진 서원이라는 일반론적 견해가 존재하지만 중요한 것은 동일 유형의 관광지로서 지역의 입장객 수를 주도하는 것을 나타내고 있어 관련 문화에 대한 수요가 일정 정도 유지 및 증가하고 있다는 것을 나타낸 것이라고도 볼 수 있다. 물론 여기에는 절대 표본 수의 부족으로 인한 오류가 내재되어 있다는 것을 전제하는 바이지만, 통상 관념적인 공간으로 인식되는 곳에 대한 선호도는 급감하거나 급증하지 않는다는 대체적인 경향도 반영하였다. 앞 장에서 언급한 서울과 경기 등에서 드러나는 바와 같은 전통시설에 대한 인식의 변화가 크지 않다는 것을 고려한 것이다.

이밖에도 전국적인 조사에 의해서도 최근 관광지에 대한 트렌드는 지역적으로 편차가 분명 존재하지만 변화 양상이 문화 수요를 일정 정도 반영한 결과로 나타나고 있는 것도 서원이 문화자원으로서 인식해야 할 주요한 지점이라고 할 수 있겠다.

3. 서원의 자생 생태 구축

사회 전반적인 변화 양상 속에서 서원이 스스로 힘으로 지속가능성을 확보하는 자생 생태를 구축하기 위해서는 교육적 가치와 그 의미의 현재적 계승, 지역사회와의 연계, 재정적 자립 기반의 마련, 그리고 홍보와 네트워킹 강화 등의 요소가 필요하다. 무엇보다 출발은 현대사회에서의 서원이 과연 무엇을 수행할 수 있는지에 대한 명확한 자기 진단이 선행되어야 함은 앞서 언급한 바이다. 이후 서원은 시원(始原)으로부터 정체성 확인을 위한 교육적 가치관 재정립 및 프로그램 다양화가 이뤄져야 한다. 서원의 본질적 기능인 교육과 선현 봉사라는 의미를 현대에 맞게 재해석하고 확장해야 할 것이다. 이를 위해서는 기본적으로 다양한 인문학 교육 프로그램의 개발 및 계발, 전통문화 체험 등 관람객 혹은 입장객들에게 지적 호기심과 문화적 경험이 이뤄지게 만들어야 한다.

두 번째 서원은 지역사회의 구성원으로서 상생하며 함께 발전해야 한다. 앞서 지적한 바와 같이 문화유산으로서의 서원은 무분별한 공적자금을 투여하여 보존 및 전승하기에는 현실적 문제가 존재한다. 재정은 유한하기 때문에 유한한 재정을 공공의 자원 개발이라는 명목으로 승화시킬 수 있다면 그러한 현실적 문제를 차츰 해결할 수 있으리라 생각된다. 특히 서원 보존과 활용 사업에 지역 주민들이 적극적으로 참여하도록 이끌어, 지역 공동체의 자원을 산업화하고 나아가 연대감과 주인의식을 강화할 수 있다. 그러나 서원 독자적으로 문화자원을 고도화하기에는 무리가 존재한다. 따라서 서원의 역사와 문화를 지역 축제, 관광 프로그램 및 연계 문화경관과 함께 활용하여 관광 산업의 활성화를 이끌어 내야 한다.

세 번째, 지속가능한 재정 자립의 기반을 마련하고자 강구해야 한다. 서원뿐만 아니라 많은 문화유산이 정부의 재정 지원에 의존하고 있는데 이런 구조를 탈피해야만 자생이 지속될 수 있다. 체험 프로그램, 숙박과 연계된 일종의 서원스테이, 서원 특화 상품 판매 등 다양한 수익 모델을 개발하여 재정적인 안정성 확보를 통해 지역 상생 발전과 직결되어야 한다. 그리고 서원의 전통 가치를 이해하고 보존을 지지하는 개인이나 기업, 단체로부터 후원을 유치하는 것도 재정 자립을 고무하는 중요한 수단이 될 수 있다.

마지막으로 서원을 널리 알리고, 다양한 주체들과 협력하는 생태계를 구축하는 일이다. 서원 관련 종합 정보 제공 사이트를 통합 운영하고, SNS, 유튜브 등 다양한 온라인 채널을 통해 서원의 매력을 홍보하는 것과 동시에 다른 서원을 비롯하여 유관 기관이라고 할 수 있는 향교, 문화재 기관, 학계와 네트워크를 구축하여 정보를 공유하고 공동 프로그램을 개발해야 한다. 이는 유교문화 연수 및 체험 프로그램의 지역적 확대와 연결망 구축으로 이어질 수 있고 나아가 외국인을 대상으로 하는 한국의 전통문화 홍보와 국제적 인지도를 상승시킬 것이다.

서원의 자생적 생태 구축은 단순한 문화재 보존을 넘어, 전통이 현대와 소통하며 살아 숨 쉬는 공간으로 거듭나기 위해 반드시 필요한 과정이라고 하겠다.

Ⅳ. 결론 - 진정성 있는 서원의 활용 및 방안

진정성 있는 서원의 활용은 서원이 가진 원래의 정신인 '성리학 교육'과 '선현 배향'의 가치를 보존하면서, 현대 사회와 소통할 수 있는 새로운 의미를 부여하는 것을 의미한다. 단순히 관광객을 유치하기 위한 상업적 개발이 아니라, 서원의 본질을 해치지 않고 지역공동체와 연계하여 지속가능한 방향으로 나아가야 하는 것이다.

과거 서원에서 이루어졌던 성리학과 유학에 바탕을 둔 유교 예절 교육을 현대인의 눈높이에 맞게 재구성하거나 인성과 리더십, 철학 탐구 등 현대인에게 필요한 인문학적 가치를 서원의 교육 프로그램으로 접목시키는 것은 좋은 방향이라고 하겠다. 그리고 과거 선비들이 학문을 논하던 것처럼, 서원을 현대 학자들의 학술대회장으로 운영하거나 일반인들이 철학과 인문학에 대해 토론하고 강론하는 토론의 장으로 삼는 것도 서원의 의미의 현재적 계승이라고 할 수 있다.

활용에 있어서의 인적 구성원은 지역사회와 연계한 공동체가 중심이 되어 활용하는 방안을 모색해야 한다. 서원의 보존 관리, 문화유산 해설사 등 지역 주민들이 적극적으로 참여할 수 있는 기회를 확대함으로 서원을 중심으로 지역 향토 문화를 보존하고 전승하는 활동을 지원하고 나아가 공동체의 문화관광자원으로서 서원을 구심점으로 역할을 할 수 있게 하는 것도 바람직한 방향이라 하겠다.

또한 자연 경관과의 조화를 묵과해서는 안된다. 서원은 본래 자연과 조화를 이루도록 지어졌다. 자연 친화적인 공간 활용 프로그램을 운영하여 서원의 고유한 분위기를 살리는 자연 명상, 산책로 개발 등을 통해 친환경적 공간을 활용해야 한다. 그리고 이를 위해 서원의 주변 경관을 훼손하지 않고, 자연 그대로를 보존하여 서원 건축의 미학을 온전히 느낄 수 있도록 경관 관리를 통해 진정성이 확보된다.

그리고 과학 발달에 따른 디지털 기술을 활용한 현대적 콘텐츠 개발을 지속해야 한다. 서원의 역사와 철학을 담은 영상과 음성 콘텐츠, 증강 현실 등을 개발하여 찾는 이들로 하여금 서원의 가치의 의미를 더 깊게 이해하도록 돕는 것이 무엇보다 중요하다.

서원 및 유관기관과의 면밀하게 구축된 네트워크를 충실하게 활용하여 서원 활용 프로그램이나 운용 방안에 있어서의 성공적인 사례를 끊임없이 벤치마킹할 필요가 있다. 이러한 방안들을 통해 서원이 단순한 과거의 유산이 아닌, 현대 사회에 의미 있는 가치를 제공하는 살아 있는 공간으로 자리매김할 수 있을 것이다.

마지막으로 서원 활용 인력 양성과 관련된 직접적 제언을 하며 마치고자 한다. 개별 서원의 실효성 있는 활용 방안은 추후의 연구 과제로 남기기로 한다.

서원 활용 인력 양성은 무엇보다 서원의 진정한 활용의 주축이라고 할 수 있다. 하지만 전문 인력을 배치하는 것에도 한계가 뚜렷하게 존재한다. 현재까지 서원을 효율적으로 운영하기 위한 인력 양성 전문 교육 기관은 전무하다. 서원을 활용할 수 있는 전문적인 지식을 함양한 인력 또한 절대적으로 부족한 것도 사실이다. 그렇다고 해서 각 지자체나 단위 서원에서 유관 업무 관련 전문 학예 인력을 배치하여 서원 활용의 효용성을 높이고자 하는 것도 비현실적이다.

현실적인 측면에서 두 가지 정도의 대안을 제시하면 다음과 같다. 첫 번째, 기존 서원에 실무를 담당하고 있는 원임들의 활용이다.

의학을 비롯한 과학기술의 발달은 인간의 평균 수명을 획기적으로 늘려주었고, 삶의 대한 인식 변화는 늘어난 문화 생활의 수요의 증대로 이어졌다. 반면 사회적으로 수명 증가는 고령화에 따른 실질 경제 인구의 감소, 성장률 둔화 등 사회 전반의 변화를 가시화하며 궁극적으로 문화 환경의 변화를 초래하고 있다.

서원 운영의 절대 다수를 구성하고 있는 노년 계층은 풍부한 경험을 바탕으로 한 활용 가능한 인적 자원이 될 수 있다. 이들은 서원 내외에서 지역사회와 다음 세대에 기여할 수 있는 기회를 자동적으로 부여받을 뿐만 아니라 신체적 활동, 사회적 관계, 지적(知的) 자극을 지원받음으로써 사회교육과 평생교육을 담당하는 전문 인력화하여 해당 인원의 자존감 회복과 사회활동 개선, 지식 및 지혜의 전수자 등 삶의 질을 향상하는 데 도움을 줄 수 있다.

두 번째, 전문가 양성 프로그램 이수 인력의 탄력적 활용이다.

몇 해 전부터 우리나라도 근로시간 단축 제도, 탄력 근무제도 등이 점차 확대되고 있는 추세이고, 이러한 경향은 향후 주당 근무 일수의 축소로 이어질 개연성이 상당하다. 즉 근로자의 삶의 질 향상과 노동 생산성 향상 등 개인의 필요에 의해 일반적인 근로 형태가 점차 세분화되어 가고 있는 것을 적극 활용한다면 충분한 인력 공급이 이뤄질 수 있다.

상근 인력을 배치하여 서원을 상시적으로 활용하는 것은 아직까지 시기상조라 할 수 있다. 그리고 학예 인력과 유사한 전문 공무직을 비정기적으로 파견하여 서원을 실질적으로 활용한다는 것도 비효율적이다. 따라서 탄력적 근무제도를 통해 서원을 시의적절하게 활용하는 방법이다. 여기에 충족되어야 할 것이 반드시 일정 프로그램 이상의 교육을 수료한 자에 한정하는 것이다. 앞서 언급한 바와 같이 전문교육 기관은 없으나 지역의 대학에서 이러한 역할을 대행할 수 있다.[18)]

인력이 충족된다고 해서 서원의 실질적 활용이 지속적으로 쉬운 것은 아니다. 새롭게 재편된 서원의 구성원들은 선현봉사와 고유 기능의 보존 및 전수라는 정통적 기능의 일원일 뿐만 아니라 올바른 전달자이자 서원 지혜의 전수자로서 이전보다 더 엄중한 사명감을 지녀야 함은 당연하다.

18) 반드시 대학 현장에서의 강의를 의미하는 바가 아니다. 지역 대학의 전공 교과목을 수행할 여력이 없을 경우, 인터넷 강좌 등으로 대체할 수 있고 이러한 플랫폼이 대학이 될 수 있다는 의미이다.

참고문헌

고계성·정종범(2013), 「지역주민 선호에 따른 유교문화 관광자원개발에 관한 연구」, 『한국산업경제학회 정기학술발표대회 논문집』, 한국산업경제학회.

김문준(2016), 「대전지역 향교·서원 배향 명현의 선비정신과 유교문화콘텐츠」, 『유학연구』 37.

김보국·김상욱·천정윤(2022), 「동진강 생태역사문화 자원의 현황과 활용」, 『건지인문학』 34.

남상호(2016), 「서원의 인성교육」, 『인문과학연구』 49, 강원대학교 인문과학연구소.

박소연(2006), 「문학 콘텐츠를 활용한 지역마케팅 - 지역문화 거버넌스를 중심으로 -」, 『문화정책논총』 18.

박정민(2020), 「무성서원의 역사적 특징과 활용방안」, 『인문과학연구』 66.

박종천(2011), 「문화유산에서 문화콘텐츠로 - 유교문화원형의 현황과 활용」, 『국학연구』 18.

성정용·양시은(2021), 「중원역사문화권 설정의 의미와 활용 방안」, 『문화유산연구』 54-3.

유동환(2008), 「한국 전통 문화유산 콘텐츠개발 현황과 과제」, 『국학연구』 12.

유은주(2019), 「서원(書院)의 사회자본 생성에 대한 고찰 및 공동체 복원을 위한 활용 가능성 연구 - 영남지역을 중심으로 -」, 『한국학논집』 76.

이광모(2014), 「지역공동체의 사회자본 형성에 관한 유교적 관점」, 『한국사회복지학』 66-2.

이상호(2016), 「영남지역 사례를 통해 본 서원 활용 방안 제언」, 『儒學研究』 37, 충남대학교 유학연구소.

이영자(2016), 「대전지역 서원 유교문화콘텐츠의 현황과 전망 - 崇賢書院과 道山書院을 중심으로 -」, 『儒學研究』 37, 충남대학교 유학연구소.

정균선·김세정(2022), 「대전 도산서원(道山書院)의 전통적 가치와 문화예술 발전 방향에 관한 연구」, 『인문과 예술』 13.

조명근(2023), 「근대 이행기 한국 지역사회 변동과 서원의 변용」, 『민족문화논총』 84, 영남대학교 민족문화연구소.

진성수(2016), 「전북지역 書院의 현대적 활용 방안」, 『원불교사상과 종교문화』 70, 원광대학교 원불교사상연구원.

최도식(2024), 「삼척시의 역사문화예술 자원 활용 방안」, 『강원사학』 42.
황태희·최희수(2014), 「향교, 서원의 현대적 해석을 통한 활용방안 - 유교문화프로그램을 중심으로 -」, 『글로벌문화콘텐츠 추계학술대회 논문집』.

심승구 외(2007), 『문화재활용을 위한 정책기반 연구』, 문화재청.
이해준(2018), 『한국 서원의 전통가치와 현대적 계승』, 한국학중앙연구원.
정정숙(2008), 『종교시설의 문화적 활용방안』, 한국문화관광연구원.
지두환(2009), 『유교문화체험 프로그램 활성화 방안 연구』, 문화체육관광부.
하인리히 리케르트 저, 이상엽 역(2004), 『문화과학과 자연과학』.

관광지식정보시스템(https://know.tour.go.kr/)
국가유산포털(https://www.heritage.go.kr/)
한국민족대백과사전(https://encykorea.aks.ac.kr/Article/E0019790)
한국정보통신기술협회, TTA정보통신용어사전(https://terms.tta.or.kr/main.do)

경산 지역 서원 현황과 활용 방안 제언

이 광 우

Ⅰ. 머리말

서원은 조선 시대 사학(私學)을 대표하는 교육 기관이자, 향촌 자치 기구였다. 비록 서원 제도는 중국에서 유래하였지만, 명(明)·청(淸) 시기를 거치면서 관학화 된 중국 서원과 달리 우리나라 서원은 지역적 특수성을 간직한 채 한국적 전개를 이어 나갔다. 서원은 인성과 지식 교육을 통해 수기치인(修己治人)이 완성된 인재 양성을 운영 목적으로 두고 있지만,[1] 실제로는 조선의 양반 사대부 집단이 정치·사회 활동을 펼치는 거점이자, 성리학적 교화 이데올로기를 부식 및 확산시키는 곳으로 활용되었다. 특히 부계 혈연의 동족 집단이 주도한 제향(祭享) 의례의 지속성과 사회적 영향력은 한국 서원의 중요한 특징이라 할 수 있다. 그렇기 때문에 흥선대원군 집권기 서원훼철령으로 47개소를 제외한 전국의 원(院)·사(祠)가 철폐되었음에도 불구하고, 현재에 이르기까지 많은 서원이 복설·신설될 수 있었다.

그간 역사학계는 한국 중세 사회의 역동성과 다양성을 규명하는 사례로서, 조선 시대 서원의 존재 양상을 다각도로 검토하였다. 2000년대 이후에는 관찬 사료뿐만 아니라, 향촌 사회사 자료의 DB화와 더불어 서원 연구의 양

1) 남상호(2016), 「서원의 인성교육 : 철학치유의 방법을 찾아서」, 『인문과학연구』 49, 강원대학교 인문과학연구소, 380쪽.

적 증가가 눈에 띄게 증가하게 된다. 또한 방대한 자료를 바탕으로 역사·경제·서지·교육·한문·민속학 등 학제 간 연구가 시도되고 있으며,[2] 나아가 서원의 대중화를 위한 문화콘텐츠 개발과 각종 활용 방안을 주목하고 있다.

서원은 근대 이후 전국 곳곳에서 복설 및 신설이 이루어졌으며, 통계에 따라 600~1,000여 개소가 확인된다.[3] 현재 시점에서 서원은 전통사찰과[4] 더불어 우리나라 대표 지역 문화유산으로 인식되고 있다. 이에 따라 지난 2011년에는 대통령직속 국가브랜드위원회 주축으로 서원과 전통사찰의 세계유산 등재와 함께, 해당 유산의 현대적 활용 방안을 마련함으로써, 우리 전통문화에 대한 국민들의 관심 유도와 국가브랜드 가치 제고를 모색하였다.[5] 이러한 정책 추이에 맞추어 개별 연구자들도 서원 문화의 원형콘텐츠 발굴과 활용 방안을 제시하고 있다.[6] 또한 문화유산 관련 정부 기관과 정부출연교

---

2) 이수환(2017), 「2000년 이후 한국 서원 연구의 현황과 과제」, 『민족문화논총』 67, 영남대학교 민족문화연구소, 105~112쪽.

3) 2012년 1월 10일 문화재청은 전국의 서원을 637개라고 밝혔다.(문화재청 보도자료, 「한국의 서원」 세계유산 잠정목록 등재 확정」, 2012.01.10) 지금도 이 수치는 '한국의 서원'을 소개하는 홍보 자료와 보도자료 등에 그대로 활용되고 있다. 한편, 2024년 집계에는 현존 서원으로 1,087개소가 확인되었다. 해당 집계에서는 "웹 지도상 실존하는 곳으로 확인된 곳이 911개 소, 복원되지 않은 미복설(未復設) 서원이 47개소, 주소나 기타 정보가 있으나 웹 지도상 확인이 되지 않는 곳이 129개소로 파악됨"이라고 하였다. 성균관대학교 산학협력단(2024), 『성균관·향교·서원 전통문화발전 종합계획수립 연구』, 26~27쪽.

4) 2024년 9월 현재 문화체육관광부는 총 983개소를 전통사찰로 지정하고 있다. 문화체육관광부(https://www.mcst.go.kr).

5) 국가브랜드위원회(2011), 『서원·전통사찰을 통한 국가브랜드 가치증진연구』, 10쪽.

6) 서원 활용 방안에 관한 여러 연구자의 제언은 개별 서원 연구만큼 활기를 띠고 있다. 예컨대 이해준은 서원의 공공성과 공익성, 서원별 독특한 문화 발굴과 활용, 서원에 깃든 한국 유교문화의 다양성과 집약성, 이를 위한 복원과 정비를 서원 특화를 위한 전제 조건으로 제시하였다. 그런 가운데 이상호는 서원 활용 방안을 관광자원, 교육 공간, 체험 공간으로 나누어 살펴보았으며, 진성수도 비슷한 시각에서 체험프로그램 개발, 서원문화박물관 활용, 서원 브랜드 개발, 후속세대 발굴과 교육 등을 활용 방안의 기준으로 제시하였다. 그리고 방미영은 여기에 덧붙여 통합브랜드 구축, 관광상품 개발, 체험형 콘텐츠 개발, 지역 연계 관광

육·연구기관 및 지방출자출연기관, 지방자치단체 등이 다양한 활용 방안을 구상하거나 시행 중이다. 여기에 문화재청[현 국가유산청]은 2018년 훈령 제452호로 「서원의 보존과 관리에 관한 일반지침」[2024년 훈령 제751호로 일부 개정]을 제정하여, '서원 활용의 기본원칙'과 '서원활용의 방향 및 계획수립' 방향을 조문화하였다.[7] 이러한 노력을 바탕으로 체험·교육·공연·전시 등의 콘텐츠 활용이 이루어지며, 대중에게 새로운 공간으로 다가 선 서원도 적지 않다.

예컨대 문화재청은 문화재 보존관리 및 활용 5개년[2012~2016] 기본계획을 통해 서원 관련 무형유산에 대한 체계적 관리와 기록을 구상하였고,[8] 그 일환으로 2014년부터 '살아 숨 쉬는 향교·서원문화재 만들기 사업'을 실시하면서 서원의 관광자원화를 다각도로 모색하고 있다.[9] 그 결과 2022년 문화재청은 지난 5년간의 대표성과 중 하나로 '향교·서원문화재 활용사업'을 제시하며, 이를 통해 국민의 문화향유권이 증대된 것으로 자평하였다.[10] 해당 사업은 현재의 국가유산청도 적극 추진하고 있으며, 서원으로 대표되는 우리나라 지역문화유산의 세계적 브랜드화 대상으로 모색되고 있다.[11]

프로그램 확대, 청년을 통한 홍보 및 마케팅, 후속세대 연구자 배양을 위한 서원 교지 제작 등을 서원의 기본 활용 방안으로 제시하였는데, 그 활용 방안은 큰 틀에서 대동소이하다. 이해준(2013), 「서원문화 원형콘텐츠발굴과 특화방안」, 제25회 향토문화연구 심포지엄 『전남지방 서원문화유산의 계승과 활용』, 전남문화원연합회 ; 이상호(2016), 「영남지역 사례를 통해 본 서원 활용 방안 제언」, 『유학연구』 37, 충남대학교 유학연구소 ; 진성수(2016), 「전북지역 서원의 현대적 활용 방안」, 『원불교사상과 종교문화』 70, 원광대학교 원불교사상연구원 ; 방미영(2023), 「서원과 문화콘텐츠 : 한국서원의 현대적 활용방안」, 『아시아태평양융합연구교류논문지』 65, 사단법인 한국융합기술연구학회.

7) 국가법령정보센터(https://www.law.go.kr).

8) 문화재청(2012), 『문화재 보존관리활용 5개년 기본계획 2012~2016』, 199쪽.

9) 박동석(2017), 「문화재 활용 사업 모니터링 및 평가 - 2016년 살아 숨 쉬는 향교·서원 만들기 사업을 중심으로 -」, 『한국전통조경학회지』 35-3, 한국전통조경학회, 2017.

10) 문화재청(2022), 『문화재 보존·관리·활용 기본계획(2022~2026)』, 4쪽.

11) 문화재청(2022), 앞의 책, 39~40쪽.

이처럼 여러 기관의 자본과 연구자 및 실무자의 아이디어를 바탕으로 그간 서원 활용과 관련된 가시적 성과를 거두었다. 그러나 한편에서는 서원 활용이 특정 지역과 유형에 치우쳐 있다는 지적도 있다. 서원은 지역문화유산의 상당수를 차지하고 있지만, 대부분 지역의 서원 활용은 요원한 편이다. 본 논문에서 다루고자 하는 경상북도 경산 지역도 크게 다르지 않다.

흔히 서원을 조선 시대 사대부 문화의 요람이라고 평가하지만, 지역마다 그 편차는 크다. 사대부 문화가 꽃피운 지역은 건축학적으로 가치가 높은 미훼철 서원이 존재하기도 하며, 저명한 유학자와 연고가 깊어 풍부한 스토리텔링과 서원과 연계하기 좋은 문화유산을 다수 간직하고 있다. 그러나 이런 조건을 갖춘 지역은 생각보다 많지 않다. 실상은 조선 후기 이후 양반 지향의 사회적 분위기와 성리학적 종법 질서의 정착에 따라 부계 혈연 조직이 강화되는 시대적 흐름에 편승하여 건립된 서원이 다수를 차지한다.

근대 이후 풍부해진 개별 문중의 자본과 건축 기술의 발달로 많은 서원이 복설되었고, 새롭게 신설되는 곳도 많다. 그러나 이러한 서원 대부분은 활용에 필요한 원형자원이 빈약한 편이다. 지역 유림의 염원이 담긴 건축물이기에 지자체에서 운영을 위한 자금을 일부 지원하고 있지만, 향사(享祀) 때를 제외하고는 방치되거나 출입문이 굳게 잠겨 있다. 자체 운영이 가능한 전통사찰과 달리, 상당수의 서원은 국가브랜드화를 내세운 정부의 구호가 무색할 정도로 보존 상태마저 열악한 것이 현실이다.

경산에도 현재 16개소 가량의 서원이 남아 있지만, 인근 지역과 비교했을 때 눈에 띄는 활용 사업은 없다고 할 수 있다. 지역 내 다른 문화유산과 비교해서도, 주민들의 관심도 그리 높지 않다. 이런 현상은 비단 경산에만 국한되지 않는다. 따라서 경산처럼 양반 사대부 및 유교문화가 상대적으로 두드러지지 않는 지역의 서원도, 균형 있는 활성화 방안 모색과 고령화 시대 지역 전통문화유산의 보존이라는 측면에서 주목할 필요가 있다. 이러한 점을 감안하여 본 논문에서는 현재 경산 지역에 남아 있는 서원 현황을 살펴보고, 활용을 위한 몇 가지 기본 방안을 제언해 보고자 한다.

Ⅱ. 경산 지역 서원의 건립 추이와 현황

1. 서원 철폐 이전 경산의 서원·사우

지금의 경산은 대구·경주·청도·영천과 인접한 내륙 분지 지형에 위치한다. 북쪽으로는 팔공산의 연장부, 남쪽으로는 태백산맥 지맥이 지금의 경산시를 둘러싸고 있다. 중앙으로는 금호강이 관통하는데, 경산 도심을 가로지르는 남천을 비롯해 오목천·청통천 등이 금호강으로 합류한다. 금호강의 지류 주변에는 크고 작은 충적평야가 형성되어, 선사 시대 이래 옛 경산 사람들에게 삶의 터전을 제공해 왔다.

금호강과 여러 지류에 형성된 충적평야를 배경으로 경산에는 일찍이 농경문화가 발달하였다. 이에 고대에는 압독국(押督國)이 자리 잡았고, 신라는 경산 지역을 삼국 통일의 전진 기지로 삼았다. 그 결과 김유신(金庾信)·김인문(金仁問) 등의 고대 명현이 경산에 영향을 끼쳤고, 원효(元曉)와 같은 고승이 경산에서 배출될 수 있었다. 또한 팔공산 자락에는 크고 작은 사찰이 건립되어 불교문화가 꽃피우기도 했다.

고려 시대 경산은 경산(慶山)·하양(河陽)·자인(慈仁) 3개 고을로 구성되었으며, 조선 시대에는 3개 고을 모두 현(縣)의 읍격(邑格)을 유지하다가 1914년 경산으로 통합되었다. 그러나 중세 이후 경산은 인근 대구·경주·청도·영천에 비해 문화적으로 크게 주목받지 못하였다. 중세 유교문화를 이끌어 간 양반 사대부 계층의 활동이 두드러지지 않았기 때문일 것이다. 그 때문인지 조선 후기 경산에 대한 인식은 순박함과 검소함을 숭상한다거나, 척박하지만 근검한 점이 부각되어 있다.[12] 따라서 인근 고을 보다 비교적 늦은 시기에 유교문화 유적이 조성되었다.

이와 관련해 흥선대원군의 서원훼철령 이전 경산 지역에 건립된 서원·사우를 살펴보면 〈표 1〉처럼 대략 14개소가 확인된다.

12) 『輿地圖書』 下, 慶尙道, 慶山·河陽·慈仁, 風俗.

〈표 1〉 서원훼철령 이전 경산의 서원·사우[13)]

지역	서원명	건립 연도[14)]	제향인
경산	고산서원(孤山書院)	1694년(숙종 20)	이황(李滉) 정경세(鄭經世)
	옥천서원(玉川書院)	1854년(철종 5)	서사선(徐思選)
	상덕사(尙德祠)	1613년(광해군 5)	이원구(李元龜)
	동산사(東山祠)	1814년(순조 14)	정연(鄭珚)
	송호사(松湖祠)	1815년(순조 15)	여대익(呂大翊)
하양	금호서원(琴湖書院)	1684년(숙종 10) 1790년(정조 14) 사액	허조(許稠)
	남호서원(南湖書院)	1855년(철종 6)	김시성(金是聲)
	동호사(東湖祠)	1820년(순조 20)	황경림(黃慶霖)
	임호사(臨湖祠)	1823년(순조 23)	이간(李榦)
	효양사(孝養祠)	1852년(철종 3)	배응남(裵應南)
자인	관란서원(觀瀾書院)	1659년(효종 10)	이언적(李彦迪)
	용계서원(龍溪書院)	1786년(정조 10)	최문병(崔文炳)
	상덕사(尙德祠)	1700년(숙종 26)	이광후(李光後) 이창후(李昌後) 김응명(金應鳴)
	조곡사(早谷祠)	1794년(정조 18)	안우(安祐) 안지(安止)

흥선대원군의 서원훼철령 이전 경산·하양·자인 3개 고을에는 각각 2개소의 서원이 있었으며, 사우는 2~3개소가 운영되었다. 3개 고을 모두 소읍이었고, 양반 사대부 가문의 형성 시기도 늦은 편이다. 조선 후기 성리학적 종법 질서의 정착에 따라 동성촌을 중심으로 서원·사우가 건립 및 운영된 점을 고려한다면, 영남의 다른 고을과 비교해 운영된 서원·사우가 적게 확인된다.

---

13) 경산문화원(2018), 『경산의 유교 유적』; 한국서원학회(2018), 「경산지역의 서원 현황과 성격」, 『한국서원학보』 7, 104~105쪽; 채광수, 「경산지역 원사와 금호서원의 지역적 위상」, 『서원의 시간을 걷다』, 176~180쪽; 임근실(2023), 「서원훼철령 이후 경북지역 서원의 현황」, 『민족문화논총』 85, 영남대학교 민족문화연구소, 164~165쪽.

14) 서당·사우의 전신이 사우일 경우 승원(陞院) 시기, 서당·서재일 경우 승사(陞祠) 시기를 건립 연대로 기재하였다.

또한 건립 시기도 모두 17세기 이후이며, 그나마 경산 옥천서원과 하양 남호서원은 승원한지 얼마 되지 않아 서원훼철령으로 철폐되었다. 조선 후기 성리학적 종법 질서의 정착에 따라 18세기 이후에는 대부분 가묘적(家廟的) 성격의 서원·사우가 건립되는데,[15] 옛 경산의 서원·사우의 건립 추이도 이러한 경향이 잘 드러난다.

옛 경산의 서원 중 사림의 공론에 의하여 도학자(道學者)를 제향한 서원은 17세기 중반 건립된 고산서원과 관란서원 정도이다. 고산서원은 명종 대 경산현령 윤희렴(尹希廉)이 건립한 서재에서 출발한다. 당시 '고산(孤山)'이란 재호(齋號)는 이황(李滉)에게 받았다. 이 서재는 임진왜란 때 소실되었다가, 대구부사 정경세(鄭經世)의 지원으로 1605년(선조 38) 복원하였다. 이후 경산 사림이 고산서재를 이황과 정경세를 제향하는 서원으로 승격시켰다. 관란서원은 이언적을 제향한 서원인데, 당초 경주 사림 이승증(李承曾)의 제향처로 구상되었다. 자인은 이승증이 만년에 별업을 형성한 곳으로 당시 자인은 경주의 속현(屬縣)이었다. 그러나 1637년(인조 15) 자인이 복현(復縣)되어 경주에서 이탈함에 따라, 이승증 대신 이언적을 제향하는 서원으로 건립되었다.

위의 고산서원·관란서원과 경산현령 이원구의 생사당(生祠堂)인[16] 상덕사를 제외하고는 모두 제향인의 후손이 주도한 문중 서원·사우이다. 옥천서원의 경우 경산의 달성서씨 일족이 경산 입향조인 서사선을 기리는 서원이며, 동산사도 고려 후기 경산에 정착한 정연을 기리기 위해 초계정씨 후손들이 건립한 것이다. 그 외 금호서원은 하양허씨, 남호서원은 청도김씨, 동호사는 장수황씨, 임호사는 영천이씨, 효양사는 분성배씨, 용계서원은 영천최씨, 상덕사는 경주김씨, 조곡사는 탐진안씨 등 제향인의 후손이 건립과 운영을 주도하였다.

따라서 제향인의 성격은 도학자로 분류되는 이언적·이황·정경세를 제외

15) 이해준(2008), 『조선후기 문중서원 연구』, 경인문화사, 66~69쪽.
16) 『從仕郎遺稿』, 「慶山縣生祠堂記」.

하면, 모두 향현(鄕賢) 또는 경산 지역 세거 가문의 현조(顯祖)에 해당한다. 그 중에서 금호서원에 제향된 허조는 조선 초 명재상으로 알려져 있다. 특히 금호서원은 경산 지역 유일한 사액서원으로서 위상이 높았다. 용계서원 제향인 최문병과 동호사 제향인 황경림은 임진왜란 당시 각각 자인과 하양의 의병장으로 활약한 인사이다. 금호서원과 용계서원은 정조 연간 충절·절의 또는 명신을 우대하는 정책 기조에 편승하여[17] 승원 및 사액된 서원으로 이해된다. 자인 상덕사는 1637년 자인이 경주로부터 복현 할 때 활약한 향현을 제향하고 있다.

2. 서원 철폐 이후 복설된 경산의 서원

흥선대원군 집권 후 단행된 서원훼철령에 따라 옛 경산의 서원·사우는 모두 철폐되었다. 1868년(고종 5)의 훼철령 때 경산의 미사액 서원·사우가 철폐되었고, 1871년에는 전국 47개소를 제외한 사액 서원·사우에 대한 훼철령이 내려져, 경산에서 유일하게 남은 금호서원마저 철폐를 피하지 못하였다. 흥선대원군의 서원훼철령은 사림들의 즉각적인 반발을 불러 일으켰다. 영남에서는 서원 철폐를 반대하는 사림들의 만인소(萬人疏)가 추진되기도 했다.

서원 철폐는 '철원매주(撤院埋主)'의 형태로 이루어졌다. 묘우(廟宇)는 철거되었고, 그 안에 봉안된 위패는 땅에 묻혔다. 제향처를 잃어버린 사림은 위패를 매안(埋安)한 곳에다 단소(壇所)를 쌓고 의식을 거행하거나, 유허비(遺墟碑)를 건립하였다. 그런 가운데 1873년 흥선대원군이 실각하자, 서원 복설을 위한 여러 노력이 전개되었다. 우선적으로 사림 세력은 정부에 서원 복설령(復設令)을 청원하였다. 또한 여력이 닿는 대로 철폐된 건물을 복원하며, 자신들이 운영하던 서원의 옛 모습을 단계적으로 갖추어 나갔다.

17) 김순한(2019), 「18세기 후반 상주 옥동서원 청액활동과 사액의 의미」, 『민족문화논총』 72, 영남대학교 민족문화연구소, 99~101쪽.

근대 이후 신식 교육 실시와 신분제 폐지는 서원 운영에 큰 변화를 가져왔다. 신식 교육 실시로 서원은 오로지 제향 기능만 수행하였고, 신분제 폐지로 더 이상 서원은 신분 질서를 유지하는 수단으로 활용되지 않았다. 그럼에도 불구하고 양반 사대부 문화를 지향하는 풍토 속에 서원의 복설·신설이 이어졌다. 이제 서원 건립에 있어서 사림 공론은 무의미한 명분이 되었다. 각 지역에 세거하는 양반 사대부 가문의 의지에 따라, 서원의 복설·신설 및 추향(追享)이 이루어졌다. 그 결과 현재에 이르기까지 많은 서원이 복설·신설되었으며, 흥선대원군의 서원 철폐 이전보다 훨씬 많은 서원이 건립된 지역도 있다.

지금의 경상북도 지역은 전통 시대 양반 문화가 꽃피운 곳이다. 각 지역마다 양반 사대부 가문의 세거지가 적지 않게 형성되어 있으며, 그 만큼 20세기 이후 서원 복설·신설이 어느 지역보다 활발하게 이루어졌다. 흥선대원군의 서원훼철령 이후 복설·신설된 경상북도 내 서원은 대략 280개소로 파악되는데,[18] 이 중 신설 서원도 적지 않다. 경산의 경우 특이하게도 전통 시대 서원보다 신설 서원이 많은 지역 중 하나이다.

사우를 제외하고 현재 남아 있는 경산 지역의 복설·신설 서원을 정리하면 〈표 2〉와 같다.

1914년 경산·하양·자인 세 고을이 현재의 경산으로 통합하였다. 그러나 1981년 경상북도 대구시가 대구직할시로 분리되면서, 경산의 안심읍과 고산면이 대구로 이속되었다. 이 때문에 현재 고산서당[고산서원]과 동호서당[동호사]·효양사는 대구광역시에 소재한다. 반면, 구계서원은 원래 안동 와룡면[구 월곡면]에 건립되었지만, 안동댐 건설로 원 소재지가 수몰된 관계로 경산 갑제동의 영남대학교 민속촌으로 이건되었다가 서원으로 복설하였다. 20세기 이후 행정 구역 개편과 원 소재지 수몰로 인한 이건, 복설·신설의 과정을 거쳐 〈표 2〉와 같이 경산에는 현재 16개소의 서원이 남아 있다.

18) 임근실(2013), 앞의 논문, 195~196쪽.

〈표 2〉 경산의 서원 현황[19)]

	서원명	제향인	위치	건립 및 복설 이력
1	관란서원	이언적	용성면 미산리	1659년 건립 1901년 관란서당 건립 2004년 승원
2	구계서원(龜溪書院)	우탁(禹倬)	갑제동 [구 안동시 와룡면]	1696년 도동서원 건립 1713년 구계서원 개칭 1896년 독역재 건립 1974년 현 위치 이건 2000년 복원
3	금락리 금호서원	허조	하양읍 금락리	1684년 건립 1790년 사액 1922년 복원
4	부호리 금호서원	허조 허후(許詡) 허조(許慥)	하양읍 부호리	1684년 건립 1790년 사액 1913년 복원 2003년 문화유산자료 지정
5	남천서원(南川書院)	김응명	용성면 덕천리	1700년 상덕사 건립 2002년 남천서당 건립 2008년 승원
6	남호서당(南湖書堂)	김시성	하양읍 남하리	1786년 남호사 건립 1855년 승원 1928년 남호서당 건립
7	도동서원(道東書院)	설총(薛聰)	남산면 하대리	1923년 도동재 건립 2007년 승원
8	도천서원(道天書院)	이알평(李謁平) 이천(李蒨) 이제현(李齊賢) 이지회(李之會) 이항복(李恒福)	진량읍 당곡리	1946년 건립

19) 경산의 서원 수는 조사 자료에 따라 다소 차이가 있다. '임근실(2013), 앞의 논문, 164~165쪽'은 12개소, '성균관대학교 산학협력단(2024), 앞의 책, 27쪽'은 17개소로 나타난다. 다만, 후자의 구체적인 목록은 확인되지 않는다. 여기서는 16개소를 추출하였는데, 서원인 상황에서 철폐되었지만, 서당으로 복설한 후 승원하지 않은 남호서당을 포함하였다. 그리고 동산사는 동산서당으로 복설되었는데, 서원으로 승원한 이력이 없어 제외하였다.

	서원명	제향인	위치	건립 및 복설 이력
9	백곡서원 (栢谷書院)	허응길(許應吉)	하양읍 대곡리	1937년 희성당 중수 1975년 승원
10	옥천서원	서사선	중방동	1854년 건립 1948년 복설
11	용계서원	최문병	자인면 원당리	1786년 건립 1979년 복원
12	용산서원 (龍山書院)	최팔개(崔八凱) 최팔원(崔八元)	용성면 곡란리	1635년 영모재 건립 1903년 용산서당 개칭 1987년 승원
13	원계서원 (遠溪書院)	송응현(宋應賢) 송걸(宋傑)	와촌면 계전리	1927년 건립
14	율산서원 (栗山書院)	박언침(朴彦忱) 박현(朴鉉) 박눌생(朴訥生) 박경신(朴景愼) 박운달(朴雲達 박재호(朴在鎬)	진량읍 시문리	1977년 건립
15	임호서원 (臨湖書院)	이간 이안방(李安邦)	하양읍 은호리	1823년 임호사 건립 1978년 승원
16	조곡서원 (早谷書院)	안우 안지	남산면 조곡리	1794년 조곡사 건립 1900년 충현사 건립 1950년 승원 2023년 향토문화유산 지정

경산도 20세기 이후 서원 복설·신설이 활발하게 이루어졌다. 가장 먼저 복설된 서원은 사액서원인 금호서원이다. 다만 금호서원은 경산 지역 하양 허씨 후손 간 갈등으로[20] 1913년 부호리, 1922년 금락리에 각각 같은 이름으로 복설되었다. 흥선대원군 이전에도 서원이었던 관란서원·옥천서원·용계서원도 후손 또는 지자체의 지원을 받아 지금의 모습을 갖추었으며, 남호서원은 서당으로 복설한 후 지금까지 승원하지 않았다. 남천서원은 자인의 상

20) 〈1923년 금호서당(琴湖書堂) 도회중(道會中) 통문(通文)〉, 한국학자료센터 영남권역센터(https://yn.ugyo.net).

덕사가 서당을 거쳐 승원한 것이며, 임호서원과 조곡서원도 사우에서 승원하였다.

도동서원·백곡서원·용산서원은 기존의 재사(齋舍)를 승원한 것이다. 그 중 도동서원은 2007년 경산시의 지원을 받아 도동재에서 승원하였다. 도동재는 원래 지역에서 경산 출신으로 구전되고 있는 설총을 기리는 재사로 건립되었다. 경산시는 지역 출신인 원효·설총·일연의 얼과 정신을 계승하여 지역 정체성을 확립한다는 취지에서 1996년 이래 삼성현 공원 조성 계획을 추진하였는데,[21] 이 사업의 일환으로 도동서원 승원이 성사되었다. 도천서원은 경주이씨, 원계서원은 은진송씨, 율산서원은 밀양박씨 후손들이 시조 및 현조를 제향하기 위해 신설하였다. 특이하게도 율산서원은 1932년 성심도(聖心道)를 창립한 박재호(朴在鎬)의 두 아들이 부친과 가문의 시조·현조·입향조를 제향하기 위해 1977년 건립한 서원으로[22] 제향인의 성격에서 특색이 나타난다.

경산 지역은 서원 철폐 이후 종전보다 많은 서원이 복설되었다. 수몰 지구에서의 이건, 중첩 건립, 미승원 서당을 제외하더라도 절반이 넘는 9개소의 서원이 20세기 이후 승원 및 신설한 것이다. 서원훼철령 이후 복설 및 신설의 비율을 고려할 때, 경산 지역의 신설 비율은 상당히 높은 편이라 할 수 있다.[23] 조선 시대 서원은 관의 허가와 사림의 공론에 의해 건립될 수 있었다. 그러나 경산은 양반 사대부 및 유교문화가 두드러지지 않아 서원·사우 같은 제향 시설이 많지 않다. 근대 이후 이러한 제약이 없어지고 양반 사대부 문화를 지향하는 풍토가 급격하게 확산되는 분위기 속에 경산처럼 승원·신설이 적극적으로 이루어진 지역도 나타나게 된 것이다.

이처럼 경산에는 전통 시대 유교문화의 번창과 별개로 현재 많은 서원이

21) 「경산 삼성현 역사문화공원 체험프로그램 개발 급하다」(『매일신문』, 2007.11.16).
22) 조춘호(2007), 「율산서원 창건과 향사 인물」, 『율산서원』, 대구한의대학교 경산문화연구소, 37~39쪽.
23) 주) 18과 동일.

운영되고 있다. 서원마다 편차는 있지만, 제향 기능 수행과 건물 보수 및 관리 명목으로 지자체의 지원이 이루어진다. 한편으로 경산의 서원은 문화유산이자 관광 자원으로 활용되고 있는데, 경산 지역 서원의 기본적인 운영 현황을 살펴보면 〈표 3〉과 같다.

〈표 3〉 현재 경산 지역 운영 현황[24)]

서원명	향사일	안내판	개방	서원명	향사일	안내판	개방
관란서원	음9.9	○	○	백곡서원	음4. 초정	○	○
구계서원	10월말~11월초	○	○	옥천서원	음7.17	×	×
금락리 금호서원	음3. 상정	○	×	용계서원	음3.15	○	×
부호리 금호서원	음2. 중정	○	○	용산서원	음3. 중정	×	×
남천서원	양3.3주 일요일	○	×	원계서원	음2. 하정	×	×
남호서당	3.3	×	×	율산서원	5.15 / 10.3	×	×
도동서원	음3. 상정	○	×	임호서원	음3.15	×	×
도천서원	음3. 상정	×	×	조곡서원	음2. 중정	○	×

경산 지역에 많은 서원이 있지만, 활용 측면에서는 〈표 3〉과 같이 아쉬운 점이 적지 않다. 후손들의 숭조(崇祖) 의식과 지자체의 지원 속에 향사는 거행하고 있지만, 일반 대중의 접근은 어려운 편이다. 고령화와 이농 현상 속에 기본적인 관리만 이루어지고 있다. 서원 주변으로 편의시설은커녕 접근을 위한 정비가 우선되어야 할 곳이 많다. 상시 개방되는 서원도 적으며, 안내판이 설치되지 않은 곳도 있어 대중이 서원의 존재를 인지하기가 쉽지 않은 편이다.

서원은 지역 정체성을 상징하는 문화유산으로 평가된다. 비록 상당수의

24) 향사일은 '경산문화원(2018), 앞의 책'과 '디지털경산문화대전(https://gyeongsan.grandculture.net/gyeongsan)을 참고한 것이다. 안내판 설치 및 상시 개방 유무는 2025년 6~7월 간 답사를 통해 확인하였다.

서원이 20세기 이후 복설되었지만, 서원에 담겨진 유·무형의 유산은 꾸준히 계승될 필요가 있다. 이러한 서원 문화의 전승은 진정성 있는 관리와 현대적 활용 속에서 검토되어야 할 것이다.

Ⅲ. 경산 지역 서원 활용을 위한 제언

전통적인 서원의 기능은 크게 교육과 교화 기능으로 대별된다. 그 외에도 양반 사대부 계층의 향촌자치 기구이자 유식(遊息) 공간으로 활용되었다. 그러나 근대 이후 서원의 기능은 크게 축소되고, 현대에는 제향인 후손 주도의 제향 기능만 남아 있다. 관광지로 유명한 몇몇 서원을 제외하곤 1년에 1~2회 거행하는 향사에 맞추어져 최소한의 관리만 이루어지고 있는 형편이다. 따라서 대부분의 서원은 평소 개방을 하지 않거나, 퇴락한 상태로 방치된 경우가 많다. 결국, 대중이 찾을 수 있는 방안을 수립해야 서원의 유·무형 유산이 전승될 수 있는 것이다. 그런 가운데 2010년대 이후 서원 문화에 대한 체계적 전승과 활용 방안이 정부와 지자체를 중심으로 구상되고 있는데, 그것은 옛 서원의 기능을 재현하거나 체험·교육·공연·전시 등의 콘텐츠 활용으로 이어지고 있다.

현재 경산의 16개 서원 중 영남대학교 박물관의 구계서원 활용을 제외하면, 지자체나 교육 기관을 통해 직접적으로 활용되고 있는 서원은 없다고 해도 무방하다. 부호리 금호서원이 도지정 문화유산, 조곡서원이 향토문화유산으로 지정되어 있으며, 승원 및 복설 서원 가운데서는 용계서원[25]과 도동서원이 정부 및 지자체의 지원을 받아 크게 일신되었지만, 이들 서원도 현대적 활용은 뚜렷하게 이루어지지 않고 있다. 이에 경산의 서원도 지역적 특색을 고려한 다양한 활용 방안이 모색되어야 할 것이다.

---

25) 경산군(1980), 「충현사복원계획안」.

1. 서원 원형 자원의 활용과 연계 콘텐츠 확보

국가유산청의 「서원의 보존과 관리에 관한 일반지침」에는 원형 보존을 서원 활용의 대원칙으로 규정하고 있다. 그러면서도 “서원의 역사 문화적 가치를 고려하여 지역 주민 등을 위한 적절한 활용방안을 강구”할 것과 “서원의 유형·무형의 문화자원 및 주변 역사문화환경”의 보존을 보존·관리 및 활용의 기본방향으로 적시하였다.[26] 이는 서원 활용에 있어서 원형 복원 및 주변의 역사문화환경과 접목한 연계 콘텐츠 확보의 필요성을 강조한 것이다.

경산 지역 서원은 모두 20세기 이후 복설·신설·승원하였다. 따라서 서원 건물의 건축적 가치는 그리 크지 않다. 또한 제향인의 강학 및 소요처가 아니라, 대부분 문중서원으로서 후손들의 세거지 또는 그 인근에 건립된 관계로 서원 경관도 눈에 띄지 않는다. 따라서 서원의 외형적 요소보다는 역사성과 주변에 산재한 문화유산과 연계하여 콘텐츠를 개발할 필요가 있다.

〈표 4〉 제향 인물의 역사성과 주변 역사문화환경[27]

서원명	제향 인물의 역사성	주변 역사문화환경
관란서원	경주 출신 문묘종사자	용산산성 맹구대·관란대 등 이승증(李承曾) 유적
구계서원	단양·안동 출신 고려 말 문신·학자	영남대학교 민속촌
금락리 금호서원	조선 초 명재상, 단종 충신	하양꿈바우시장, 하양성당
부호리 금호서원	조선 초 명재상	허조부자정충각
남천서원	자인현 복현 운동	경주김씨 세거지, 도산재
남호서당	조선 후기 무관 소현세자·봉림대군 시종	청도김씨 세거지, 통제사김공신도비각 청탄정, 삼괴정, 초례봉

26) 국가법령정보센터(https://www.law.go.kr).
27) 주변 역사문화환경은 ‘디지털경산문화대전(https://gyeongsan.grandculture.net/gyeongsan)’ 참조

서원명	제향 인물의 역사성	주변 역사문화환경
도동서원	신라 유학자, 관련 구전	삼성현역사문화공원
도천서원	경주이씨 시조 및 현조	경주이씨 세거지
백곡서원	임진왜란 의병[하양]	하양허씨 세거지, 환성산
옥천서원	달성서씨 입향조 이괄의 난 의병	경산공설시장, 구 도심 지역 달성서씨 세거지, 서사선 불천위제사
용계서원	임진왜란 의병[자인]	영천최씨 세거지, 인지재 한당, 자인 읍치 유적, 반곡지
용산서원	임진왜란 활동[동래성 전투]	영천최씨 세거지, 난포고택
원계서원	임진왜란 의병[청도]	은진송씨 세거지
율산서원	밀양박씨 시조 및 현조 성심도 창립자	밀양박씨 세거지
임호서원	임진왜란·정묘호란 의병[영천] 영천이씨 파조	영천이씨 세거지, 임호사 유허비각
조곡서원	고려 후기 및 조선 초 관료 탐진안씨 현조	탐진안씨 세거지 반곡지

경산 지역 서원은 상대적으로 연혁이 그리 길지 않으며, 지역 사림의 공론장으로도 적극 활용되지 않았다. 그런 관계로 서원 자체 보다는 제향 인물의 역사성에 초점이 맞추어져야 한다.

경산 지역 서원 제향인 중 가장 주목되는 키워드는 '충절'일 것이다. 금호서원은 조선 초 명재상 허조(許稠)와 단종 충신인 허후(許詡)·허조(許慥)와 관련되어 있다. 백곡서원·용계서원·용산서원·원계서원·임호서원은 임진왜란 때 외적에 맞서 싸운 인사를 제향한 곳이다. 도동서원은 경산시가 내세우는 '삼성현' 중 한 명이며, 김응명은 자인현 복현을 주도한 인물로서 경산 지역의 역사를 살펴보는 데 중요한 인물이다. 이상의 서원은 지역의 역사 정체성과 연계지어 활용할 필요가 있다.

주변의 역사문화환경과 관련해서는 옛 읍치 또는 그 인근에 위치한 옥천서원·금호서원·용계서원이 주목된다. 옥천서원은 경산 시내, 금호서원은 하양 읍내와 각각 연계할 수 있다. 용계서원이 소재한 원당리는 한때 옛 자인의 읍치가 있던 곳이며,[28] 경산자인단오제와 관련된 한당(韓堂) 유적이 위치한 곳이다. 도동서원은 삼성현역사문화공원과 연계할 수 있으며, 나머지 서원은 제향인의 후손이 세거하고 있는 마을 공동체의 유산과 연계가 가능하다.

관란서원의 입지는 경산 지역 서원 중 유일하게 자연 경관이 고려되었다. 만년에 이곳에 은거한 경주 출신의 유학자 이승증은 관란서원 주변으로 맹구대(盟鷗臺)와 관란대 등을 조성하였다. 용산(龍山)과 오목천이 조화를 이룬 옛 경관은 충분히 볼만했던 것으로 추정되나, 현재는 많은 정비가 필요하다. 조곡서원 인근에는 2012년 문화체육관광부 선정 '사진 찍기 좋은 녹색명소' 중 하나인 반곡지가 있다.[29] 반곡지는 도동서원에서도 멀지 않으며, 용계서원에서도 조망된다.

이처럼 경산의 서원 원형 자료는 제향인의 역사성을 중심으로 살펴 볼 수 있다. 또한 주변 역사문화환경 및 서원이 소재한 마을의 공동체 유산과 연계가 가능하다. 몇몇 서원은 자연 경관이 부각된다. 이러한 점을 효율적으로 활용하기 위해서는 관련 자료가 체계적으로 정리 및 확보되어야 한다. 우선적으로 학술연구를 통해 각 서원의 역사 원형을 면밀하게 규명하고, 서원이 소재한 마을의 역사문화환경과 경관을 재구성할 필요가 있다.

2. 교육 기관과 연계

경산에는 2025년 현재 13개의 대학이 소재한다. 대구광역시와 인접한 데다 교통이 편리하여, 대구의 사립대학교가 많이 이전해 왔기 때문이다. 더불어 경산은 대구의 위성도시로서 경상북도에서 세 번째로 많은 인구가 거주한다. 이러한 점을 근거로 경산시는 '대학도시', '교육도시', '평생학습도시', '학원도시' 등 '교육'과 관련된 슬로건 및 이미지를 적극 내세우고 있다. 나아가 지난 2024년에는 교육부가 주관하는 '교육발전특구 시범지역'으로 지정

28) 경산문화원(2023), 『경산의 생활사와 기억』 III, 104~105쪽.
29) 문화체육관광부(https://www.mcst.go.kr).

되기도 했다.[30] 전국 기초자치단체 중 가장 많은 수의 대학이 소재하며, 대구의 위성도시로서 상대적으로 청장년층 인구가 많다는 지역적 특성을 서원 활용에 적절히 활용해야 한다.

관례	전통 혼례

〈그림 1〉 구계서원의 전통문화 체험 행사[31]

현재 경산에서 교육 기관과 연계한 서원 활용 사례는 영남대학교 민속촌으로 이건된 구계서원이 유일하다. 구계서원은 경산 내 서원 중 접근성이 가장 좋을뿐더러, 상시로 개방되어 많은 대중이 찾는 곳이다. 이에 영남대학교 박물관이 민속촌을 관리하며, 학생들을 대상으로 계례·관례·혼례 등의 전통 의례를 구계서원에서 거행하고 있다. 또한 추향제(秋享祭) 때 단양우씨종친회 인사들뿐만 아니라 학생들을 참여시키는 등 다양한 전통문화 체험 행사장으로 구계서원을 활용하는 중이다.

서원이 전통 시대 지방 사학을 대표한 기관인 만큼, 영남대학교와 구계서원의 사례처럼 현대 교육 기관과의 연계가 필요하다. 관광 명소로 널리 알려진 서원의 경우 다양한 연령 집단과 연계한 활용 프로그램이 운영되고 있지만, 일반 대중의 인지도가 낮고 접근성이 그리 좋지 않은 경산 지역 서원의

---

30) 경산시 보도자료, 「경산시, 교육발전특구 시범지역 지정 국비 90억원 확보」, 2024.07.30.

31) 영남대학교(https://www.yu.ac.kr).

경우 우선적인 연계 대상으로 인근 교육 기관을 주목해야 한다.

이와 관련해 경산 지역 각 서원 주변의 초·중·고등학교 및 대학교 살펴보면 〈표 5〉와 같다.

〈표 5〉 경산 지역 서원 인근 초·중·고등학교 및 대학교

서원명	인근 학교	서원명	인근 학교
관란서원	용성중 용성초	백곡서원	대구가톨릭대 하주초
구계서원	영남대	옥천서원	경산중앙초
금락리 금호서원	대구가톨릭대	용계서원	경북기계금속고 자인초 자인중 자인학교
부호리 금호서원	경일대 호산대 무학고 하양초 하주초 금락초	용산서원	용성중 용성초
남천서원	용성중 용성초	원계서원	와촌초 대동초 계당초
남호서당	청천초	율산서원	진량고 진량중 다문초
도동서원	대구한의대 영남삼육고	임호서원	경일대 호산대
도천서원	진량고 진량중 진성초	조곡서원	대구한의대

현재 서원의 활용 방안으로 가장 활발하게 운영되고 있는 프로그램이 유교문화 및 선비 정신의 체험과 교육이다. 이러한 점을 주목하여 지난 2016년 문화재청은 자유학기제와 연계한 '2016 청소년 향교·서원 문화체험 학교' 사업을 실시해 서원을 선비 정신 체험 및 인성 함양 공간으로 활용하였다.[32] 또한 여성가족부와 지자체가 함께 추진하는 청소년방과후아카데미에서도 서원을 활용한 다양한 청소년활용프로그램을 확인할 수 있다.[33] 이러한 활용 사업은 공통적으로 지자체의 적극적인 관심 속에서 성사되었다. 활용에 앞서 관내 서원과 교육 당국 및 기관 간의 연계를 이끌어 내는데 지자체가 중요한 역할을 한 것이다.

32) 문화재청 보도자료, 「청소년 자유학기제, 문화체험 학교 향교·서원에서!」, 2016. 01.21.

33) e-청소년(https://www.youth.go.kr).

현재 경산 관내 여러 초·중·고등학교에서는 소수서원·도산서원 등 우리나라 대표 서원을 찾아 전통문화 체험 및 인성 교육을 실시하고 있다.[34] 경산 관내 교육 기관도 서원에서 실시되는 체험 및 교육 프로그램에 관심을 가지고 있지만, 그 대상으로 경산 지역 서원은 고려되지 않고 있다.

위의 〈표 5〉와 같이 경산 지역 서원 인근에 적지 않은 초·중·고등학교 및 대학교가 분포하고 있다는 점을 감안한다면, 관내 서원에 대한 경산 지역 교육 기관의 무관심은 분명 아쉬운 대목이다. 영남대학교 박물관의 구계서원 활용 사례처럼 대구한의대학교·대구가톨릭대학교·경일대학교·호산대학교는 인접한 도동서원·조곡서원·금호서원 등을 관례·계례 및 전통 의례 체험의 장소로 활용할 수 있다. 남천면을 제외한 관내 읍·면마다 서원이 있으며, 그 주변으로 초·중·고등학교가 있다. 이들 서원의 접근성을 주목하여 간단한 체험 및 교육 프로그램의 공간으로 활용이 가능하다.

이러한 장점이 서원 활용으로 이어지기 위해서는 무엇보다 지자체와 관내 서원 및 교육 기관 간의 소통이 요구된다. 즉, 초·중·고등학교의 서원 활용을 이끌어 내기 위해서는 관내 교육청과의 소통이 필요하다. 이를 통해 초·중·고등학교의 정기 커리큘럼 장소로 서원이 활용될 수 있는 방안을 모색해야 한다.[35] 대학교의 경우 학생들을 대상으로 한 전통문화 체험 외에도 각 대학교에서 개설하고 있는 지역학 관련 과목과 연계하는 방안을 고려할 필요가 있다. 서원과 교육 기관 간의 MOU 체결 및 주변 학교와의 1:1 매칭에 지자체가 적극적으로 앞장서야 할 것이다.

---

34) 경상북도 경산교육지원청 보도자료, 「부림초! 찾아오는 도산서원 선비문화체험 실시 부림초! - 학생들의 인성 역량 UP! -」, 2024.04.22 ; 「무학고등학교 '인성캠프' 실시 - 최초의 사액(賜額)서원 소수서원(紹修書院)을 가다 -」, 2024.06.10.

35) 엄원식(2021), 「미래문화자산! 서원의 진정성 있는 활용」, 『'한국의 서원' 세계유산 등재 이후 지속가능한 활성화 방안』 학술대회 『진정성 있는 교육과 관광』, (재)한국의 서원 통합보존관리단·영남대학교 민족문화연구소, 81~82쪽.

3. 경산 지역 서원 활용을 위한 기본 방안

2010년대 이후 개별 서원과 지자체, 정부 기관과 교육 기관 등에 의해 서원 활용 방안이 다각도로 모색되고 있다. 이러한 사업은 결과적으로 서원에 대한 인식 개선에 큰 영향을 끼쳤다. 유교 교육과 의례를 거행하는 '엄숙'의 서원 이미지가 문화 체험의 공간이라는 '친숙'의 이미지로 전환되고 있기 때문이다. 그럼에도 불구하고 경산 지역 대부분의 서원은 '엄숙'한 이미지를 고수하는 듯하다. 비록 소수서원·도산서원처럼 교육·체험·숙박 시설을 갖춘 대규모 공간 확보는 어렵겠지만, 관내 서원의 현실과 지역적 특성을 고려한 알찬 프로그램을 통해 서원과 대중과의 만남을 이끌어 낼 방안을 고민할 필요가 있다.

지난 2014~2025년 동안 시행된 국가유산청의 '살아 숨 쉬는 향교·서원문화재 만들기 사업'은 서원의 활용 사례로서 많은 참고가 된다. 이와 관련해 2025년 국가유산청의 '향교·서원 국가유산 활용사업 90선'의 프로그램을 분석해 보면,[36] 그 경향을 크게 두 가지로 구분 할 수 있다. 그 중 하나는 개별 서원과 직접적 관련성이 없는 체험 및 교육 프로그램이고, 나머지 하나는 해당 서원의 역사·문화적 특수성을 활용한 프로그램이다.

전자의 가장 많은 사례는 체험 프로그램 운영일 것이다. 이는 조선 시대 서원에 출입한 선비의 일상을 체험한다는 취지에서 기획되는데, 보통 학생과 가족 등의 단체를 대상으로 강좌·전통놀이·다도·글쓰기 등의 프로그램으로 운영된다. 체험의 실감성을 높이기 위해 성균관 유생의 청금복(靑衿服)을 비치한 경우도 있다. 그 외에도 문화 공연, 인문학 강좌 프로그램, 전통 놀이 및 농경 체험 등이 개별적으로 운영된다. 공간을 확충 및 재구성하여 서원 스테이와 카페 운영과 같은 수익 창출을 도모하는 서원도 있다.

후자와 관련된 프로그램에서는 해당 서원의 건축·경관을 주로 활용한다.

36) 해당 사업의 유형별 분석에 대해서는 '백지국(2025), 「서원 유산의 콘텐츠 개발과 관광 연계」, 2025년 민족문화연구소 국제학술대회 『동아시아 서원 문화의 현재적 계승과 활용』, 영남대학교 민족문화연구소, 149~153쪽' 참조.

서원 건축물과 인근 문화유산을 소개하는 문화유산 탐방, 고즈넉한 서원 경관을 활용한 걷기 및 트레킹 프로그램이 눈에 띈다. 서원 주변에 형성된 제향인 후손의 세거지와 연계한 전통문화 체험과 스테이 프로그램도 해당 서원의 특수성을 활용한 것이다. 그 외 서원 제향인의 행적과 저술, 서원에 전승되는 기록문화유산을 활용한 연극·교육·체험 프로그램이 운영되고 있다. 많지는 않지만 해당 서원의 제향 의례를 체험 프로그램으로 활용하기도 한다.

그렇다면 경산의 서원은 어떤 방향으로 활용이 가능할까? 사실 경산 지역 서원 중 '살아 숨 쉬는 향교·서원문화재 만들기 사업'의 모범 사례를 당장 적용시킬 만한 곳은 많지 않다. 1차적으로 외형상의 정비가 필요한 서원이 대부분이기 때문이다. 그런 관계로 서원 제향 인물의 역사성과 주변 역사문화환경, 인근 교육 기관과의 연계를 감안하여, 선별적이고 단계적인 활용 방안이 구상되어야 할 것이다. 이에 네 가지 정도를 제언하고자 한다.

첫째, 제향 인물의 성격을 스토리텔링화하고 적극 활용할 필요가 있다. 앞서 언급하였듯이 경산 지역 서원은 서원 자체의 역사성이나 경관에서 주목할 만한 특징을 찾기 쉽지 않다. 대신 제향 인물에서 공통된 특징을 포착해야 한다. 경산 지역 제향 인물 중 가장 많은 유형은 임진왜란 의병과 충절인이다. 자인현 복현 운동을 주도한 인물도 서원에 제향되어 있다. 우선적으로 이들의 개별 행적을 학술적으로 발굴·정리하여 스토리텔링화를 위한 원천자료로 개발하는 것이 중요하다. 그렇게 지역의 역사 정체성으로 정립된 콘텐츠를 교육 및 답사 프로그램으로 활용한다면, 서원에 대한 대중의 인식을 크게 개선할 수 있을 것이다.

둘째, 주변 학교와 연계한 활용 프로그램 구축이다. 현재 초·중·고등학교 중에서는 체험 및 인성 교육 프로그램을 서원에서 진행하는 경우가 적지 않다. 거기다 읍·면 지역의 취약한 교육 환경을 개선하는 취지에서도 경산 지역 서원과 연계한 커리큘럼을 개발할 필요가 있다. 서원 강당을 정비하여 우리의 전통문화 및 예절 교육을 실시하고, 청소년을 연령 집단을 제향 의례에 참여시킨다면, 적막한 상태로 방치되어 있는 경산 지역 서원에 활기를 불어

넣을 수 있을 것이다.

셋째, 시니어 및 쉼터 공간으로의 활용이다. 경산의 읍·면 지역에 소재한 서원 대부분은 제향인 후손의 세거지 또는 그 인근에 위치하며, 관리의 어려움 때문에 대부분 공개를 하지 않는다. 이에 서원 건물과 주변 경관을 일부 정비하여 고령화 된 마을 주민의 쉼터로 활용하도록 유도할 필요가 있다. 폐쇄된 서원을 사람이 머무는 공간으로 탈바꿈한다면, 서원 건물과 공간의 퇴락을 어느 정도 방지하고, 자연스레 환경 개선이 이루어 질 수 있을 것이다.

넷째, 선별적 개발과 투자를 통한 지역 내 서원 활용의 모범 사례 확보이다. 경산에서 역사적으로 주목할 만한 서원은 구계서원·금호서원·도동서원이 있다. 그 중 영남대학교 민속촌에 소재한 구계서원은 경산의 서원 중 관리 상태가 가장 우수하다. 거기다 접근성이 좋을뿐더러, 주변 역사문화환경의 활용성도 매우 높다. 지자체와 대학 및 교육 기관과의 매칭을 통해 정기적인 체험 및 교육 프로그램을 구축하고, 나아가 국가유산청의 서원 활용 사업에 응모할 필요가 있다. 사액서원으로서 경산 지역 서원 중 역사적 위상이 가장 높은 금호서원도 다른 서원에 비해 관리 상태가 우수하며, 접근성이 뛰어나다. 도동서원은 삼성현역사문화공원과 인접한데다, 삼성현이라는 지역 정체성 확보를 위해 지자체의 적극적인 지원 하에 승원된 서원이기에 활용의 의무가 있다.

공교롭게도 위의 3개 서원은 각각 옛 경산·하양·자인 지역에 소재한다. 지자체가 앞장서서 이들 서원을 모범적인 지역민의 체험 및 교육 공간으로 활용한다면, 다른 서원의 활용 사업 참여를 견인할 수 있을 것이다.

Ⅳ. 맺음말

전통 시대 경산은 경산·하양·자인 3개 고을로 구성되었다. 이들 3개 고을에는 조선 후기 각각 2개소의 서원과 2~3개소의 사우가 운영되었다. 경산은 유교문화가 꽃피운 영남 내륙에 위치하지만, 상대적으로 양반 사대부 계층이 늦게 형성되어 그들이 주도하는 서원·사우의 수가 적은 편이다. 그런 가운데 흥선대원군의 서원훼철령으로 경산의 서원·사우는 모두 철폐되었다. 20세기 이후 전국적으로 서원의 복설·신설·승원이 이어졌다. 그 결과 현재 경산에는 16개소에 이르는 서원이 운영되고 있다.

경산의 서원 수는 전통 시대보다 월등히 많다. 근대 이후 양반 문화가 지향되는 가운데 사림의 공론과 별개로 가문의 현조를 제향하는 서원을 복설·신설하거나, 기존 사우를 승원시켰기 때문이다. 그러나 경산 지역 서원에 대한 대중의 인지도는 매우 낮은 편이다. 몇몇 서원을 제외하면, 접근성이 좋지 않을뿐더러 일반 대중에게 공개를 하지 않고 있다. 결국 이러한 폐쇄적 운영은 서원의 퇴락으로 이어질 가능성이 크다. 따라서 현대적 활용을 통해 대중이 찾아가는 서원의 모습을 갖추어서, 우리나라 대표 지역 문화유산인 서원의 가치를 제고할 필요성이 제기된다.

2010년대 이후 정부와 지자체는 서원 문화에 대한 체계적 전승과 활용 방안을 다양하게 모색하였고, 여러 활용 프로그램을 개발하였다. 현재 적지 않은 서원이 활용 프로그램에 참여하고 있지만, 경산 지역 서원의 경우 영남대학교 박물관이 주도하는 구계서원 운영 프로그램을 제외하고는 현대적 활용이 거의 이루어지지 않고 있다. 유네스코 세계유산에 등재된 '한국의 서원'과 비교해 역사·문화적 인지도가 낮기 때문에 규모 있는 활용 프로그램을 운영하기가 현실적으로 어렵겠지만, 경산의 서원도 지역적 특색을 고려한 활용 방안이 요구된다.

이와 관련해 먼저 주목할 것이 경산 지역 서원의 원형 자원 활용과 연계 콘텐츠 개발이다. 사실 경산 지역 서원의 연혁은 그리 길지 않으며, 역사적 위상도 높지 않다. 따라서 서원 자체의 연혁 보다는 제향 인물의 역사성에 초점을 맞출 필요가 있다. 예컨대 경산 지역 서원의 제향인 중에는 임진왜란 의병이 많다. 금호서원은 조선 초 명재상 허조와 단종 충신인 그의 후손들과 관련이 깊다. 도동서원은 삼성현 중 한 분으로 지역에서 추앙하는 설총을 제향하고 있으며, 남천서원 제향인은 자인현 복현 운동 때 큰 활약을 했다. 그 외 서원의 주변역사환경과 서원이 위치한 마을의 공동체 유산도 주목할 필요가 있다. 이러한 특성을 효율적으로 활용하기 위해서는 서원과 그 주변의 역사문화 원형에 대한 학술적 검토가 이루어져야 한다.

교육 기관과 연계한 서원 활용도 적극 모색될 필요가 있다. 현재 경산은 '교육도시'를 지역 슬로건과 이미지로 적극 내세우는 중이다. 교육 기관으로서 서원이 가지는 상징성뿐만 아니라, 서원의 효율적인 활용을 위해서도 관내 초·중·고등학교와 대학교로 대표되는 교육 기관과의 연계가 필요하다. 실제 경산의 각 서원 주변으로는 다양한 학교가 분포하고 있어 접근성이 용이한 편이다. '교육도시'의 장점이 서원 활용으로 이어지기 위해서는 무엇보다 지자체가 앞장서서 서원 및 교육 기관 간의 소통을 이끌어 내야 할 것이다.

마지막으로 이러한 특성을 고려하여, 경산 지역 서원 활용을 위한 네 가지 기본 방향을 제시하였다. 그것은 첫째, 제향 인물을 스토리텔링화하여 교육 및 답사 프로그램으로 활용, 둘째, 주변 학교와 연계한 교육 프로그램 구축, 셋째, 시니어 및 쉼터 공간으로의 활용, 넷째, 선별적 개발과 투자를 통한 지역 내 서원 활용의 모범 사례 확보이다.

참고문헌

『輿地圖書』, 『從仕郎遺稿』

경산군(1980), 「충현사복원계획안」.
경산문화원(2023), 『경산의 생활사와 기억』 Ⅲ.
경산 삼성현역사문화관(2023), 『서원의 시간을 걷다』.
경산문화원(2018), 『경산의 유교 유적』.
국가브랜드위원회(2011), 『서원·전통사찰을 통한 국가브랜드 가치증진연구』.
김순한(2019), 「18세기 후반 상주 옥동서원 청액활동과 사액의 의미」, 『민족문화논총』 72, 영남대학교 민족문화연구소.
남상호(2016), 「서원의 인성교육 : 철학치유의 방법을 찾아서」, 『인문과학연구』 49, 강원대학교 인문과학연구소.
문화재청(2012), 『문화재 보존관리활용 5개년 기본계획 2012~2016』.
________(2022), 『문화재 보존·관리·활용 기본계획(2022~2026)』.
박동석(2017), 「문화재 활용 사업 모니터링 및 평가 – 2016년 살아 숨 쉬는 향교·서원 만들기 사업을 중심으로 –」, 『한국전통조경학회지』 35-3, 한국전통조경학회, 2017.
방미영(2023), 「서원과 문화콘텐츠 : 한국서원의 현대적 활용방안」, 『아시아태평양융합연구교류논문지』 65, 사단법인 한국융합기술연구학회.
백지국(2025), 「서원 유산의 콘텐츠 개발과 관광 연계」, 2025년 민족문화연구소 국제학술대회 『동아시아 서원 문화의 현재적 계승과 활용』, 영남대학교 민족문화연구소.
성균관대학교 산학협력단(2024), 『성균관·향교·서원 전통문화발전 종합계획수립 연구』.
엄원식(2021), 「미래문화자산! 서원의 진정성 있는 활용」, 『'한국의 서원' 세계유산 등재 이후 지속가능한 활성화 방안』 학술대회 『진정성 있는 교육과 관광』, (재)한국의 서원 통합보존관리단·영남대학교 민족문화연구소.
이상호(2016), 「영남지역 사례를 통해 본 서원 활용 방안 제언」, 『유학연구』 37, 충남대학교 유학연구소.
이수환(2017), 「2000년 이후 한국 서원 연구의 현황과 과제」, 『민족문화논총』 67, 영남대학교 민족문화연구소.
이해준(2008), 『조선후기 문중서원 연구』, 경인문화사.
_____(2013), 「서원문화 원형콘텐츠발굴과 특화방안」, 제25회 향토문화연구 심포지엄 『전남지방 서원문화유산의 계승과 활용』, 전남문화원연합회.
임근실(2023), 「서원훼철령 이후 경북지역 서원의 현황」, 『민족문화논총』 85, 영남대학교 민족문화연구소.
조춘호 편저, 『율산서원』, 대구한의대학교 경산문화연구소.
진성수(2016), 「전북지역 서원의 현대적 활용 방안」, 『원불교사상과 종교문화』 70, 원광대학교 원불교사상연구원.
한국서원학회(2018), 「경산지역의 서원 현황과 성격」, 『한국서원학보』 7, 한국서원학회.

경산시(https://www.gbgs.go.kr)
경상북도 경산교육지원청(https://www.gbe.kr/gs)
국가법령정보센터(https://www.law.go.kr)
국가유산청(https://www.khs.go.kr)
디지털경산문화대전(https://gyeongsan.grandculture.net/gyeongsan)
매일신문(https://www.imaeil.com)
문화체육관광부(https://www.mcst.go.kr)
영남대학교(https://www.yu.ac.kr)
한국학자료센터 영남권역센터(https://yn.ugyo.net)
e-청소년(https://www.youth.go.kr)

글로컬 인문공간 한국의 서원 활용도 제고를 위한 제언

이 병 훈

Ⅰ. 머리말

2019년 유네스코 세계유산위원회는 한국의 서원 9곳(소수·남계·옥산·도산·필암·도동·병산·무성·돈암서원)을 세계문화유산에 등재하였다. 위원회에서는 한국의 성리학과 관련된 문화적 전통의 증거이자, 성리학 개념이 한국의 여건에 맞게 변화하는 역사적 과정을 그대로 보여준다는 점에서 '탁월한 보편적 가치'가 인정된다고 했다. 즉 서원이 조선시대 성리학의 전파와 이를 통한 역사·전통에 기여하였던 바를 인정한 것이다.

주지하다시피 중국 서원이 관료 양성에 뜻을 모았다면, 한국의 서원은 선현의 정신과 뜻을 기리며 학문을 배우고 인격을 닦았다. 이것은 강학과 선현 제향이라는 형태로 정형화되었다. 한국의 서원은 각 지역에서 제향인의 학문을 계승·발전시키는 중심처로서 지역성을 지닌 독특한 성리학을 발전시켰다. 특히 '제향' 전통은 오늘날까지도 유지되고 있는데 이는 다른 나라에서는 보기 힘든 것이다. 이외에도 한국 서원은 향촌 자치의 중심처로서도 역할을 하였다. 이러한 일련의 과정에서 한국의 서원은 지역문화 발전을 주도하는 지역사회의 구심점으로서 역할을 하였다.

한국 서원의 지역성과 역사·문화적 배경은 현대사회에서 서원의 역할에 큰 시사점을 준다. 서원은 지역을 대표하는 여러 문화유산 가운데 그 지역의 정체성과 문화적 특색을 가장 잘 내포하고 있다. 그렇기에 이를 활용해 지역성과 역사성을 인식하는 데 유용하다. 또한 현대사회는 서원이 건립되었던 전통시대와는 상황이 다르기에 그 활용에 있어서 전통적 측면만 강조하기보다는 현대적으로 활용하려는 노력도 필요한 것이다. 즉 서원의 적극적인 활용과 동시에 원형의 보존을 병행하는 정책을 구상하고 실행하는 것이 진정한 문화유산을 지키고 전수하는 방법이라고 할 수 있다.

국가유산청[舊 문화재청]은 기존의 원형 보존 정책에서 나아가 이를 적극적으로 활용하는 사업을 전개하고있다. 대표적인 '지역 문화유산 활용 사업'은 2008년 4개 사업으로 시작하여 사업 유형도 점차 세분화, 다각화되며 발전해왔다. 그 결과 2025년 현재 총 355개 사업이 선정되어 사업의 규모와 예산 측면에서 꾸준히 증가하였다. 서원은 향교와 더불어 2014년부터 서원·향교 문화유산 사업을 진행하여 현재 전국 90개 사업이 진행 중이다. 이처럼 문화유산 활용 사업이 폭발적으로 증가한 데에는 각 지자체에서 문화유산 활용 사업을 유치하기 위해 적극적인 행보를 보인 결과이다.

이것은 최근 국가 간 경쟁을 넘어 도시 간 문화교류와 경쟁이 점차 치열해지고 있는 글로컬 현상과 무관하지 않다. 문화유산은 지역의 정체성과 차별성을 뚜렷하게 대변해 줄 수 있는 지역의 문화·관광자원의 하나로써 국내뿐 아니라 세계적으로도 이미 지역 문화유산 활성화를 통한 지역브랜드 구축을 위해 다양한 활용 방안을 모색 중이다.[1] 그 결과 국민과 관광객들은 문화유산 체험프로그램을 통해 지역의 문화유산을 향유할 수 있는 기회가 증

---

1) 장승호(2021), 『문화유산 체험상품의 체험속성이 문화유산 가치 인식, 지역 이미지에 미치는 영향 - 문화재청 향교·서원문화재 활용사업 중심으로 - 』, 경희대학교 관광대학원 석사학위논문, 1쪽. 일례로 안동시는 2024년부터 『근현대 기록문화 콘텐츠 고도화 사업』을 진행 중이다. 이 사업은 동·면 단위로 근현대 〈안동여지도〉를 제작하여 지역의 발전과 변화상을 정리하고, 핫플레이스 및 면리동 관련 스토리를 소개하여 지역사 및 관광자원으로 활용하는 것이 목적이다.

대되었고, 지역문화발전과 지역경제 활성화에 이바지하였다.[2)]

이런 분위기 속에서 세계유산의 보존·관리·활용에 대한 특별법이 2021년 제정되었다. 국가유산청은 「세계유산의 보존·관리 및 활용에 관한 특별법(세계유산법)」[3)]에 따라 2022년 「세계유산 보존·관리 및 활용 종합계획(2022~2026)」을 수립하였다. 이 계획은 "세계유산의 탁월한 보편적 가치(OUV)를 온전하게 미래세대로 전한다"는 비전과 함께 '세계유산의 지속가능한 보존과 미래세대 계승, 세계유산의 포괄적·체계적 관리 역량 강화, 세계유산의 탁월한 보편적 가치의 활용 및 문화자원화, 세계유산 국제적 역할 강화 및 국제협력 기여'라는 정책 목표를 수립하여 추진해오고 있다.[4)]

나아가 2023년 7월에는 「성균관·향교·서원 전통문화의 계승·발전 및 지원에 관한 법률(성균관·향교·서원법)」이 제정되면서, 2025년 9월에는 문화체육관광부에서 「제1차 성균관·향교·서원 전통문화 계승·발전 종합계획(2025~2029)」를 수립하였다. 이러한 법적조치로 인해 세계유산에 등재되거나 국가유산으로 지정된 서원뿐만 아니라 비지정 서원들도 정부와 지자체의 지원을 받을 수 있는 범위가 확대되었다.

이들 법령에 따르면 서원이 정부와 지자체의 재정지원을 받기 위해서는 기본적으로 관리·보존·활용 방안에 대한 계획수립 외에도 전통문화 관련 콘텐츠 개발 및 교육적 효과를 높이기 위한 교육기관과의 유기적 연계망 구축이 필수적 조건이 되었다. 본고에서는 이러한 법령에 기반하여 서원의 전통적인 기능을 현대적 관점에서 재해석하고, 현대인들에게 적합한 교육 또는 문화시설로의 활용 방안을 제시하는 데 목적이 있다.[5)] 그렇기에 서원을 지원

---

2) 문화재청(2018), 『2018 향교·문화재 활용사업 모니터링 결과보고서』.

3) 2021년 2월 5일 시행된 「세계유산의 보존·관리 및 활용에 관한 특별법(약칭:세계유산법)」은 2024년 2월 13일 개정되어, 2024년 11월 1일부터 개정된 법이 시행되고 있다.

4) 문화재청 고시 제2022-36호, 「세계유산 보존·관리 및 활용 종합계획(2022~2026) 수립」 참조.

5) 서원활용 방안에 대한 기존의 연구성과로는 다음이 있다. 이상호(2016), 「영남지

하는 정부의 정책과 시행계획을 확인하고, 그 실천 사례의 장단점과 개선방향에 대하여 살펴보고자 한다.

II. 전통문화유산 활용 정책의 변화

1. 원형보전에서 활용으로 전환

19세기 말 대원군에 의해 철폐되었던 서원은 현대에 이르러 문중이나 후손 등이 지자체의 지원을 받아 복원하거나 새로이 신설하는 움직임이 활발해지면서 현재 약 700여 개가 존재한다.[6] 또한 서원과 관련된 정책들은 현재

역 사례를 통해 본 서원 활용 방안 제언」, 『유학연구』 37, 충남대학교 유학연구소 ; 이영자(2016), 「대전지역 서원 유교문화콘텐츠의 현황과 전망 - 숭현서원, 도산서원을 중심으로 -」, 『유학연구』 37, 충남대 유학연구소 ; 진성수(2016), 「전북지역 서원의 현대적 활용방안」, 『원불교사상과 종교문화』 70, 원광대학교 원불교사상연구원 ; 손소희(2017), 『외국인의 서원 체험관광 활성화 방안연구』, 가톨릭대학교 글로벌융합대학원 석사학위논문 ; 전준산(2017), 『문화유산의 지속가능한 관광자원화 방안 연구 - 소수서원과 월봉서원 비교관점에서 -』, 배재대학교 관광축제호텔대학원 석사학위논문 ; 김영숙(2021), 『세계유산 한국의 서원 보존과 활용 증대 방안 연구 - 돈암서원 사례를 중심으로 -』, 한국전통문화대학교 대학원 석사학위논문 ; 백옥연(2022), 『지역 인문문화자원으로서 서원의 활용에 관한 연구 - 광주 월봉서원을 중심으로 -』, 전남대학교 대학원 ; 방미영(2023), 「서원과 문화콘텐츠 : 한국 서원의 현대적 활용방안」, 『아시아태평양융합연구교류논문지』 9, 사단법인 한국융합기술연구학회 ; 오승주(2023), 「서원의 공간적 특징과 활용 프로그램 운영 방안 - 광주광역시 소재 서원을 중심으로 -」, 『호남학』 75, 전남대학교 호남학연구원 ; 조나리(2023), 『스토리텔링을 통한 서원문화유산 활용방안』, 단국대학교 대학원 석사학위논문.

6) 이영자(2016), 앞의 논문, 358쪽에 의거하면 2016년 당시 703개의 서원이 확인된다. 2024년에는 1,087개의 서원이 확인되는데, 지역별로 경상북도 242개소, 경상남도 240개소, 전라남도 214개소, 전북특별자치도 125개소, 충청북도 75개소, 충청남도 62개소, 경기도 34개소, 강원특별자치도 16개소가 분포하고 있다.(문화체육관광부(2024), 『성균관·향교·서원 전통문화 발전 종합계획 수립 연구』, 성균관

까지 보존과 복원 사업에 초점을 맞추어왔다. 서원의 본래 기능이나 현대적 활용을 감안하지 못한 채 건물만 복원한 경우에는 관리 부실로 인해 폐가처럼 방치되기도 했다.

서원은 인간의 가치를 탐구하고 그러한 가치를 재인식하는 인문 요소가 응집된 곳으로서 지역의 정체성을 뚜렷하게 보여주는 문화유산이다. 그래서 오늘날 서원은 지역의 역사와 문화를 기반으로 지역 관광 활성화와 지역 브랜드 제고에 기여할 수 있는 중요한 문화자원으로 인식되고 있다. 그렇기에 시대적 요청에 맞는 인문문화 공간으로 재창조하여 활용하는 것이 시대적 소명이다.

일반적으로 문화유산의 활용이란 그것이 지닌 역사·예술·학술·경관적 가치나 기능을 잘 살려 지속가능하게 이용하는 행위를 의미한다.[7] 서원은 그곳이 지닌 역사적 가치와 기능을 통해 전통문화의 멋과 향을 공유하고 역사적 교훈을 배운다는 점에서 관광자원으로서의 가치가 있다. 또한 서원의 근간이 되는 인문 문화자원으로부터 다양한 문화상품, 영상자료, 문화콘텐츠 개발 등의 산업자원으로 활용할 수 있다는 점에서 지역 경쟁력을 강화하는 데 기여할 수 있다.[8]

이러한 서원의 인문 문화자원을 현대적으로 해석하고 활용하려는 움직임은 국가유산청의 지역 문화유산 활용 사업과 문화체육관광부의 유교문화 활성화 사업으로 나타났다. 국가유산청은 문화유산이 가진 활용 가치에 주목하고 2000년대 중반 이후 기존의 보존 중심에서 벗어나 중장기적인 관점에서 문화유산 활용 정책을 추진하고 있다. 그 대표적인 사례가 2008년부터 시행되고 있는 '지역 문화유산 활용 사업'이다. 이 사업은 2008년 '생생 문화재 사업'을 시작으로 2014년 '향교·서원 문화재 사업'[9], 2016년 '문화재 야행 사

대학교 산학협력단, 26쪽)

7) 문화재청(2006), 『문화재 활용 활성화를 위한 정책기반 조성 연구』, 28쪽.

8) 백옥연(2022), 앞의 논문, 13쪽.

9) 문화재청(2013), 『향교·서원 활용 운영모델 제시 및 기본계획 수립 연구』, 컬처앤로드 문화유산활용연구소. 이 보고서를 기반으로 2014년 향교·서원 문화재 사업을 시행하였다.

업', 2017년 '전통 산사 문화재 사업', 2020년 '고택·종갓집 활용 사업'으로 분화·확장되어 2025년 현재 전국 355곳에서 운영되고 있다.[10] 이 가운데 '향교·서원 문화유산' 사업은 조선시대 교육기관이었던 향교와 서원의 가치를 재발견하고, 전통적 인문 정신을 계승하여 이를 현대적으로 활용하기 위한 프로그램으로 현재 전국 90곳에서 운영하고 있다.[11]

이들 사업은 지역에 담긴 의미와 가치를 개발하여 지역민들에게 문화 향유의 기회를 늘리고, 문화유산 본래의 가치와 진정성을 계승하는 것이 목적이다. 문화유산 활용 사업은 2008년 이래로 확대되어 오는 과정에서 각 지역 문화유산의 기능이 새롭게 인식되는 계기가 되었다. 그 동안 사업이 발전해 오면서 사업의 규모나 예산도 증가하였고, 문화유산 활용 콘텐츠 역시 사업 초창기와는 비교할 수 없을 정도로 다양화 및 전문화되었다. 그 결과 국민들은 자연스럽게 문화유산 향유의 기회가 증대되었고, 지역문화 발전에 기여하고 있다. 대외적으로는 지역 역사문화 자원을 활용한 지역관광 활성화와 지역경제 활성화에도 이바지하고 있다.[12]

---

10) 생생문화재 사업은 문화유산에 내재된 역사적 의미와 가치를 지역의 인적·물적 자원과 결합하여 교육, 공연, 체험, 관광자원 등으로 창출한 문화재 향유 프로그램이다. 문화재 야행사업은 문화유산이 집적된 지역을 거점으로 지역의 야간관람(개방), 체험, 공연, 전시 등 문화유산의 야간 향유 프로그램이다. 전통산사 문화재 사업은 사찰이 보유한 문화유산과 역사문화 자원 등을 활용한 해설, 강의, 체험, 공연 등 산사 문화유산 향유 프로그램이다. 고택·종갓집 활용 사업은 그곳에 내재된 역사적 의미와 가치를 전통 생활 모습과 결합하여 활용한 교육, 공연, 체험 등의 향유 프로그램이다.(문화재청(2020), 『문화유산 유유자적 - 2020년 지역문화재 활용사업 - 』, 문화재청 활용정책과)

11) 국가유산청, 『보도자료』(2024년 9월 19일자). 이 자료에 따르면 '향교·서원 국가유산 활용'사업에 137건이 신청되어 90건이 선정되었다. 이 가운데 2024년도 '우리고장 국가유산 활용 대표 브랜드 사업 10선'을 선정했다. 이 중 향교·서원 브랜드 사업에 선정된 곳은 3건으로서 "달의 정원, 월봉서원(광주 광산)", "연기향교, 사람과 문화를 잇다.(세종)", "신항서원 휴식시대(충북 청주)" 등이다.

12) 문화재청(2021), 『문화재 보존·관리·활용 기본계획(2022~2026)』, 8~10쪽 ; 문화재청(2018), 『지역문화재 활용사업 10주년 계기 자생력 강화방안 연구 최종보고서』, 27~45쪽.

2021년 지역 문화유산 활용 사업의 하나인 향교·서원 문화재 활용 사업 체험 프로그램 분석 결과에 따르면 체험 요인(오락적 체험, 교육적 체험, 심미적 체험, 일탈적 체험)은 문화유산 가치 인식과 지역 이미지에 긍정적인 영향을 미치는 것으로 확인되었다. 특히 교육적 체험은 문화유산 가치 인식에 가장 큰 영향을 주고, 심미적 체험은 지역 이미지에 가장 큰 영향을 미치는 것으로 나타났다. 또한 문화유산 가치 인식도 지역 이미지에 큰 영향을 주는 것으로 확인된다. 이를 통해 문화유산에 대한 가치를 높게 인식하게 되면 결과적으로 지역에 대한 이미지도 좋아진다는 것을 알 수 있다.[13]

그러나 긍정적 측면만 있었던 것은 아니었다. 한편으로는 행사 중심의 사업 운영 방식으로 인해 문화유산의 활용보다 소모성 사업이라는 비판도 제기되었다. 이에 세부 프로그램 기획에서 단기성, 이벤트형의 프로그램을 지양하고, 각 문화유산 활용의 특징이 드러난 브랜드 프로그램을 하나 이상 포함하도록 권장하고 있다. 하지만 실제는 특색없이 누구나 할 수 있는 체험 프로그램으로 운영되고 있다. 향교·서원 활용 사업의 지역 정착을 위해서는 정책을 입안하는 국가유산청의 역할도 중요하지만 사업추진, 홍보, 사업관리와 예산 확보 등 지자체의 사업 수행에 대한 의지가 중요하다. 사업 추진을 위한 전문 인력의 양성과 콘텐츠 발굴, 예산 지원 등 행정의 적극적인 관심이 필요하다. 동시에 성공 모델의 확산 및 유관기관과의 교류 협력을 활성화할 수 있는 방안 모색이 필요하다.[14]

문화체육관광부가 주최인 유교문화 활성화 지원사업은 성균관의 유교문화 활성화 사업단에서 주관하고 각 지역의 향교·서원이 직접 운영한다. 이 사업은 향교·서원 공간을 문화체험 관광자원으로 개발하여 전통문화 계승과 발전을 도모하며 유교문화에 대한 인식을 제고하고 시대적 변화에 부응하는데 목적이 있다.[15] 이를 위해 방문하는 관광객을 위한 관광상품 및 전통문화

13) 장승호(2021), 앞의 논문, 51~71쪽.
14) 백옥연(2022), 앞의 논문, 18쪽.
15) 문화체육관광부(2009), 『유교문화체험 프로그램 활성화 방안 연구』, 국민대학교

상품을 개발하여 브랜드 가치를 창출하고, 전문가(청년유사)를 양성하여 관광 문화 프로그램의 원활한 운영과 계승 세대를 육성하는 것이다.

유교문화 활성화 사업은 지방자치단체 사업인 국가유산청 활용 사업과 다르게 향교·서원의 문중이나 유림에서 직접 운영한다. 유교 본연의 경전과 유학에 관한 전문아카데미는 현대적 해석의 체험, 공연 위주로 놓치기 쉬운 유교 전문 인문 강좌라는 점이 특징이다. 하지만 문화관광 프로그램은 청년유사의 역량 강화 교육에도 불구하고 기획력과 행정력 부분에서 부족한 점이 있다. 또한 234개의 향교와 700여 개의 서원 규모에 비하여 정부의 지원 규모가 미약하여 사업 확대에 어려움이 있었다.[16]

2. 서원 활용 정책의 수립 및 강화

2019년 '한국의 서원'이 유네스코 세계유산에 등재된 이후 서원의 활용 정책이 제도적으로 정비되었다. 이것은 세계유산위원회(WHC)에서 서원에 대한 포괄적인 관리계획 수립 및 9개 서원을 하나의 유산으로 통합하기 위한 해설을 개발하라는 권고사항에 따른 것이다. 나아가 2021년 「세계유산의 보존·관리 및 활용에 관한 특별법(세계유산법)」이 제정되었다. 이 법은 국내에 산재한 다양한 유형의 세계유산을 통합·관리하기 위해 제정되었다.

여기에는 5년 단위로 중장기 발전계획을 수립하도록 명시하고 있으며, 이에 따라 2022년 「세계유산 보존·관리 및 활용 종합계획(2022~2026)」이 수립되었다. 법령에는 시행계획 수립시 다음 각 호의 사항이 포함되도록 했다.

1. 해당 세계유산의 보존·관리 및 활용을 위한 기본방향 및 목표
2. 해당 세계유산의 보존 및 관리를 위한 사업의 시행

한국학연구소.

16) 백옥연(2022), 앞의 논문, 20~21쪽.

3. 세계유산지구에서의 주민 참여 방안
4. 세계유산지구 내 관광활성화 방안
5. 세계유산지구 내 공동체 활동 지원 등 주민의 삶의 질 향상
6. 해당 세계유산 관련 교육 및 홍보 활성화
7. 해당 세계유산 관련 기관·단체 간의 협력 증진
8. 해당 세계유산의 보존·관리 및 활용에 필요한 재원의 조달
9. 그 밖에 해당 세계유산의 보존·관리·활용 및 주민 지원

세계유산법에 의거하여 수립한 종합계획에는 4개 전략과제와 16개 핵심과제를 확정하고, 세계유산 보존·관리 및 활용에 대한 방향을 제시했다. 4개 전략과제는 '세계유산의 지속가능한 보존체계 마련', '포괄적·체계적 관리역량 강화', '탁월한 보편적 가치 활용 및 문화자원화', '세계유산 분야 국제협력 강화'이다.[17] 나아가 '세계유산 종합계획'은 지방자치단체에서 관할 구역 내 '세계유산별 시행계획'을 마련하는 준거가 된다는 점에서도 중요한 의미를 갖는다.

실제 이에 발맞춰 2022년 8월에 『세계유산 '한국의 서원' 보존·관리 및

17) 4개 전략과제의 핵심과제를 보면, '세계유산의 지속가능한 보존체계 마련'을 위해 등재 유산의 보존관리를 위해 재정지원 강화, 세계유산 영향 평가를 국내에 도입하는 것을 핵심과제로 정했다. 또한 '포괄적·체계적 관리 역량 강화'는 세계유산의 상시적 관리 체계 구축을 위한 정기보고·정기점검 체계 마련, 세계유산 등재 전 과정에서 생성되는 정보의 통합적 관리·활용이 가능한 정보체계 구축·운영, 세계유산 국내 협력관계를 강화해 지역사회 등 이해당사자 간 세계유산의 가치와 인식을 높이는 것이다. '탁월한 보편적 가치 활용과 문화자원화'를 위해서는 세계유산의 탁월한 보편적 가치(OUV)를 온전히 전달할 수 있는 종합적인 홍보 전략을 수립해 다양한 홍보활동을 펼치고, 시공간적 제약을 벗어난 수요자 중심의 세계유산 활용 콘텐츠 제작·보급을 추진하는 것이다. '세계유산 분야의 국제협력 강화'를 위해 세계유산의 남북 공동 등재 추진 등 남북 교류 협력을 강화하고, 세계유산 관련 역사 갈등에 대한 효과적 대응 관리와 국제적 협력관계 역량을 강화한다는 것이다.

활용 시행계획(2023~2027)』이 수립되었다.[18] 이 계획에 따르면 "세계유산 '한국의 서원' 탁월한 보편적 가치 증진"이란 비전 아래 5개의 전략과제와 12개의 세부과제를 선정하였다. 이를 살펴보면 아래 〈표 1〉과 같다.

〈표 1〉 업무추진계획

세계유산 '한국의 서원' 탁월한 보편적 가치(OUV) 증진	
전략과제	세부과제
□ 신뢰성 확보를 통한 세계유산 가치 제고	• (1-1)'한국의 서원' 가치의 진정성 및 완전성 증진 • (1-2)'한국의 서원' 기초자료 심화연구 • (1-3)'한국의 서원' 유무형 문화유산 등록/지정
□ 세계유산 기준에 맞춘 지속가능한 관리	• (2-1)세계유산 관리의 고도화 • (2-2)'한국의 서원' 유산영향평가 정착 기반 마련
□ 세계유산 관리의 역량 강화	• (3-1)세계유산 전문 관리를 위한 기반 구축 • (3-2)'한국의 서원' 관리자 및 관계자 전문성 강화
□ 통합과 협력, 소통을 통한 가치 확산	• (4-1)연속유산의 홍보와 대국민 소통 강화 • (4-2)'한국의 서원' 가치 활용을 통한 보편적 가치(OUV) 확산 • (4-3)'한국의 서원' 다양한 네트워크 구축과 교류 활성화
□ 지역공동체의 참여 다변화	• (5-1)9개 서원별 지역공동체 기반의 거버넌스 체계 구축 • (5-2)'한국의 서원' 지역주민의 관심과 참여유도

각 세부과제는 (재)한국의 서원 통합보존관리단에서 관리하는 '통합사업'과 서원이 위치한 지자체별로 진행하는 '지자체사업'로 구분하고, 각각의 주요사업을 설정한 후 2023년부터 2027년까지 5년간의 연도별 추진계획과 재

18) 세계유산법 제13조(세계유산별 시행계획의 수립·시행)에 의거하여 『세계유산 '한국의 서원' 보존·관리 및 활용 시행계획(2023~2027)』(대구광역시·충청남도·전라북도·전라남도·경상북도·경상남도·(재)한국의 서원 통합보존관리단, 2022)이 수립되었다.

원 조성계획을 수립하고 있다. 12개 세부과제의 주요사업을 살펴보면 〈표 2〉와 같다.

〈표 2〉 세부과제의 통합·지자체 주요사업 내역

세부과제	통합 사업	지자체 사업
1-1	•한국의 서원 가치 연구 •진정성 및 완전성 충전을 위한 관리·활용 •서원지 제작	•세계유산 보수 및 경관정비
1-2	•서원의 역사문화자료 연구 •서원의 아카이브 기능 심화연구	•세계유산 기록화(연구) 및 유적 정비
1-3	•제향의례 무형문화유산 계승 •유형문화재 등록/지정 기반 마련	•유·무형유산 전승 및 보존
2-1	•통합모니터링 운영 •보호관리 고도화 •목조건물의 보호관리	•문화재 보호 및 관리의 체계화 •문화재 방재 및 안전관리
2-2	•세계유산 영향평가 절차 확립	•세계유산 영향평가 시행
3-1	•학술포럼 개최 •통합관리 역량강화	
3-2	•'한국의 서원' 전문교육 시행 •'한국의 서원' 전문 문화관광 해설사 양성	
4-1	•통합홍보(홈페이지, SNS, 홍보물, 소식지) •브랜딩('24) •통합설명/홍보시설('25~'26) •IT 통합플랫폼 구축('25~'27) •실감형 콘텐츠 구축/활용('24~)	•세계유산 홍보 지원
4-2	•9개 서원 연계 방문 프로그램(순례길조성) •무형유산 체험 프로그램	•세계유산 관람 환경 개선 •세계유산 활용
4-3	•국내외 세계유산 네트워크 구축 •9개 서원 운영위원회 조직	
5-1	•서원 지역민과의 거버넌스 체계 구축 •서원 지역공동체 발전을 위한 경제 모델 확립	
5-2	•서원 주민 친화 사업	•세계유산 주민활동 지원

이들 주요 사업은 5년 동안 9개 서원에 대한 외관정비 및 역사·문화의 재정비를 기반으로 지속가능한 관리와 활용을 위한 내·외부 인프라를 구축하는 것이 핵심이다. 또한 문화자원화와 국제협력을 강화하기 위한 통합플랫폼 구축과 실감형 콘텐츠 및 체험 프로그램 개발, 국내외 네트워크 조직 구축을 병행함으로써 서원 활용도를 제고하고자 했다.

이상의 시행계획은 세계유산에 등재된 9개 서원에 한정된 것이다. 그렇기에 9개 서원에 포함되지 못한 서원들의 상대적 박탈감과 소외감이 컸다. 하지만 2023년 국회에서 「성균관·향교·서원 전통문화의 계승·발전 및 지원에 관한 법률(성균관·향교·서원법)」이 제정되면서 나머지 서원들에 대한 지속적인 지원이 가능해졌다. 성균관·향교·서원법은 성균관, 향교 및 서원이 가진 유형·무형의 문화를 체계적으로 계승·발전시키고 지원함으로써 전통문화의 계승 및 민족문화의 발전에 이바지함을 목적으로 제정되었다. 이처럼 2021년 세계유산법과 2023년 성균관·향교·서원법이 제정되면서 국내 서원은 국가와 지자체의 재정지원과 체계적 보존·관리·활용의 기반을 마련하게 되었다.

한편, 성균관·향교·서원법 제5조에는 문화체육관광부장관이 성균관·향교·서원 전통문화 계승·발전을 위한 종합계획을 5년마다 수립·시행하도록 명시하고, 종합계획 수립시에는 아래의 사항을 포함하도록 했다.

1. 성균관·향교·서원 전통문화의 계승·발전을 위한 기본방향 및 목표에 관한 사항
2. 성균관·향교·서원 전통문화의 관리·보존·활용에 관한 사항
3. 성균관·향교·서원 전통문화의 계승·발전에 필요한 재원 조달에 관한 사항
4. 성균관·향교·서원 전통문화의 계승·발전을 위하여 필요한 인성친화적인 환경 조성에 관한 사항
5. 성균관·향교·서원 전통문화 관련 콘텐츠 개발 및 교육적 효과를 높이기 위한 교육기관과의 유기적 연계망 구축에 관한 사항

이를 위해 문화체육관광부에서는 2024년 『성균관·향교·서원 전통문화 발전 종합계획 수립 연구』용역을 완료[19]하고, 2025년 9월 「성균관·향교·서원 전통문화 계승·발전 종합계획(2025~2029)」을 수립했다.[20] 이번 종합계획은 2024년 1월 관련 법률이 시행된 후 수립된 최초의 법정 5개년 계획이라는 점에서 의미가 있다. 이 계획에서는 현재 향교·서원이 당면한 위기를 진단하고, 이에 대응한 추진목표와 전략과제를 설정하고 있다.

진단한 내용은 운영 인력 대다수가 심각한 고령자인 문제, 정부 보조금에 의존하는 재정 자립도 부족, 관리 인력 부재와 훼손 우려로 인한 운영의 폐쇄성, 그리고 현대적 콘텐츠 부족과 부정적 인식으로 인한 대중의 관심 저하, 기관 간 소통·협력을 위한 통합관리·지원체계의 부재 등이 핵심 문제로 지적하고 있다.

이번 종합계획에서는 이러한 문제를 극복하기 위해서 "전통을 넘어 미래로, 문화를 잇는 성균관·향교·서원"이란 비전 아래 3개의 추진목표와 4개의 추진 전략을 수립했다. 추진목표는 ① 전통의 계승과 창조적 발전 ② 지역사회와 상생 및 협력 ③ 지속가능한 문화유산 보존과 활용이다. 이 목표는 계승·활용·보존·기반이란 키워드로 정리된다. 키워드에 맞춘 추진전략은 [계승] 전통의 계승과 현대적 재창출, [활용] 이용 활성화를 통한 지역·사회적 가치 확산, [보존] 체계적 보존관리 및 시설 현대화, [기반] 지속 발전을 위한 제도 정비 및 인프라 구축 등이다.

구체적인 전략과제와 세부과제, 그리고 세부과제별 주요사업을 보면 다음 〈표 3〉, 〈표 4〉와 같다.

---

19) 문화체육관광부(2024), 『성균관·향교·서원 전통문화 발전 종합계획 수립 연구』, 성균관대학교 산학협력단.

20) 문화체육관광부(2025), 『제1차 성균관·향교·서원 전통문화 계승·발전 종합계획(2025~2029)』.

〈표 3〉 전략과제 및 세부과제 내역

추진전략	전략과제	세부과제	소관부처
[계승] 전통의 계승과 현대적 재창출	1.고문헌 자료·의례절차 아카이빙 및 표준화 추진	1-1.기록유산아카이빙 1-2.의례·전통예절 계승 1-3.석전대제 계승·발전	문체부 국가유산청
	2.유교문화의 현대적 활용 및 대중화	2-1.전통의례 현대화 2-2.유교문화 콘텐츠 제작 2-3.유교문화 교육인력 양성 2-4.유교자원의 재해석	문체부
[활용] 이용 활성화를 통한 지역·사회적 가치 확산	3.유교와 전통적 가치 활용 교육 강화	3-1.유교아카데미 운영 강화 3-2.청소년 교육 강화 3-3.프로그램 다변화	문체부
	4.지역 향교·서원 관광자원화를 통한 유교적 가치 제고	4-1.향교•서원 활용 문화관광 4-2.해설사 양성 및 운영 4-3.향교·서원 스테이	문체부·국가유산청 문체부 국가유산청
	5.유교문화 축제 등 다양한 행사를 통한 유교가치 확산	5-1.유교문화축전 5-2.전국유림지도자대회 5-3.유교박람회	문체부
	6. 지역 유교문화 콘텐츠 개발 및 활용 확대	6-1.유교문화체험시설 활용 확대 6-2.유교문화체험시설 구축 6-3.충청유교문화권 광역관광개발 6-4.지역행사 활용 지원	문체부 지자체
[보존] 체계적 보존관리 및 시설 유지·보수	7.성균관·향교·서원 문화유산 관리 강화	7-1.향교·서원 상시 개방 지원 7-2.국가유산지킴이 7-3.협력체계 구축	문체부·국가유산청 국가유산청 국가유산청
	8.전통유산 계승·보존 인력 강화	8-1.청년유사 양성 및 운영 8-2.관리 능력 향상	문체부 국가유산청
	9.유교문화 원형 발굴 및 보존	9-1.예학서 보존 9-2.한국고문헌종합목록 서비스	문체부 문체부
	10.체계적 시설 유지·보수	10-1.주요 향교·서원 유산 개보수 10-2.재난안전 관리 지원	국가유산청 국가유산청

추진전략	전략과제	세부과제	소관부처
[기반] 지속 발전을 위한 제도 정비 등 기반 강화	11.체계적·효과적 지원을 위한 실태 파악	11-1.기초조사 11-2.심층조사	문체부
	12.향교·서원 운영 지원을 위한 법적근거 명확화	12-1.법개정 12-2.조례 제정	문체부 문체부·지자체
	13.지속발전을 위한 학술행사 및 국제교류	13-1.정례 학술행사 개최 13-2.주제별 세미나 개최 13-3.국제 네트워크 구축	문체부
	14.효율적 지원을 위한 협력 체계 구축	14-1.협의체 구성 14-2.부처 협업 14-3.협력 강화	지자체 등 문체부·교육부 문체부
	15.인적·행정적 지원을 통한 기반 강화	15-1.문인력 양성 15-2.종합정보 서비스 제공	문체부

〈표 4〉 세부과제별 주요사업 내역

세부과제	통합 사업
1-1.기록유산아카이빙	• 성균관·향교·서원이 보유한 문집, 의례 문서, 사진, 영상 등 기록유산의 디지털 아카이브 구축('25~) -(예학DB구축) 예학자료 조사·연구, 원문 DB화, 국역·영인본 책자 발간 및 대국민 온라인 서비스 개발('25~'27) -(유교자료 아카이빙) 훼손·멸실 위기의 문중·서원·향교 전통 기록 유교 자료(책자, 목판 등)를 권역별(영남, 호남, 충청, 강원)로 수집·조사·정리 및 아카이빙
1-2.의례·전통예절 계승	• 지역별·가문별 차이가 있는 전통 생활예절 및 제향 절차의 표준안 구축 -문중 제례 간소화 연구 및 표준안 마련('25년~) -관혼상제 복식·기물 복원 및 기록('27~)
1-3.석전대제 계승·발전	• 국가무형유산인 석전대제 이수자 배출을 통해 세대 간 전승 기반 마련('25~)
2-1.전통 의례 현대화	• 복잡한 의례를 간소화하고 현대적으로 재해석하여 시범 운영. 지역 문화체험, 외국인 정착 지원 프로그램 등과 연계. 표준안 시연, 홍보 행사, 소셜미디어 등을 통해 확산

세부과제	통합 사업
2-2.유교문화 콘텐츠 제작	• 예학 대중화를 위한 스토리텔링 콘텐츠(만화) 제작·보급('25~'27) • 공자 등 유교 인물의 가르침을 현대적으로 해석한 교육 콘텐츠 제작('25~) • 퇴계 언행 교육 동영상(유튜브) 제작 및 서비스('22~'25.8)
2-3.유교문화 교육인력 양성	• 유교철학, 전통예절, 교수법 등 교육 프로그램 개발·운영. 성균관 주관으로 교재 개발, 인증서 발급, 강사 풀 관리 등 체계적 관리('27~)
2-4.유교 자원의 재해석	• 전수조사 후 , 전통예절, 인성교육, 놀이문화, 건축물 등 유교 자원을 연구하여 현대적 활용 방안(사회갈등 치유 등)도출('29~)
3-1.유교 아카데미 운영 강화	• 지역 향교·서원 및 전국 온라인 교육 대상 확대 추진
3-2.청소년 교육 강화	• 기존 유교 활용 청소년 인성교육 지속, 한자교육 질 제고(전문교육 이수 강사 지원, '25~). 인성교육 담당 강사 대상 이론 및 실습교육 실시('25~)
3-3.프로그램 다변화	• (연령별) 청소년 체험학습, 성인 교양강좌. (대상별) 국내 거주 외국인(다문화 가정 등) 정착 지원 프로그램, 가족 대상 프로그램. (주제별) 포은 충효정신, 퇴계 철학 등 기관별 특화 프로그램 개발
4-1.향교·서원 활용 문화관광	• 향교·서원과 주변 유적지를 연계한 '유교인문학 여행' 프로그램 운영('25년~ 전국민 확대). 국가유산청 및 문체부의 관련 사업 유기적 연계
4-2.해설사 육성 및 운영	• 성균관·향교·서원 전문 해설사 체계적 양성 및 운영('25~).
4-3.향교·서원 스테이	• 서원 숙박 체험 및 인근 유적지 탐방, 인문·문화해설 투어 진행('25년, 24개소)
5-1.유교문화 축전	• 'K-유교문화 축전'(한시백일장, 서예대전, 공연 등) 개최. 석전대제, 유생 체험 등 연계 확대.
5-2.전국 유림 지도자 대회	• 유림의 사회공헌 및 유교가치 실현을 위한 행사(전통혼례, 특강 등) 진행
5-3.유교 박람회	• 축전과 연계하여 지역 향교·서원 문화관광자원 소개를 위한 'K-유교문화 박람회' 개최 추진

세부과제	통합 사업
6-1.유교문화체험시설 활용 확대	• 기존 영남권 4개 시설에서 충청권(논산), 전라권(정읍) 등으로 교육·연수 프로그램 지원 확대('27~)
6-2.유교문화체험시설 구축	• 무성서원 유교수련원('24), 고산서당 전통문화교육관('26) 건립 지원 등 인프라 확대
6-3.충청유교문화권 광역관광개발	• 대전·세종·충북·충남 권역 관광시설 조성(체험 시설, 과거길 등 34개) 및 진흥(관광상품 개발 등 13개) 사업 지원('19~'28)
6-4.지역행사 활용 지원	• 지자체별 향교·서원 공간 활용 행사(한시 백일장, 교육 강좌, 전통성년례 등) 개최
7-1.향교·서원 상시 개방 지원	• 비지정 유산까지 돌봄사업을 추진하고 문화해설사를 배치하여 상시 개방 유도
7-2.국가유산 지킴이	• 청년유네스코 세계유산 지킴이 등 자원봉사 활동을 통해 국민의 자발적 참여 유도.
7-3.협력체계 구축	• 지자체와 시설 유지, 프로그램 운영 관련 예산·인력 협의 체계 지속
8-1.청년유사 양성 및 운영	• 고령화 문제 개선 및 후속세대 육성을 위해 청년유사 양성, 교육 후 문화관광 프로그램 기획·운영 담당.
8-2. 관리능력 향상	• 국가유산 돌봄사업 종사자(약 750여명) 대상 모니터링, 일상관리, 경미 수리 기법 등 전문 교육 실시. 해설사, 전통의례 지도사 양성 후 광역 단위 배치
9-1.예학서 보존	• 한국 예학서 원문 DB화 및 번역('23~'27)
9-2.한국고문헌종합목록 서비스	• 향교·서원 고문헌 발굴·조사, 원문DB 구축 및 대국민 서비스 제공
10-1.주요 향교·서원 유산 개보수	• 국가지정·등록 유산 보수정비('25년 18건, 73.5억) 및 세계유산 '한국의 서원' 9곳 보존관리('25년 13건, 9억) 지원.
10-2.재난안전관리 지원	• 소방, 방범, ICT, IoT 등 방재인프라 구축·개선. 안전경비원 배치('25년 21개소 75명) 및 재난방지시설 유지관리
11-1.기초조사	• 향교·서원의 관리·보존·활용 현황 등 전반적 실태 조사 실시('26 향교, '27~'28 서원)
11-2.심층조사	• 필요시 개별 향교·서원의 운영 현황, 인프라, 역량 등 심층조사 추진

세부과제	통합 사업
12-1.법 개정	•「성균관·향교·서원법」 개정(제3조 개정 또는 제11조 신설)을 통해 향교·서원 운영비의 재정적 지원 근거 마련('26).
12-2.조례 제정	• 법 개정 후, 지자체가 자체 지원할 수 있도록 표준조례안 마련 및 확산('26~)
13-1.정례 학술행사 개최	• 국내외 유교 연구자 초청, 'K-유교문화'의 현대적 의미 등 논의
13-2.주제별 세미나 개최	• 예학 세미나, 퇴계학 국제학술대회(격년) , 충청권 향교자료 세미나('25) 등
13-3.국제 네트워크 구축	• 중국, 대만, 일본 등 해외 유교 연구기관과 공동 연구 및 학술 네트워크 구축('26~)
14-1.협의체 구성	• 문체부, 국가유산청, 지자체, 유관기관, 전문가 등 참여 협의체 구성('25~). 지역주민·시민단체 중심의 지역협의체 운영('25~)
14-2.부처 협업	• 문체부가 개발한 인성교육 프로그램을 교육부가 초·중등 학교에 안내·홍보
14-3.협력 강화	• 성균관-향교·서원 간 네트워크 구축, 운영 지침 개발, 프로그램 인증, 공동 연수 추진. 성균관이 지역 거점 향교를 지정하여 프로그램 개발 및 사업 관리('27~)
15-1.전문인력 양성	• 전통의례 지도사, 복식·기물 관리자, 의례 해설사 등 전문인력 양성('25~ 해설사, '27~ 지도사 등 확대) - 표준 교재 제작, 교육 콘텐츠 제작, 교육·연수 및 워크숍
15-2.종합정보 서비스 제공	• 성균관·향교·서원 종합정보(보유 자료, 체험활동 등) 제공 사이트 구축(기초조사 후 '29~ 추진). 유관기관 정보 서비스와 연계 다양한 정보와 콘텐츠 제공

위 표의 내용을 추진전략별로 살펴보면 다음과 같다.

첫째, 〈전통의 계승과 현대적 재창출〉 전략은 유교문화의 생태적 복원 및 현대적 적용을 핵심으로 한다.

이를 위해 성균관·향교·서원이 보유한 고문헌, 의례문서, 유교목판 등 기록유산에 대한 디지털 아카이브를 구축하고, 예학서 15종의 DB화와 19권의 국역 번역을 추진한다. 한국국학진흥원 등 권역별 기관을 통해 유교 자료를 체계적으로 수집·정리한다. 전통 의례의 표준화도 핵심과제로 설정되었다.

지역별·가문별로 분산된 생활예절 및 제향 절차에 대한 표준안을 마련하고, 관혼상제의 복식·기물을 복원한다. 국가무형유산인 석전대제는 이수자 배출을 통해 세대 간 전승 기반을 구축한다.

현대적 재창출 측면에서는 전통 의례의 간소화 연구를 통해 지역 향교·서원 프로그램과 외국인 대상 유교문화 프로그램에 적용한다. 예학 만화, 공자 등 유교 성현의 교육 콘텐츠, 퇴계언행 동영상 등을 제작·보급하며, 유교문화 교육인력 양성 프로그램을 개발하고 성균관 중심의 체계적 관리 시스템을 운영한다.

〈전통의 계승과 현대적 재창출〉 전략은 보존과 활용의 균형을 추구했다는 점에서 의의를 지니나, 디지털화 및 표준화 중심의 접근이 전통문화의 지역적 다양성을 약화시킬 우려가 있다. 또한 예학의 현대적 적용이 교육콘텐츠 개발 차원에 국한될 가능성도 존재한다.

둘째, 〈이용 활성화를 통한 지역·사회적 가치 확산〉 전략은 교육·관광 연계를 통한 사회적 확산을 핵심으로 한다.

교육 부문에서는 유교아카데미를 확대하고, 청소년 인성교육 및 한자교육을 강화한다. 교육 대상을 청소년에서 일반 시민, 외국인, 다문화 가정으로 확장하며, 연령별·대상별·주제별 프로그램을 다양화한다. 관광자원화를 위해 향교·서원 공간을 문화체험관광 자원으로 개발한다. 유교인문학 여행 프로그램은 향후 전국민 대상으로 확대하며, 2025년부터 전문 해설사를 양성하고, 24개소에서 서원 스테이형 프로그램을 운영한다.

'K-유교문화 축전'과 전국유림지도자대회를 개최하며, 2027년부터는 'K-유교문화 박람회'를 추진한다. 지역 콘텐츠 개발을 위해 영남권 중심 지원을 충청권·전라권으로 확대하고, 무성서원 유교수련원(2024년), 고산서당 전통문화교육관(2026년) 등 체험 인프라를 확충한다.

〈이용 활성화를 통한 지역·사회적 가치 확산〉 전략은 유교문화를 지역의 문화·경제 자원으로 재해석했다는 점에서 의의가 있으나, 프로그램의 질적 차별화 없이 단순 체험에 그칠 경우 전통의 관광상품화라는 한계에 직면할

위험이 있다.

셋째, 〈체계적 보존관리 및 시설 유지·보수〉 전략은 물리적·인적 관리 기반 구축을 핵심으로 한다.

성균관·향교·서원은 대부분 목조건축물로 구성되어 재난·노후·훼손의 위험에 노출되어 있다. 이에 따라 국가유산 돌봄사업을 전국 1,300여 개소로 확대하고, 문화해설사를 배치하여 향교·서원의 상시 개방을 유도한다. 또한 국가유산지킴이 자원봉사 활동 및 홍보·행사를 통해 일반 국민의 자발적 참여를 유도한다.

인력 운영 측면에서는 향교·서원의 고령화된 운영구조를 보완하기 위해 청년유사(儒士) 제도를 도입한다. 청년유사에게 실무능력 및 국가유산 활용 역량을 배양하는 교육을 실시한 후, 소속 향교·서원의 문화관광 프로그램 기획·운영을 담당하게 한다. 또한 국가유산 돌봄사업 종사자 약 750여 명에게 국가유산 모니터링, 일상관리, 경미한 수리 기법 등에 대한 전문교육을 실시하여 관리 능력을 향상시킨다.

유교문화 원형 발굴 및 보존 측면에서는 한국 예학서 원문의 DB화 및 번역을 통해 예학자료를 체계적으로 보존하고, 향교·서원 고문헌 소장자료를 발굴·조사하여 한국고문헌종합목록 서비스를 제공한다.

시설 정비 부문에서는 2025년 기준 서울 문묘·성균관 해체보수, 수원향교 대성전 정밀실측 등 국가지정유산 보수정비 18건에 73.5억 원을 투입하며, 9개 한국의 서원에 대한 보존관리 사업으로 13건 9억 원을 지원한다. 또한 소방, 방범, 전기(ICT) 인프라 및 IoT 시스템 구축, 전문인력 현장 배치 등을 통해 재난안전 관리를 강화한다.

〈체계적 보존관리 및 시설 유지·보수〉 전략은 실질적 관리 기반을 마련한다는 점에서 평가되나, 사업의 상당 부분이 기존 국가유산청 사업의 연장선에 머물러 혁신성은 다소 미흡하다. 또한 보수·관리와 활용 단계 간 연계 전략이 불명확하다는 한계가 있다.

넷째, 〈지속 발전을 위한 제도 정비 등 기반 강화〉 전략은 행정·법적 기반 및 협력체계 구축을 핵심으로 한다.

우선 성균관·향교·서원의 국가유산적 가치와 관리·보존·활용 현황을 확인하기 위해 2026년부터 2028년까지 3개년에 걸쳐 기초조사를 실시하며, 필요시 심층 조사를 추진한다. 법적 근거 마련을 위해 2026년 「성균관·향교·서원법」을 개정하여 운영비 지원 근거를 확보하고, 지자체 표준조례안을 마련·보급한다. 정례 학술행사를 개최하고, 중국·대만·일본의 연구기관·단체 등과 협력하여 'K-유교문화'의 의미를 논의한다. 예학 세미나, 퇴계학 국제학술대회 등 주제별 세미나를 운영하며, 유교문화권 및 서구권 연구자 네트워크를 구축한다.

협력체계 구축을 위해 문화체육관광부, 국가유산청, 지자체, 전문가 등이 참여하는 협의체를 구성하고, 지역별로는 지역주민·시민단체·전문가로 구성된 지역협의체를 운영한다. 교육부와 협업하여 인성교육 프로그램을 초·중등 학교에 안내·홍보한다. 성균관과 향교·서원 간 네트워크를 구축하여 의례, 예산 운영, 교육 방식을 표준화하고, 2027년부터 성균관에서 지역별 거점 향교를 지정하여 사업을 관리한다. 전통의례 지도사, 복식·기물 관리자, 해설사 등 전문인력을 양성하며, 성균관·향교·서원 종합정보 사이트를 구축하여 관련 정보를 통합 제공한다.

〈지속 발전을 위한 제도 정비 등 기반 강화〉 전략은 제도적 안정성을 담보하지만 법 개정 및 조례 제정의 지연 가능성과 중앙-지방 간 역할 분담 불명확으로 협력체계의 실효성 확보가 관건이다.

이상에서 살펴본 《제1차 성균관·향교·서원 전통문화 계승·발전 종합계획》은 기존의 보존 중심 정책에서 활용 중심 정책으로의 패러다임 전환을 시도하고 있다. 유교문화를 사회적 자산으로 재해석하여 지역·세대 간 연계 구조를 제시하고, 문화유산 관리·교육·관광·제도를 유기적으로 융합한 접근을 통해 종합문화정책의 성격을 구현하였다.

그러나 본 계획의 실효적 작동을 위해서는 몇 가지 과제가 남는다. 첫째는 실효성 확보가 필요하다. 계획의 대부분이 기존 사업의 확장에 그치고 있으며, 구체적 성과지표 및 평가체계가 부재하다. 중앙-지방-기관 간 역할분담 및 예산연계 구조를 명확히 해야 한다. 둘째는 자생력 강화가 시급하다. 현재 향교·서원 운영은 정부보조금에 대부분 의존하며, 자체 수익 창출 및 지역사회 참여 기반이 미약하다. 장기적으로는 지역재단 또는 협동조합 형태의 운영모델 도입이 검토될 필요가 있다.

셋째는 콘텐츠 경쟁력 확보가 관건이다. 유교문화가 단순한 전통교육 또는 관광체험에 국한되지 않고, 현대 사회의 윤리·철학·문화산업과 연결되기 위해서는 스토리텔링, 미디어 융합, 학문적 재해석이 병행되어야 한다. 마지막으로 인력의 지속성 확보가 요구된다. 청년유사 및 전문인력 양성사업이 일회성으로 종결되지 않기 위해서는 인증제·보수교육제 등 장기적 관리체계가 마련되어야 한다.

이번 종합계획은 향교·서원을 박제된 유산이나 닫힌 공간이 아닌, 실제 운영 인력과 예산을 갖춘 살아있는 문화 거점으로 탈바꿈시키기 위한 구체적인 청사진이다. 그 실질적 성과는 계획의 실천력과 지역의 실행력에 달려 있다. 그렇기에 이 계획들이 단순한 행정적 선언을 넘어 유교문화가 현대 사회 속에서 윤리적·문화적 자원으로 재탄생하는 계기가 될 수 있을지 지속적 관찰과 평가가 요구된다.

한편 국가유산청에서 진행하고 있던 향교·서원 문화재 활용 사업은 점차 변화하여 2022년부터 정보통신기술(ICT)를 활용한 실감 콘텐츠 개발을 지원하였다. 이것은 증강현실(AR), 가상현실(VR), 혼합현실(MR), 확장현실(XR), 메타버스(Metaverse), 인공지능(AI), 사물인터넷(IoT), 드론, 미디어아트 등을 활용하여 해당 문화재에 내재된 역사적 의미와 가치를 가장 효과적으로 전달할 수 있는 정보통신기술(ICT)을 선택하여 콘텐츠를 구성하는 사업이다.

실제 이러한 사회적 변화를 반영하여 두 법령에 의해 수립된 수립 종합계획에는 정보통신기술(ICT)을 활용해 콘텐츠를 구성하는 사업이 포함되었다. 정보통신기술(ICT)을 활용해 제작된 다양한 콘텐츠와 이를 구현한 통합 플랫폼의 구축은 누구나 서원문화를 간접적으로 체험할 수 있도록 할 것이다. 이것은 공간의 제약을 사라지게 하여 국내외 어디에서도 한국 서원문화를 접할 수 있으며, 현실에서 공간과 비용 문제로 구현하지 못하는 전통서원의 다양한 모습을 유기적으로 연결하여 경험할 수 있다.

즉 정보통신기술(ICT)은 각 지역 서원의 정체성을 더욱 선명히 보일 수 있고, 나아가 한국 서원의 특수성과 보편성을 전 세계에 전달할 수 있다. 이를 통해 글로컬 인문공간으로서 한국 서원의 위상을 제고하는 데 일조할 것이다.

Ⅲ. 서원문화 콘텐츠 및 스토리텔링 활용 사례

1. 서원의 인문정신 기반 콘텐츠화

국가유산청은 지역에 담긴 의미와 가치를 개발하여 지역민들에게 문화향유의 기회를 늘리고, 문화유산 본래의 가치와 진정성을 계승하고자 2008년부터 '지역 국가유산 활용사업'을 진행하고 있다. 특히 '향교·서원 문화유산' 관련 사업은 2014년에 시작하여 지금에 이르고 있다. 이 사업은 인문학 강좌를 통한 인성교육, 전통의례를 익히는 예절교육, 국악 및 클래식 음악회, 무용·연극 등 민속공연 등으로 구성되어 있다.[21] 처음 38건으로 시작하여 점차 확대되다가 2025년에는 90건이 선정되었다. 이 가운데 서원 활용사업은 34건으로 확인된다.[22]

21) 문화재청(2013), 『향교·서원 활용 운영모델 제시 및 기본계획 수립 연구』, 컬처앤로드 문화유산활용연구소, 91~97쪽 ; 문화재청(2018), 『지역문화재 활용사업 10주년 계기 자생력 강화방안 연구 최종보고서』, 11~12쪽.

22) 문화재청의 2025년 우리고장 국가유산 활용사업 '향교서원 국가유산 활용사업' 목록 참조.(행정자료 2025년 7월 8일자)

〈표 3〉 2025년 서원 활용 사업 목록

연번	시도	시군구	서원명	사업명
1	대구	북구	구암서원	서원! 빗장을 열다
2	광주	광산구	월봉서원	달의 정원 월봉서원
3	광주	광산구	무양서원	무양 in the city
4	대전	서구	도산서원	도산서원으로 떠나는 라온마실
5	경기	김포시	우저서원	통(通)하는 김포유생, 장원급제요!
6	경기	용인시	충렬서원/양지향교	선비정신, 용인에서 꽃 피우다
7	경기	포천시	용연·화산서원/포천향교	We are the 포천 선비
8	강원	동해시	용산서원	용산서원 문화정원으로 New學(유학) 가자
9	강원	영월군	창절서원	창절서원, 과거의가치에서미래를열다
10	충북	청주시	신항서원	신항서원 휴休·식識시대
11	충남	공주시	충현서원/박약재	충현을 담은 꿈꾸는 서원
12	충남	공주시	충절사	“명탄서원” 공주를 추로지향으로 꿈꾸다
13	충남	금산군	금산향교/용강서원	錦山, 일일청한(一日淸閑) 일일선(一日仙)하고
14	충남	논산시	연산향교/죽림서원	예(禮)와 충(忠)을 찾아 떠나는 역사기행
15	충남	논산시	노강서원	가문의 영광 노강서원
16	충남	부여군	창강서원	꽃피는 부여 창강에 돌아온 추포 황신
17	충남	서산시	송곡서원	송곡서원에서 별이야기를 하다
18	전북	부안군	부안향교서원	조선의 마지막 선비, 간재 전우(田愚)를 만나다!
19	전북	임실군	주암·영천서원/임실향교	어이~ 유생(儒生)! 유생(乳生)!
20	전남	순천시	순천향교/옥천서원	순천, 하늘의 이치를 따르다
21	경북	구미시	동락서원	동락서원나들이 - 조선선비들의 롤모델 엿보기
22	경북	문경시	근암서원	구비구비 아홉구비 출발! 근암서원
23	경북	상주시	옥동서원	사적지 옥동서원에서 옛 선현 따라하기
24	경북	성주군	회연서원	조선 선비들의 자연찬가 - 회연서원에서 무흘구곡을 노래하다!!

연번	시도	시군구	서원명	사업명
25	경북	성주군	성주향교/청천서당	사람냄새 풍기는 성주향교 만들기 프로젝트 - 성주향교 인성사랑[愛] 캠프
26	경북	안동시	묵계서원	꼬마도령의 놀이터 묵계서원
27	경북	안동시	도계서원/만대헌	도계의 열두마당 세시이야기
28	경북	영주시	영주 의산서원	선비꽃이 피었습니다!
29	경남	김해시	월봉서원/일신재	번개막은 선비, 지구를 구하라 - 월봉그린감성학교 -
30	경남	밀양시	밀양향교/예림서원	밀양 향교! 천년의 역사를 잇다
31	경남	의령군	덕곡서원	덕곡에 매화(梅花)를 꽃피우다!
32	경남	진주시	가호서원	북관대첩, 가호서원
33	경남	함안군	서산서원/함안·칠원향교	함안의 풍류, 예(藝)에 노닐다.
34	경남	함양군	청계서원	해후500 탁영의 선비정신을 담다

또한 2025년 세계유산 활용 프로그램 사업에 '한국의 서원' 9개소 중 8개소의 프로그램이 선정되었다.[23)]

〈표 4〉 2025년 세계유산 활용 프로그램 한국의 서원 선정 사업

연번	시도	시군구	사업명
1	경남	함양군	(남계서원) 백세청풍 남계별곡
2	경북	경주시	(옥산서원) 풍월무변 - 자연을 사랑한 옥산선비
3	경북	안동시	(병산서원) 서원건축의 백미 만대루
4	경북	안동시	(도산,병산서원) 세계유산 '도산·병산서원' 활용프로그램
5	경북	안동시	(도산서원) 도산에서 퇴계처럼
6	경북	영주시	(소수서원) 소수서원 필리아
7	대구	달성군	(도동서원) 예로부터 선비처럼
8	전남	장성군	(필암서원) 세계유산 필암서원 활용프로그램
9	충남	논산시	(돈암서원) 禮 힐링캠프

23) 문화재청의 2025년 세계유산, 세계기록유산 홍보지원 및 활용프로그램 사업 선정 결과 참조.(행정자료 2024년 9월 19일자)

2025년도에 시행하는 총 43개의 서원 프로그램은 전통문화체험, 지역역사와 문화재 연계, 지역문화재 연계 및 선비문화체험, 전통문화체험 및 선비문화체험, 제향인물 스토리, 서원의 건축구조와 경관 등을 활용하는 것으로 기획되었다. 주요 체험 대상은 어린이와 청소년이지만 기본적으로 전 연령층을 아우르고 있다. 각 서원마다 프로그램 주제는 다르지만 서원의 교육적 기능을 현대적으로 재해석하여 서원 공간과 주변 문화유산을 활용한 교육·체험을 통해 전통문화와 현대문화의 향유(享有)라는 공통점을 가지고 있다. 실제 이러한 프로그램의 확산에는 초창기 서원 활용프로그램의 성공적 사례가 있었기에 가능하였다.

1) 서원 활용 우수사업 사례와 특징

광주 월봉서원(2014~2016), 안동 묵계서원(2016~2018), 청주 신항서원(2021~2023) 등은 3년 연속 서원 활용 프로그램 우수사업에 선정되어 '명예의 전당'에 등재된 곳이다. 2024년도에는 광주 무양서원, 밀양향교·예림서원 등이 우수사업으로 선정되었다. 특히 광주 월봉서원은 2020년에 문화체육관광부로부터 '지역문화 대표 브랜드 대상'을 받았고, '선비의 하루', '살롱 드 월봉', '꼬마철학자 상상학교' 등의 프로그램이 370여 개의 국가유산 활용 사업 중 가장 뛰어난 사례로 꼽혀 2024년 '국가유산 활용사업 대표 브랜드 10선'에 선정되어 향후 3년간(2025~2027) 별도의 공모 절차 없이 국가유산청의 사업비와 홍보 지원을 받게 되었다.[24)]

현재 진행되고 있는 모든 서원의 활용 프로그램은 월봉서원 사례를 벤치마킹하여 지역의 현실에 맞춰 운영하며 일부 프로그램을 신설한 정도이다. 월봉서원은 지자체(광산구청), 문중, 마을주민, 프로그램 수행단체(광주문화

---

24) 국가유산청 보도자료 "국가유산청, 2025년 우리고장 국가유산 활용사업 355건 선정"(2024년 9월 19일자) 참조.

나루, 고대문화재연구원)가 서로 협업하고, 지자체 전문위원과 수행단체 사이 세부 프로그램 개발을 통해 문화재 활용 사업, 유교 아카데미 사업 등을 진행하면서 전국적 명소로 발전하였다. 이러한 성공 사례는 매우 드문 경우로서 전통문화자원의 활용에 대한 관심이 증가하던 2010년 중반 이래로 주요 연구 대상이 되었다.[25)]

월봉서원은 고봉 기대승(奇大升, 1527~1572)의 학문과 덕행을 추모하기 위하여 1578년(선조 11)에 건립한 망천사(望川祠)가 전신이다. 기대승은 퇴계 이황과 사단칠정(四端七情) 논변을 통해 자신의 학문적 지평을 넓혔고, 율곡 성리학에도 많은 영향을 미쳤다. 망천사는 1654년(효종 5)에 '월봉서원(月峯書院)'으로 사액되었고, 1671년 덕산사에 제향되었던 박상(朴祥)과 박순(朴淳)을 옮겨와 제향하고, 1683년(숙종 9)에 김장생(金長生), 1769년(영조 45)에 김집(金集)을 배향하였다. 1871년(고종 8) 대원군의 서원철폐령으로 훼철되었다가 1941년 현재의 위치에 강당을 새로 짓고, 1978년 사당과 장판각, 내삼문, 외삼문을 건립하여 1991년 현재의 모습을 갖추었다.

원내 건물로는 망천문, 기숙사(존성재, 명성재), 빙월당, 장판각, 정안문, 숭덕사 등이 있으며, 2010년 이후 교육체험관, 이안당(다시茶時 카페), 안내소(해설사 배치)의 편의시설을 갖추고, 다양한 교육 문화 프로그램을 운영하고 있다. 2025년 현재 '달의 정원, 월봉서원'이란 주제로 기존의 브랜드 프로그램과 함께 다양한 음악회와 고품격 맞춤 워크숍 프로그램을 진행하고 있다.[26)]

---

25) 월봉서원 관련 사례연구로는 다음이 대표적이다. 전준산(2017), 『문화유산의 지속가능한 관광자원화 방안연구 - 소수서원과 월봉서원 비교관점에서 -』, 배재대학교 관광축제호텔대학원 석사학위논문 ; 백옥연(2022), 『지역 인문문화자원으로서 서원의 활용에 관한 연구 - 광주 월봉서원을 중심으로 -』, 전남대학교 대학원 석사학위논문 ; 오승주(2023), 「서원의 공간적 특징과 활용 프로그램 운영 방안 - 광주광역시 소재 서원을 중심으로 -」, 『호남학』 75, 전남대학교 호남학연구원.

26) 〈표 5〉, 〈표 6〉, 〈표 7〉은 월봉서원 통합예약시스템(https://apply.wolbong.org)을 참조하여 정리하였다.

〈표 5〉 2025년 광주 월봉서원 활용 프로그램

프로그램	기간	대상	인원	내용	비고
선비의 하루	4~11월 (15회)	일반·가족 ·단체	40~60	선비의 하루 체험 (유생복, 활쏘기 체험 등)	브랜드 등록
살롱 드 월봉	4~11월 (6회)	가족·일반	40~60	기후위기 대응 인문토크, 체험	브랜드 등록
꼬마철학자학교	4~11월 (6회)	초등·가족	40	놀이와 예술로 배우는 어린이 철학 및 체험	브랜드 등록
월봉로맨스	4~11월 (2회)	가족·단체	40	관객 참여형, 장소별 테 마가 있는 연극	브랜드 등록
자경야담	4~11월 (5회)	누구나	40	LP로 듣는 힐링 음악 프 로그램	
달의 정원 음악회	4~11월 (2회)	시민·단체	100	퓨전국악, 클래식 등 역 사문화공연	
다시,茶時카페	4~10월 (매주금 ~일)	누구나	-	차문화 체험 및 다도체 험, 전통민속놀이	이안당 다시카페
색다른 워크숍 '고봉다움 고봉다음'	3~11월 (10회)	단체·기업	-	고품격 인문워크숍, 맞 춤형 워크숍 프로그램 제공	사전예약

이외에도 유교문화의 가치를 재조명하고 지역사회에 널리 알리기 위한 유교문화 활성화 사업의 일환으로 전통과 현대를 잇는 교육·체험 프로그램을 통해 유교문화의 깊이를 경험할 수 있도록 운영하고 있다.

〈표 6〉 2025년 유교문화활성화 사업 프로그램

프로그램	기간	대상	인원	내용	비고
서원아카데미	4~11월 (각11회)	호남학에 관심있는 시민· 연구자	30	호남학 인문학 강좌	호남학당
서원강학회			30	옛 선비 공부 모임	호남학당
문화예술공연			30	고봉시 창작가곡 공연	호남학당
서원답사			30	고봉 기대승 사적지 답사	호남학당

월봉서원의 성공 사례는 같은 지역에 위치한 무양서원 활용 사업에도 적용되었다. 광주 광산구 도심 속에 위치한 무양서원(武陽書院)은 주민과 학생들의 일상 속 살아 숨 쉬는 국가유산으로 각광 받고 있다.[27)]

〈표 7〉 2025년 광주 무양서원 활용 프로그램

프로그램	기간	대상	인원	내용
무양에서 만난 어의 - 思全약방문	4~11월 (16회)	유아~청소년 가족·일반인·외국인 등 단체	30명	무양서원 배향인물 고려시대 어의 최사전 체험 활동
무양, 청년선비	4~11월 (17회)	유아~청소년 가족·일반인·외국인 등 단체	30명	무양서원의 배향인물, 공간 구성, 생태를 스토리텔링으로 엮은 프로그램(다양한 미션을 통한 무양서원 탐방, 표해록 그림자극 직접 상연)
무양, 백세별곡	4~11월 (10회)	65세 이상	20명	어의, 최사전의 학문을 통해 배우는 건강 프로그램
무양, 다(多)누리 사랑방	4~11월 (5회)	사회취약계층, 외국인	30명	사회취약계층 및 외국인 대상 국가유산 답사 프로그램

무양서원은 1927년 탐진최씨 문중이 최씨와 관련된 인물들을 제향하기 위하여 건립하였다. 사당인 무양사에는 어의 최사전(崔思全), 『표해록』을 쓴 최부(崔溥)를 비롯한 최윤덕(崔允德), 유희춘(柳希春), 나덕헌(羅德憲)을 제향하고 있다.[28)] 이들의 스토리를 체험으로 풀어낸 '사전약방문', '무양, 청년선비', '무양, 백세별곡', '다누리 사랑방' 등의 프로그램은 아이, 어른, 외국인 등 누구나 즐길 수 있도록 운영하고 있다. 그 결과 서원의 보편적 가치를 보급하고, 시민들의 호응을 얻은 점을 높이 평가 받아 국가유산 활용사업 향교·서원 분야에서 2년 연속(2023~2024) 우수사업에 선정되었다.[29)]

---

27) "광주 광산구, 국가유산 활용사업 '2관왕'…무양서원·월봉서원 가치 재발견"(프레시안, 2024년 12월 24일 기사)

28) 담장 밖의 사세오위단에는 최사전과 그의 조부 최철(崔哲), 부 최정(崔靖), 아들 최변(崔弁)·최열(崔烈)[최효인(崔孝仁)] 형제 등 탐진최씨 4대 5명의 비석을 세워 추모하고 있다.

한편 배향인물의 스토리를 활용한 뮤지컬, 공연, 음악회 등의 프로그램은 다른 서원에서도 활용되고 있다. 2024년 우수활용 사업에 선정된 밀양향교·예림서원의 '천년의 역사를 잇다'는 현대생활 속 사라져가는 전통문화에 대한 관심을 유도하고, 동시에 문화체험의 기회를 부여하여 지역 관광자원화를 도모함으로써 전통 인문정신을 계승한다는 목적으로 진행하고 있다.[30]

예림서원(禮林書院)은 조선전기 사림파의 종장(宗匠)이자, 무오사화로 부관참시를 당하였던 점필재(佔畢齋) 김종직(金宗直, 1431~1492)을 추모하기 위하여 1567년(명종 22) '덕성서원(德城書院)'으로 처음 창건되었다. 당시 퇴계가 직접 상향축문을 짓고, 지명을 따라 지었던 덕성서원이라는 명칭을 바꾸어 '점필서원(佔畢書院)'이라는 친필 편액을 걸게 하였다.[31] 1669년(현종 10) 사액을 받은 후 1678년(숙종 4)과 1680년(숙종 6)의 화재를 계기로 현재의 삽포(鈒浦)로 이건하였다. 이후 1871년(고종 8) 대원군의 서원 훼철령으로 철폐될 때까지 밀양의 교육과 향론을 대표해왔다.

밀양향교는 경주·진주향교와 더불어 규모가 크기로 유명하다. 약 1100년경에 창건된 것으로 전해지는 밀양향교는 임진왜란 당시 소실되었다가 1602년(선조 35)에 중건하였다. 현전하는 대성전(大成殿)은 1821년(순조 21) 중수하여 현재까지 이어지고 있다. 조선시대 국학과 사학을 대표하는 향교와 서원의 현대적 활용은 역사와 교육 문화적 전통에 기반하여 진행되어야 한다. 특히 밀양의 양 기관은 규모가 커서 이 공간을 활용한 다양한 프로그램의 운용이 가능하다는 장점이 있다.

'천년의 역사를 잇다'라는 사업명은 밀양향교에서 시작하여 예림서원을 거

29) 국가유산청 보도자료 "올해의 국가유산 활용 우수사업 20건 선정해 시상"(2024년 12월 19일자).

30) 밀양향교·예림서원의 〈천년의 역사를 잇다〉는 지역의 기획자와 예술가 간 협업을 통해 지역의 역사적 인물을 다룬 뮤지컬이 좋은 평가를 받아서 우수사업에 선정되었다.(국가유산청, 『보도자료』, 2024년 12월 19일자 참조)

31) 장동표(2007), 「예림서원의 건립 중수와 김종직 추숭 활동」, 『역사와 경계』 64, 부산경남사학회, 12~24쪽. 이하 예림서원의 연혁은 이 논문을 참고하여 정리했다.

쳐 오늘날까지 이어지는 시간과 공간을 의미한다. 주요 프로그램은 '천년의 인물을 기리다!', '천년의 숨결을 느끼다.', '천년의 지혜를 새기다!', '천년의 풍습을 깨우다!'로 구성되어 있다.[32] 대표 프로그램인 '천년의 인물을 기리다'는 지역 문화예술인이 중심이 된 공연과 전시로서 일반인과 외국인을 대상으로 한다. 제향자인 김종직을 주제로 한 공연과 뮤지컬 그리고 전시전이다. 공연과 뮤지컬은 예림서원의 넓은 중정에서, 점필재전은 밀양향교에서 진행된다.[33]

'천년의 지혜를 새기다'는 선비학당, 선비문화탐험대, 국가유산활용 기획자 양성 교육 등으로 구성되어 있다. 김종직의 도학사상을 주제로 한 인문강좌와 그의 삶을 재조명하고 발자취를 찾아 떠나는 인문학 산책 외에도 국가유산활용 기획자의 역량과 전문성 강화를 위한 교육을 통해 국가유산활용 방안을 강구하고 있다. '천년의 풍습을 깨우다'는 어린이와 수험생을 대상으로 세시풍습을 전통놀이로 체험하고, 향음주례를 통해 수험생들을 대상으로 음주문화를 바로잡고, 예절의 중요성을 되새기는 프로그램이다. 이들 프로그램은 예림서원과 밀양향교에서 교대로 진행된다.

또한 '천년의 숨결을 느끼다'는 국가유산의 보존에 기여하기 위한 청소·관리·환경정비 등의 플로깅 프로그램이다. 우리 문화유산을 단순히 향유하는 것뿐만 아니라 미래세대를 위해 보존·관리하는 중요성을 직접 체험할 수 있다. 밀양향교와 예림서원, 표충서원, 혜산서원 등에서 진행된다. 이처럼 밀양의 서원·향교 활용 프로그램은 단순히 문화유산의 관광·체험뿐만 아니라

32) 조나리(2023), 『스토리텔링을 통한 서원문화유산 활용방안』, 단국대학교 대학원 석사학위논문, 35~38쪽. 이하 내용은 이 논문과 2025년 예림서원·밀양향교에서 간행한 〈향교·서원 문화재 활용사업〉 팜플렛을 참고함.

33) 2025년 5월 31일과 6월 8일에 '천년의 인물을 기리다'라는 주제로 예림서원과 밀양향교에서 전시·뮤지컬·공연이 진행되었다.(아시아투데이, 2025년 6월 2일·8일자 기사) 5월 31일에는 예림서원에서 「점필재전」과 뮤지컬「점필재 아라리」가 개최되었고, 6월 8일에는 밀양향교에서 「선비풍류」공연이 진행되었다. 이들 뮤지컬과 공연, 전시는 모두 점필재 김종직, 기녀 운심 등 지역의 인물·자원·역사를 주제로 지역민이 직접 기획하고 출연했다.

문화유산의 관리와 활용 방안을 높이기 위한 공연과 체험, 교육을 추가하여 지속가능성을 제고하려는 노력을 실천한 것이 특징이다.

실제 최근에는 천편일률적인 선비문화체험 내지 전통문화체험 프로그램을 지양하고, 서원의 교육적 기능을 현대적으로 해석하여 활용하는 사례가 증가하고 있다. 그 모범적 사례 중 하나가 안동 묵계서원이다. 안동 묵계서원은 청백리로서 청렴과 강직함으로 존경받았던 보백당 김계행(金係行, 1431~1517)을 제향한 곳이다. 인근에는 그가 공부하며 만년을 보냈던 만휴정(晩休亭)과 보백당 종택이 위치해 있다.

묵계서원에서는 2014년부터 현재까지 "꼬마도령의 놀이터 묵계서원"이란 주제로 사업을 계속 이어오고 있다. 이 사업은 5세 어린이를 대상으로 한 특화 프로그램(사계절 놀이터:미술놀이·꼬마선비체험·전통음악체험·전래놀이·묵계 인형극)으로서 서원 외에도 만휴정과 종택 및 주변의 자연경관을 어린이들의 놀이 공간으로 활용하여 전통문화에 흥미를 가질 수 있도록 구성한 참여형 놀이 프로그램이다.[34] 묵계서원은 이 프로그램으로 향교·서원 문화재 활용사업 3년(2016~2018) 연속 우수사업에 선정되어 2018년 명예의 전당에 오르기도 했다.

최근에는 어린이와 부모, 사회적 약자 계층을 대상으로 한 특별 프로그램도 운영하고 있다. 대체로 특별 프로그램은 사회적 이슈와 시의성에 따라서 기획되어왔다. 일례로 '친친 프로젝트'는 다채로운 맞춤형 체험을 통해 자아존중감 증진과 문화욕구 충족을 위한 이웃사랑 실천 프로그램이다. 같은 마을 주민, 종부(宗婦), 동창 등 공통점을 가진 사람들간의 친목을 더욱 두터이 하는 데 일조하였다.

또한 청소년을 대상으로 원어민 선생님과 영어로 만나는 묵계서원 'About 묵계서원', 성인지 감수성 발달을 위한 체험형 성교육 프로그램 '소중해 성(性) 귀중해 성(性)' 등도 확인된다. 영어 교육 열풍과 함께 서원에서 경학이 아닌

---

34) 미래문화재단 향교서원문화재 사업(http://www.gbculture.org) 참조.

영어를 교육하고, 사회적으로 성 문란으로 인한 문제가 심화됨에 따라 남녀 어린이와 부모를 대상으로 올바른 성교육을 주제로 삼았던 것이다. 이런 특별 프로그램은 서원을 생기 넘치는 문화·교육 공간으로 활용하여, 서원의 설립 목적인 교육과 교화의 역할을 현대적으로 재해석한 것이라고 할 수 있다.

이외에도 한국 서원의 세계유산적 가치를 확산·향유하기 위한 프로그램도 지속적으로 발굴하고 있다. 2025년 경주 옥산서원은 '풍월무변-자연을 사랑한 옥산선비'라는 주제로 옥산서원의 건축물과 경관이 가진 세계유산적 가치와 선비문화를 경험할 수 있는 프로그램을 운영하고 있다.[35] 또한 안동 도산서원은 '도산에서 퇴계처럼'이란 1박 2일의 서원 스테이 프로그램을 운영하는 데 서원에서 일상적으로 진행되었던 유생들의 교육 방법과 의례를 직접 체험할 수 있다.[36] 이들 양 서원의 프로그램은 한국 서원의 건축과 경관, 강학과 의례라는 세계유산으로서 탁월한 가치를 각각의 프로그램으로 표현한 것이 특징이다.

이상과 같이 성공한 서원 활용 사업에서는 다음의 몇 가지 요인이 확인된다.

첫째, 서원 활용 사업이 지속성을 갖추기 위해서는 차별화된 콘텐츠를 가

35) 옥산서원의 '갓씨구 놀자'는 서원의 내부 공간에서 주어진 미션을 수행하며, 훈장(전문 배우)과 함께 옥산서원과 선비문화에 대해 알아보는 스탬프 미션 투어 프로그램이다. 선비복 체험인 '의관정제', 차를 마시며 예절을 배우는 '옥산쉼터', 서원에 관련된 3대 명필의 이야기를 듣고 직접 체험해보는 '삼색명필', 강당인 구인당에서 옥산서원의 세계유산적 가치를 배우는 '옥산의 가치', 복제개혁만인소를 모티브로 기후변화에 대응하는 옥산서원과 세계유산의 보존 및 활용에 관한 서명운동인 '만인소'로 진행된다. '세심한 옥산데이트'는 내외국인을 대상으로 해설사와 함께 '옥산구곡' 트레킹을 진행하고, 옥산서원에 대한 설명과 다도체험, 붓글씨 체험, 국악공연을 관람하는 선비체험 프로그램이다.(신라문화원 홈페이지(https://silla.or.kr) 참조)

36) 도산서원 스테이는 서원 탐방, 강독 및 성독을 통한 퇴계 이황의 삶과 정신 학습, 서원 전통문화 체험(향알 참관) 등을 통해 참가자들의 내면을 성찰하는 시간을 제공한다. 이 프로그램은 전통 서원의 교육과 교화라는 설립 목적과 그 기능을 체득할 수 있다.(도산서원 선비문화수련원 홈페이지(https://www.dosansunbi.kr) 참조)

져야 한다. 서원 콘텐츠의 기본은 제향인과 역사성이다. 특별한 콘텐츠가 없더라도 서원 건물만 활용한 프로그램을 기획할 수 있다. 하지만 이럴 경우에는 해당 서원과 직접적 관련성이 없는 단순 체험과 관람의 형태로만 진행될 가능성이 높다. 이에 반해 월봉서원은 기대승과 사단칠정논변, 예림서원은 김종직과 무오사화, 묵계서원은 김계행과 청백리, 옥산서원은 이언적과 세계유산, 도산서원은 이황과 성리학 등 인물과 스토리를 갖추고 있다. 실제 월봉서원과 예림서원은 인물과 사건을 활용한 자체 공연 및 뮤지컬을 제작하여 큰 호응을 받고 있다. 또한 묵계·옥산·도산서원은 제향인과 연계한 건축물, 경관, 강학이라는 특화 교육 프로그램을 운영하여 여타 서원들과 차별성을 드러내고 있다.

둘째, 지자체의 적극적인 지원이다. 서원향교활용 사업 및 유교문화활성화 지원사업 등은 국가유산청과 문화체육관광부에서 지원하는 국비 사업이기 때문에 지자체 문화예술과 내지 문화관광과에서 이를 관리하고 있다. 그러나 사업의 성공과 확산, 지속성을 갖기 위해서는 단순한 행정지원을 넘어서야 한다. 광주 광산구에서는 관광육성과 내에 문화유산활용팀을 운영하며, 국가유산활용 사업 전반에 대한 사항을 전담하고 있다. 광산구는 행정지원뿐만 아니라 구내에서 진행되는 향교서원국가유산활용사업, 고택·종갓집 활용사업, 생생국가유산활용사업, 지역국가유산교육활성화사업, 유교문화활성화사업 등의 프로그램을 소개하고, 참여를 예약할 수 있는 통합예약시스템도 운영·관리하고 있다.[37] 이를 통해 지속적인 관련 사업의 홍보가 가능하고, 예약 편의성을 높임으로서 시민들의 동참률을 제고하고 있다. 나아가 편의시설의 건립도 적극지원하면서 관람객의 재방문을 유도하고 있다.

셋째, 각 지역의 문화단체가 주체가 되어 프로그램을 수행하고 있다. 지자체는 사업의 원활한 수행이 가능하도록 행정 지원을 담당하고, 문화단체는 프로그램을 실제 수행하면서 참여자들의 만족도를 높이고 있다. 프로그

37) 월봉서원 통합예약시스템(https://apply.wolbong.org)

램에 따라서 하나 내지 여러 단체가 함께 참여하기도 한다. 이때 각 단체의 역할을 조정하는 것은 지자체의 역할이다.

광주에서는 (사)광주문화나루, (재)고대문화재연구원이 향교서원국가유산활용사업의 수행단체로 지정되어 있다. 고택종갓집활용사업은 (주)루터머지와 광산문화원, 생생국가유산활용사업은 (재)문화유산마을이 담당하고, 지역국가유산교육활성화사업은 (사)광주문화나루, 유교문화활성화사업은 호남학당이 수행하고 있다. 또한 밀양 예림서원은 밀양문화관광연구소가, 안동 묵계서원은 (사)미래문화재단, 도산서원은 (사)도산서원선비문화수련원, 경주 옥산서원은 (사)신라문화원 등이 프로그램 운영을 수행하고 있다.

이처럼 지역단체에서 해당 서원의 성격에 맞춰 프로그램 기획과 수행을 함께 진행하기에 지역 문화산업의 진흥에도 기여하고 있다. 나아가 수년간 사업을 수행해오면서 축적된 경험과 피드백을 통해 프로그램 개선에도 노력을 해왔기에 매년 참여자들의 만족도가 상승하고 있다. 다만 아쉬운 점으로는 일회성 프로그램, 상시 문화재 활용 부족, 생애주기별 다양한 문화재 활용 프로그램의 기획·제공이 필요하다는 점과 일반화된 체험(유생복입기, 예절교육 등), 홍보 부족, 프로그램 기획·진행 전문인력의 부족이라는 문제점도 확인된다.[38)]

그렇기에 서원 활용 프로그램은 서원이 사회교육 공간으로서 일방적인 전통적 유교이념의 전달 및 획일화된 프로그램의 운영을 지양하고, 각 서원만의 특수성(차별성)을 발굴해야 한다. 또한 유아·청소년 외에도 전 연령층을 아우르는 구체적 프로그램 개발과 일회성 체험에서 벗어나 단계적이고, 연계성 있는 프로그램을 통해 재방문을 유도해야 한다. 이를 위해서는 지역 특성에 맞는 프로그램 기획·진행 전문인력의 확보, 관련 전문가로 구성된 자문위원회 등의 상시 운영 등 인력자원의 안정적 확보와 후속세대 양성·발굴이 필요하다.

---

38) 오승주(2023), 앞의 논문, 260~261쪽.

2. 스토리텔링 구성 및 대중 확산 사례

한국 서원문화에 내재된 양질의 인문정신문화를 국내외 일반인에게 보급하는 데는 흥미로운 이야기로 소개하는 것이 효과적이다. 이를 풀어내는 방식으로는 뮤지컬, 공연과 같은 방법도 유효하다는 것이 월봉서원, 예림서원 등의 사례에서 확인되었다. 그러나 이런 방식은 일시적, 제한적이라는 한계를 가지고 있다. 이를 극복하고 더 많은 서원에서 다양한 이야기 소재를 발굴할 필요가 있다.

서원 스토리텔링의 첫 단계로는 각 서원에 대한 기초조사가 선행되어야 한다. 기초조사의 범위는 제향인물 및 관련 유적·유물, 서원의 입지와 경관, 역사(건립·운영·사건 등), 소장 문화재, 전설·설화 등 매우 광범위하게 진행되어야 한다. 이렇게 조사된 다양한 자료는 정리·가공하여 소개·홍보해야 서원문화의 일반성과 특수성을 부각시킬 수 있고, 일반인들의 흥미를 유발하여 관람객의 증가로 이어질 수 있다. 이때 일반인에게 가장 보편적으로 접근할 수 있는 방법이 교양서의 출간이다.

일례로 한국학중앙연구원에서는 2018~2019년 '한국의 서원' 시리즈를 발간하여 한국의 인문정신문화 자산으로서 서원의 가치를 재조명하였다.[39] 이 책들은 17개 서원과 그곳에 제향된 인물의 사상과 활동을 중심으로 하면서, 철학·문학·역사·예술·민속은 물론 서원의 건축과 경제 분야까지 망라하였다. 사례로 들었던 17개 서원이 각 지역과 한국을 대표하는 곳이라는 데에는 이견이 없다. 하지만 누락된 서원 가운데 역사성과 지역의 대표성을 가진 서원이 여전히 전국에 산재해 있다. 이들 개별 서원에 대한 연구가 완료되어야

39) 당시 간행된 서적은 모두 12권으로서 2018년에 석실서원, 도산서원, 덕천서원, 옥산서원, 돈암서원, 필암서원을, 2019년에 도동서원·무성서원, 문헌서원·심곡서원·도봉서원, 회연서원, 노강서원·화양서원, 귤림서원, 소수서원·병산서원 등 세계유산에 등재된 9개의 서원과 경기·충청·영남·제주의 대표적 서원을 추가하였다.

진정한 한국 서원문화의 일반성과 특수성이 명확해질 것이다. 나아가 각 지역에서도 이들 서원을 활용하는 데 용이할 것이다.

일례로 한국국학진흥원은 '한국의 서원'이 가진 인문적 가치를 발굴하여 국내외에 홍보하고, 스토리텔링의 참고 자료로 활용하기 위하여 2024년부터 〈한국의 글로컬 인문공간, 서원〉이란 주제로 100개의 서원을 대상으로 교양서 및 도록, 홍보영상을 제작·보급하는 사업을 기획하여 추진 중이다. 서원 100선 집필의 대상이 되는 서원은 역사와 문화유산적 가치를 기준으로 선정하였다. 즉 국가의 공인을 받은 사액서원(賜額書院)으로서 현재까지 건물이 남아 있는 곳이자, 국가 및 지자체의 문화유산으로 지정된 곳을 기준으로 했다.

선정된 서원은 쉽고 재미있고 유익한 교양 학술서를 지향하고 있다. 이것은 일반화된 대중서와 차별성을 부각하기 위하여 원자료의 내용을 그대로 살려서 사료가 지니고 있는 생명력을 전달하되, 가독성을 높이기 위해 스토리와 관련된 이미지 정보를 최대한 확보하여 시각적 전달성을 높이며, 입체적 이야기 전달을 도모한다. 내용은 서원과 제향인물, 주변 경관을 대상으로 하며, 철학·문학·역사·예술·민속·건축 및 경제 분야를 망라하여 내용의 다양성과 흥미를 증대함으로써 스토리텔링의 질적 수준 향상을 높이고자 했다.

이외에도 콘텐츠 활용도를 제고하기 위하여 서원에 대해 문학·역사·철학적 조사 연구를 넘어 문헌학적, 건축학적, 인문지리적 도록을 발간하고, 한국어판을 기반으로 영문판과 e-Book을 발간하여 한국 서원 문화의 해외 보급 및 홍보도 목적으로 한다. 나아가 오늘날 트렌드에 맞춰 일반 대중의 지적·문화적 욕구를 충족시킬 수 있는 영상 콘텐츠를 제작하여 홍보 및 서원의 관광 자원화에 활용할 수 있도록 했다.

실제 2024년도에는 안동지역 서원을 대상으로 이를 진행하였고, 영상도 영문자막본을 제작하여 SNS와 유튜브를 통해 국내외에 송출하고 있다.[40)]

---

40) 한국국학진흥원(2014), 『안동의 서원』(국문판, 영문판) ; 홍보영상 (안동의 서원 ep.1~14 https://www.youtube.com/watch?v=UR4Q-Bi-W8U) 이처럼 도록과 홍보영상은 2024년 모두 제작을 완료 하였다. 그러나 개별서원의 교양서는 2024년에

〈표 8〉 안동의 서원 13선

연번	원 사 명	건립	사액	훼철	제향인	비 고
1	고산서원(高山書院)	1789		1868	이상정, 이광정	경상북도기념물 제56호
2	기양서원(岐陽書院)	1615			류휘손, 류복기	경상북도민속문화재 제17호
3	도산서원(陶山書院)	1574	1574		이황, 조목	사적 제170호, 유네스코세계유산
4	묵계서원(默溪書院)	1696		1869	김계행, 옥고	경상북도민속문화재 제19호
5	병산서원(屛山書院)	1613	1863		류성룡, 류진	사적 제260호, 유네스코세계유산
6	사빈서원(泗濱書院)	1685		1868	김진, 김극일	경상북도문화재자료 제39호
7	서산서원(西山書院)	1771		1868	이색, 이홍조	경상북도기념물 제43호
8	분강서원(汾江書院)	1613			이현보	
9	역동서원(易東書院)	1568	1684		우탁	경상북도기념물 제146호
10	임천서원(臨川書院)	1607	1618	1868	김성일	경상북도기념물 제164호
11	청성서원(靑城書院)	1612		1868	권호문	경상북도기념물 제175호
12	호계서원(虎溪書院)	1576	1676	1871	이황, 김성일, 류성룡	경상북도유형문화재 제35호
13	화천서원(花川書院)	1791		1868	류운룡, 김윤안 류원지	경상북도기념물 제163호

안동은 세계유산에 등재된 서원과 일반 서원이 국내에서 가장 많이 분포한 곳으로서 향후 관리와 활용을 위한 인문학적 정리가 필요하고, 동아시아 유교 문화권의 대표적 문화유산으로서 한국 서원의 보편성과 특수성을 집약적으로

5개 서원(도산·병산·역동·임천·고산서원)의 집필을 마치고, 2025년에 간행 예정이다. 또한 2025년에는 묵계·화천·분강·사빈·청성서원의 집필을 진행중이다.

보여주는 곳이라고 판단되었기 때문이다. 또한 선정한 안동의 서원 13개소는 조선시대 존재했던 서원 가운데 사회문화적 역할과 가치, 제향인물의 역사적 비중, 관련 기록 및 유적의 유무 등 역사적, 문화유산적 가치를 고려하였다.

그동안 서원만을 대상으로 간행된 교양서들은 많지 않으며, 이미 간행된 서적들도 서원의 정신문화적 가치, 건축, 경관 등을 중심으로 일부 서원들의 사례를 종합하여 소개하는 데 머물렀다.[41] 서원 관련 서적의 간행이 활발하지 못했던 것은 서원이 일부 전문가와 서원 관계자들만의 영역이고, 일반인에게는 여전히 닫힌 공간이자, 전통 유학만을 강조하여 현실과 괴리된 곳으로 인식되어 왔기 때문이다.

이런 인식을 전환하기 위하여 그동안 다양한 서원 활용 사업들이 진행되어 왔던 것이다. 하지만 대분의 프로그램이 단절적이고, 일시적인 체험과 관람 형식으로 진행되었기에 서원의 인문정신적 가치와 해당 서원의 스토리를 이해하기는 어려웠다. 서원에 대한 관심이 환기된 것은 2019년 한국의 서원이 유네스코 세계유산에 등재된 이후였다. 전 국민의 서원에 대한 관심이 급증하면서 세계유산에 등재된 9개 서원을 중심으로 여타 서원들에 대한 교양서들이 간행되어 한국 서원에 대한 이해도를 높였다. 특히 9개 서원에서는 다양한 축제와 학술 프로그램을 진행하면서 세계유산으로서의 가치를 홍보하였다.[42]

국회에서도 9개 서원뿐만 아니라 전국 서원·향교·성균관의 보존과 활용에 관한 법률을 제정하여 향후 관리와 활용에 대한 지원 근거를 마련하였다. 문제는 법령과 정부, 지자체의 노력에도 불구하고 일반인들이 얼마나 관심

---

41) 김희곤(2019), 『정신 위에 지은 공간, 한국의 서원』, 미술문화 ; 이종호(2019), 『유네스코 세계유산 한국의 서원』, 진한엠앤비 ; 장영훈(2005), 『조선시대의 명문사학 서원을 가다 - 우리 문화재 풍수답사기』, 도서출판 담디 ; 이상해(2002), 『서원 - 조선시대 사회문화사의 심원한 흐름을 이어 온 강학과 제향의 건축공간』, 열화당 ; 안동대학교 안동문화연구소(2000), 『서원, 한국 사상의 숨결을 찾아서』, 예문서원 ; 김봉렬(1998), 『서원건축』, 대원사 ; 최완기(1991), 『한국의 서원』, 대원사 등.

42) 9개 서원의 홍보 및 관리 등에 대해서는 '한국의 서원 통합보존관리단' 홈페이지(https://k-seowon.or.kr)를 참고바람.

을 가지고 서원을 방문할지 여부이다. 그리고 각 서원에서는 이를 위하여 대동소이한 프로그램 외에 차별화된 콘텐츠를 발굴해야 한다는 점이다. 이런 측면에서 한국국학진흥원이 진행하고 있는 서원 100선 사업은 바로 차별화된 콘텐츠 발굴의 원천 소스를 제공하는 것이라고 할 수 있다. 나아가 개별 서원에서 진행하기 어려운 홍보영상 및 도록 제작을 함께 진행함으로써 활용도를 더욱 높이고 있다.

다만 이 사업은 지역적 제약으로 한 기관이 전국을 대상으로 진행하기 어려운 것이 현실이다. 그렇기에 문화체육관광부가 주관하여 각 지역별로 사업 수행 거점 기관을 선정하여, 지역별 서원수를 고려한 사업 안배가 필요하다. 나아가 여러 기관이 참여할 경우 간행되는 교양서의 수준을 맞추기 위하여 수록될 내용의 기준과 사업 효율성 극대화를 위한 홍보 방안도 마련해야 한다. 또한 지역별로 수집된 자료와 가공된 내용을 일괄 관리하고 공개할 수 있는 플랫폼 구축도 필요하다.[43] 이를 통해 국내외에 한국 서원의 다양한 문화적 요소를 홍보하고, 나아가 여러 분야에서의 활용도도 제고할 수 있을 것이다.

Ⅳ. 맺음말

서원은 역사적으로 중요한 제향인물과 그 연관 자원들을 재구성한 관광자원으로 활용 가능성이 크다. 그동안 서원은 역사 유적으로서 공간적 특성으로서 이해하고 보존의 관점에서 접근하였다. 그 결과 많은 서원이 복원 또는 보존 기반을 구축하였으나 대중들의 접근성이 떨어지고 관리의 한계를 노출하고 있다.

43) 이와 관련하여 세계유산에 등재된 9개 서원에서도 유사한 계획을 수립하고 있어서 참고가 된다(대구광역시·충청남도·전라북도·전라남도·경상북도·경상남도·(재)한국의 서원통합보존관리단(2022), 『세계유산 '한국의 서원' 보존·관리 및 활용 시행계획(2023~2027)』, 63~86쪽).

다행히 2021년 이래로 세계유산법과 성균관·향교·서원법이 차례로 제정되면서 국내 서원이 정부와 지자체의 지원을 받을 수 있는 제도적 기반이 마련되었다. 이들 법에 의거하여 2022년 세계유산에 등재된 9개 서원의 활용계획이 수립되었고, 2025년 9월에는 성균관·향교·서원에 대한 계획이 확정되었다. 서원의 활용도를 제고하기 위해서는 서원-지자체-수행기관 등의 협업이 중요하다는 것은 그동안의 사례에서 확인되었다.

이제 지자체가 서원을 지속적으로 지원할 수 있는 법적 근거가 마련되고, 법령에 의거하여 중앙부처를 중심으로 중장기 발전계획이 수립되면서 서원의 지속가능한 활용과 발전을 위한 로드맵이 만들어졌다. 앞으로는 이를 시행할 주체와 내용 및 시행방법에 대한 구체화를 시켜야한다.

문제는 서원을 활용할 수 있는 프로그램 개발과 이를 기획·운영할 전문인력의 양성이다. 전문인력 양성은 대학의 문화유산 관련 학과에서 교과과정에 해당 부분을 운영하거나, 밀양 예림서원의 사례와 같이 자체 프로그램으로 〈국가유산활용 기획자 양성 교육〉과정을 운영하는 방안도 참고할 만하다. 그러나 가장 근본적인 것은 해당 서원이 가진 콘텐츠 요소를 발굴하는 것이다. 제도적으로 지원의 근거가 마련되었다고 하더라도 현실적으로는 예산의 범위 내에서 제한적인 지원만 가능하다. 그렇기에 특별한 콘텐츠 발굴로 경쟁력을 갖춘 서원이 우선적으로 지원을 받게 될 것이다.

이러한 서원 활용과 지원을 위한 선택과 집중의 기초단계로서 각 지역에 산재한 서원들의 기초조사가 우선 진행되어야 한다. 그 후 해당 서원과 제향인물의 역사적 위상과 수집 자료의 내용과 수준을 판단하여 서원을 선별한 후 자료정리와 콘텐츠 발굴을 진행해야 한다. 관련하여 한국국학진흥원의 '글로컬 인문공간 한국의 서원 100선' 사업이 참고가 된다. 아울러 전체 서원의 통합 관리와 홍보를 위한 플랫폼 구축을 함께 진행하여야 한다.

이러한 단계별 활용도 제고 방안은 『세계유산 '한국의 서원' 보존·관리 및 활용 시행계획(2023~2027)』에 수립되어 있어서 참고가 된다. 즉 기존의 계획에 현재 시행되고 있는 우수사례를 접목하여 문화유산이라는 명목으로 상징물로 보존되거나 문중이나 유림에 의해 겨우 제향만 이어오고 있는 서원에 새로운 활력을 넣을 수 있길 바란다.

나아가 정부·지자체의 지원을 받는 서원은 항시 개방하여 일반인과 관광객의 출입이 자유롭게 해야 한다. 서원의 공통된 폐해로 계속 지적되고 있는 폐쇄성 및 제한적 접근성은 전통문화에 대한 부정적 인식을 부식하고, 서원을 특정 가문의 소유물로 인식하여 정부·지자체의 해당 서원 지원에 대한 국민적 공감을 얻기 어렵다. 그동안 관리의 어려움 때문에 출입을 제한해 왔더라도 이제는 인식을 전환하여 개방이 주는 공공의 이익과 전통사회 서원이 가졌던 공공성을 고민해 볼 시점이다.

참고문헌

1. 단행본

김봉렬(1998), 『서원건축』, 대원사.

김희곤(2019), 『정신 위에 지은 공간, 한국의 서원』, 미술문화.

안동대학교 안동문화연구소(2000), 『서원, 한국 사상의 숨결을 찾아서』, 예문서원.

이상해(2002), 『서원 - 조선시대 사회문화사의 심원한 흐름을 이어 온 강학과 제향의 건축공간』, 열화당.

이종호(2019), 『유네스코 세계유산 한국의 서원』, 진한엠앤비.

이해준 외(2018), 『한국 서원의 전통가치와 현대적 계승』, 한국학중앙연구원 출판부.

장영훈(2005), 『조선시대의 명문사학 서원을 가다 - 우리 문화재 풍수답사기』, 도서출판 담디.

최완기(1991), 『한국의 서원』, 대원사.

한국국학진흥원(2014), 『안동의 서원』, 디자인 여백.

2. 논문

김영숙(2021), 『세계유산 한국의 서원 보존과 활용 증대 방안 연구 - 돈암서원 사례를 중심으로 - 』, 한국전통문화대학교 대학원 석사학위논문

방미영(2023), 「서원과 문화콘텐츠 : 한국 서원의 현대적 활용방안」, 『아시아태평양융합연구교류논문지』 9, 사단법인 한국융합기술연구학회.

백옥연(2022), 『지역 인문문화자원으로서 서원의 활용에 관한 연구 - 광주 월봉서원을 중심으로 - 』, 전남대학교 대학원.

손소희(2017), 『외국인의 서원 체험관광 활성화 방안연구』, 가톨릭대학교 글로벌융합대학원 석사학위논문.

이상호(2016), 「영남지역 사례를 통해 본 서원 활용 방안 제언」, 『유학연구』 37, 충남대학교 유학연구소.

이영자(2016), 「대전지역 서원 유교문화콘텐츠의 현황과 전망 - 숭현서원, 도산서원을 중심으로 - 」, 『유학연구』 37, 충남대 유학연구소.

오승주(2023), 「서원의 공간적 특징과 활용 프로그램 운영 방안 - 광주광역시 소재 서원을 중심으로 - 」, 『호남학』 75, 전남대학교 호남학연구원.

장동표(2007), 「예림서원의 건립 중수와 김종직 추숭 활동」, 『역사와 경계』 64, 부산

경남사학회.
장승호(2021), 『문화유산 체험상품의 체험속성이 문화유산 가치 인식, 지역 이미지에 미치는 영향 – 문화재청 향교·서원문화재 활용사업 중심으로 – 』, 경희대학교 관광대학원 석사학위논문.
조나리(2023), 『스토리텔링을 통한 서원문화유산 활용방안』, 단국대학교 대학원 석사학위논문.
전준산(2017), 『문화유산의 지속가능한 관광자원화 방안연구 – 소수서원과 월봉서원 비교관점에서 – 』, 배재대학교 관광축제호텔대학원 석사학위논문.

3. 보고서
대구광역시·충청남도·전라북도·전라남도·경상북도·경상남도·(재)한국의 서원 통합보존관리단(2022), 『세계유산 '한국의 서원' 보존·관리 및 활용 시행계획(2023~2027)』.
문화재청(2006), 『문화재 활용 활성화를 위한 정책기반 조성 연구』.
문화재청(2013), 『향교·서원 활용 운영모델 제시 및 기본계획 수립 연구』, 컬처앤로드 문화유산활용연구소.
문화재청(2018), 『2018 향교·문화재 활용사업 모니터링 결과보고서』.
문화재청(2018), 『지역문화재 활용사업 10주년 계기 자생력 강화방안 연구 최종보고서』.
문화재청(2020), 『문화유산 유유자적 – 2020년 지역문화재 활용사업 – 』.
문화재청(2021), 『문화재 보존·관리·활용 기본계획(2022~2026)』.
문화재청(2022), 「세계유산 보존·관리 및 활용 종합계획(2022~2026) 수립」.
문화체육관광부(2009), 『유교문화체험 프로그램 활성화 방안 연구』, 국민대학교 한국학연구소.
문화체육관광부(2024), 『성균관·향교·서원 전통문화 발전 종합계획 수립 연구』, 성균관대학교 산학협력단.

4. 기타
국가유산청, 『보도자료』(2024년 9월 19일자)
안동의 서원 홍보영상(https://www.youtube.com/watch?v=UR4Q-Bi-W8U)
월봉서원 통합예약시스템(https://apply.wolbong.org)
한국의 서원 통합보존관리단(https://k-seowon.or.kr)

지역과 연계한 서원 체험학습 교재 개발: 대구지역 초등학생 현장 체험학습을 중심으로

채 광 수

Ⅰ. 머리말

동아시아 대부분의 유학 교육기관들은 근대 교육기관으로 변모했지만, 한국의 서원은 그러지 못했다. 그러나 대원군 하야 직후부터 신·복설되기 시작한 서원은 현재까지도 진행형으로 전국에 1,000여개의 서원이 존재한다. 이들 대다수 서원은 제향과 문중 활동에 국한되거나, 2014년 국가유산청이 지원하는 '향교·서원 국가유산 활용 사업' 정도만이 활용되고 있는 실정이다. 특히 후자의 경우 프로그램들이 유사하다는 문제점을 안고 있다.

이해준 교수는 서원의 현대적 활용 가능성을 다음과 같이 제시한바 있다. ①서원의 공공성과 공익성을 되찾는 활용, ②서원 문화의 종합성을 바탕으로 각 서원별 독특한 문화의 활용, ③한국 유교문화의 다양성과 집약성 활용, ④활용을 고려한 복원 정비이다.[1] 본고는 이중 ①·②에 관련된 서원활용에 해당한다. 즉 대구지역 공교육 기관을 대상으로 독특한 스토리가 있는 서원에 대해 현실성이 있는 활용을 모색한 것이다. 이미 대구교육청에서는 지역과 연계한 인성교육과 체험학습의 대상으로 서원과의 협약을 구축한 상태에

1) 이해준(2013), 「서원문화 원형콘텐츠발굴과 특화방안」, 『전남문화』 26.

있다. 또한 대구지역에는 24개소[2]의 서원이 현존하는데, 유네스코에 지정된 도동서원, 사육신을 제향한 낙빈서원, 귀화인을 모신 녹동서원 등 콘텐츠 요소가 있는 점에서 특별함이 있다.

이에 이 글은 크게 두 갈래로 편성해 보았다. Ⅱ장은 조선시대 대구지역 서원 전반에 대해서 개관했고, Ⅲ장에서는 서원을 활용한 현장 체험학습 교재 개발을 위한 방안들을 탐색해 보았다.

“문화콘텐츠는 문화의 가치를 함께 향유하기 위해 누군가 스토리텔링으로 이야기를 창작하고 표현해 매체를 통해 소통시키는 재화나 서비스이다.”[3] 말처럼 전통시대 서원의 인문학적 자원을 현대의 교육적 가치로 활용하는 사례 연구가 되기를 기대한다.

Ⅱ. 대구지역 서원의 현황과 특징

이 장을 서술하는 목적은 대구지역 서원의 특징을 분석해 유효화소(有效話素)를 도출하기 위함이다. 조선시대 대구의 첫 서원은 1565년(명종 20)에 설립된 연경서원이다. 민간에서 기획하고 관에서 지원한 형태로 설립 된 이 서원은[4] 퇴계문인 이숙량과 전경창의 노력으로 이루어졌다. 당초 40여 칸 건물로 낙성이 되었는데 사당 공간이 존재하지 않았던 것이 특징이다. 강학이 중시되던 초기서원의 모습을 잘 보여주는 대목이다. 서원의 경제적 기반은 관(官)에서 제공했고, 퇴계는 서원이 나아갈 방향성을 묘사한 詩와 발문을 지어 보내준 대구에서 가장 역사적 의미가 큰 서원이었다. 임진왜란 때 소실이 되었다가, 1602년(선조 35) 연당(蓮堂)을, 1645년(인조 23) 인지당(仁智堂)

2) 최근 대구광역시에 편입된 군위군은 제외하였다.
3) 윤유석(2014), 『역사 이야기 스토리텔링』, 북코리아, 53쪽.
4) 구본욱(2018), 「연경서원의 경영과 유현들」, 『조선후기 낙중학의 전개와 한려학파』, 214쪽.

이 중건이 되고, 1660년(현종 1)에 사액을 받아 국학이 되었다. 완전한 서원 건축 규모는 1775년(영조 51)에 회복이 된다. 퇴계학의 중심지인 연경서원에서 강학을 기획하고 참여한 인사들은 대구 2세대 성리학자로 성장하여 지역 문풍을 주도하였다. 사후 이들을 봉안하는 서원들이 각기 설립·확대되는 매개가 되기에, 지역 서원사에서도 매우 중요한 의미를 지닌다.[5] 허나 대원군 훼철 이후 철폐되었다가 복설이 되지 못한 실정이다. 이후 대구지역에 설립된 원사의 추이와 현황을 제시하면 다음 표와 같다.[6]

〈표 1〉 조선시대 대구지역 원사 현황[7]

번호	원사명	설 립	사 액	제향인
1	연경서원[8] (研經書院)	1563년 (명종 18)	1660년 (현종 1)	이황, 정구, 정경세
2	이강서원 (伊江書院)	1639년 (인조 17)		서사원
3	표충사 (表忠祠)	1670년 (현종 11)	1672년 (현종 13)	신숭겸, 김락, 신길원(申吉元)
4	구암서원 (龜岩書院)	1675년 (숙종 1)		서침(徐沉), 서거정, 서해(徐嶰), 서성(徐渻)
5	낙빈서원 (洛濱書院)	1679년 (숙종 5)	1694년 (숙종 20)	박팽년, 성삼문, 하위지, 이개, 유성원, 유응부
6	상덕사 (尙德祠)	1682년 (숙종 8)		이숙(李翻), 유척기, 김의순(金義淳), 이존수(李存秀)
7	청백서원 (淸白書院)	1691년 (숙종 17)		이영(李榮), 정수충(鄭守忠)
8	백원서원 (百源書院)	1692년 (숙종 18)		서시립(徐時立)
9	청호서원 (靑湖書院)	1694년 (숙종 20)		손조서(孫肇瑞), 손처눌, 류시번(柳時藩), 정호인(鄭好仁)

5) 구본욱(2022), 「연경서원의 설립과 위상 및 의의」, 『서원학보』 제10호, 121쪽.
6) 조선시대 대구의 행정 구역을 기준으로 하였다.
7) 이병훈(2005), 「경상도 書院·祠宇의 건립추이와 제향인물의 성격」, 영남대학교 대학원 석사논문에서 인용했다.

번호	원사명	설 립	사 액	제향인
10	남강서원 (南岡書院)	1694년 (숙종 20)		박한주(朴漢柱), 박수춘(朴壽春)
11	덕동서원 (德洞書院)	1708년 (숙종 34)		우현보, 우배선
12	용호서원 (龍湖書院)	1708년 (숙종 34)		도성유(都聖兪), 도여유(都汝兪), 도신수(都愼修)
13	화암서원 (華巖書院)	1727년 (영조 3)		백인관(白仁寬), 백문연(白文蓮), 백용채(白龍采)
14	민충사 (愍忠祠)	1737년 (영조 13)		황선(黃璿)
15	오천서원 (梧川書院)	1744년 (영조 20)		양희지
16	계림사 (桂林祠)	1755년 (영조 31)		최치원
17	용강서원 (龍岡書院)	1764년 (영조 40)		허득량(許得良), 허복량(許復良)
18	병암서원 (屛巖書院)	1764년 (영조 40)		도응유(都應兪), 도경유(都慶兪)
19	금암서원 (琴巖書院)	1764년 (영조 40)		정사철(鄭師哲), 정광천(鄭光天)
20	서계서원 (西溪書院)	1781년 (정조 5)		이문화(李文和), 이주(李輈)
21	유호서원 (柳湖書院)	1784년 (정조 8)		채응린
22	녹동서원 (鹿洞書院)	1789년 (정조 13)		김충선
23	옥계서원 (玉溪書院)	1798년 (정조 22)		서균형(徐鈞衡), 서변(徐忭)
24	봉산서원 (鳳山書院)	1799년 (정조 23)		손린(孫遴)
25	동천서원 (東川書院)	1820년 (순조 20)		최흥원
26	서산서원 (西山書院)	1824년 (순조 24)		채귀하(蔡貴河), 채선수(蔡先修)

번호	원사명	설 립	사 액	제향인
27	평천사 (平川祠)	1836년 (헌종 2)		최인(崔認), 최동보(崔東輔), 최계(崔誡)
28	한천서원 (寒泉書院)	1847년 (헌종 13)		전이갑(全以甲), 전의갑(全義甲)
29	인흥서원 (仁興書院)	1866년 (고종 3)		추수경(秋水鏡), 추적(秋適)

먼저 계량적인 측면을 간략히 짚어보면, 조선시대 대구지역에 설립된 원사는 총 29개소로 조사되었고, 이중 사액서원이 3개소[서원 2·사우 1]이다. 시기별로는 16세기 1개소, 17세기 9개소, 18세기 14개소, 19세기 5개소이다. 위 표의 대다수 서원은 사우에서 서원으로 승격한 것이 여러 곳이다. 이는 숙종 대 후반부터 서원 신설 금지령이 강화되자, 서당·영당·精舍·書舍 등을 짓거나 기존 시설을 승원(陞院)시키는 방식이 보편화했기 때문이다. 18세기 이후 등장하는 문중서원의 경우에는 대개가 그러했다.

가령 달성서씨 중흥조로 여말선초 활동한 서침(徐忱)[9]을 모신 구암서원을 예를 들어 설명하면 명확히 알 수 있다. 1665년(현종 6)에 연귀산(連龜山)[10] 서남쪽 옛 의국(醫局) 자리에 숭현사(崇賢祠)를 지어 추모했다가, 1675년(숙종 1)에 기존 숭현사를 구암서원으로 승격했다. 이때 사헌부 지평 조시원(趙時瑗)에게 봉안문을 부촉해 승격의 의미를 부여했다. 1717년(숙종 43)에 서침이 살았던 남산동으로 이건한 뒤 문중의 유명 인사를 차례로 추향했다. 1718

8) 연경서원 別祠(1707년 建) : 전경창, 이숙량.

9) 서침은 1424년(세종 6)에 달성에 군사 시설의 필요성이 제기되면서 세거지를 달성에서 다른 곳으로 이전하도록 하고 보상책을 논의하였다. 당시 서침은 보상을 사양하는 대신에 고을 백성들이 세금을 감해 줄 것을 청했다고 한다. 세종은 서침의 성의를 가상히 여겨 이를 허락하고 특별히 蓮信池[현 영선시장 자리], 新池[현 서문시장] 일대의 토지에 대한 조세 수취권과 더불어 南山古驛[전 남산병원 일대]과 東山 일대의 땅을 하사하고 관리로 특채하였다.

10) 현재 현 대구초등학교 위치이다.

년(숙종 44) 좌찬성 서거정[1420~1488]을, 1741년(영조 17) 판서 서성[徐渻, 1558~1163]을, 1757년(영조 33) 서성의 아들이자 이황의 문인 서해[徐嶰, 1537~1559]를 위패를 모셨다. 이는 원사 제향인의 유형에서도 재차 확인이 된다. 지역 공론으로 설립된 연경서원을 논외로 하면, 문중인사[23]가 압도적이며 나머지 충절인[4], 기타[1]로 편제되어 있다.

다음은 대구지역 원사의 특징에 대해서 일별해 보자. 첫 번째 여타의 지역처럼 문중서원의 비중이 상당하다. 문중 인사의 경우에는 입향조 또는 파조·의병장·학자·효자 등이 모셔져 있다. 이를 다시 가문별로 세분하면, 대구지역을 대표하는 토성답게 달성 서씨가 4개소로 가장 많다. 이어 경주 최·성주 도·인천 채·일직 손씨 각 2개소, 김해(우록) 김·김해 허·동래 정·밀양 박·옥천 전·인천 이·중화 양·추계 추씨 각 1개소씩을 차지하고 있다. 김해 허씨와 추계 추씨 외에는 모두 조선 후기 대구지역 향안에 등재되어 있으면서 향촌 사회에서 주류에 있던 문중이다.[11]

두 번째, 대구는 17세기 초반 감영이 설치된 이래 서인계에서는 자파 세력을 감사로 파견해 세력을 부식하려는 노력을 기울였다.[12] 그 결과 대구는 영남 내에 송시열 문인 배출이 두드러진 동시에 17세기 중반 이후 서인계가 비교적 일찍부터 활동을 시작하게 된다. 원사 현황에서도 이 같은 사정이 반영되어 있는데, 대구지역 서원의 성격을 엿볼 수 있는 대목이다. 〈표 1〉에서 3·6·11·14·17·22·28번이 확실한 서인계 원사에 해당한다.[13] 서인계 원사는 문중서원과 생사당계열로 구분할 수 있다. 전자를 대표하는 원사는 한천서원이다. 왜냐하면 대구지역 서인계의 출발이 이 서원을 경영하던 옥천 전씨 문중인 까닭이다. 가창에 세거한 옥천 전씨는 원래 남인계였으나 전유장이 서인계 감사에게 천거되는 1663년(현종 4)을 기점으로 하여 지역 내 서인이

11) 『大邱鄕校鄕案續修錄』.

12) 신주엽(2019), 「17~18세기 대구 사족 沃川全氏의 서인계 儒疏 활동과 院宇 건립」, 『민족문화논총』 72, 227쪽.

13) 달성 서씨, 밀양 박씨, 인천 채씨 가문의 지파에서도 서인계 가문이 존재한다.

본격적으로 출현한다. 이후 옥천 전문은 월배의 단양 우씨, 무태의 능성 구, 연경의 인천 채씨와 혼인을 매개로 자파 세력을 확충해 나갔다.[14] 이들은 옥천 전문을 위시하여 이들 간에 형성된 연계망으로 영남 서인계 원사의 시초라 할 수 있는 서인계 감사를 제향하는 생사당인 상덕사를 1682년(숙종 8)에 창건했다. 송시열이 상덕사로 命名했고, 김장생의 현손 김진규가 편액을 쓴 가운데, 예식문자는 민진후가 지어 보냈다. 중앙 서인세력의 관심과 지원 속에서 설립이 된 것이다.

이어 1728년(영조 4) 무신난 진압 이후 노론의 정치적 입장을 천명한 상징물로서 '평영남비(平嶺南碑)'와 순절한 경상감사 황선을 봉안한 민충사가 대구에 세워지는 바탕이 되었다. 이렇게 대구에서 서인세력이 대두된 데에는 남인계였던 옻골의 경주최씨를 논외로 하면 향론을 주도할 만한 남인 세력이 부재한 상황도 간과할 수 없었다.[15]

한편 후삼국시대 공산전투에 순절한 신숭겸 등을 향사하는 표충사는 당색과 무관하지만, 1706년 중건과 사우 경영에 옥천 전씨가 관여했다.[16] 가창 행정리에 있는 한천서원이 옥천전씨 문중이 소유한 것이다. 인근에 있는 녹동서원의 경우에는 임란 귀화인 김충선이 입사(立祀)된 서원이지만 지역 노론계의 후원으로 세워졌고, 후손들도 기호학을 계승했다.[17]

세 번째, 대구지역에서 명확한 남인계 서원은 2·9·18·24·25를 들 수 있다. 앞의 3곳은 정구의 제자를 모신 서원이다. 만년에 대구에 정착한 정구는 이 지역에 퇴계학을 심화 시킨 학자라는 점은 이미 잘 알려진 사실이다.[18] 그래서 연경서원에 추향이 되고, 그가 고종한 사수동 사양서원에 제향 된 까닭도 여기에 있다. 이강서원은 정구의 고제인 서사원의 강학처인 선사재(仙

14) 구본욱(2018), 앞의 논문.
15) 채광수(2019), 「18세기 영남지역 노론계 서원 연구」, 영남대학교 박사학위논문.
16) 신주엽(2019), 앞의 논문, 249~250쪽.
17) 김학수(2016), 「한 日本人의 朝鮮定着과 社會文化的 적응 양상」, 『대동학문학』 46.
18) 홍원식(2020), 「녹봉정사와 조선중기 낙중학의 전개」, 『한국학논집』 78, 144쪽.

査齋)를 사후 서원으로 발전시킨 것이다. 후학들은 양현을 추모하는 사업의 일환으로 1766년(영조 42) 이락서당(伊洛書堂) 창건을 통해 결속을 다진다. 이때 참여한 9개 문중이 대구지역의 남인계를 지향한 가문으로 볼 수 있다.[19)]

청호서원의 주인 손처눌은 젊을 때에는 전경창을, 후에는 정구를 스승에게 수학하며 학문적 역량을 키웠다. 임란이 발발하자 의병장으로 활동했으며, 임란 이후 피폐해진 지역 사회를 부흥시키는 주도적 위치에 있었다. 특히 그의 행보 중에 주목되는 것은 정인홍의 회퇴변척에 대해 「부정척사문(扶正斥邪文)」을 지어 직접적으로 비판하는 등 이 시기 대구에서 남인의 색목을 가장 선명히 표출하였다. 그리고 스승 정구를 연경서원에 추향한 일도 그의 작품이었다. 반면 서사원의 연경서원 추향은 반대 입장을 고수하며 지역 사림과의 갈등이 노정되었다. 이러한 손처눌의 행보에 대구지역 가문에서는 채몽연의 인천 채씨, 도경유의 팔거 도씨, 최동집의 경주 최씨 등이 동조했다.[20)] 청호서원은 제시한 앞의 여러 남인 가문의 도움으로 손처눌이 40여 년간 강학한 영모당(永慕堂)을 청호사(靑湖祠)로 개칭한 뒤 승격한 것이다. 봉산서원은 손처눌의 숙부를 모신 공간이다.

병암서원은 정구와 서사원 문하에서 공부한 도응유·경유 형제의 제향처로, 이들은 퇴계학을 가학(家學)으로 삼은 성주 도씨 문중의 일원이다. 이 문중은 현실적 유연성과 실천성을 겸비한 문중으로 익히 알려져 있다.[21)] 진사 도응유는 정묘호란 때 정경세의 소모장(召募將)이 되어 활약했고, 생원 도경유는 병자호란 당시 쌍령전투(雙嶺戰鬪)에 참전했으나 화약 사고로 패전의 책임을 지고 유배 가던 중 사망했다.[22)] 이 서원은 1625년(인조 3) 도경유가

---

19) 9개 문중이 참여했는데 성주 도씨 15명, 光州 이씨 1명, 함안 조씨 2명, 밀양 박씨 1명, 전의 이씨 3명, 일직 손씨 1명, 순천 박씨 2명, 달성 서씨 2명, 廣州 이씨 3명이다.

20) 김형수(2006), 「17세기 초 대구사림의 형성과 분화 - 손처눌의 '慕堂日記'를 중심으로 - 」, 『역사교육논집』 36권, 288~296쪽.

21) 장윤수(2019), 「17세기 대구지역 성리학과 星州都氏 문중의 성리학자들」, 『퇴계학논집 』 25.

세운 낙음정사(洛陰精舍)에서 시작되어 1675년(숙종 1) 병암서당으로 변모했다가, 1785년(정조 9)에 서원 격상과 동시에 도응유를 추향하였다.

동천서원은 18세기 대구의 명유(名儒) 최흥원을 제향한 문중서원이다. 최흥원은 평생 옻골에 머물며 영남을 넘어 근기의 저명한 남인계 학자들과 교류를 했고, 100여명 넘는 제자를 양성했다. 그는 다종의 성리서를 남겼고, 51년간 쓴 『역중일기』는 이 시기 양반의 생활 문화와 지역 사회의 동향을 보여주는 유의미한 기록물이다.

네 번째, 본고에 다루고자 하는 활용적 측면에서 역사·문화 콘텐츠가 내재된 서원은 어떤 곳이 있을까? 사육신을 모시고 있는 낙빈서원, 공산전투 이야기의 주인공 신숭겸의 표충사, 현대적 활용이 잘 이루어지고 있는 구암서원, 임진왜란 귀화인을 모신 녹동서원, 배롱나무와 은행나무로 유명한 서계·한천서원을 꼽을 수 있다. 실제 이들 서원은 대구지역 학교 현장체험 학습지로 자주 방문한 곳이기도 하다.

이상 조선시대 대구지역에 존치한 서원에 대해 개관과 특징을 살펴보았다. 그렇다면 현존하는 대구지역의 서원을 오늘날 어떠한 활용 방안이 있을 수 있을까? 필자가 고민한 방안은 학교와 협력한 체험활동에 주목했다.

교육계에서의 체험활동은 교과 활동과 상호 보완적인 관계에 있는 교육과정으로 최근 활동 범위가 확대되었다. 2022년 개정 교육과정에서는 교과(군)와 더불어 창의적 체험 활동을 20% 범위 내에서 시수를 증감을 허용하여 학교 교육과정 편성·운영의 자율성이 강화되었기 때문이다.[23] 따라서 교실 밖 체험활동에 대한 수요가 증가하고 있는 양상이다. 대구교육청에서는 현장체험학습 코스개발 자료집을 제작해 홈페이지에서 이를 제공하고 있다. 그러나 이 자료집은 전국을 대상으로 코스를 기획한 것으로 현장체험 학습이 주로 당일치기로 수행된다는 점에서 무리가 있다.[24] 그래서 효율적인 체

22) 후일 이 화약 폭발사고가, 그전에 죄를 지은 裨將 朴忠謙를 斬首한 일이 있었는데, 그의 아들이 화풀이로 한 소행임이 밝혀져 승지로 추증되었다.

23) 교육부(2024), 『2022 개정 교육과정 편성·운영 톺아보기』, 12쪽.

험학습 운영을 위해서는 학교 인근의 문화유산과 연계한 코스를 개발하고, 사전 교육을 실시해 학습 효과를 높이는 방안이 필요하다. 그 하나의 방안으로 전통시대 학교인 서원을 현장체험 학습장으로 삼고, 사전학습 교재를 만들 것을 제안한다. 특히 서원은 단순히 공부만이 아니라 전인적 인재 양성에 목표로 했다는 고려할 때 대구교육청이 지향하는 인성교육의 방향에도 부합한다.

> 자신의 내면을 바르고 건전하게 가꾸고, 타인·공동체·자연과 더불어 살아가는 데 필요한 인간다운 성품과 역량을 신장시키기 위하여 검증된 인성교육 필요[25]

> 단위 학교의 인성교육 자율성 강화로 학교 현장에서 보다 쉽게 접근할 수 있는 실천적이고 다양한 인성교육 자료 개발 및 제공 필요[26]

서원은 대구교육청의 '지역연계 인성교육 체험학습' 교육과정과 연계할 예절 및 전통체험으로 바른 인성을 함양하는 프로그램의 장으로 기능할 수 있는 셈이다.

Ⅲ. 서원을 활용한 현장 체험학습 교재 개발

서원을 활용한 체험학습 자료의 개발을 위해서는 다음 몇 가지 사항들이 전제가 될 필요가 있다. 먼저 사료의 정확성과 신뢰성에 근거하여 소개해야 한다. 그렇지 않을 경우 학습자에게 오해를 줄 수가 있고, 지역의 역사와 문화를 왜곡할 수 있는 큰 문제가 발생한다.

그리고 교육적 목적에 충족해야 한다. 사전 학습 자료는 학습자의 이해를

---

24) 대구교육청(2015),『현장체험학습 코스 개발 자료집』.
25) 교육부(2020),『인성교육진흥법』 제2조.
26) 대구교육청(2023),『2024 대구인성교육 시행 계획』.

돕기 위한 것이다. 따라서 자료의 내용은 교육 목표와 일치해야 하며, 학습자의 학습 수준에 맞춰 구성하는 것이 기본이다. 이는 단순한 정보 나열이 아닌, 학습자가 적극적으로 참여하고 사고할 수 있는 방식으로 만들어야 한다는 말이다.

그 다음은 현장 탐방과 연계될 수 있도록 현장 방문 시 학습자가 주의 깊게 관찰하거나 질문할 수 있는 내용 및 사전 준비에 도움을 줄 수 있는 내용이 내재되어 있어야 한다. 아울러 학습자들이 주도적으로 참여할 수 있게 특정 역사적 사건에 대한 토론 주제나, 문화유산에 대한 조사 과제 등을 제시하여 학습자들이 능동적인 참여를 유도한다.

이러한 요소들을 바탕으로 교재에 수록될 내용은 앞서 언급한 서원 중 낙빈[육신사]·녹동·서계서원을 중심으로 스토리텔링 - 교사용 교재 - 학습용 활동지 3종의 개발을 제안한다.

1. 서원 스토리텔링 자료

역사를 이야기할 때 정확한 사실과 현상을 전달하는 것이 중요하지만, 단순한 정보 전달만으로는 대중의 관심을 끌기에는 애로점이 있다. 최근 역사를 소재로 스토리텔링 작업이 다방면에서 진행되고 있다.[27] 역사 스토리텔링이란 채록자 자신의 문식을 가미하여 새롭게 변주하는 창의적 구성 활동 방식을 의미한다. 전통시대에는 일연의 『삼국유사』가 그 대표적인 예라 할 수 있고,[28] 현대에는 사극·뮤지컬·대중서 등 역사를 소재로 한 거의 모든 장르가 그 범주에 속한다.

본고에서는 낙빈, 녹동, 서계서원에 대해서 인물, 학문, 문화에 주안점을 두고 역사 스토리텔링을 진행한다.

27) 윤유석(2014), 『앞의 책』, 65쪽.
28) 이기표(2016), 『삼국유사 - 스토리텔링의 실타래 -』, 연중출판사.

1) 낙빈서원[육신사]

낙빈서원은 사육신을 모신 서원으로, 박팽년의 후손 순천박씨 가계에서 세우고 운영하는 곳입니다. 박팽년의 후손들은 어떻게 이 지역과 인연을 맺게 되었을까요?

박팽년의 둘째 며느리인 성주 이씨는 남편이 사육신 사건으로 화를 입은 후, 친정이 있는 달성 하빈(河濱)[29]으로 내려왔습니다. 이곳에서 아들을 낳은 그녀는 아이의 이름을 '박비(朴婢)'라고 지었어요. 이는 박씨 성을 가진 노비라는 뜻으로, 아들이 박팽년의 후손임을 숨기고 안전하게 자라길 바라는 마음이 담겨 있습니다.

세월이 흘러, 박비의 이모부인 이극균(李克均)이 그에게 자수(自首)를 권유했습니다. 이에 박비와 어머니는 서울로 올라가 자수를 했고, 성종 임금은 박비를 불쌍히 여겨 '일산(壹珊)'이라는 이름을 하사하며 사면하였습니다.

이렇게 해서 박팽년의 직계 후손은 명맥을 이을 수 있었지요.

육신사와 나란히 서 있는 낙빈서원

육신사와 함께 자리한 낙빈서원은 박팽년의 6대손 박계창(朴繼昌)이 신비한 일을 겪으며 점차 그 모습을 갖추게 되었습니다. 선조의 제삿날 밤이었어요. 박계창은 꿈속에서 선조들과 함께 서 있는 사육신의 모습을 보았습니다. 그는 이 일을 매우 신기하게 여겼고, 자신의 집 사당에 사육신을 함께 모시기로 결심했지요. 이 소식을 들은 하빈의 저명한 학자 정구(鄭逑) 선생은 이렇게 조언했습니다.

"사당에서 사육신을 모시는 것은 옳지 않습니다."

이에 박계창은 새로운 사당을 짓기로 결심했습니다. 1675년(숙종 1), 박계창은 사당에서 멀지 않은 곳에 하빈사(河濱祠)라는 별묘(別廟)를 세우고 사육

29) 초등학생이 대상이기 때문에 국한문 병기를 원칙으로 한다.

신을 모셨습니다.

사육신을 향한 기리는 마음

그러나 1869년(고종 6), 흥선대원군의 서원훼철령으로 인해 서원이 철폐되었고, 사육신의 위패는 서원 뒷산에 매장되었습니다. 그렇게 오랜 시간이 흘렀지만, 사육신을 기리는 전통은 완전히 사라지지 않았습니다. 1974년, 낙빈서원 인근에 새롭게 육신사가 건립되면서, 사육신을 향한 기억과 존경의 마음이 다시 이어질 수 있었습니다.

이 이야기는 우리에게 조상을 기리고 기억하는 것이 얼마나 중요한지를 알려줍니다. 박계창이 사육신을 모셨듯이 우리도 우리의 역사와 선조들의 뜻을 소중히 여기며 살아가는 것이 중요하답니다.

p.s 육신사에 자리한 사육신기념관에서 별운검이 되어보세요. 여러분이 XR체험존에서 별운검이 되어 사육신과 함께 수양대군의 음모를 저지하세요!

2) 녹동서원

“엄마, 우리 반에 다문화 있어. 걔랑 짝이 되면 어떡해?”

엄마는 고개를 갸웃하시며 묻습니다.

“그게 무슨 말이야?”

나는 다문화가정의 아이가 있다는 뜻으로 말했는데, 엄마는 바로 이해하지 못하신 것 같아요. 어떻게 설명해야 엄마가 쉽게 알아들으실까요?

뭐라고 해야 할지 한참 고민하는데, 엄마가 뜻밖의 말씀을 하십니다.

“대구에 마네키네코가 있는 서원이 있는데, 엄마랑 한번 가볼래?”

마네키네코라면… 손을 까딱까딱 움직이며 귀엽게 웃는 그 고양이잖아요! 초밥집에서 본 것 같은데… 서원에 웬 마네키네코람?

녹동서원에 도착하면, '복고양이'로도 불리는 마네키네코(招き猫, まねきねこ)가 우리를 반겨줍니다. 귀엽게 웃으며 손을 흔드는 고양이를 보며, 다들 같은 생각을 하지요. "서원에 웬 고양이람?"

마네키네코가 손을 들어 반기는 이곳은 한국과 일본이 다정하게 지내길 바라는 마음으로 세운 달성한일우호관입니다. 여기서는 한국과 일본의 문화 교류를 보여주는 3D 영상을 감상하고, 두 나라의의 전통 놀이를 직접 체험할 수도 있지요. 그런데 왜 녹동서원 옆에 달성한일우호관이 자리 잡고 있을까요?

그 이유는 이곳에 모셔진 모하당 김충선 장군이 일본에서 태어난 인물이기 때문입니다.

조선을 위해 싸운 일본인, 김충선

김충선 장군의 본명은 사야가(沙也可)로 그는 임진왜란 때 일본 장수 가토 기요마사의 선봉장으로 전쟁터에 나섰습니다. 그러나 조선에 도착한 그는 조선 백성들의 어질고 따뜻한 마음을 보고는, 더 이상 싸울 수 없다는 생각이 들었습니다. 결국 사야가*는 조선에 귀화하여 김충선이라는 이름을 받고, 새로운 조국 조선을 위해 싸우는 장군이 되었습니다. 1597년(선조 30년)에 정유재란에서 왜적을 무찌르며 큰 공을 세웠고, 1624년(인조 2년)에는 이괄의 난을 진압하며 적장을 처치했으며, 병자호란 때는 경기도 광주에서 청나라 군과 싸워 승리를 거두었지요. 수많은 전쟁에서 조선을 위해 싸웠던 김충선 장군은 나라에서 하사한 사패지(賜牌地) 마저도 사양한 것으로도 유명합니다. 목숨을 걸고 조선을 지켰지만, 그 대가로 어떠한 보상도 원하지 않았던 것이지요. 그가 생애 마지막을 보낸 곳이 바로 대구 녹리(鹿里)입니다. 이곳에는 그가 직접 남긴 가훈과 향약이 지금도 전해지고 있습니다.

김충선 장군이 남긴 뜻, 녹동서원에서 만나다.

조선을 향해 칼을 들었던 사야가가 결국 조선을 위해 칼을 들었던 김충선이 되기까지. 그 놀라운 이야기를 들을 수 있는 곳이 바로 녹동서원입니다.

그리고 한국과 일본의 새로운 내일을 만날 수 있는 곳이 달성한일우호관이지요. 한국에서 살아가길 원하는 외국인들이 점점 늘어나는 지금. 조선을 사랑해 조선인으로 생을 마감한 김충선 장군을 기억하며, 녹동서원으로 떠나보는 건 어떨까요? 그의 고향에서 보내온 한일 우호의 상징 마네키네코가 우리를 환한 미소로 맞아줄 것입니다.

p.s 녹동서원에는 김충선 장군의 늠름한 모습과 마네키네코의 귀여운 얼굴을 오롯이 만날 수 있는 스탬프가 있어요. 녹동서원과 달성 한일우호관을 살펴보고, 스탬프 투어까지 마친다면 녹동서원의 멋을 충분히 느낄 수 있을 겁니다.

3) 서계서원

서계서원에 봉안된 이문화는 조선 초기의 고위 관료로, 많은 사람들의 존경을 받은 인물이었습니다. 그의 업적과 정신은 후손들에게도 깊이 전해졌으며, 특히 그의 후손인 이주(輈)에게 큰 영향을 미쳤습니다.

이주는 학문에 뜻을 두고 대구의 저명한 학자인 전경창 선생에게 배웠습니다. 이후에는 영남의 대학자인 정구 선생과 장현광 선생의 문하에서 수학하며 학문의 깊이를 더했지요.

29세에 과거시험에 합격한 이주는 대과에는 오르지 못했습니다. 그러나 좌절하지 않고 고향으로 돌아와 학문을 가르치며 사람들에게 지식을 나누었습니다. 그의 가르침은 많은 이들에게 깊은 영향을 미쳤지요.

그러던 중, 임진왜란이 발발했습니다. 이주는 마을 사람들을 모아 의병을 조직하고, 의병장으로서 대구 전선의 전투를 이끌며 큰 공을 세웠습니다.

서계서원과 인천 이씨

서계서원은 대구에 자리한 인천 이씨 문중 서원으로, 인천 이씨의 선조인 이문화(李文和)와 이주를 모시고 있습니다. 이문화는 조선 초기에 높은 관직을 지낸 인물이며, 그의 8대손인 이주는 임진왜란 당시 의병으로 활약한 성리학자였습니다.

1781년, 인천 이씨 문중에서는 이문화를 기리는 서원을 세우기로 결정했습니다. 덕분에 이곳은 단순히 조상을 모시는 공간이 아니라, 조상의 지혜와 가르침을 익히고, 사람들이 모여 함께 공부하는 장소가 되었습니다. 1801년부터는 이주도 함께 제향되었고요.

서계서원이 생기기 전, 인천 이씨 문중의 교육은 이주의 유식처(喚惺亭), 환성정(喚惺亭)에서 이루어졌습니다. 환성정이라는 이름에는 재미있는 이야기가 깃들어 있습니다.

"옛날 서암사의 한 승려가 날마다 스스로에게 '주인은 깨어 있는가?(惺惺否)'라고 묻고, 이어서 '깨어 있다(惺惺)'라고 대답하는 자문자답을 반복했다. 이는 옛사람들이 늘 마음을 깨어 있게 하는 방법(常惺惺法)이었다."

여기서 말하는 '깨어 있는 마음'이란, 어떤 상황에 집착하거나 흥분하지 않고, 차분하게 상황을 바라보며 올바른 판단을 내리는 것을 의미합니다. 감정에 휩쓸려 가족이나 친구에게 화를 내고 후회한 적이 있다면, '깨어 있는 마음'이 왜 중요한지 쉽게 이해할 수 있을 것입니다.

오늘날 서계서원의 울림

오랜 세월 동안 서계서원은 많은 사람들에게 지혜와 용기를 전해주는 장소였습니다. 그러나 1868년, 흥선대원군의 서원 훼철령으로 철거되는 아픔을 겪었지요.

그 후 오랫동안 복원되지 못하다가, 1992년이 되어서야 옛터에서 복원되었습니다.

지금의 서계서원은 조상들의 지혜와 가르침을 배우기 위해 많은 사람들이 찾는 장소가 되었습니다.

서원의 입구에는 이씨 가문의 정려각이 서 있고, 최근에는 서계서원사적비도 세워졌습니다. 서원의 왼쪽에는 '육휴당'이라는 멋진 건물이 자리하고 있어요. 이곳에서는 서예를 비롯한 다양한 전통 교육을 체험할 수 있답니다.

지혜와 용기가 필요한 날, 서계서원을 찾아보세요. 오랜 세월 이어져 온 이문화와 이주의 지혜가 우리의 마음을 깨어 있게 하는 방법을 알려줄 것입니다.

p.s 서계서원은 배롱나무로 유명한 곳입니다. 배롱꽃이 필 때가 되면 많은 사람이 이곳을 찾아 배롱나무를 찍고, 이 나무를 배경으로 인증샷을 남기기도 해요. 10m나 되는 큰 키에 1.15m에 달하는 둘레의 서계서원 배롱나무는 보호수로 지정되어 있기도 하죠.

여름에 서계서원에 간다면 꼭 배롱나무와 함께 인증샷을 남겨보세요. 진분홍 꽃잎과 울울창창한 숲 그리고 푸른 하늘이 어우러진 풍경에 쏙, 들어가는 일은 생각만으로도 멋지죠!

2. 교사용 교재

교사용 교재는 현장 학습체험을 인솔할 교사들을 대상으로 간단한 사전 학습 또는 인지용 자료이다. 각 서원의 포맷은 크게 4가지로 간단히 구성했다. 서원의 역사 - 제향인물 탐구 - 교실에서 서원 둘러보기 - 서원 예절이 그것이다. 이는 각 서원에 모두 동일하게 적용이 되는 방식이다. 여기에 꼭 한 가지를 추가한다면 그 서원만의 특색을 언급할 수 있을 것 같다. 그래서 인솔 교사들이 서원에 대한 이해를 높이고, 현장 학습 체험을 더욱 풍성하게 진행할 수 있는 기초 자료로 활용된다. 만약 1개 서원에 대해서 심층적으로 이해하기를 원한다면 별도의 심화 교재 제작을 통해서 다루어 져야할 부분이다. 아래 3개의 서원에 대해서 교사용 교재를 만들어 보았다.

1) 낙빈서원[육신사]

육신사 미리보기

수업 일시 :

선생님 성함 :

①

Contents

01 육신사에 깃든 역사

02 사육신은 누구일까?

03 교실에서 육신사 둘러보기

04 서원 방문 예절

②

육신사에 깃든 역사

사당에서 사액서원까지

- 1679년(숙종 5), 박팽년을 비롯한 하위지, 이개, 성삼문, 유성원, 유응부 등의 사육신 위한 사당 '하빈사(河濱祠)'를 지었습니다.
- 1691년(숙종 17), 별묘와 강당을 건립했습니다.
- 1694년(숙종 20), '낙빈'이란 현액을 하사받아 사액서원(賜額書院)이 되었습니다.

훼철부터 복원까지

- 흥선대원군 집권기에 훼철된 것을 1924년 문중에서 복원했어요.
- 1971년 육 선생 추모 사업 추진 위원회가 조직되고, 1974년부터 1975년 사이 '충효 위인 유적 정화 사업'에 따라 묘골 아랫 마을 뒷산에 육신사를 만들어 사육신의 위패를 모셨습니다. 이때부터 향사는 육신사에서 지내요.
- 2003년부터 2011년까지 무려 8년에 걸쳐 충절문을 세우고 건물을 복원했습니다.

③

사육신은 누구일까?

누군가의 이름이 아니에요

사육신(死六臣)은 임금에게 충성하기 위해 죽음을 불사한 여섯 명의 신하를 이릅니다.

단종의 복위를 꿈꾸다 처형되었어요

문종이 죽고 열세 살의 어린 나이에 단종이 왕위를 계승했습니다. 정승으로 있던 김종서(金宗瑞)와 그 무리가 국정을 마음대로 할 수 있다고 생각한 수양대군(首陽大君)은 이들을 제거하고 권력을 잡았지요. 그 뒤 단종을 상왕(上王)으로 물러나게 하고, 수양대군이 왕위에 올라 세조가 되었다. 이것을 왕위 찬탈로 본 한 무리의 신료들이 있었죠. 이들은 세조와 측근 관료들을 제거하고 단종을 복위하려 모의하다가 사전에 발각되어 처형되었습니다.

여러 사람 중에서도 여섯 명을 이릅니다

이 사건에는 여러 명의 문관과 무관이 연루되어 있었어요. 하지만 후대에 박팽년(朴彭年)·성삼문(成三問)·이개(李塏)·하위지(河緯地)·유성원(柳誠源)·유응부(兪應孚) 등 여섯 사람을 특히 사육신이라고 불렀어요.

④

교실에서 육신사 둘러보기

성인문(成仁門)
육신사의 내삼문입니다. 평소에는 들어갈 수 없어요.

숭정사(崇正祠)
사육신과 박중림 선생의 위패를 모시고 있어요. 박중림 선생을 함께 모시고 있어서 육신사가 아닌 숭정사로 하게 되었대요.

충의사(忠義祠)
박팽년 선생의 아버지인 박중림(朴仲林) 선생의 위패를 봉안하기 위해 1974년에 건립했습니다.

⑤

교실에서 육신사 둘러보기

태고정(太古亭, 보물)
1479년 박일산(朴壹珊)이 건립한 것으로 종택에 딸린 별당 건물입니다.

숭절당(崇節堂)
숭정사에서 열리는 제사 때 사용하는 제구(祭具)를 보관하는 전사청(典祀廳)의 역할과 제관(祭官)들의 임시 숙소로 사용하는 곳입니다.

묘골마을
사육신 가운데 유일하게 후손이 살아남은 박팽년의 후손들이 400여년간 모여 살아온 대구시 달성군 하빈면의 풍경입니다.

⑥

서원 방문 예절

1. 서원은 학문과 수양을 위한 장소이므로 떠들지 않도록 합니다.
2. 경건한 태도로 존경심을 표하며, 예의 바르게 행동해야 합니다.
3. 사진을 찍을 때는 다른 방문객에게 방해되지 않도록 주의해야 합니다.
4. 서원 내에서는 음식물 섭취를 피하고 쓰레기를 버리지 않도록 합니다.

⑦

2) 녹동서원

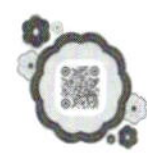

녹동서원 미리보기

수업 일시 :

선생님 성함 :

①

Contents

01 녹동서원에 깃든 역사

02 녹동서원에 배향된 인물

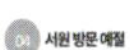

03 교실에서 녹동서원 둘러보기

04 서원 방문 예절

②

녹동서원에 깃든 역사

녹동서원의 시작

녹동서원의 시련과 극복

한일우호관을 세웠어요

③

구암서원에 배향된 인물

김충선(金忠善, 1571~1642)

④

교실에서 구암서원 둘러보기

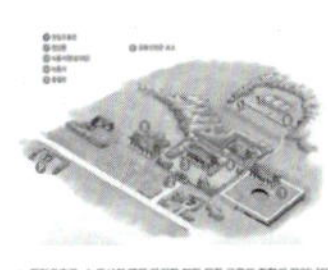

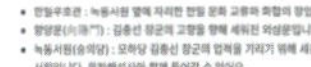

⑤

교실에서 구암서원 둘러보기

⑥

서원 방문 예절

1.서원은 학문과 수양을 위한 장소이므로 떠들지 않도록 합니다.

2.경건한 태도로 존경심을 표하며, 예의 바르게 행동해야 합니다.

3.사진을 찍을 때는 다른 방문객에게 방해되지 않도록 주의해야 합니다.

4.서원 내에서는 음식물 섭취를 피하고 쓰레기를 버리지 않도록 합니다.

⑦

3) 서계서원

서계서원 미리보기

수업 일시 :

선생님 성함 :

①

Contents

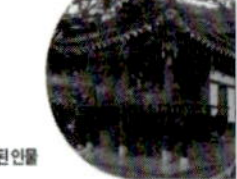

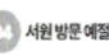

②

서계서원에 깃든 역사

이문화 선생을 추모하기 위해 세웠어요

- 1781년(정조 5), 지방 유림들이 뜻을 모아 이문화(李文和) 선생의 학문과 덕행을 추모하기 위한 서원을 세우고, 위패를 모셨어요.

이주 선생을 함께 모셨어요

- 1801년(순조 1)부터 이주(李輈) 선생을 함께 배향하게 되었어요.
- 이때부터 서계서원은 이문화 선생과 이주 선생으로 대표되는 선현을 배향하고, 대구 지역의 교육을 담당하게 되었지요.

철폐부터 복원까지

- 1868년(고종 5), 흥선대원군의 서원철폐령으로 훼철되었어요.
- 문중과 뜻 있는 지방 유림들이 다시 뜻을 모은 덕분에 점차 복원하여 오늘에 이르게 되었어요.

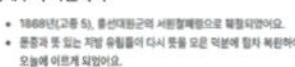

③

서계서원에 배향된 인물

이문화(李文和, 1358~1414)

주요 관직을 거쳤어요

1358년(공민왕 7)에 태어나 윤택의 문하에서 수학하여 정몽주와 이색에게도 배웠습니다.
1380년(우왕 6) 문과에 장원급제하고, 4년 후부터 경상도안렴사를 지냈어요. 1391년(공양왕 3) 경상도경력이 되었으며, 조선 건국 후 좌간의대부로 등용되기도 했지요.
1395년(태조 4) 다시 경상도경력, 1398년 도승지, 1402년(태종 2) 경상도관찰출척사를 지냈습니다.
이후 육조 판서와 예문관대제학을 지내고 1414년에 세상을 떴습니다.

멋진 글을 남겼어요

경상도관찰출척사를 지낼 때 경주의 '이견대(利見臺)'와 의성 '문소루(聞韶樓)'에서 시를 썼습니다.
《소성세고(邵城世稿)》라는 저술도 남겼고요!

邵城世稿

④

서계서원에 배향된 인물

이주(李輈, 1556~1604)

인천이씨의 무태 입향조입니다

이주 선생은 이문화 선생의 8세손으로 자는 경임(景任), 호는 육유당 또는 태암입니다.
지금의 대구광역시 수성구 파동에서 태어났어요. 15세 때 무태(현재의 북구 서변동)로 이사한 후 선생의 자손이 크게 번창했습니다. 그래서 인천이씨의 무태 입향조가 되었어요.

'삼장원'이라 칭송받았어요

23세 때 육유당을, 27세 때는 환성정을 지어 공부했습니다. 열심히 공부한 덕분에 생원·진사 시험과 동당시에서 모두 장원했지요. 그래서 '삼장원(三壯元)'이라 칭송을 받아요.

⑤

서계서원에 배향된 인물

이주(李輈, 1556~1604)

의병을 일으켜 나라를 지켰어요

이주 선생은 임진왜란이 일어나자 팔공산에서 여러 인물들과 함께 의병을 모으고, 대장으로 활약했어요.
전쟁이 끝난 후에는 황폐해진 대구 지역의 문풍을 일으키기 위하여 대구향교와 대구 최초의 서원이었던 연경서원 재건에도 앞장섰습니다.

조선 후기 대구를 대표하는 유학자입니다

대구 지역 성리학 계보로 볼 때 이주 선생은 서사원 선생, 손처눌 선생 등과 더불어 조선 후기 대구를 대표하는 유학자로 인정받고 있습니다.
《태암문집(苔巖文集)》이라는 책을 썼습니다.

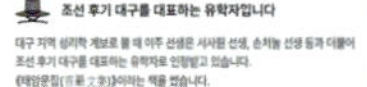
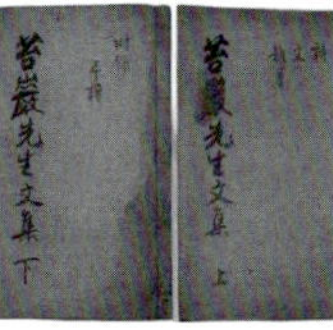

⑥

교실에서 서계서원 둘러보기

숭덕사(崇德祠)	이문화 선생과 이주 선생의 위패가 봉안된 사우입니다.
화수정(花樹亭)	학생들이 공부하는 강당입니다. 1924년에 중건되었어요.
금수당 취리당	금수당은 동재입니다. 서원 내의 여러 행사와 유림의 회합, 학문의 토론장소 등으로 사용되었었지요. 문집과 가보(家寶)를 보관하고 있어요. 취리당은 서재입니다. 유학생이 강학하는 곳으로, 왕보리에 있는 환성정을 서재로 옮겨 왔다고 해요.
부용정(芙蓉亭)	부용정은 서고입니다. 유생의 휴식소 겸 숙소로 사용하고 있어요.
주사	주사는 향사 때 제수(祭需)를 마련하여 두는 곳입니다.

서계서원에는 왜 배롱나무가 많을까요?

끊임없이 피고 지는 모습으로 학문을 닦고 정진하는 청렴한 성품을 닮으라는 뜻으로 사찰이나 서원에 배롱나무를 심었다고 합니다. 충심, 절개, 지조, 청렴, 무욕을 의미하는 나무가 배롱나무죠.

▲ 서계서원에는 보호수로 지정된 배롱나무가 있어요

⑦

서원 방문 예절

1.서원은 학문과 수양을 위한 장소이므로 떠들지 않도록 합니다.
2.경건한 태도로 존경심을 표하며, 예의 바르게 행동해야 합니다.
3.사진을 찍을 때는 다른 방문객에게 방해되지 않도록 주의해야 합니다.
4.서원 내에서는 음식물 섭취를 피하고 쓰레기를 버리지 않도록 합니다.

⑧

3. 교습용 활동지

학생들이 서원 현장 체험 학습을 통해 얻을 수 있는 교육적 효과를 높이기 위해서는 활동지 제작은 중요한 요소이다. 그렇기에 활동지는 우선 학생들이 서원에 대해서 흥미를 유발하고, 서원 역사에 대해서 이해하기 쉬운 방식이어야 한다. 이어 체험 학습을 바탕으로 친구들과 토론할 수 있는 질문과 과제를 제공하고, 나아가 본인 스스로 짧은 감상문을 쓰게하여 의미 있는 경험이 되게 해준다.

그리고 사전에 서원 또는 교육청과 협력하여 방문을 기념할 만한 굿즈류를 학생들에게 공급하는 것도 만족도와 학습 효과를 높이는데 일조할 것으로 고려해 봄직하다. 3개의 교습용 활동지 샘플을 제시하면 다음과 같다.

1) 낙빈서원

낙빈서원 활동지

내용 확인하기

1. 박계창이 사육신을 모시기로 결심한 이유는 무엇인가요? (정답: ①)
   ① 꿈속에서 사육신을 보았기 때문
   ② 조선 왕의 명령이었기 때문
   ③ 마을 사람들이 원했기 때문
   ④ 우연히 땅을 팠다가 유물을 발견했기 때문

2. 박계창에게 '사당에서 사육신을 모시는 것은 옳지 않다'라고 조언한 사람은 누구인가요? (정답: ④)
   ① 세종대왕 ② 정약용 ③ 이순신 ④ 정구

3. 흥선대원군의 서원 훼철령으로 사육신의 위패는 어떻게 되었나요?
(정답 : ③)
① 왕궁으로 옮겨졌다.
② 다른 나라로 보내졌다.
③ 서원 뒷산에 매장되었다.
④ 바다에 버려졌다.

4. 낙빈서원과 함께 자리한 곳은 어디인가요? (정답 : ②)
① 광화문 ② 육신사 ③ 불국사 ④ 한양도성

토론하기 조상을 기리고 기억하는 일은 왜 중요할까요? 친구들과 이야기해 보세요!

EXAMPLE

조상을 기리고 기억하는 일은 우리의 뿌리를 알게 합니다. 그리고 조상의 노력이 있어서 오늘의 우리가 있을 수 있기 때문에 감사하는 마음도 가질 수 있어요.

명절에 차례를 지낼 때 가족이 모입니다. 조상을 기리는 마음과 가족이 함께하는 행동이 모여 가족의 유대감을 키울 수 있어요.

조상들이 어려움을 지혜롭게 극복하는 이야기는 삶의 교훈이 될 수 있습니다.

활동하기 사육신의 충절을 주제로 짧은 글을 써 보세요.

주제 : 사육신의 충절

EXAMPLE 나는 왕이 없는 시대를 살기 때문에 충절은 없지만 신념은 있다. 바로 지금처럼 문학을 사랑하면 시인이 될 수 있다는 것! 수학과 과학을 못 한다고 매일 혼나지만 괜찮다. 열심히 문학을 공부해서 우리나라 최고의 시인이 될 것이다. 외국에 우리나라 문학을 널리 알린다면? 멋진 충절이라고 사람들이 이야기할 것 같다.

2) 녹동서원

녹동서원 활동지

내용 확인하기

1. 앞의 이야기를 생각해 보고 맞는 것에 O, 틀린 것에 X를 표시하세요.

- 김충선 장군은 일본군 장수였지만, 조선 백성들을 보고 귀화했다. (O)
- 김충선 장군은 조선을 위해 싸운 공로로 많은 땅과 재산을 받아 부를 쌓았다. (X)
- 녹동서원은 김충선 장군의 업적을 기리는 곳이다. (O)

2. 다음 질문에 답해보세요.

- 김충선 장군이 조선을 위해 싸우기로 결심한 이유는 무엇인가요?

▶ 김충선 장군이 조선을 위해 싸우기로 결심한 이유는 조선 사람들의 인품이 훌륭하고, 예의를 지켰으며, 문화가 왜에 비하여 발달하였기 때문입니다.

- 김충선 장군이 사패지를 사양한 이유는 무엇이라고 생각하나요?

▶ 사패지(賜牌地)는 국가에서 공신에게 주는 땅입니다. 이것을 김충선 장군이 받지 않은 것은 그가 청렴하고 충성스러운 장군이었기 때문이라고 생각합니다.

활동하기

"헌신"이란 무엇일까요?

김충선 장군은 조선을 위해 자신의 삶을 바쳤어요. 여러분은 주변 사람들을 위해 어떤 방식으로 헌신할 수 있을까요? 아래 빈칸을 채워 자신의 다짐을 적어 보세요.

저는 (   )을/를 위해 헌신하겠습니다.
왜냐하면 (   )기 때문입니다.

저는 부모님의 은혜에 보답하기 위해 헌신하겠습니다. 왜냐하면 부모님께서 저를 위해 고생하시기 때문입니다.

3) 서계서원

서계서원 활동지

내용 확인하기

1. 서계서원에서 모시는 두 분은 누구인가요? (정답: ①)
   ① 이문화와 이주 ② 이순신과 정약용 ③ 세종대왕과 이황
   ④ 이이와 신사임당

2. 이주는 어떤 전쟁에서 활약한 성리학자인가요? (정답: ③)
   ① 6·25전쟁 ② 병자호란 ③ 임진왜란 ④ 정묘호란

3. 서계서원의 '육휴당'에서는 어떤 활동을 할 수 있나요? (정답: ④)
   ① 자동차 경주 ② 태권도 수업 ③ 현대 미술 전시회 ④ 서예와 전통 교육

활동하기 '깨어 있는 마음'이란 감정에 휩쓸리지 않고 침착하게 상황을 판단하여 올바른 결정을 내리는 태도입니다. 이를 실천하기 위해서는 어떻게 해야 할까요? 규칙 세 가지를 만들어 봅시다.

깨어 있는 마음을 위한 규칙

EXAMPLE

1. 감정이 격해질 때 한 번 더 생각하기
   화가 나거나 속상할 때 바로 행동하지 않고 10까지 센 후 이야기하겠다.
2. 해야 할 일을 미루지 않기
   숙제나 정리정돈을 기분에 따라 미루지 않고 매일, 규칙적으로 하겠다.
3. 자기주도적으로 공부하기
   공부는 어렵고 하기 싫지만 이런 생각에 휘둘리지 않고 계획을 세워 공부하겠다.

Ⅳ. 맺음말

이 글은 대구지역 공교육 기관을 대상으로 독특한 문화콘텐츠가 내재 된 서원에 대해 현실성이 있는 활용을 모색한 것이다. 대구교육청은 지역과 연계한 인성교육과 체험학습의 대상으로 서원과의 협약을 구축한 상태이다.

이에 필자는 현존하는 대구지역 24개 서원을 오늘날 어떻게 활용할 수 있을까 고민하였다. 그래서 가장 현실적 방안인 대구에 소재한 학교의 체험활동에 주목했고, 서원을 활용한 체험학습 자료 개발을 기획했다. 체험학습의 자료는 먼저 정확한 사료에 근거하여 소개하고, 학습자의 학습 수준에 맞춰 구성을 하였다. 또 학습자가 적극적으로 참여 및 사고할 수 있는 방식으로 제작하는 것을 염두에 두었다.

본고에서는 교재에 수록될 대상의 서원은 낙빈[육신사]·녹동·서계서원 3개소를 중심으로 스토리텔링 - 교사용 교재 - 학습용 활동지 3종의 개발을 제안하였다. 먼저 인물, 학문, 문화에 주안점을 두고 역사 스토리텔링을 진행했다. 다음 사전 학습용인 교사의 교재는 각 서원의 포맷은 크게 서원의 역사 - 제향인물 탐구 - 교실에서 서원 둘러보기 - 서원 예절로 제작하였다. 그 다음 활동지는 학생들이 서원에 대해서 흥미를 유발하고, 서원 역사에 대해서 이해하기 쉬운 방식으로 개발하였다. 체험 학습을 경험으로 친구들과 토론할 수 있는 질문과 과제를 제공하고, 본인의 짧은 감상문을 쓰게 하여 의미 있는 시간이 되게 해줄 것으로 판단된다.

이를 통해 전통시대 서원의 인문학적 자원을 현대의 교육적 가치로 활용하는 사례 연구가 되기를 기대한다.

참고문헌

『大邱鄕校鄕案續修錄』.
대구교육청(2013), 『2024 대구인성교육 시행 계획』.
대구교육청(2015), 『현장체험학습 코스 개발 자료집』.
이기표(2016), 『삼국유사 - 스토리텔링의 실타래 - 』, 연중출판사, 2016.
윤유석(2014), 『역사 이야기 스토리텔링』, 북코리아, 2014.

교육부(2024), 『2022 개정 교육과정 편성·운영 톺아보기』, 2024.
구본욱(2018), 「연경서원의 경영과 유현들」, 『조선후기 낙중학의 전개와 한려학파』, 2018.
구본욱(2022), 「연경서원의 설립과 위상 및 의의」, 『서원학보』 10, 2022.
김학수(2016), 「한 日本人의 朝鮮定着과 社會文化的 적응 양상」, 『대동학문학』 46, 2016.
김형수(2006), 「17세기 初 대구사림의 형성과 분화 - 손처눌의 '慕堂日記'를 중심으로 - 」, 『역사교육논집』 36.
신주엽(2019), 「17~18세기 대구 사족 沃川全氏의 서인계 儒疏 활동과 院宇 건립」, 『민족문화논총』 72.
이병훈(2005), 「경상도 書院·祠宇의 건립추이와 제향인물의 성격」, 영남대학교 대학원 석사논문, 2005
이해준(2013), 「서원문화 원형콘텐츠발굴과 특화방안」, 『전남문화』 26, 2013.
장윤수(2019), 「17세기 대구지역 성리학과 星州都氏 문중의 성리학자들」, 『퇴계학논집』 25, 2019.
채광수(2019), 「18세기 영남지역 노론계 서원 연구」, 영남대학교 대학원 박사논문, 2019.
홍원식(2020), 「녹봉정사와 조선중기 낙중학의 전개」, 『한국학논집』 78, 2020.

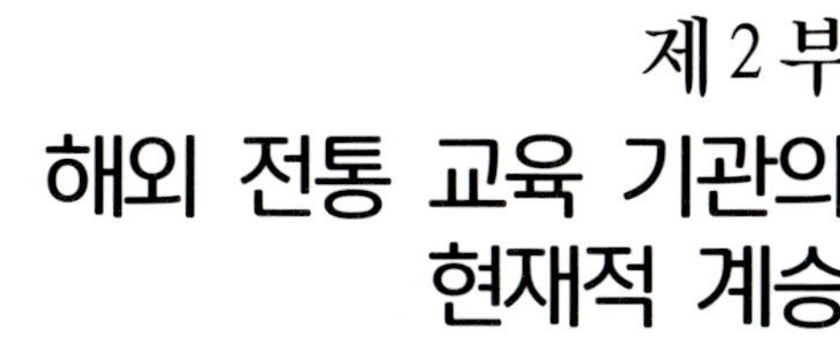

제2부
해외 전통 교육 기관의 현재적 계승

계승에서 활용으로:
중국 서원의 연변(演變)과 대학 서원의 운영

류 준 형

Ⅰ. 머리말

서원은 당(唐) 현종(玄宗) 시기에 조정(朝廷) 내 공식 기관의 명칭으로 사용되기 시작하여 당 후기에 민간의 사적 교육이 발전함에 따라 이를 배경으로 성장하여 오대(五代) 이후가 되면 보편적 의미의 교육 형태로 자리 잡았다.[1] 이후 송대를 거치며 대체적인 완성을 이루었고 중국 전통 시기 교육과 학술의 중심 기관으로 기능했다. 또한 학술적 정보를 갖춘 도서관으로서의 역할을 담당하기도 했다. 서원은 중국 내에서 1,300년이 넘는 긴 시간 동안 문화적 핵심 기관으로 존립했을 뿐만 아니라 한국, 일본, 베트남 등 동아시아 각국에도 영향을 주어 개별적 독창성과 특징을 갖춘 서원이 다양한 형태로 발전했다.[2] 이로 인해 서원은 동아시아의 비교사적 연구의 공통 소재로도 중요한 의미를 갖는다.[3]

서원이 갖는 역사성과 문화적 중요성으로 인해 일찍부터 서원에 관한 논의가 지식인들 사이에서 일어났다. 왕부지(王夫之)는 『송론(宋論)』에서 서원

1) 류준형(2020), 「당대(唐代) 서원(書院)의 형성에 대한 재검토－존재 양태와 배경을 중심으로－」, 『한국서원학보』 10, 한국서원학회, 1~32쪽.
2) 陳谷嘉, 鄧洪波(1997), 『中國書院制度研究』, 浙江教育出版社, 561~584쪽.
3) 吾妻重二(2013-3), 「關於東亞書院－研究的角度和展望」, 『湖南大學學報』, 19~24쪽.

이 흥기한 원인과 역할을 언급하면서 천하의 사인(士人)을 교육하는 데 태학(太學)만으로는 부족하다고 생각했으며, 남송의 정쟁으로 서원이 훼손되는 상황을 안타깝게 여기면서 서원의 중요성을 강조했다.[4)] 그러나 청(淸) 광서(光緖) 연간에 서원이 폐지된 이후 서원에 대한 사회적 관심은 크게 위축되었다. 그럼에도 민국 시기에 여전히 서원과 관련된 연구가 명맥을 이어갔고, 사람들의 이목을 끌었다.[5)] 당시에 서원이 주목받게 된 것은 새로운 서양의 근대 교육에 바탕을 둔 신식 교육의 확산과 이에 대한 반성적 사고가 지식계의 호응을 받았기 때문이다.[6)] 그러나 신중국 성립 이후 마르크스주의적 학술 연구가 주류를 이루고 계급투쟁과 봉건사회 비판론 등이 강조되자 전통문화의 대표적 사례인 서원은 도리어 비판의 대상으로 비춰졌다. 이러한 상황에서 서원과 관련된 연구는 확장적 지속이 어려웠고 학술사적 입장에서 서원 연구는 공백의 분야로 남고 말았다. 70년대 말, 문화대혁명이 끝난 이후 객관적인 진리를 중시하는 학술적 풍토가 조성됨에 따라 학술적 개방성이 확대되는 것을 배경으로 80년대, 90년대를 거치며 서원 연구가 활발해졌다. 특히 1981년에 장류천(章柳泉), 장정번(張正藩), 진원휘(陳元暉)의 저작이 순차적으로 출간되면서 서원 연구의 진흥이 본격화되었다.[7)] 이후 서원 연구는 '서원사(書院史)', '서원제도(書院制度)', '서원문화(書院文化)' 등 여러 분야에서 다양한 연구가 진행되었다.[8)] 점진적 확대를 이루던 서원 연구는 2000년대 이후가 되면 기존 연구 방법론에 대한 문제 제기가 이루어졌고, 새로운 연구

4) [淸]王夫之(2003), 『宋論』 卷3, 「眞宗」, 中華書局, 53~55쪽.

5) 周雪敏, 苑宏光(2007-2), 「民國時期的書院硏究述評」, 『長春師範學院學報』, 46~49쪽.

6) 鄭剛(2011-2), 「民國時期書院硏究述評」, 『大學教育科學』, 80~85쪽.

7) 章柳泉(1981), 『中國書院史話: 宋元明淸書院的演變及其內容』, 教育科學出版社 ; 張正藩(1981), 『中國書院制度考略』, 中華書局 ; 陳元暉(1981), 『中國古代的書院制度』, 上海教育出版社.

8) 鄧洪波 等編著(2020), 『近百年書院硏究論著目錄』, 湖南大學出版社. 2016년까지를 기준으로 중국 내에서 총 2,539편의 서원 관련 논문이 학계에 발표되었다.

방법에 대한 추구가 다양한 방면에서 시도되었다.[9] 2000년대 서원 연구가 크게 진작되었다는 점에서 일부에서는 서원 연구의 시대사적 구분을 할 때 2000년 이후를 '신동향(新動向)'의 시기로 명명하기도 했다.[10]

서원의 연구사가 말해주듯 중국의 서원은 단절과 부활이 연속적으로 반복하는 특징을 가지고 있다. 비록 청 말기에 서원이 공식적으로 폐지되었지만, 민간에서는 서원의 지속을 위한 노력이 진행되었다. 그러나 신중국 성립 이후에는 중국 내 공교육 체제가 건설됨에 따라 서원은 그 자취를 감추었다. 전통 서원의 명맥이 완전히 단절되었다. 이러한 상황은 1980년대가 되면서 전환되었다. 서원이라는 명칭을 사용한 교육 및 문화 기관이 출현하게 된 것이다. 당시 중국은 개혁개방의 시대를 열었고, 외부 문화의 유입과 함께 문화적 다양성이 확대되었다. 이러한 분위기에서 중국 전통문화에 대한 높은 관심이 사회적 분위기의 변화를 이끌었는데, 이는 이른바 '문화열(文化熱)' 현상으로 드러나며 서원의 부활을 추동하였다.[11] 이에 1984년 북경에서 탕일개(湯一介)를 원장으로 하는 중국문화서원(中國文化書院)이 설립되어 서원의 부활을 알렸다.[12] 이를 기점으로 민간 영역에서 전통문화의 창달을 기치로 내건 서원이 다수 설립되었다.[13] 그런데 80년대 이후 등장한 서원들은 설

9) 초영명(肖永明), 유염위(劉艷偉)(2019), 「70년 동안의 중국 서원 연구」, 『한국서원학보』 9, 한국서원학회, 125~139쪽. 서원 연구를 직선적 발전 관계적 시각에서 검토하는 것에서 나아가 교육사, 과거사의 발전 맥락과 연결해 교육 제도와 정책적 측면에서 검토하는 등의 새로운 시도가 필요하다.

10) 鄧洪波, 周月娥(2007-3), 「八十三年來的中國書院研究」, 『湖南大學學報』, 31~40쪽. 2005년 이후에는 서원 관련 학술 논문의 발표가 현저히 증가했고, 매년 약 200편 이상이 학계에 발표되었다. 陳潘(2011-4), 「近三十年來中國書院研究綜述」, 『皖西學院學報』, 137~141쪽.

11) 王立斌(2021), 「從書院改制到當代書院的發展與傳承」, 『中國書院論壇』 第11輯, 江西人民出版社, 106쪽.

12) 李娟娟(2015), 『湯一介傳 增訂版』, 新華出版社, 181~184쪽.

13) 중국 내에서 서원(書院) 명칭이 민정부(民政部)에 공식 등록된 것은 1978년 이후부터이고 대체로 2008년이 지나면 그 수가 현저하게 늘어나기 시작해 2017년이 되면 천여 곳에 달한다. 이중 절대 다수가 민간 단체로 구성되어 있다. 戴美玲

립 목적, 활동 방식, 존재 형태 등에서 전통적 서원과 완전히 일치한 형태는 아니었다. 운영의 취지와 활동 내용 등에서 유연한 태도를 보이며 다양한 형식으로 존재했다. 중국문화서원(中國文化書院)과 같이 학자들이 모여서 만든 연구단체가 있었고, 만송포서원(萬松浦書院)과 같이 대학과 협력하여 연구, 교육 및 학술교류를 하는 서원도 있었다. 예술 분야의 비판적 연구를 수행하는 서원도 있었다. 이러한 학술, 문화 연구 기관 이외에 종교계에도 보제서원(菩提書院)의 사례처럼 종교 활동을 하는 서원도 있었다. 또한 화정서원(華鼎書院)과 같이 국학(國學) 교육을 담당하는 기관도 서원이라는 명칭을 사용했다. 비교적 희소한 사례이긴 하지만 북경의 만류서원(萬柳書院)처럼 빌딩의 이름으로 사용되는 사례도 있었다. 이들은 비록 서원이라는 동일한 명칭을 사용하지만 실제적 내용은 매우 다양하다.[14] 또한 대체로 민간 단체를 중심으로 설립되었지만 이에 국한되지 않았고 지방정부, 문화기구, 기업, 종교단체 등에 의해 개별화된 목적에 맞춰 설립되었다. 현대의 서원은 분화된 존재 의미에 따라 일률적이지 않은 형태로 새로운 문화 계승의 양태를 보였다고 할 수 있다. 이러한 상황하에서 서원의 개념은 범화(泛化)했고, 정체성의 범위도 크게 확대되었다.[15]

이중 2000년대 이후가 되면 정규 고등교육기관 내에 서원이 등장했다. 이들 서원은 80년대 이후 부활한 서원들, 이른바 '사회 서원(社會 書院)'[16]과 달

(2023), 『當代中國書院文化創新發展』, 湖南大學出版社, 53쪽.

14) 別敦榮(2021), 『大學管理與治理』, 中國海洋大學出版社, 146쪽.

15) 2021년 현재 중국 내에서 '서원(書院)'이라는 명칭을 사용하는 사회단체가 10만 개 이상 확인되고 있다. 서원은 그 지칭 대상이 매우 다양한데, '현대서원(現代書院)', '대학서원(大學書院)', '교육기구(教育機構)', '중소학교(中小學校)', '사회교육서비스기구', '종합예술기구', '양로(養老)기구', '요식(料食)기구', '주택구역' 등이 있다. 劉迪(2021), 「當代書院概念泛化現象探析」, 『中國書院論壇』 第11輯, 江西人民出版社, 112~118쪽.

16) 지방정부, 문화기구, 기업, 종교 단체 등 다양한 주체가 창설한 서원을 말하는 개념으로 대체로 중국문화의 창달을 목적으로 삼고 있지만 상업화된 기구나 개인의 사적 공간으로서의 서원도 함께 포괄적으로 지칭한다. 曾歡歡(2021), 『價值追

리 공공교육 체계 내에서 교육적 기능을 수행했다. 이들은 '대학 서원(大學書院)' 또는 확장된 의미에서 '고교 서원(高校 書院)'이라고 범칭(汎稱)되는데 2005년 복단대학(復旦大學)에서 처음 등장했다. 복단대학은 대학 내에 복단학원(復旦學院)을 설치하고 그 예하에 지덕서원(志德書院), 등비서원(騰飛書院), 극경서원(克卿書院), 임중서원(任重書院) 등 4개의 서원을 두어 서원제(書院制)를 운영했다. 이후 2005년 서안교통대학(西安交通大學), 2007년 화동사범대학(華東師範大學), 2008년 화동이공대학(華東理工大學), 2011년 상해대학(上海大學) 등이 서원제(書院制)를 채택해 전통적 서원의 요소를 현대적 대학교육에 적용했다.[17] 새롭게 등장한 대학 서원은 곧 현대의 대학이 혁신을 추구하고 변화를 시도한 산물이기도 하다.[18] 실제 운영되는 모습은 그 성격의 다양성으로 인해 여러 형태로 구분되기도 한다.[19]

신중국 성립 이후 중국 정부는 줄곧 기술인재(技術人才)의 양성에 치중했다. 1949년에서 1957년 사이에 소련의 방식을 참고하여 고등 교육 기관의 구조를 대대적으로 개혁했다.[20] 종합적 성격을 갖는 기존의 대학 체제를 개별적인 다수 전공이 독립하는 형태로 변경한 것이다. 그 결과 특정 분야의 전문가 양성을 위한 제도의 모형이 제시되었고 이는 이후 1990년대까지 유지되었다. 이것은 국가 건설과 경제 발전을 급무(急務)로 하는 당시의 사회적 수요에 따라 세부 전공 분야의 전문 교육을 중시한 조치였다. 하지만 이 과정에서 개

究: 書院精神初探』, 海天出版社, 238~240쪽.

17) 崔海浪(2015-9), 「我國高校書院制建設研究綜述」, 『山西師大學報』, 168~171쪽.

18) 李會春(2017-4), 「書院建設在中國:制度與張力」, 『教育學術月刊』, 50~58쪽.

19) 대학 서원은 현재 발전 과정에 있을 뿐만 아니라 기능의 다양성으로 인해 통용되는 분류 방식이 아직 정립되지 못한 상황이다. 하의(何毅)는 대학 서원을 역할과 성격에 따라 '이념조직(理念組織)', '문화조직(文化組織)', '교육조직(教育組織)', '학생관리조직(學生管理組織)', '교학연구조직(教學研究組織)', '학술문화교류조직(學術文化交流組織)', '인재육성복합형교육조직(人才育成複合型教育組織)'으로 구분했다. 何毅(2017), 『現代大學制度視域下的大學書院制研究』, 中國社會科學出版社, 127~133쪽.

20) 郭俊(2013-8), 「書院制教育模式的興起及其發展思考」, 『高等教育研究』, 76~83쪽.

별 학생의 교양교육과 인격교육이 크게 약화되는 문제점이 노정(露呈)되었다. 이러한 문제를 해결하기 위해 중국의 문화적 요소를 바탕으로 하고 외국의 교육 모델을 참조하여 전통 서원 교육과 현대 대학 교육의 유기적인 결합을 추진하는 시도의 하나로서 대학 서원의 설립이 이루어졌다.[21] 전통 서원의 변모와 진화의 노력이 일신(一新)의 형태로 재연(再演)되었다고 할 수 있다. 아울러 최근 학부 교육의 중요성이 증대하면서[22] 교육적 위상이 재정립되는 과정은 2005년 이래로 대학 서원이 점증하는 중요한 배경이 되기도 했다.[23]

그러면, 대학 서원은 중국의 전통적 서원과 어떠한 관계에 있는가? 다시 말해, 대학 서원의 등장은 중국 서원의 거시적 발전 맥락에서 어떠한 의미를 갖는가? 또한 대학 서원이 운영되는 상황에서 이를 포함한 중국 서원은 어떠한 발전과 계승의 과정을 형성하고 있는가? 나아가 향후 서원은 새로운 변화와 발전의 가능성을 어떻게 구성할 수 있을까? 이러한 문제들에 대한 답을 모색하기 위해 본 논문은 청 말기 서원의 폐지 과정과 이후 서원의 계승 상황을 검토하고 이러한 흐름에서 대학 서원의 등장과 운영 상황을 살펴 중국 서원의 현대적 전개 양상을 추적해 보고자 한다. 이는 중국 서원의 변모와 진화의 양태를 확인함과 동시에 발전 방향을 조망하여 서원의 현재적 의미를 재의(再議)하는 데 기여할 수 있을 것이다.

II. 중국 서원의 개혁과 폐지

청 말기 서양 세력과 문화의 유입은 중국 내 지식인들의 새로운 각성을

21) 鄭成華, 申健(2020-3), 「現代大學書院開展傳統文化教育的路徑研究」, 『東北師大學報』, 172~178쪽.

22) 陳善志, 馮建民(2023), 『新時代高校學生學業挑戰度提昇研究』, 中國科學技術大學出版社, 84~95쪽.

23) 何毅(2017), 『現代大學制度視域下的大學書院制研究』, 中國社會科學出版社, 112~117쪽.

촉구했다. 이 과정에서 교육 문제는 자연스레 현상의 개선을 통한 미래의 개척을 시도하는 핵심 내용 중 하나가 되었다. 당송(唐宋) 시기 이래로 전국적인 발전을 거듭한 서원은 청 말기가 되면 누시적(累時的)으로 발생한 다양한 문제를 드러내며 변화의 거센 요구를 맞았다. 관학화(官學化)가 지나치게 진행되어 과거 시험을 위한 전담 기관으로 전락했다는 평가를 받을 만큼 경직되기도 했고, 학문적 수준을 의심받는 일도 있었다.[24] 서원의 산장(山長)이 학문적 수준을 담보하지 못하고 그저 자리나 차지하며 부화(浮華)하는 사회적 분위기에 빠져 있다는 것이다.[25] 실질적인 차원에서 접근해 보자면, 팔고문(八股文)을 익히는 것에 몰입되어 변화하는 시대 속에서 그 실용성을 찾지 못해 결국 쓸모없는 낡은 지식인들의 집합처로 몰락해 버려 그야말로 비루한 상태에 놓여 있다는 인식이 제기될 정도였다.[26]

서원의 개혁을 추진하려는 시도는 이미 동치제(同治帝) 시기에 등장했다. 그러나 이는 국부적인 상황에 그쳤고, 사실상 서원의 개혁을 실질적으로 추동하는 계기는 중일전쟁의 패배를 들 수 있다. 중일전쟁 이후 일본의 체제를 확인한 중국인들은 서원을 개혁하여 새로운 지식을 습득하고 국가적 이익을 확보해야 한다는 여론을 형성했다. 이러한 흐름에서 서원의 개혁은 광서 22년(1896)과 24년(1898)에 걸쳐 본격화되었다. 이때의 개혁은 전통적 형태로 유지되던 기존의 서원들뿐만 아니라 동치 연간 이래로 새롭게 설립된 서원 모두를 개혁의 대상으로 삼았다.[27]

광서 21년(1895), 순천부윤(順天府尹) 호율분(胡燏棻)은 국가의 개혁을 위한 「변법자강소(變法自强疏)」를 10가지 항목으로 나누어 상주했다. 이때 해당 소문(疏文)의 마지막 내용으로 「설립학당이저인재(設立學堂以儲人才)」를

24) 田正平, 朱宗順(2003), 「傳統教育資源的現代轉化」, 『中國書院』 第5輯, 湖南教育出版社, 85~87쪽.

25) 葛飛(1994-1), 「晩淸書院制度的興廢」, 『史學月刊』, 104~108쪽.

26) 李國鈞 等(1994), 『中國書院史』, 湖南教育出版社, 917~927쪽.

27) 張艶(2004-5), 「略論“同治中興”淸政府書院重建政策」, 『湖南大學學報』, 17~19쪽.

주장했다. 그는 서양의 각국이 인재를 배출하는 것을 보면 그 근본이 모두 학당(學堂)을 광범위하게 설치한 것에 있고 상(商), 공(工), 의(醫), 농상(農商) 등뿐만 아니라 군대도 모두 학당에서 교육받는다는 것을 지적했다. 또한 여성과 장애인들도 교육받는다는 점을 강조했다. 반면 중국은 서원(書院)이나 의숙(義塾)이 있어 비록 제도는 완비하고 있지만 팔고문(八股文), 시첩(詩帖), 사부(詞賦)만을 교육하여 실용적인 지식에 대한 학습이 부족하다고 생각했다. 따라서 지방에 명을 내려 "마땅히 성회(省會)의 서원을 모두 모아 정리하고 각각 학당(學堂)을 창립(創立)해야 한다."라고 주장했다. 또한 이러한 조치가 민간에 받아들여지면 성회(省會) 등급 아래의 부(府), 현(縣)에 있는 서원도 학당으로 변경할 것을 제안했다.[28)]

호율분(胡燏棻) 이후, 광서 22년(1896)에 형부좌시랑(刑部左侍郎) 이단분(李端棻)도 「주청추광학교절(奏請推廣學校折)」을 상주하여 서원을 학당으로 변경할 것을 제안했다. "경사(京師)에서 각 성(省)과 부(府), 주(州), 현(縣)에 이르기까지 모두 학당(學堂)을 설치하자."라고 주장했다. 아울러 교육의 과목도 설정하여 『사서(四書)』, 『자치통감(資治通鑑)』, 『소학(小學)』과 같은 경(經), 사(史), 자(子) 등 분야의 학문뿐만 아니라 천문, 지리, 산학(算學), 농상(農商), 병(兵), 시사(時事) 등도 교육하는 3년제의 운영 제도를 구체적으로 제시했다.[29)]

학당의 설치와는 달리 다른 개혁 방안도 제기되었다. 광서 22년(1896)에 섬서순무(陝西巡撫) 장여매(張汝梅)와 학정(學政) 조유희(趙維熙)가 함께 격치실학서원(格致實學書院)의 설치를 건의했다. 이들은 세상의 명운이 변화하는 것은 인재에 달려 있는데 인재가 번성하는 것은 학교(學校)에서 비롯된다고 생각했다. 그러면서 "서원(書院)은 학교가 미처 하지 못하는 것을 보충하는데 그 소이(所以)가 있다."라는 인식을 드러내고 '중학(中學)'과 '서학(西學)'의

28) [淸]胡燏棻(1986), 「變法自强疏」, 朱有瓛, 『中國近代學制史料』 第1輯, 華東師範大學出版社, 473~485쪽.
29) [淸]李端棻(1998), 「推廣學校以勵人才折」, 陳谷嘉, 鄧洪波, 『中國書院史資料』, 浙江教育出版社, 1982쪽.

구분 없이 천문, 지리, 이치(吏治), 병법(兵法), 제조(製造) 등 실용에 도움이 되는 학문을 교육하자고 제안했다. 고금의 일에 두루 통하고 체용(體用)을 겸비한 유생(儒生)으로 하여금 교육을 맡도록 하고 분과를 나누어 엄격한 규율 하에 교육할 것을 주장했다.[30] 이것은 기존의 유생들을 활용하여 확대된 학문 분야를 서원의 구조적 틀 내에서 교육하자는 것으로 학당(學堂)을 설치하자는 주장보다는 다소 완화된 개혁 방안이라 할 수 있다.

이외에 광서 22년(1896), 산서순무(山西巡撫) 호빙지(胡聘之)와 한림원시강학사(翰林院侍講學士) 진수장(秦綬章)이 서원의 장정(章程)을 변경하여 서원의 운영 방식을 정비하는 방법을 제안했다. 1896년 6월, 호빙지는 「청변통서원장정절(請變通書院章程折)」을 상주하여 서원을 학당으로 변경하는 것에 반대했다. 학당의 설치는 서학(西學)을 과도한 형태로 받아들이는 것이기 때문에 적절하지 않다고 주장했다. 호빙지는 "신학(新學)을 지나치게 무시하는 것은 곧 지금의 상황에 통달하지 못하게 되어 그 통로를 만들지 못한다. 반면, 서학(西學)을 지나치게 존숭하면 옛것을 쉬이 멸시하게 되어 거리낌 없이 울타리를 스스로 잘라내는 것이다. 이 두 가지의 편중됨을 보완하기 위해서는 오직 서원(書院)을 잘 변용하는 방법만이 있을 뿐이다."라고 했다.[31] 학당(學堂)의 설치 없이 서원의 변화만으로도 당시의 문제를 해결할 수 있다고 여겼다. 같은 해 9월에는 진수장(秦綬章)이 보다 상세한 내용의 상주문을 올렸다. 진수장은 "국세(國勢)의 강약(强弱)은 인재를 보면 알 수 있고, 인재의 성쇠(盛衰)는 학교에 달려 있다. 학교가 담당하지 못하는 것을 보충하고자 절실하게 가히 실행할 수 있는 것으로는 서원(書院)을 정돈하는 방법만 한 게 없다."라고 생각했다. 그는 각 성과 부, 주, 현에 서원을 두고, 교과 과정을 새롭게 정하고 스승의 도리를 중하게 여기며 경비를 안정적으로 확보하는 방법을

30) [清]張汝梅 等(1998), 「陝西創設格致實學書院折」, 陳谷嘉, 鄧洪波, 『中國書院史資料』, 浙江教育出版社, 2249~2250쪽.
31) [清]胡聘之(1998), 「請變通書院章程折」, 陳谷嘉, 鄧洪波, 『中國書院史資料』, 浙江教育出版社, 1986~1989쪽.

골자로 한 장정(章程)을 제시했다.[32)]

이처럼 광서 22년에 시작된 서원의 개혁 노력은 크게 세 가지 내용으로 추진되었다. 이러한 방법은 그 실행 주체가 각 지역의 성(省) 중심이었기 때문에 지역의 사정이 반영된 형태로 적용되었다. 개혁의 저항을 고려할 때 서원을 학당으로 개치(改置)하는 방식은 그 급진성으로 인해 널리 채택되지 못했고, 상대적으로 온건한 방식인 장정(章程)의 내용을 변경하여 서원을 정돈하는 것이 여러 지역에서 호응받았다. 그럼에도 광서 22년에 시작되는 서원의 개혁은 23년과 24년에 걸쳐 고조기를 형성했다고 할 수 있다.[33)]

이후 서원의 개혁은 무술변법의 실시와 함께 새로운 국면을 맞게 된다. 서원의 개혁이 무술변법의 주요 내용 중 하나로 포함되기 때문이다. 강유위(康有爲)가 이것을 주도했는데, 광서 24년(1898)에 그는 「청칙각성개서원음사위학당절(請飭各省改書院淫祀爲學堂折)」을 상주하여 전국 각 성(省)에 있는 서원을 중학당(中學堂)으로 만들고 향읍(鄉邑)의 음사(淫祀)는 소학당(小學堂)으로 만들어 6세의 학생을 입학시켜 교육받도록 하자고 주장했다.[34)] 다시 말해 신속하게 고(高), 중(中), 소학(小學) 3급의 학교 체계를 만들어 누구나 교육을 받고 농공상병(農工商兵)의 학문이 흥성하게 하는 이상적인 상황에 도달하고자 했다. 그 논리를 좀더 확인해 보면, 우선 중국이 서양에 의해 모욕을 받는 것은 학문이 부족해서이기 때문에 부강을 이루어 자립하기 위해서는 학교를 많이 건설하고 교육을 보편화해야 할 필요가 있다는 것이다. 이를 위해서는 서원을 학당으로 변경하는 것이 여러 방법 중 가장 빠른 방법이라고 생각했다.

이에 답하여 광서제는 광서 24년(1898) 5월 22일에 「개서원위학교상유(改

---

32) [淸]秦綬章(1998), 「禮部議復整頓各省書院折」, 陳谷嘉, 鄧洪波, 『中國書院史資料』, 浙江教育出版社, 1989~1992쪽.

33) 鄧洪波(2013), 『中國書院史(增訂版)』, 武漢大學出版社, 635~636쪽.

34) 康有爲(2007), 「請飭各省改書院淫祀爲學堂折」, 陳元暉 主編, 『中國近代教育史資料彙編(戊戌時期教育)』, 上海教育出版社, 112~115쪽.

書院爲學校上諭」를 내렸다.

> 각 성(省), 부(府)[청(廳), 주(州)], 현(縣)에 현재 남아 있는 대서원(大書院)과 소서원(小書院)은 모두 중학(中學)과 서학(西學)을 두루 학습할 수 있는 학교로 변경하도록 하라. 학교의 등급에 있어서는 마땅히 성회(省會)의 대서원(大書院)을 고등학(高等學)으로 삼고 군성(郡城)의 서원은 중등학(中等學)으로 하며 주현(州縣)의 서원은 소학(小學)으로 하고 모두에 대해서 경사대학당(京師大學堂)의 장정(章程)을 나누어주어 그들로 하여금 이를 참조하여 처리하도록 하라. (중략) 민간의 사묘(祠廟) 중 사전(祀典)에 오르지 않은 것은 곧 지방관으로 하여금 민간에 알리고 모두 학당(學堂)으로 바꾸어 불필요한 경비를 줄이고 교육을 융성하게 하라.[35)]

광서제의 상유(上諭)가 반포된 이후부터 3개월 사이에 새로운 교육기관의 설치를 아뢰는 상주문이 14건이나 헌상되었다.[36)] 예를 들어 호광총독(湖廣總督) 장지동(張之洞)은 양호서원(兩湖書院), 경심서원(經心書院), 강한서원(江漢書院)을 개조하고 성(省) 전체의 서원을 변경하기 위한 세밀한 조치를 취했다. 호북성(湖北省) 10개 부(府)와 1개 직속주(直屬州)에 모두 11개의 학당(學堂)을 설립하고 무창(武昌), 한양(漢陽), 덕안(德安) 3부(府)의 서원은 모두 중학당으로 변경했다. 67개의 주현에는 기존의 서원을 모두 소학당(小學堂)으로 개편했다.[37)]

광서제의 상유(上諭)는 서원 개혁을 본격적으로 시행하는 중요한 계기를 마련했다. 무술변법의 추진력에 힘입어 서원의 폐지와 학당의 설립은 전국적인 추세로 확산하는 가능성을 확보할 수 있었다. 반면 무술변법과의 긴밀한 연계성은 도리어 무술변법에 따른 서원 개혁의 중단을 초래했다.

---

35) 「改書院爲學校上諭」, 陳谷嘉, 鄧洪波(1998), 『中國書院史資料』, 浙江教育出版社, 2470쪽.
36) 戴美玲(2023), 『當代中國書院文化創新發展』, 湖南大學出版社, 20~21쪽.
37) 李占萍(2014), 『清末學校教育政策研究』, 河北人民出版社, 69쪽.

광서 24년(1898), 광서제를 지지하고 변법을 추진하던 소위 유신파 인사들은 북양 3군의 하나인 원세개(袁世凱)를 포섭하여 변법의 안정적인 시행을 기도(企圖)했지만, 결국 원세개가 태도를 바꿈에 따라 끝내 성공하지 못했다. 같은 해 9월 21일, 서태후는 정변을 일으켜 광서제를 유폐하고 훈정(訓政)을 실시함에 따라 변법은 더 이상 지속되지 못했다.[38] 서태후는 광서제가 추진한 정책을 대부분 중지하거나 폐지하였다. 교육 분야의 서원 정책도 그중에 하나였다.[39]

광서 24년 9월 30일, 서태후는 「신명구제의지(申明舊制懿旨)」를 반포하여 학당의 설치를 중지하도록 했다. 의지(懿旨)는 관인들이 상주한 의론(議論)에 따라 교육과 관인 선발의 방식을 조정하도록 명했다. 상주의 내용 중에는 각 성에 있는 서원을 예전의 방식대로 운영하고 학당(學堂)을 중지하거나 폐지할 것을 요청하는 것이 있었는데 서태후는 이를 허락하였다. 황인제(黃仁濟)는 각 지역 중에 서원이 있어 교육을 시행하고 있는 곳에는 이를 더욱 확충하고, 서원이 없는 곳에는 신속하게 재정을 마련해 서원을 증설해야 한다고 주장했다. 또한 학당을 다시 세울 필요가 없고 이미 세워진 학당은 모두 서원으로 바꾸어야 한다고 했다.[40] 이러한 주장들에 근거하여 서태후는 서원의 지속을 결정했는데 의지(懿旨) 중에 다음과 같은 내용을 덧붙였다.

> 서원이 설치된 것은 원래 서원을 통해 실학(實學)을 강학(講學)하고 구학(求學)하려는 것이었지 오로지 훈고(訓詁)와 사장(詞章)만을 전문적으로 숭상하고자 했던 것은 아니다. 무릇 천문(天文), 여지(輿地), 병법(兵法), 산학(算學) 등 경세의 업무들도 모두 유생(儒生)의 본분에 있는 일들이다. 학당에서 공부하는 것 역시 이것에서 벗어나지 않으니 서원을 학당과 비교해 보면, 이름은 다르되 실질은

38) 茅海建(2018), 『戊戌變法史事考初集』, 三聯書店, 115~125쪽.
39) 李國鈞 主編(1994), 『中國書院史』, 湖南教育出版社, 936~939쪽.
40) 「黃仁濟擬治平萬言奏」, 陳谷嘉, 鄧洪波(1998), 『中國書院史資料』, 浙江教育出版社, 2485~2486쪽.

> 같아[명이실동(名異實同)] 본래 반드시 다시 고쳐서 정할 필요가 없다. 현재 시대의 세태가 힘들고 어려우니 더욱 절실하게 학문을 강구(講求)해야 한다. 모든 쓸모가 있는 학문은 서원이 맡은 일에 있지 않다고 말할 수 없는 것이다.[41]

여기서 서태후는 학당의 설치가 불필요하다는 인식을 보여주기는 한다. 그런데 그 논리 구조를 보면, 동학(東學)과 서학(西學)의 대립구조처럼 서원(書院)과 학당(學堂)을 비교의 대척점에 두고 그 차이점을 부각하는 방식으로 학당의 불필요함을 지적하지는 않았다. 그녀는 서원과 학당을 '명이실동(名異實同)'으로 규정하고 이들의 실질이 같은 이유를 서원의 내용적 이해 변화, 즉 중국의 전통적 서원도 실학(實學)의 측면이 있었음을 강조했다. 서원의 실질에 대한 확장된 해석을 통해 학당을 포함한 당시 사회적으로 요구되는 개혁의 대안들을 포괄하려는 모습으로 이해된다. 상호 공존 혹은 기존 서원의 변용과 확대에 방점을 두는 방식으로도 보인다. 이러한 인식은 증렴(曾廉)처럼 학당은 서학의 잘못된 '도(道)'이기 때문에 이것의 수용이 곧 당시 중국의 우환이라고 주장하는 것[42]과는 결이 다르다.

이와 관련해, 광서 24년 10월 3일에 양강총독(兩江總督) 유곤일(劉坤一)이 상주한 「서원학당병행이광조취절(書院學堂竝行以廣造就折)」이 주목된다. 그는 서원을 학당으로 바꿀 필요가 없고, 학당을 중지시킬 필요도 없다고 하면서 이들을 두루 합쳐서 진정한 인재를 기르자고 상주했다. 이러한 주장을 설명하는 과정에서 언급하길, "예부(禮部)의 주문(奏文)에서 말한 바, 앞선 의논에 따라 서원을 학당으로 바꾸려 했기 때문에, 고로 청하건대 서원이 예전처럼 일을 담당하고 학당을 중지하고 폐지하는 것은 서원 이외에 따로 학당을 두어서는 안된다고 말하는 것이 아니다."라고 분명히 했다.[43] 유곤일의 주장

---

41) 「申明舊制懿旨」, 陳谷嘉, 鄧洪波(1998), 『中國書院史資料』, 浙江教育出版社, 2486쪽.

42) 「曾廉應詔上封事」, 陳谷嘉, 鄧洪波(1998), 『中國書院史資料』, 浙江教育出版社, 2484~2485쪽.

은 일견 절충안처럼 비춰질 수도 있으나[44] 서원과 학당 사이의 배타적 분리를 드러내기보다는 서원의 지속을 긍정했다는 측면에서 서태후가 보여준 인식처럼 전통적 서원에서 새로운 변모의 가능성을 긍정했다고도 이해된다.

그러나 무술정변 이후 서원의 의미 확대를 통해 새로운 가능성을 모색하는 것은 광서 26년(1900), 의화단 운동이 발발하면서 굴절된다. 의화단 운동을 진압하기 위해 기동(起動)된 영국과 프랑스 등 8개국의 연합군은 같은 해 8월에 북경을 점령했다.[45] 이에 서태후는 수도 북경을 버리고 서안으로 피난을 떠났다. 이듬해 서태후는 북경으로 돌아오게 되는데 이를 전후하여 신정(新政)을 추진했다. 1901년 1월에 중앙과 지방의 모든 관료에게 개혁안을 상주하도록 하고 4월에는 관제, 군대, 교육, 재정 등 다분야에 걸친 개혁을 추진했다.[46] 이러한 과정을 살펴보면, 의화단 운동과 그에 따른 외국군대에 의한 수도 점령은 서태후가 위기적 상황에서 변화된 정책을 다급히 시행하도록 압박하는 조건이 되었음을 알 수 있다.

광서 27년(1901) 5월에 호광총독(湖廣總督) 장지동(張之洞), 양강총독(兩江總督) 유곤일(劉坤一)이 함께 3차례 상주문을 올렸다. 이들은 첫 번째의 상주문인 「변통정치인재위선준지주의절(變通政治人才爲先遵旨籌議折)」에서 "국내외의 사정을 살펴서 학당을 개설하는 방안을 고려할 필요가 있다."라고 주장했다. 이것은 곧 근대식 학제 체계의 건설을 의미했다. 그 설계 방안의 주요 내용은 네 가지 정도로 요약되는데 첫 번째는 일본의 학교 제도를 참고하여 서양식의 대, 중, 소 3급의 학교 제도를 만들자는 것이다. 두 번째는 동서양의 학제를 참고하되 교과의 내용에 있어서는 경사(經史)와 사장(詞章)도 전문 분야로 설치하고 정치(政治), 병학(兵學), 공학(工學) 등 7개 학분 분야를 설립

43) [淸]劉坤一 著(2018), 陳代湘 校點, 『劉坤一集(第2冊)』, 「書院學堂竝行以廣造就折」, 岳麓書社, 593~594쪽.
44) 李赫亞(2007), 『王闓運與晚淸書院教育』, 光明日報出版社, 217쪽.
45) 曹子西 主編(2012), 『北京通史(第8卷)』, 北京燕山出版社, 216쪽.
46) 이영옥(2019), 『中國近代史』, 책과함께, 208~212쪽.

하는 동시에 경학(經學)을 가장 우위에 두자는 것이다. 세 번째는 학당과 과거제를 일체화하여 학생이 학당에서 일정 기간 학습하고 졸업하면 신분을 올려주는 '층체고취록용(層遞考取錄用)'의 방법을 시행하자는 것이다. 마지막 네 번째는 서원을 학당으로 바꾸어 고대의 학제에서 현대적 학제로 빠른 전환을 이루자는 것이다.47) 일종의 '중체서용' 방식을 적용한 학제 개혁이 상주되었다고 할 수 있다.48) 장지동 등은 근대식 학제 체계의 건설을 주장하지만, 경학(經學)을 교육 내용의 가장 대표적인 분야로 설정하여 전통적 학문 구조가 주도하는 기반 내에서 내용적 실질을 확대한 교육 체계를 구축하고자 했음을 알 수 있다.

서태후가 주도하는 청 정부는 장지동 등의 제안을 받아들여 광서 27년 8월에 「개서원위학당상유(改書院爲學堂上諭)」를 하달했다.

> 경사(京師)에 이미 대학당을 설치하여 실질적으로 정비를 한 것 이외에 각 성에 소재한 서원은 성성(省城)에서 모두 대학당으로 바꾸고, 각 부(府)와 직예주(直隸州)는 모두 중학당(中學堂)으로 바꾸고, 각 주현(州縣)에서는 모두 소학당(小學堂)으로 바꾸어 각각에 인재를 기르는 학당(學堂)을 설치한다. 그 교육의 방법은 마땅히 사서오경(四書五經)의 강상대의(綱常大義)를 주된 것으로 하고 역대로 이어온 역사와 외국의 정치, 예술은 보조적인 것으로 삼는다. 심술(心術)을 순수하고 바르게 하는 데 힘쓰고 문행(文行)을 두루 닦고 시무(時務)에 널리 통달하며, 실학(實學)을 강구(講求)한다.49)

이로써 서원을 학당으로 변경하는 개제(改制) 작업이 최종 확정되었다. 비록 서원에서 학당으로의 변화는 불가역적인 것으로 정해졌지만, 현실에서 완

---

47) 張之洞, 劉坤一(1986), 「變通政治人才爲先遵旨籌議折」, 朱有瓛, 『中國近代學制史料』 第1輯, 華東師範大學出版社, 772~776쪽.
48) 鄧洪波, 趙子龍(2018), 『中國書院的歷史與傳承』, 人民出版社, 220쪽.
49) 「改書院爲學堂上諭」, 陳谷嘉, 鄧洪波(1998), 『中國書院史資料』, 浙江教育出版社, 2489~2490쪽.

료되기까지는 시간이 좀더 필요했다. 과거제가 유지되고 있는 상황은 서원에서 여전히 학생들을 모집하는 기회를 제공하였기 때문이다.[50] 결국 1905년 8월에 광서제는 「청제유립정과거이광학교(淸帝諭立停科擧以廣學校)」를 반포하여[51] "병오년(丙午年)을 시작으로 모든 향회시(鄕會試)를 일률적으로 중지하고 각 성(省)에서 보는 세과고시(歲科考試) 또한 즉각 중지한다."라는 명을 하달하자 서원은 거의 자취를 감추게 되었다.[52]

이와 같이 서원의 폐지 과정은 당시의 급변하는 정치적 상황과 밀접한 영향 관계를 유지하며 진행되었다. 이 과정에서 전통적인 서원의 가치는 정도의 차이는 있으나 일정하게 고려되었고 학당과의 공존 관계 모색을 통해 확대된 개념으로서의 변용 가능성도 확인받을 수 있었다. 하지만, 의화단 운동과 러일전쟁 등 정치적 파급력이 큰 사건이 연이어 발발하는 배경에서 서원은 촉박한 시대적 요청에 따라 급작스럽게 폐지되었다고 할 수 있다.

Ⅲ. 서원의 계승적 변화와 전진(轉進)

광서 연간 말기를 전후하여 청 왕조의 교육기관 체제는 중요한 변화를 겪었다. 전통적 교육 기관인 서원의 존재 양태가 바뀌는 것이 그 변화의 핵심에 해당한다. 전술했듯이, 서원 제도는 사실상 명청 이래로 제도적 모순이

50) 桑兵(1995), 『晩淸學堂學生與社會變遷』, 學林出版社, 140~141쪽.

51) 「淸帝諭立停科擧以廣學校」, 舒新城(1981), 『中國近代敎育史資料(第1卷)』, 人民敎育出版社, 62~66쪽.

52) 일부 연구에 따르면, 당시 약 1,606개의 서원이 학당으로 변경되었다고 한다(鄧洪波(2013), 『中國書院史(增訂版)』, 武漢大學出版社, 654쪽). 경학 교육이 정식 교과목에서 완전히 배제되는 것은 국민당 정부가 발표한 임자계축학제(壬子癸丑(1912~1913)學制)가 시행되면서부터이다. 이에 따라 경학이 제외되고 문(文), 이(理), 법(法), 상(商), 의(醫), 농(農), 공(工) 7개 과목이 교육의 공식적인 기준이 되었다(程功群, 牛蒙剛(2021), 『中國敎育史』, 南京大學出版社, 187~191쪽).

누적되었고, 적지 않은 지식인들에 의해 그 문제점이 지적되었다. 이러한 흐름에서 과거제의 중단과 함께 중국의 서원은 그 외형적 시스템을 완전히 탈바꿈하였다.[53] 이 과정에서 서원의 기능과 역할의 확대가 고려되기도 하고 그 가능성 또한 인정되었지만, 실제는 제도적 차원에서의 완전한 소멸이 정치적 상황과 맞물려 상당히 촉박하게 이루어졌다. 그런데 흥미로운 것은 광서 24년(1898)에 교육 제도의 개혁이 실시되고, 이후 서원 제도가 폐지된 직후에도 이에 대한 저항이 사실상 그렇게 크지 않았다는 사실이다. 청 정부의 조치를 비판하는 자가 한 명도 없었다는 후대의 평가가 있을 만큼 폐지에 따른 반발이 그다지 크지 않았다.[54]

그러나 실상을 살펴보면, 1920년 초에 이미 서원의 폐지에 대한 문제점을 지적하고 아쉬움을 제기하는 일이 있었다. 호적(胡適)은 1923년 12월에 남경의 동남대학(東南大學)에서 '서원제사략(書院制史略)'이란 제목으로 중국의 서원에 관한 강연을 한 바 있다. 정리된 강연문을 살펴보면[55],

> 1천 년 이래 서원은 실제로 교육상의 중요한 위치를 점유했고, 국내의 최고 학부와 사상의 연원은 오직 서원이었다. 이러한 서원은 우리 나라 옛 시기에 있어 최고의 교육기관이었다. 안타까운 것은 바로 광서 연간의 정변으로 1천 년 이래의 서원제(書院制)를 완전히 뒤엎고 형식이 일률적인 학당으로 교육을 대체했다는 것이다. 우리 나라 서원의 상황을 잘 안다면 족히 외국의 대학연구원(大學硏究院)과 비교할 수 있을 것이다. 예를 들어 남청서원(南菁書院)의 경우 그들이 출판한 서적은 외국의 박사가 작성한 논문과 같다. 서원이 폐지된 것은 실로 우리 중국에 있어 하나의 큰 불행한 사건이다. 1천 년 이래 학자들이 스스로 움직인 연구 정신은 더 이상 오늘날에 다시 보이지 않는다.

---

53) 李兵(2005-6), 「淸末科擧革廢對書院改革的影響探析」, 『敎育硏究』, 84~88쪽.
54) 舒新城(2017), 『近代中國敎育思想史』, 吉林出版社, 14쪽.
55) 胡適 著, 葉君 主編(2013), 『胡適文選·演講與時論』, 北方文藝出版社, 69쪽.

라고 했다. 호적은 학문 연구 기관으로서 서원이 담당한 역할을 긍정했다. 서원이 학당에 의해 대체된 사실에 대해 매우 안타깝게 생각했다. '중국에 있어 하나의 큰 불행한 사건'이라고 표현한 점은 이를 잘 보여준다. 이 강연에서 호적은 중국 서원의 정신을 세 가지로 요약해서 제시했다. 첫째, 서원은 시대정신을 대표했다. 둘째, 서원은 강학(講學)과 의정(議政)의 역할을 했다. 셋째, 서원은 스스로 학문을 닦고 연구했다는 것이다. 호적은 이 세 가지 중 세 번째를 '진정한 정신'이라고 특기(特記)하며 그 의미를 강조했다. 이것은 교육에 있어 스스로 학습하고 연구하는 태도를 평소 중시한 그의 지론(持論)[56]이 반영된 것이기도 한데 호적은 강연의 결론에서 이것을 또 한 차례 강조했다.

> 아쉽게도, 광서 연간의 정변으로 1천 년 이래의 서원 제도가 완전히 뒤엎어지고, 독일에서 백여 년 실행한 학교로 서원 제도를 대체하고는 이를 혁신이라고 자랑했다. 1천 년 이래 학자들이 스스로 움직인 연구 정신이 오늘날에 다시 보이지 않는다. 나는 지금 교육계에서 제시하는 달턴제[57]가, 스스로 움직여 수행하는 연구를 중시하는 것이 서원제(書院制)와 같다고 생각하여 서원제도의 약사(略史)를 말하지 않을 수 없었다.

라고 했다. 당시 서양식 학교 제도가 도입되어 시행되었지만, 그것이 강조하는 교육의 내용이 서원의 핵심적인 정신과 일치한다고 지적하여 전통 서원의 지속과 진화된 발전 가능성을 분명하게 언급했다.[58] 서원의 정신[59]을 제시하

56) 蔣夢麟, 胡適, 「我們對於學生的希望」, 『新敎育』 1922年第5卷第1期.

57) 1908년에 미국 헬렌 파커스트(Helen Parkhurst)에 의해 창안된 교육 방법 및 철학을 말한다. 학생의 지적 관심을 개별적으로 고양하고 학습자 위주의 자기 주도적 학습을 추구한다. 瞿葆奎, 丁證霖(1985-2), 「"道爾頓制"在中國」, 『教育研究與實驗』, 77~86쪽. 1924년에 조선에도 소개된 바가 있다. 김자중(2023), 「1920년대 신교육운동의 이론가 파커스트의 조선 강연과 달턴플랜(Dalton Plan)의 소개」, 『교육사상연구』 37-1, 한국교육사상학회, 73~95쪽.

여 전통 서원이 현대적 교육 체제하에서 변용될 수 있음을 주장한 셈이었다.

이와 같은 인식은 당시에 호응을 얻었고, 현대 교육 제도 내 서원의 요소를 반영하자는 의견의 제시로 이어졌다. 이에 대해 진형철(陳衡哲)은 "우리는 중국 서원의 정신과 서양의 도사(導師)제도를 참조하고 결합하여 하나의 새로운 학교 조직을 만들어야 한다."라고 주장했다. 또한 서양의 도사제도를 차용하는 방식을 통해 하나의 서원이 소수의 교수자와 소수의 학습자 중심으로 운영될 수 있다고 생각했다.[60]

이처럼 전통 서원의 특징적 요소와 서양의 근대 학교 제도의 결합을 시도한 노력은 이보다 앞선 1921년 호남자수대학(湖南自修大學)의 창설과 운영에서도 확인된다. 「호남자수대학창립선언(湖南自修大學創立宣言)」은 전통의 서원과 현대의 학교 모두 장단점이 있음을 인정하고 그중 장점을 취사(取捨)하여 선택할 필요가 있다고 선언했다.[61] 1922년에 공간(公刊)된 「호남자수대학조직대강(湖南自修大學組織大綱)」의 제1장 제1조에 다음과 같이 기록되어 있다.

> 본 대학은 현 교육 제도의 결점을 거울로 삼아 고대 서원(書院)과 현대 학교(學校)의 장점을 취합하고 스스로 움직이는 방법을 채택하여 각종 학술을 연구하여 이로써 진정한 이치를 찾아 밝히고 인재를 양성하여 문화(文化)가 일반민에게 보급되고 학술(學術)이 사회에도 두루 미치게 하고자 한다.[62]

호남자수대학은 학술과 문화의 발전과 보급을 목표로 삼고 있는데 그 방

---

58) 호적(胡適)의 강연은 강연문으로 작성되어 1923년 12월에 『시사신보(時事新報)』에 처음 게재된 후에 같은 달에 『북경대학일간(北京大學日刊)』에 전재되고 이듬해 2월에는 『동방잡지(東方雜誌)』에도 전재되는 등 사회적 호응을 받았다.

59) 서원의 정신은 서원 제도가 유지되는 과정에서 장기간에 걸쳐 형성된 우수한 전통의 결정(結晶)을 표현한 것으로 서원 운영의 전통 영혼이라고도 표현된다. 陳曉霞(2018), 『新時代傳統文化創新性發展研究』, 中國國際廣播出版社, 8~9쪽.

60) 陳衡哲, 任鴻雋, 「一個改良大學教育的提議」, 『現代評論』 第2卷第39期, 1925年9月.

61) 吳士英 主編(1997), 『中国近代史通鑑通鉴』, 紅旗出版社, 1063~1065쪽.

62) 「湖南自修大學組織大綱」, 『新教育』 第5卷第1期, 1922年8月.

법에 있어서는 전통 서원의 장점을 활용하여 추진할 것이라는 점을 분명하게 밝히고 있다. 전통 서원에 대한 긍정과 함께 현대적 활용 가능성에 대한 인정은 적지 않은 공감대를 형성했다. 당시 채원배(蔡元培)는 「북대연구소조직대강제안(北大研究所組織大綱提案)」을 제출하고 서양식 세미나 방법으로 특정 전공을 연구하는 기관인 북대국학문(北大國學門)을 설립한 바 있는데[63] 서양식 교육 방법을 우선시한 그 역시 호남자수대학(湖南自修大學)의 취지에 공감하며 주변에 추천하기도 했다.[64] 그는 "중국의 서원과 서양 연구소의 장점을 합쳐서 활용하자."라고 주장했다.[65]

서원의 장점을 서양 교육 기관의 그것과 결합하자는 주장은 의견으로만 남지 않고 실제적인 행동으로 이어졌다. 1925년 3월 청화교무회의(淸華教務會議)는 새로운 연구원장정(研究院章程)을 통과시켰다. 장정은 연구 방법을 9가지로 언급하고 있는데 그 첫 번째에 대해,

> 본 연구원은 예전의 서원(書院)과 영국의 대학 제도를 대략적으로 참조하였다. 연구의 방법은 개인이 스스로 하는 학습을 중시하고 교수자가 지도를 책임지는데 조직의 분류는 학과를 기준으로 하지 않고 교수자 개인을 중심으로 하여 학습자와 교수자와의 관계를 매우 밀접하게 하고자 한다. 학습자는 짧은 학습 기간 중에 국학의 기반과 학습의 방법에 있어 모두 성과를 가질 수 있도록 한다.[66]

라고 했다.

물론, 서원의 요소와 서양 교육의 특징을 결합하려는 시도가 당시 지식인들에게 모두 받아들여진 것은 아니었다. 장태염(章太炎)이 국학강습회(國學講

63) 劉夢溪(2011), 『國學與紅學』, 上海辭書出版社, 45~46쪽.
64) 陳平原(2024), 『陳平原文集(第18卷)』, 商務印書館, 325쪽.
65) 蔡元培(1984), 「湖南自修大學介紹與說明」, 高平叔 編, 『蔡元培全集』 第4卷, 中華書局, 247쪽.
66) 「研究院章程」, 『淸華周刊』 第360期, 1925年11月.

習會)를 열어 교육을 시도하거나[67] 마일부(馬一浮)가 복성서원(復性書院)을 세워 '육예(六藝)'를 핵심으로 하는 교육[68]을 진행하는 등 전통 방식을 고수하거나 우월한 가치를 부여하는 움직임도 있었다.[69] 그러나 이들의 시도는 비록 장개석(蔣介石)의 경제적 지원을 받긴 했지만[70] 경영상의 문제점과 수학한 학생이 공인된 졸업장을 받지 못해 취업에 어려움을 겪는 등의 문제로 장기간 유지되지 못했다. 전통적 서원 교육을 고집하는 방식은 변화된 사회적 기반에 정착되기 어려웠다.

서원의 장점을 활용한 근대적 교육의 시도는 계속 진행되었다. 당문치(唐文治)는 1920년에 무석국학전수관(無錫國學專修館)을 창설했는데 이후 1928년에 교육부의 비준을 받아 무석국학전수학교(無錫國學專修學校)로 개칭했다. 이 학교는 1950년에 폐지될 때까지 천여 명의 졸업생을 배출하는 등 왕성한 교육 활동을 벌였다. 전수관(專修館) 시기에는 『논어(論語)』, 『시경(詩經)』, 『사기(史記)』 등 국학 고전을 교육 내용의 중심으로 삼았지만, 1928년 이후부터는 근대 학문 교과목을 대폭 수용해서 교과 과정에 반영했다.[71] 이 과정에서 3개년 6학기의 학제가 5개년 10학기로 변경되기도 했는데, 교육의 방침에 있어서는 시종 변하지 않는 중심 내용이 견지되었다. 즉, 스스로 학습하는 태도를 중시하고 중국 고전의 독서를 고집한 것이다.[72] 교육 방식에 있어서

---

67) 夏駿(2013-1), 「蘇州章氏國學講習會辦學事迹考」, 『蘇州大學學報』, 86~98쪽.

68) 이연정(2019), 「복성(復性)서원 교학 과정을 통해 본 마일부의 교육관」, 『중국학논총』 64, 고려대학교 중국학연구소, 206~221쪽.

69) 劉夢溪(2018), 『馬一浮與國學(增訂版)』, 三聯書店, 169~236쪽. 당시 마일부(馬一浮)를 포함해 신유가(新儒家)로 분류되는 인사들의 서원 창설이 이어졌다. 예를 들어 양수명(梁漱溟)의 면인서원(勉仁書院), 장군려(張君勱)의 민족문화서원(民族文化書院) 등이 있는데 운영 방식이 대체로 유사했다. 洪明(2009), 『現代新儒學教育流派研究』, 廣東教育出版社, 141쪽.

70) 全國政協文史資料委員會 編(1996), 『中華文史資料文庫(第17卷)』, 中國文史出版社, 15~21쪽.

71) 王俊賢, 孫慧(2018-8), 「從傳統到現代: 無錫國專課程設置的歷史沿革」, 『長江師範學院學報』, 119~125쪽, 144쪽.

72) 錢仲聯(1985-2), 「無錫國專的教學特點」, 『文教資料』, 90~93쪽.

는 강학(講學)의 형식을 취했고, 이른바 '미언대의(微言大意)'를 서술하는 방식을 채용했다. 또한 경전을 포함한 서적을 직접 간행했으며 공자의 탄신일을 휴교일로 기념하기도 했다.[73] 이러한 상황에서 1931년에 무석국전(無錫國專)을 방문한 국제연합 교육과(教育科) 대표 돈크 베이컨은 교육 상황을 지켜본 후 무석국전(無錫國專)에서 '완전한 중국문화의 학교'를 확인할 수 있었다며 놀라움을 드러냈기도 했다.[74]

당문치(唐文治) 이외에 전목(錢穆)의 신아서원(新亞書院)도 서원의 장점을 활용한 근대 교육의 시도라는 측면에서 의미 있는 상황을 보여준다. 1949년 홍콩에 건립된 신아서원[75]은 전통적인 교육 방식의 긍정과 서양식 교육의 장점을 결합하는 또 하나의 새로운 사례가 될 수 있다. 신아서원의 초생간장(招生簡章)에 다음과 같은 내용이 수록되어 있다.

> 본 서원은 1949년 가을에 창립되었다. 그 뜻은 위로 송명서원(宋明書院)의 강학정신(講學精神)에 미치고 옆으로는 서양 대학의 도사제도(導師制度)를 채택하여, 인문주의의 교육 종지(宗旨)로서 세계 속 중국과 서양의 문화와 소통하고 일류의 평화로운 사회와 행복을 위해 그 앞날을 모색하는 데 있다.[76]

초생간장(招生簡章)은 신아서원이 송명시기 전통 서원의 정신을 계승한다는 점을 분명히 했다. 이와 함께 서양 교육의 특징 중 하나인 도사제도(導師制度)를 결합하여 교육을 실천하는 데 그 창립 목적이 있다고 천명했다. 또한 전목(錢穆)은 "중국 송대의 서원 교육은 인물(人物)을 중심으로 하는 것이

---

73) 周泉根(2012-7), 「民國高等教育中的國學教育 - 以無錫國學專修學校爲例」, 『文藝爭鳴』, 58~64쪽.

74) 陳平原(2002), 「傳統書院的現代轉型-以無錫國專爲中心」, 『中國大學十講』, 復旦大學出版社, 92쪽.

75) 신아서원(新亞書院)은 아주문상학원(亞洲文商學院)에서 시작되었다가 이듬해 장소를 옮기고 개명했다. 魏兆鋒(2019), 『新亞書院研究』, 九州出版社, 11~12쪽.

76) 錢穆(2004), 『新亞遺鐸』, 三聯書店, 12쪽.

고 현대의 대학 교육은 교과 중심이다. 우리의 서원 정신은 각 분야의 교과를 통해 인물 중심의 교육을 완성하고, 인물 중심의 교육을 통해 각 분야의 과목을 전수(傳授)하게 된다."[77]라고 하여, 전통 교육의 인물 중심적 교육을 서양의 분과 교육과 결합하는 태도를 보여주었다. 물론 이것은 서양 교육의 장점을 충분히 인정한 배경에서 시도된 것이라 할 수 있다.[78] 아울러 전목은 신아서원이 교육 방식에 있어 서양의 도사제도를 채택한 이유와 관련해, "교육을 수행하는 데 있어 (신아서원은) 스스로 학습하는 정신과 방법으로써 학생들을 훈련시키는 것에 중점을 두고 있기에, 강당에서 기본적인 공동 교과목을 강의하고 교수(教授)하는 것 이외에 도사제(導師制)를 채용한다."[79]라고 밝히고 있다. 즉, 스스로 학습하는 '자학(自學)'이라는 전통 교육의 특징을 적극적으로 받아들이고 있음을 보여준다. 전목의 이러한 교육 신념은 신아서원이 전문 분야를 세분화하여 교육하기보다는 중국 문화를 배경으로 한 통식교육(通識教育)에 중점을 두게 했다.[80]

무석국전(無錫國專)과 신아서원(新亞書院)의 시도는 설립 취지를 일정한 형태로 실현했다. 이들의 성과는 전통의 서원과 서양 학교의 설립 목적이 교육을 통한 인재 양성이라는 기본 취지를 공유했던 사실[81]과 무관하지 않을 것이다. 그런데 민국 시기 이래로 학교 교육이 통합적인 형태를 갖추게 된 이상 서원이 체제 밖에서 사립의 형태로 운영되며 지속적인 발전을 이루기가 쉽지 않았다. 안정적인 재정 확보와 서원 내 수학자(修學者)들의 학력 인정 문제는 무석국전과 신아서원이 해결해야 할 문제 상황 중 하나였다. 당문치(唐文治)와 전목(錢穆)은 당시의 정부 관계자들과 만나 재정 지원을 요청했지만 문제의 완전한 해결은 쉽지 않았다.[82] 민국 시기에 출현했던 다수의 서

77) 鄧洪波(2000), 『中國書院學規』, 湖南大學出版社, 275쪽.
78) 錢穆(2014), 『文化與教育』, 九州出版社, 185쪽.
79) 錢穆(2004), 『新亞遺鐸』, 三聯書店, 12쪽.
80) 洪明(2009), 『現代新儒學教育流派研究』, 廣東教育出版社, 250~254쪽.
81) 謝國楨(1996), 「近代書院學校制度變遷考」, 『瓜蒂庵文集』, 遼寧教育出版社, 63~64쪽.
82) 王喜旺, 梁衛紅(2020), 『中西教育融合視野中的民國大學』, 中國政法大學出版社, 110~

원이 대체로 무기력하게 끝나게 되었다는 평가가 과장된 것은 아니었다.[83] 이러한 상황에서 문제 해결을 위해 신아서원은 교육 내용을 전통적 인문 교육과 현실적 직업 교육으로 나누는 방법을 기획하는 등 적응을 위한 변화의 모습도 보였다.[84] 변화의 노력 끝에 신아서원은 결국 1963년 정부의 승인을 거쳐 홍콩중문대학[香港中文大學]과 합병했다. 이에 따라 신아서원은 정규 기관으로서 정부의 교육 체계 내 지원을 받게 되었다. 합병 이후, 신아서원이 자주성을 잃게 되었다는 비판도 있었지만,[85] 서원의 교육 형식과 함께 교육 내용에 있어서는 통식교육(通識教育)을 이어갈 수 있었다.[86]

비록 청 말기에 서원은 폐지되었지만 전통 교육의 가치에 대한 열망은 이어졌고, 서양의 학교 교육이 갖는 장점과 결합하여 새로운 형태의 서원 제도가 추구되었다. 이러한 서원은 교육의 내용적인 측면에서 중국의 고전과 서양의 근대 학문을 함께 학습하고, 학습의 형식적 측면에서는 서원의 정신이라고 할 수 있는 '자학(自學)'과 '자유강학(自由講學)'의 중요성을 강조하면서 진일보한 면모를 보여주었다. 이 과정에서 서원은 분명 일정한 성과를 거두었지만, 안정적인 재정 지원과 학생들의 졸업 후 진로는 만성의 문제였다. 이것의 해결을 위해 서원은 국가 제도에 인입(引入)되어 정부의 지원을 받는 정규 기관으로 변모하는 출로를 선택했다. 이로 인해 서원은 민간의 사적 교육 기관에서 공교육 기관으로의 성격 변화를 피할 수는 없었지만, 그럼에도 전통문화를 배경에 두고 서양 학문 제도의 융합을 통해 '자학(自學)'을 실천하는 정체성은 지속할 수 있었다. 이러한 양태는 서원이 연변(演變)하는 하나의 흐름을 형성하고 이어졌다.

120쪽.

83) 劉秀峰(2020), 『書院的復活-民國四川書院史』, 中國社會科學出版社, 246~250쪽.

84) 唐君毅(2005), 『中華人文與當今世界補編』, 廣西師範大學出版社, 433쪽.

85) 金小方(2014), 『唐君毅道德哲學研究』, 安徽師範大學出版社, 214쪽.

86) 龍跃君(2019), 『傳統與現代的融合: 現代大學書院制研究』, 湖南大學出版社, 64쪽.

Ⅳ. 대학 서원의 설치와 운영 양태

신아서원이 홍콩중문대학으로 병합된 이후 중국의 서원은 새로운 발전의 모델을 확인할 수 있었다. 1963년 당시 홍콩중문대학은 신아서원 이외에 숭기서원(崇基書院), 연합서원(聯合書院)도 함께 병합하여 학교를 운영했다. 그 결과 홍콩중문대학에 기존과는 다른 형식의 서원, 이른바 '대학 서원'이 출현했고 이에 따라 변모한 형태의 서원제(書院制)가 시행되었다. 이러한 대학 서원은 특정 분과의 전문 지식을 교육하는 학원(學院)과 달리 통식교육을 담당하며 대학 내 교육의 일부를 분담했다. '전인교육(全人教育)'의 이념을 견지하고 '이인위본(以人爲本)'의 교육 목표를 추구하면서 통식교육을 교육 현장에 전면적으로 적용했다.[87] 홍콩중문대학의 경우, 적어도 1976년에 제도 개혁이 이루어질 때까지 대학 서원은 대학 내 교육의 주요 주체로서 그 기본적인 역할을 충실히 수행했다.[88] 이후 30년 사이에 서원이 추가로 설치되어 2007년에는 일부서원(逸夫書院), 신흥서원(晨興書院), 선형서원(善衡書院), 경문서원(敬文書院), 오의손서원(伍宜孫書院), 화성서원(和聲書院)을 포함해 9개의 서원이 홍콩중문대학의 전체 서원제(書院制)를 구성했다. 이 9개의 서원은 비록 독자적인 학생 선발권과 학위 수여권은 없었지만, 행정과 재정 분야에서 자치적인 독립성을 가졌고 그에 따라 각각의 고유한 특색이 반영된 교육을 시행했다. 전목(錢穆)이 당초 신아서원의 설립 목적을 청년들에게 중국문화를 이해하고 존중할 수 있도록 하여 전통문화를 홍양(弘揚)하는 것[89]이라고 했듯이 홍콩중문대학의 대학 서원도 중국문화를 근본으로 하고 서양문화를 활용하는 방식으로 학생들에게 통식교육을 했다.[90] 이것은 서원이 국가

---

87) 楊元建(2020-4), 「香港中文大學書院制的特色及優勢」, 『教育學術月刊』, 29~34쪽·41쪽.

88) 任穎妍, 趙山, 耿敏(2023-3), 「香港中文大學書院制度與啓示」, 『鄭州鐵路職業技術學院學報』, 108~112쪽.

89) 魏兆鋒(2019), 『新亞書院研究』, 九州出版社, 41쪽.

90) 李嫻(2018-1), 「現代大學的書院制度建設研究 - 以香港中文大學爲例」, 『青島職業技

교육 체제 내에서 달라진 형태로 고유의 기능을 발휘하는 상황을 보여준다.

중국 내 대학 서원은 신아서원과 이후의 홍콩중문대학이 보여준 교육적 특징을 적극 수용했다. 전통 서원이 갖는 자학(自學)과 자유강학(自由講學) 그리고 덕업겸수(德業兼修)와 사생공처(師生共處)의 특성을 배경으로 하고 서양의 합숙학원제(合宿學院制)를 참조하여[91] 교육과 생활 시스템을 갖추었다. 기존의 대학 교육이 갖는 문제 상황을 완화하기 위해 전통과 현대, 자학(自國)과 외국(外國)의 교육 요소를 결합해 새로운 교육 방식을 모색한다는 의미가 대학 서원의 조성에 직접적으로 반영되었다.[92] 이것은 중국 서원의 문화적 전통을 발전시켜 현대 대학의 교육 이념을 더욱 충실히 하려는 노력의 결과라고도 할 수 있다.[93]

2005년 복단대학(復旦大學)이 대학 서원을 설치한 이래로 전국의 여러 대학이 서원제(書院制)의 채택을 고려했다. 2005년에 5개의 대학에서 대학 서원이 신설된 이후, 매년 적게는 2개 많게는 38개의 대학이 대학 서원제를 도입했다. 2020년 7월 기준으로 전국의 97개 대학이 304개의 대학 서원을 설치해 운영하고 있다.[94] 통계가 보여주듯 대학 서원은 단기간에 양적으로 크

術學院學報』, 36~40쪽. 중국 내 통식교육은 대학교육 개혁의 일환으로 중국 문화의 주체성 강조를 위해 강조되었고(임상범(2016), 「'통식교육'을 통한 문명대국 중국 만들기」, 『대구사학』 124, 대구사학회, 207~242쪽), 북경대학, 청화대학, 복단대학 등에서 기초교양교육과정을 기본으로 실시되었다(이영란(2021), 「중국 통식교육의 모델, 서원 교육」, 『교양교육연구』 15-1, 한국교양교육학회, 57~66쪽). 한편, 홍콩의 반환 이후 홍콩 내 통식교육이 서구식 교육의 틀을 지속하게 되자 중국 정부는 딜레마적 상황에 부딪히기도 했다(김진공(2021), 「중국 통식교육의 역사와 정치적 딜레마」, 『중국어문논역총간』 49, 중국어문논역학회, 181~209쪽).

91) 張湘韵(2019-4), 「現代大學書院制反思: 模式移植與精神斷層」, 『貴州社會科學』, 98~104쪽.

92) 何毅, 劉海峰(2019-6), 「現代大學書院興起的意義與挑戰-基於本科教育組織模式的視角」, 『中國高等研究』, 80~86쪽.

93) 孟彦, 洪成文(2017-3), 「我國大學書院制度發展之思考」, 『高教探索』, 13~17쪽.

94) 常韜, 張北辰(2022-1), 「我國高校書院的發展現狀, 現實困境和路徑展望」, 『甘肅教育研究』, 45~48쪽.

게 팽창했다. 또한 소위 '985공정'에 선정된 39개 우수 대학 중 17곳이 서원제를 채택하고 있다.[95]

이것은 중국 교육부의 고등 교육 발전 정책과도 관계가 있다. 2010년에 교육부는 「국가 중장기 교육 개혁과 발전 규획 강요(2010-2020)[國家中長期教育改革和發展規劃綱要(2010-2020)]」를 발표하여 "'이인위본(以人爲本)'과 교양교육의 전면적 실시는 중국 교육 개혁 발전의 전략적 주제"라고 했다.[96] 학생 교육에서 인간 중심의 전인교육을 중시하는 교육 방침이 발표되자 이것은 대학 발전의 추진 방향으로 설정되었다. 이러한 상황에서 대학 서원이 새로운 교육 모델로서 더욱 주목받게 되었다. 이것은 단발적인 현상에 그치지 않았다. 대학 서원의 효용은 사회적 호응을 수반했고, 정부의 후속 정책에 연이어 반영되었다. 2019년에는 「본과 교육과 교학 개혁을 심화하여 인재 양성의 질을 전면적으로 높이는 것에 관한 의견[關於深化本科教育教學改革全面提高人才培養質量的意見]」이 제출되었다.[97] 해당 문건의 여덟 번째 조항은 학생 관리와 교육 서비스의 강화를 위해 "고등 교육 기관이 서원제(書院制) 학생 관리 시스템을 건립하는 데 적극적으로 지원하겠다."라는 태도를 천명했다. 이것은 학습 활동을 포함할 뿐만 아니라 대학 내 학생 생활의 측면에서도 대학 서원의 가치가 높게 평가되었다는 사실을 보여준다. 2021년에는 교육부(教育部) 판공청(辦公廳)이 「2021년도 기초 학과 우수 학생 양성 기지 건설 프로젝에 관한 통지[關於2021年度基礎學科拔尖學生培養基地建設工作的通知]」를 발표했는데, 엘리트 인재 육성을 위해 새로운 교육 기지를 건설하는 데 있어 고등 교육 기관이 '세 가지 제도[서원제(書院制), 학분제(學分制), 도사제(導師制)]'를 시행하여 교육 모델의 개혁을 시행할 수 있도록 유도

95) 李會春(2017-4), 「書院建設在中國:制度與張力」, 『教育學術月刊』, 50~58쪽.

96) 中國法制出版社 編(2019), 『中華人民共和國教育法律法規全書』, 中國法制出版社, 37~38쪽.

97) 教育部(2019-9), 「關於深化本科教育教學改革全面提高人才培養質量的意見」, 『中華人民共和國教育部公報』, 26~30쪽.

하겠다고 공언했다.[98] 이러한 국가 교육 정책의 지원 속에서 대학 서원제는 확산되었다.

그런데 대학 서원은 전통 서원의 요소를 활용하여 대학 교육의 효과를 높인다는 설립 목적과 취지가 대체로 전일(專一)한 것[99]과 달리 실제 운영되는 양상은 매우 다양하다. 때문에 서원제의 개념이 다양하고 포괄적인 형태로 사용되고 있으며 그 구체적인 지칭 대상 역시 폭넓게 상정된다.[100]

서원에 소속되는 학생의 범위를 기준으로 구분하면 학생 전원을 대상으로 삼는 전원제 서원(全員制 書院)과 그렇지 않은 서원으로 나눌 수 있다.

우선 전원제 서원은 특정 대학 내 모든 학부 학생이 하나 또는 복수의 서원에 소속된 형태이다. 이러한 구조하에서 서원은 학생들의 거주지역, 생활구역, 활동공간이자 사상을 교류하고 집체의식을 함양하는 성장의 장소가 된다. 2020년 현재, 서안교통대학(西安交通大學), 대련이공대학(大連理工大學), 남방과기대학(南方科技大學), 하북대학(河北大學), 북경이공대학(北京理工大學), 천진대학(天津大學) 등 36개 대학 내 183개의 대학 서원이 전원제(全員制)로 운영되고 있다. 대학 서원을 설치한 대학의 37%가 전원제 서원 방식을 적용하고 있다. 반면 전국 대학에서 운영되고 있는 대학 서원의 전체 수량으로 비교하면 서원 전체의 60%가 넘는 비중을 차지하고 있다.[101] 전원제 방식을 채택한 대학들은 일괄적이고 통합된 형태로 한 번에 해결하는 원스탑 방식, 이른바 '일참식(一站式)'의 관리 방식을 선호하는데 학생 모집의 광역화가 진행되는 중국 내 상황에 적용하는 데 유리하기 때문이다. 특히 특정 공간에 모든 학생이 공동 생활한다는 조건은 사생(師生) 간, 학생 간 접촉을 확대하고 학술교류도 증진하여 개방적이고 민주적인 공동체를 조성하는 데 중요하게 작용한다.[102]

98) 梁宏亮(2022-10), 「我國高校書院制發展的現狀,挑戰與對策」, 『高教論壇』, 78~81쪽.
99) 范雙利, 彭遠威(2014-6), 「論現代大學書院制的建設」, 『高教探索』, 11~16쪽.
100) 范別敦榮(2021), 『大學管理與治理』, 中國海洋大學出版社, 145~147쪽.
101) 宮輝 主編(2021), 『高校書院發展報告2020』, 西安交通大學出版社, 281쪽.

전원제 서원이 곧 모든 교육과 생활 관리의 단일화를 의미하는 것은 아니다. 특정 대학 내에서 개별 대학 서원의 특징이 다양한 형태로 발현되기도 한다. 예를 들어 중경우전대학(重慶郵電大學)의 이통학원(移通學院)의 경우는 3개의 전공집중식(專攻集中式) 서원, 7개의 사회문화식(社會文化式) 서원, 1개의 문리식(文理式) 서원을 운영한다.[103] 전공집중식 서원은 동일한 전공 학생의 집단 거주와 공동 생활을 통해 전공 정체성과 사회 실천의 의미를 제고하여 학생의 전공 소양을 강화한다. 사회문화식 서원은 전공 학습은 전공학원(專攻學院)에서 수행하고 생활은 사회서원(社會書院)에서 영위하는 방식이다. 학원(學院)과 서원(書院) 간의 상호 보완, 상호 작용, 상호 융합의 과정에서 두 '원(院)'이 공동으로 학생을 양성한다. 문리식 서원은 학생들의 독립적인 활동을 중시하는 방식이다. 학생들이 전공과 학년에 상관없이 함께 수업을 듣고 거주하며 교양을 쌓고 국제화된 시야를 갖추어 엘리트 인재로 성장할 수 있도록 유도하는 것이다.[104]

전원제 서원이 아닌 경우는 비(非)전원제 서원 또는 실험성(實驗性) 서원[105]으로 불리는데 운영 형태가 비교적 다양하다. 이를 운영상의 특징에 따라 분류해 보면 대략 다음과 같다.

첫째, 저학년 중심으로 운영되는 서원이 있다. 이것은 대학 1학년 학생들을 서원에 편제하여 교육 및 관리를 시행하다가 2학년 또는 3학년이 될 때 전공 단과 대학으로 이관하여 학업을 이어가게 하는 방식이다. 북경항공항천대학(北京航空航天大學), 남방의과대학(南方醫科大學) 등이 이러한 방식을 비교적 일찍 채택했고 최근에 점차 증가하는 추세가 확인되고 있다. 예컨대

---

102) 夏曉晨, 王康睿, 曹宇(2022-6), 「探究高校"一站式"學生社區建設與書院制的關係」, 『佳木斯職業學院學報』, 44~46쪽.

103) 王征, 李文豹, 蘇述庚(2021-7), 「"一站式"全員書院制創新與實踐-以重慶移通學院爲例」, 『高教論壇』, 39~42쪽.

104) 尹浩亮(2018), 「重慶郵電大學移通學院書院建設研究」, 重慶大學碩士學位論文.

105) 李會春(2016), 「中國985高校書院的制度構建及其反思」, 程海東, 宮輝 主編, 『現代高校書院制教育研究』, 西安交通大學出版社, 79쪽.

상해대학(上海大學)은 2011년에 통식교육을 광역 단위로 시행하는 개혁을 추진했는데, 학생들을 인문(人文), 이공(理工), 경영(經營) 분야로 모집한 후 사구서원(社區書院)에서 1년 동안 학습과 생활을 하도록 했다.[106] 유사한 형태로 태원이공대학(太原理工大學)은 기초학원(基礎學院)의 예하에 3개의 서원을 두고 11개 전공 분야의 53개 세부 전공 1학년 학생에게 서원제 전인교육 시스템을 적용해 융복합 인재를 양성하고자 했다. 이러한 서원들은 모두 학습을 위한 기초 능력을 기르고 소양을 높인다는 공통의 목표를 세워 1년간 학생들을 교육했다. 대체로 광역 모집단위로 학생을 선발한 대학에서 주로 채택했다.[107]

둘째, 학문 분과 별로 서원을 설립해 운영하는 형태가 있다. 이러한 서원은 일부 학과의 학생들에게 서원제를 적용하는 모델이다. 전공 특색을 갖추고 사회적 책임을 다하는 인재를 배양하고 새로운 학생 관리 및 교육 모델을 구축하는 목적에서 시도되었다. 이 형태에 속하는 대표적인 대학 서원으로 요성대학(聊城大學)의 학기서원(學記書院), 하문대학(厦門大學)의 향산서원(香山書院), 섬서사범대학(陝西師範大學)의 철학서원(哲學書院) 등 총 7개 대학의 10개 서원을 꼽아 볼 수 있다.[108] 이중 섬서사범대학의 철학서원은 여타 대학들에서 보기 드물게 철학을 중심 학문으로 표방하고 복합형 인재를 교육한다는 대담한 의지를 밝혀 사회적 관심을 끌기도 했다.[109]

셋째, 소수의 엘리트 인재 양성을 위한 서원이 있다. 이것은 높은 수준의 자질을 갖춘 엘리트 인재를 양성하는 데 목적을 두고 있다. 개별 학생들의 자질 차이를 인정하는 전제에서 높은 목적성과 조건에 맞는 수준 별 교육을 고품질의 개성화된 전문 교육으로 실천하고자 한다. 대학에 따라 이상화된

106) 馬成瑶(2024), 『嬗變 融合 精進 高校輔導員隊伍發展研究』, 上海大學出版社, 182~183쪽.

107) 高航, 張琤, 李衛國, 趙慧(2019), 「新書院制創新人才培養模式的探索與實踐」, 『中國高等教育』 17輯, 49~51쪽.

108) 宮輝 主編(2021), 『高校書院發展報告2020』, 西安交通大學出版社, 284쪽.

109) 杜國平 主編(2024), 『邏輯智能與哲學(第3輯)』, 社會科學文獻出版社, 190쪽.

인재상이 서로 상이하다는 조건으로 인해 실제적인 교육 방식은 다양한 형태로 시행된다. 이러한 서원은 전문 교육의 강화를 위해 교수 집단의 능력을 높이고 최적화된 교육 환경을 갖춰 서원의 특징을 극대화한다. 2020년 현재 25개 대학에서 47개의 서원을 이와 같은 방식으로 설치 운영하고 있다. 대표적 사례로 북경대학(北京大學)은 기존에 있던 원배학원(元培學院)에 추가해 2019년에 녹명서원(鹿鳴書院)을 신설하고 석학을 초빙하여 국제 경쟁력을 갖춘 인재를 양성하기 위해 최고 수준의 교육을 실시하고 있다.[110] 청화대학(清華大學)은 2017년 이전에 신아서원(新雅書院), 소세민서원(蘇世民書院) 2개를 운영하고 있었는데 2020년에 다시 5개의 서원, 즉 치리서원(致理書院), 일신서원(日新書院), 미앙서원(未央書院), 탐미서원(探微書院), 행건서원(行健書院)을 신설하여 과학 분야의 엘리트 인재를 교육하는 실험형 서원 모델을 제시했다.[111]

넷째, 특정 그룹의 학생만을 대상으로 한 서원이 있다. 동질한 그룹 내 학생들만을 대상으로 삼기 때문에 서원의 설치 목적이 분명하고 상호 이질적인 다양한 목적의 개별적 실현에 용이한 특징을 갖고 있다. 제한된 범위 안에서의 효율성이 강조되기도 한다. 예를 들어 북경대학의 '일대일로' 서원('一帶一路' 書院)은 미래 지도자로서의 잠재력이 있는 외국 유학생들을 대상으로 삼아 인재 양성을 위한 교육을 진행하고 있다.[112] 북경이공대학의 북경서원(北京書院)은 북경시가 발주하는 교육 프로그램을 위탁받아 방학 기간에 북경의 고등학생들을 위해 별도의 교육 과정을 운영하기도 한다.[113] 같은 대학의 영문서원(令聞書院)과 기남대학(暨南大學)의 사해서원(四海書院)은 학부의 외국 유학생을 위한 서원으로 운영되고 있다.[114] 북경사범대학의 교육가서원

110) 葛麗麗, 王世强, 韓啟飛, 張湘波(2023-13), 「書院制人才培養研究與實踐 - 以北京大學生命科學學院鹿鳴書院爲例」, 『高校生物學教學研究』, 3~7쪽.

111) 汪睿(2021), 『高校拔尖創新人才培養模式研究』, 武漢大學出版社, 53쪽.

112) 王利平(2022), 『教育開放的機制創新研究』, 東南大學出版社, 216쪽.

113) 李瑁, 周潁(2023-3), 「高水平人才交叉培養計劃的育人模式研究-以北京理工大學北京書院'一站式'社區建設爲例」, 『北京教育』, 91~93쪽.

114) 鄭通濤, 方環海, 陳榮嵐 編(2018), 『一帶一路視角下的教育發展研究』, 世界圖書出

(教育家書院)은 유, 초, 중, 고의 우수 교사만을 위한 교육을 진행하고[115], 동제대학(同濟大學)은 여학생만을 대상으로 한 국제화된 융합인재 양성 교육을 위해 여자서원(女子書院)을 설치해 운영하고 있다[116]. 상해해사대학(上海海事大學)은 여지서원(勵志書院)을 두어 중국 내 중서부의 빈곤 지역 학생을 지원하는 교육을 시행하고 있다.[117] 특정 집단을 교육 대상으로 삼고 있어 해당 집단의 정체성과 귀속감을 제고하는 데에도 일정한 역할을 하고 있다. 최근 이러한 특색을 갖는 서원들이 증가하는 경향이 확인되고 있다.

이처럼 대학 서원은 교육의 내용적 측면에서 다양한 방식으로 운영되고 있다. 만약 이를 대학 내 조직 구조의 차원에서 접근한다면 대학 서원의 설치는 기존 교육 체계와의 조화가 필요하다는 것을 추상(推想)할 수 있다. 주지하듯 대학은 교육의 목적이 특정 분야의 지식을 갖춘 전문가를 양성하는 것에 있다. 때문에 전공 교육을 위한 학과를 기본 단위로 교육 체계를 구성하고 있다. 그런데 전통문화를 포함한 통식교육을 위한 대학 서원이 설치되면 기존의 교육 체계 내에서 효율성 제고를 위한 재구조화 또는 합리적 관계 설정이 요구된다.

현재 중국 대학 내에서 시도되고 있는 관리 구조는 사례에 따라 비교적 큰 차이를 보이고 있는데 이를 그 구조적 특징에 따라 분류하면 크게 세 가지 모델로 나눠볼 수 있다.[118]

우선, '서원(書院)'과 '학원(學院)'을 일체화한 모델을 들 수 있다. 이 모델 하에서 서원은 전공을 교육하는 학원과 같이 하나의 실체적인 조직으로 간주된다. 여기에 속하는 서원은 기존에 있던 특별 교육기관을 기반으로 개치

版公司, 40쪽.

115) 李濤(2010-6), 「北京師範大學教育家書院成立」, 『高等教育』, 129쪽.

116) 劉利群, 周應江 主編(2021), 『新時代婦女發展的實踐與創新』, 中國婦女出版社, 155쪽.

117) 宮輝 主編(2021), 『高校書院發展報告2020』, 西安交通大學出版社, 101쪽.

118) 蔣家瓊, 丁晨, 王思微(2021-12), 「我國一流大學書院制管理模式現狀與展望」, 『江蘇高教』, 88~94쪽.

(改置)되거나 별도의 조직이 신설됨에 따라 특수 전문 인재를 양성하는 과정에서 출현하게 되었다. '서원'-'학원'으로 일체화된 서원은 행정과 운영에 있어 독립적인 권한을 갖는다. 이를 배경으로 서원이 교육 목표를 스스로 설정하고 그에 맞는 교육 과정을 자체적으로 설계한다. 이에 따라 직접적인 학생 선발권을 행사하며 재학생들의 관리에 전적인 책임을 갖는다. 현재 중국 내에서 운영되고 있는 북경대학의 원배서원[119], 청화대학의 신아서원[120], 절강대학(浙江大學)의 마일부서원(馬一浮書院)[121] 등이 대표적인데 모두 소수의 엘리트 교육을 그 운영 목표로 삼고 있다. 이것은 전공교육과 통식교육이 긴밀하게 융합되어야 뛰어난 능력을 갖춘 엘리트 교육이 가능하다는 전제에서 유지되고 있다는 특징을 갖고 있다.

다음으로 '서원'과 '학원'이 개별적으로 존재하는 '쌍원형(雙院形)' 모델이 있다. 이것은 서원과 학원이 서로 협력의 관계를 맺고 교육한다는 특징을 갖는다. 이 모델의 서원은 독립된 내부 조직을 갖추고 있으며 재정 부분에서 비교적 큰 독립성을 소유하는 것이 일반적이지만 학원과 달리 소속된 전임 교원을 갖추지 못한다. 따라서 서원이 전공 교육을 담당하지 않고 서원에 소속된 학생들은 따로 전공 학과의 관리를 받는다. 대표적으로는 복단대학의 등비서원(騰飛書院)[122], 서안교통대학의 팽강서원(彭康書院)[123], 사천대학(四川大學)의 옥장서원(玉章書院)[124] 등이 있다. 이들 서원은 일반적인 교육 기능,

---

119) 李猛(2019-12), 「北京大學元培學院: 自由學習的共同體」, 『中國大學教學』, 12~15쪽.

120) 編委會(2018), 『2017高等教育改革發展專題觀察報告』, 北京理工大學出版社, 165~167쪽.

121) 浙江大學辦公室(2018), 『浙江大學年鑑2018』, 浙江大學出版社, 203쪽.

122) 張軍, 武立勳 主編(2015), 『現代高校書院制教育研究』, 北京航空航天大學出版社, 107~117쪽.

123) 編委會(2018), 『2017高等教育改革發展專題觀察報告』, 北京理工大學出版社, 171~174쪽.

124) 楊皓嵐, 李培培(2021-10), 「玉章書院拔尖創新人才培養實踐與探索」, 『科教導刊』, 7~9쪽, 30쪽.

문화 기능, 관리 기능과 생활 기능을 발휘하고 학생들의 공공 생활 공간으로 위상이 설정된다. 학과 전공 교육을 담당하는 학원과 구조적으로 동등한 위상을 갖고, 서로 협조하며 대학 교육의 최종 목표를 실현하는 데 기여한다. 즉, 학원은 전공 교육을 담당하고, 서원은 소양 교육과 생활 관리의 역할을 담당하여 일종의 분공(分工)체계를 이룬다. 전체 대학 서원 중 이 두 번째 모델에 속하는 사례가 가장 많다.[125)]

마지막으로 학생의 생활 공간으로 존재하는 모델이 있다. 이것에 속하는 서원은 조직 통제에 있어 가장 느슨하다. 대체로 학생들의 기숙사와 동아리 활동공간의 역할을 담당하는 경우가 일반적이다. 이 유형의 서원은 학생들의 일상 사무를 관리하려는 목적에서 설치된다. 서원은 생활 공간으로서의 자체적인 기능을 활용해 학생들이 대학 생활에 적응하고 내부적 친밀감과 응집력을 제고할 수 있도록 노력한다. 이 과정에서 학습, 생활, 휴식을 통합한 사회적 환경을 조성하여 다기능 공간을 창출하는 데 주목한다. 이와 같은 학생 생활형 서원은 학생들의 관리 기제를 강화하여 학생 개개인의 도덕의식과 행동거지의 올바른 함양을 그 존재 가치로 삼는 것이 가장 보편적이다. 이 모델에 속하는 서원으로 북경사범대학의 학이서원(學而書院)[126)], 낙육서원(樂育書院)[127)], 대련이공대학(大連理工大學)의 백천서원(伯川書院)[128)], 하얼빈공업대학[哈爾濱工業大學]의 정향서원(丁香書院)[129)] 등이 있다.

이처럼 대학 서원은 중국의 전통 서원이 계승되고 발전하는 과정에서 출현한 한 양태이다. 자학(自學)과 자유강학(自由講學)의 교육 및 학문 전통이

125) 朱小梅, 王麗麗(2020), 『通識教育與閱讀推廣』, 朝華出版社, 60~66쪽.

126) 黃凌梅(2015-17), 「北京師範大學學而書院運行現狀研究」, 『教育』, 246~247쪽.

127) 李璐, 王佳鑫(2024-4), 「書院制下師範生學業能力提昇路徑探索 – 以北京師範大學樂育書院爲例」, 『時代人物』, 204~206쪽.

128) 金艷玲(2018-13), 「書院制模式下學業導師制度的思考 – 以大連理工大學伯川書院爲例」, 『時代教育』, 75~77쪽.

129) 耿楚惠, 謝芳琳, 王如晨(2021-24), 「書院背景下養成教育實現途徑研究 – 以哈爾濱工業大學丁香書院爲例」, 『現代交際』, 136~138쪽.

통식교육의 내용적 양식과 결합하여 진화한 결과 중 하나로 등장했다. 잔존하는 문제 상황이 없지 않으나[130] 대학 서원제는 현재 중국 대학 내에서 국가적 지원을 받으며 폭넓게 채택되고 있고, 대학별 특색이 반영된 형태로 운영되고 있다.

V. 맺음말

서원은 중국 전통 교육제도의 중요 기제로서 1,300여 년에 걸쳐 지식의 축적, 인재의 양성, 학술의 발전에 기여했다. 송대를 거치며 제도적 안정성을 확보하게 된 서원은 이후 명청 시대에 교육과 정치, 학문을 유기적으로 연결하는 복합적 공간으로 자리매김했다. 그러나 청 말기, 서양 문물과 사상의 급격한 유입, 사회 전반의 근대화 요구, 교육 개혁의 긴박한 필요성 등 복합적 요인이 겹치면서, 전통 서원은 개혁의 대상으로 지목되었고 결국 폐지의 대상으로 내몰렸다.

광서 연간의 변법 시기에는 서원이 단지 고루한 과거제 교육의 전당이라는 인식 아래 서양의 근대식 교육에 기반을 둔 학당으로의 전환이 추진되었으며, 이는 교육제도 근대화의 상징이자 서원의 종언을 의미하는 정책적 선언으로도 간주되었다. 서태후 집권 이후의 급변하는 정세 속에서 서원은 일시적인 조정의 움직임도 있었으나, 결국 1905년 과거제의 폐지와 함께 서원은 제도적 기반을 잃고, 공식적인 교육 체제 내에서의 지위를 상실했다.

그러나 제도적 소멸이 곧바로 사회적, 문화적 가치와 역할에서의 소멸을 뜻하지는 않았다. 1920년대 이후 일부 지식인들 사이에서는 서원의 문화적 가치, 학문적 자율성, 공동체적 교육 방식에 대한 반성적 재조명이 이루어졌

130) 劉海燕(2017-11), 「我國現代大學書院制改革的現狀, 問題與對策」, 『中國高教研究』, 43~48쪽, 59쪽.

다. 호적은 서원의 자학(自學) 정신과 자유로운 연구 풍토를 20세기 초 대학 교육의 긴요한 조건으로 지적하며, 서원의 폐지를 '중국에 있어 하나의 큰 불행한 사건'이라 규정하였다. 그의 이러한 평가는 호남자수대학(湖南自修大學), 무석국학전수학교(無錫國學專修學校), 신아서원(新亞書院) 등에서 전통 서원의 정신을 현대 교육에 적용하고자 하는 다양한 실천적 시도와 공명(共鳴)했다. 이들 시도는 단지 과거 제도의 복원이나 부활이 아니라, 서원의 핵심 가치를 보존하면서도 서양의 분과제(分科制), 도사제(導師制) 등 근대 교육의 성과를 수용한 융합의 결과였다.

이러한 흐름은 결국 홍콩중문대학의 서원제(書院制)와 같은 제도적 정착으로 이어지며, '대학 서원'이라는 새로운 교육 모델로 구체화했다. 대학 서원은 전통 서원의 공동체적 삶과 도덕적 함양, 인격 교육이라는 특징을 유지하면서도, 현대 대학이 요구하는 학제적 전문성과 학습 지원 체계를 유기적으로 통합하였다. 특히 복단대학(復旦大學)을 비롯한 중국 내의 주요 대학들이 서원제를 도입하면서, 전통 교육 자산의 현대적 전환이 교육정책 차원에서도 제도화되는 성과를 이루었다.

대학 서원의 등장과 확산은 중국 서원이 단순한 역사적 유물이나 문화적 상징이 아니라, 시대적 요구에 따라 재구성되고 재맥락화되며 실질적 교육 모델로 다시 운영될 수 있음을 입증하는 중요한 사례이다. 전통 교육제도의 현대적 활용은 단지 형식의 모방이 아니라, 교육 철학과 문화 정신의 계승이라는 점에서 중요한 의미를 갖는다. 특히 자율적 탐구를 중시하는 서원의 정신은 오늘날 지식 기반 사회의 교육 패러다임과도 깊은 접점을 이루며, 교양교육, 전인교육, 통섭적 학문 추구의 핵심적 가치로도 작동할 수 있다.

대학 서원이 중국 서원의 지속 과정에서 일정한 의미를 유지하기 위해서는 해결해야 할 문제들도 적지 않다. 서원 운영의 실질적 효과에 대한 이론적 정립과 실천적 실험이 병행되어야 하며, 단순한 상징적 기제로서가 아니라 교육 커리큘럼과 학사 제도 전반에 내재화될 수 있는 제도적 정합성이 확보될 필요가 있다. 또한 서원의 인문 중심 교육이 전문 지식 중심의 학문 구조 속에서 어떻게 균형을 이룰 수 있을지에 대한 철학적, 현실적 논의가 다면적 차원에서 진행되어야 할 것이다.

서원이 동아시아 전통시기의 공통적 문화 요소라는 점을 고려해 본다면, 청 말기 이래로 중국 서원의 전개 양상은 한국 사회에 일정한 시사점을 제시할 수 있다. 특히 전통적 서원의 현대적 계승과 연변(演變)이라는 측면에서 한국 내 서원이 새로운 변모를 구상하는 데 의미 있는 참고 자료가 될 수 있다. 최근 한국에서 진행되고 있는 사회 구조의 급변과 교육 체계의 동탕(動蕩) 속에서 중국과 한국의 전통 서원이 담지한 교육 정신과 교수 방식이 대학 내 변혁의 모티브에 적용되어 새로운 교육 방식의 창출 가능성으로 이어질 수 있다. 무엇보다 이공계 중심의 대학 재편이 가속화하는 현재 상황에서 서원의 내재적 가치에 대한 검토와 활용은 인문 정신의 효용이 발현할 수 있는 역사적 명분과 제도적 자원을 확보하는 중요한 작업이 될 것이다.

중국 서원의 연변은 단절과 계승, 소멸과 재창조의 복합적 과정을 거쳐 발전해 왔다. 이는 전통 서원의 특징적 요소를 현대 사회의 조건과 조화를 이루며 계승하는 형태로 이루어졌다. 이 과정에서 새로운 시대적 요구와 맞물려 대학 서원이 출현했고, 대학 서원은 서원이라는 제도적 형식을 넘어 그것에 내재된 자율, 인격, 공공성의 가치를 적극 활용하여 진화된 교육 모델을 제시했다. 이러한 상황은 중국 서원이 그 형식적 다양성에서 발생하는 이질감과는 별개로 그 자체적 정신과 가치가 다양한 형태로 현대 사회에도 이어지고 있음을 보여주는 동시에 청 말기 이후 중국 서원이 계승적 발전을 거쳐 활용적 전승으로 지속하는 궤적을 드러내고 있다.

참고문헌

1. 사료 및 자료

[淸]王夫之(2003), 『宋論』, 中華書局.

[淸]胡燏棻(1986), 「變法自强疏」, 朱有瓛, 『中國近代學制史料』 第1輯, 華東師範大學出版社.

[淸]李端棻(1998), 「推廣學校以勵人才折」, 陳谷嘉, 鄧洪波, 『中國書院史資料』, 浙江教育出版社.

[淸]張汝梅 等(1998), 「陝西創設格致實學書院折」, 陳谷嘉, 鄧洪波, 『中國書院史資料』, 浙江教育出版社.

[淸]胡聘之(1998), 「請變通書院章程折」, 陳谷嘉, 鄧洪波, 『中國書院史資料』, 浙江教育出版社.

[淸]秦綬章(1998), 「禮部議復整頓各省書院折」, 陳谷嘉, 鄧洪波, 『中國書院史資料』, 浙江教育出版社.

[淸]康有爲(2007), 「請飭各省改書院淫祀爲學堂折」, 陳元暉 主編, 『中國近代教育史資料彙編(戊戌時期教育)』, 上海教育出版社.

[淸]劉坤一 著, 陳代湘 校點(2018), 『劉坤一集(第2冊)』, 「書院學堂竝行以廣造就折」, 岳麓書社.

[淸]張之洞, 劉坤一(1986), 「變通政治人才爲先遵旨籌議折」, 朱有瓛, 『中國近代學制史料』 第1輯, 華東師範大學出版社.

「改書院爲學校上諭」, 陳谷嘉, 鄧洪波(1998), 『中國書院史資料』, 浙江教育出版社.

「改書院爲學堂上諭」, 陳谷嘉, 鄧洪波(1998), 『中國書院史資料』, 浙江教育出版社.

「黃仁濟擬治平萬言奏」, 陳谷嘉, 鄧洪波(1998), 『中國書院史資料』, 浙江教育出版社.

「申明舊制懿旨」, 陳谷嘉, 鄧洪波(1998), 『中國書院史資料』, 浙江教育出版社.

「曾廉應詔上封事」, 陳谷嘉, 鄧洪波(1998), 『中國書院史資料』, 浙江教育出版社.

「淸帝諭立停科擧以廣學校」, 舒新城(1981), 『中國近代教育史資料(第1卷)』, 人民教育出版社.

「湖南自修大學組織大綱」, 『新教育』 第5卷第1期, 1922年8月.

「硏究院章程」, 『淸華周刊』 第360期, 1925年11月.

蔡元培(1984), 「湖南自修大學介紹與說明」, 高平叔 編, 『蔡元培全集』 第4卷, 中華書局.

全國政協文史資料委員會 編(1996), 『中華文史資料文庫(第17卷)』, 中國文史出版社.

中國法制出版社 編(2019), 『中華人民共和國教育法律法規全書』, 中國法制出版社.
教育部(2019-9), 「關於深化本科教育教學改革全面提高人才培養質量的意見」, 『中華人民共和國教育部公報』.
編委會(2018), 『2017高等教育改革發展專題觀察報告』, 北京理工大學出版社.
浙江大學辦公室(2018), 『浙江大學年鑑2018』, 浙江大學出版社.

2. 저서

宮輝 主編(2021), 『高校書院發展報告2020』, 西安交通大學出版社.
金小方(2014), 『唐君毅道德哲學研究』, 安徽師範大學出版社.
唐君毅(2005), 『中華人文與當今世界補編』, 廣西師範大學出版社.
杜國平 主編(2024), 『邏輯智能與哲學(第3輯)』, 社會科學文獻出版社.
戴美玲(2023), 『當代中國書院文化創新發展』, 湖南大學出版社.
鄧洪波(2013), 『中國書院史(增訂版)』, 武漢大學出版社.
鄧洪波, 等編著(2020), 『近百年書院研究論著目錄』, 湖南大學出版社.
鄧洪波, 趙子龍(2018), 『中國書院的歷史與傳承』, 人民出版社.
鄧洪波(2000), 『中國書院學規』, 湖南大學出版社.
馬成瑶(2024), 『嬗變 融合 精進 高校輔導員隊伍發展研究』, 上海大學出版社.
茅海建(2018), 『戊戌變法史事考初集』, 三聯書店.
別敦榮(2021), 『大學管理與治理』, 中國海洋大學出版社.
桑兵(1995), 『晚淸學堂學生與社會變遷』, 學林出版社.
舒新城(2017), 『近代中國教育思想史』, 吉林出版社.
李國鈞 主編(1994), 『中國書院史』, 湖南教育出版社.
李赫亞(2007), 『王闓運與晚淸書院教育』, 光明日報出版社.
李娟娟(2015), 『湯一介傳 增訂版』, 新華出版社.
이영옥(2019), 『中國近代史』, 책과함께.
李占萍(2014), 『淸末學校教育政策研究』, 河北人民出版社.
吳士英 主編(1997), 『中国近代史通鑑通鉴』, 紅旗出版社.
龍跃君(2019), 『傳統與現代的融合: 現代大學書院制研究』, 湖南大學出版社.
劉利群, 周應江 主編(2021), 『新時代婦女發展的實踐與創新』, 中國婦女出版社.
劉夢溪(2011), 『國學與紅學』, 上海辭書出版社.
劉夢溪(2018), 『馬一浮與國學(增訂版)』, 三聯書店.
劉秀峰(2020), 『書院的復活-民國四川書院史』, 中國社會科學出版社.

王利平(2022), 『教育開放的機制創新研究』, 東南大學出版社.
王俊賢, 孫慧(2018-8), 「從傳統到現代: 無錫國專課程設置的歷史沿革」, 『長江師範學院學報』.
汪睿(2021), 『高校拔尖創新人才培養模式研究』, 武漢大學出版社.
王喜旺, 梁衛紅(2020), 『中西教育融合視野中的民國大學』, 中國政法大學出版社.
魏兆鋒(2019), 『新亞書院研究』, 九州出版社.
張軍, 武立勳 主編(2015), 『現代高校書院制教育研究』, 北京航空航天大學出版社.
章柳泉(1981), 『中國書院史話: 宋元明清書院的演變及其內容』, 教育科學出版社.
張正藩(1981), 『中國書院制度考略』, 中華書局.
錢穆(2004), 『新亞遺鐸』, 三聯書店.
錢穆(2014), 『文化與教育』, 九州出版社.
錢仲聯(1985-2), 「無錫國專的教學特點」, 『文教資料』.
程功群, 牛蒙剛(2021), 『中國教育史』, 南京大學出版社.
鄭通濤, 方環海, 陳榮嵐 編(2018), 『一帶一路視角下的教育發展研究』, 世界圖書出版公司.
陳谷嘉, 鄧洪波(1997), 『中國書院制度研究』, 浙江教育出版社.
陳谷嘉, 鄧洪波(1998), 『中國書院史資料』, 浙江教育出版社.
陳善志, 馮建民(2023), 『新時代高校學生學業挑戰度提昇研究』, 中國科學技術大學出版社.
陳元暉(1981), 『中國古代的書院制度』, 上海教育出版社.
陳平原(2024), 『陳平原文集(第18卷)』, 商務印書館.
陳曉霞(2018), 『新時代傳統文化創新性發展研究』, 中國國際廣播出版社.
曹子西 主編(2012), 『北京通史(第8卷)』, 北京燕山出版社.
朱小梅, 王麗麗(2020), 『通識教育與閱讀推廣』, 朝華出版社.
周泉根(2012-7), 「民國高等教育中的國學教育-以無錫國學專修學校爲例」, 『文藝爭鳴』.
曾歡歡(2021), 『價值追究 書院精神初探』, 海天出版社.
何毅(2017), 『現代大學制度視域下的大學書院制研究』, 中國社會科學出版社.
胡適 著, 葉君 主編(2013), 『胡適文選 演講與時論』, 北方文藝出版社.
洪明(2009), 『現代新儒學教育流派研究』, 廣東教育出版社.

3. 논문

葛飛(1994-1), 「晚清書院制度的興廢」, 『史學月刊』.
葛麗麗, 王世强, 韓啟飛, 張湘波(2023-13), 「書院制人才培養研究與實踐-以北京大學生命科學學院鹿鳴書院爲例」, 『高校生物學教學研究』.

瞿葆奎, 丁證霖(1985-2), 「"道爾頓制"在中國」, 『教育研究與實驗』.
高航, 張琤, 李衛國, 趙慧(2019), 「新書院制創新人才培養模式的探索與實踐」, 『中國高等教育』 17輯.
郭俊(2013-8), 「書院制教育模式的興起及其發展思考」, 『高等教育研究』.
耿楚惠, 謝芳琳, 王如晨(2021-24), 「書院背景下養成教育實現途徑研究 - 以哈爾濱工業大學丁香書院爲例」, 『現代交際』.
김자중(2023), 「1920년대 신교육운동의 이론가 파커스트의 조선 강연과 달턴플랜(Dalton Plan)의 소개」, 『교육사상연구』 37-1, 한국교육사상학회.
김진공(2021), 「중국 통식교육의 역사와 정치적 딜레마」, 『중국어문논역총간』 49, 중국어문논역학회.
金艷玲(2018-13), 「書院制模式下學業導師制度的思考 - 以大連理工大學伯川書院爲例」, 『時代教育』.
鄧洪波, 周月娥(2007-3), 「八十三年來的中國書院研究」, 『湖南大學學報』.
류준형(2020), 「唐代 書院의 형성에 대한 재검토 - 존재 양태와 배경을 중심으로 -」, 『한국서원학보』 10, 한국서원학회.
孟彦, 洪成文(2017-3), 「我國大學書院制度發展之思考」, 『高教探索』.
范雙利, 彭遠威(2014-6), 「論現代大學書院制的建設」, 『高教探索』.
謝國楨(1996), 「近代書院學校制度變遷考」, 『瓜蒂庵文集』, 遼寧教育出版社.
常韜, 張北辰(2022-1), 「我國高校書院的發展現狀, 現實困境和路徑展望」, 『甘肅教育研究』.
梁宏亮(2022-10), 「我國高校書院制發展的現狀,挑戰與對策」, 『高教論壇』.
楊元建(2020-4), 「香港中文大學書院制的特色及優勢」, 『教育學術月刊』.
楊皓嵐(2021-10), 李培培, 「玉章書院拔尖創新人才培養實踐與探索」, 『科教導刊』.
吾妻重二(2010-3), 「關於東亞書院-研究的角度和展望」, 『湖南大學學報』.
劉迪(2021), 「當代書院概念泛化現象探析」, 『中國書院論壇』 第11輯, 江西人民出版社.
劉海燕(2017-11), 「我國現代大學書院制改革的現狀, 問題與對策」, 『中國高教研究』.
李國鈞 等(1994), 『中國書院史』, 湖南教育出版社.
李濤(2010-6), 「北京師範大學教育家書院成立」, 『高等教育』.
李璐, 王佳鑫(2024-4), 「書院制下師範生學業能力提昇路徑探索-以北京師範大學樂育書院爲例」, 『時代人物』.
李瑁, 周穎(2023-3), 「高水平人才交叉培養計劃的育人模式研究-以北京理工大學北京書院'一站式'社區建設爲例」, 『北京教育』.
李猛(2019-12), 「北京大學元培學院:自由學習的共同體」, 『中國大學教學』.

李兵(2005-6), 「清末科擧革廢對書院改革的影響探析」, 『教育研究』.
이연정(2019), 「복성(復性)서원 교학 과정을 통해 본 마일부의 교육관」, 『중국학논총』 64, 고려대학교 중국학연구소.
이영란(2021), 「중국 통식교육의 모델, 서원 교육」, 『교양교육연구』 15-1, 한국교양교육학회.
李嫻(2018-1), 「現代大學的書院制度建設研究 – 以香港中文大學爲例」, 『青島職業技術學院學報』.
李會春(2017-4), 「書院建設在中國:制度與張力」, 『教育學術月刊』.
李會春(2016), 「中國985高校書院的制度構建及其反思」, 程海東, 宮輝 主編, 『現代高校書院制教育研究』, 西安交通大學出版社.
임상범(2016), 「'통식교육'을 통한 문명대국 중국 만들기」, 『대구사학』 124, 대구사학회.
任穎姸, 趙山, 耿敏(2023-3), 「香港中文大學書院制度與啓示」, 『鄭州鐵路職業技術學院學報』.
王立斌(2021), 「從書院改制到當代書院的發展與傳承」, 『中國書院論壇』 第11輯, 江西人民出版社.
王征, 李文豹, 蘇述庚(2021-7), 「"一站式"全員書院制創新與實踐-以重慶移通學院爲例」, 『高教論壇』.
蔣家瓊, 丁晨, 王思微(2021-12), 「我國一流大學書院制管理模式現狀與展望」, 『江蘇高教』.
蔣夢麟, 胡適(1922), 「我們對於學生的希望」, 『新教育』.
張湘韵(2019-4), 「現代大學書院制反思: 模式移植與精神斷層」, 『貴州社會科學』.
張艶(2004-5), 「略論"同治中興"清政府書院重建政策」, 『湖南大學學報』.
田正平, 朱宗順(2003), 「傳統教育資源的現代轉化」, 『中國書院』 第5輯, 湖南教育出版社.
鄭剛(2011-2), 「民國時期書院研究述評」, 『大學教育科學』.
鄭成華, 申健(2020-3), 「現代大學書院開展傳統文化教育的路徑研究」, 『東北師大學報』.
陳潘(2011-4), 「近三十年來中國書院研究綜述」, 『皖西學院學報』.
陳平原(2002), 「傳統書院的現代轉型-以無錫國專爲中心」, 『中國大學十講』, 復旦大學出版社.
陳衡哲, 任鴻雋(1925), 「一個改良大學教育的提議」, 『現代評論』 第2卷第39期.
周雪敏, 苑宏光(2007-2), 「民國時期的書院研究述評」, 『長春師範學院學報』.
초영명(肖永明), 유염위(劉艶偉)(2019), 「70년 동안의 중국 서원 연구」, 『한국서원학보』 9, 한국서원학회.
崔海浪(2015-9), 「我國高校書院制建設研究綜述」, 『山西師大學報』.

何毅, 劉海峰(2019-6), 「現代大學書院興起的意義與挑戰-基於本科教育組織模式的視角」, 『中國高等研究』.

夏駿(2013-1), 「蘇州章氏國學講習會辦學事迹考」, 『蘇州大學學報』.

夏曉晨, 王康睿, 曹宇(2022-6), 「探究高校“一站式”學生社區建設與書院制的關係」, 『佳木斯職業學院學報』.

黃凌梅(2015-17), 「北京師範大學學而書院運行現狀研究」, 『教育』.

4. 학위논문

尹浩亮(2018), 「重慶郵電大學移通學院書院建設研究」, 重慶大學碩士學位論文.

궈원위(2021), 「중국 현대 서원의 교육운영 연구」, 경북대학교석사학위논문.

HE YAN(2023), 「당대(當代) 중국 대학교에 있어서 서원제 교육 모형의 혁신에 관한 연구」, 안양대학교대학원박사학위논문.

전후 영국 사회의 요구와 신흥 대학교(New University)의 대응: 워릭대학교(University of Warwick) 사례를 중심으로

황 혜 진

Ⅰ. 들어가며

'대학(*universitas*)'은 서양 중세의 발명품이다. 11세기 말 볼로냐(Bologna)에 처음 등장한 이래로 대학은 서양 사회에서 중요한 '제도'로서 기능해왔고, 오늘날까지도 그 위세를 유지하고 있다. 또한 대학은 지난 천 년 동안 다양한 시대적, 공간적, 역사적 맥락 안에서 그리고 변화하는 사회적 조건 속에서 크고 작은 진화를 거듭해왔다.[1)] 따라서 오늘날 우리가 보는 대학의 모습은 중세적 전통과 이후의 혁신이 결합한 결과물이라고 할 수 있다. 영국의 대학도 마찬가지이다. 12-13세기에 건립된 옥스퍼드와 케임브리지는 21세기에도 영국 고등교육의 규준을 제공하고 영국 대학의 구심점 역할을 하고 있다.[2)] 이들보다 늦게 브리튼 섬에 들어선 대학들은 이 '전통 대학'의 틀을 계

1) Robert Anderson(2006), *British Universities Past and Present,* London: Hambledon Continuum, p. vii.

2) 여기에서 논의하는 '영국'의 고등교육 및 대학 교육은 더 정확하게는 '잉글랜드'의 그것임을 밝힌다. '연합 왕국(United Kingdom)'을 구성하는 잉글랜드, 웨일즈, 스코틀랜드, 북아일랜드는 독자적인 법률과 제도를 갖추고 있으며, 이들은 교육 제도 부분에서도 상당한 정도의 상이성을 보인다. 또한 대학의 성립과 발전에 집

승하면서도 달라진 사회적 요구에 부응하는 모습을 보여주었다. 특히 19세기 중엽 이후 등장한 학교들은 산업 사회가 대학에 기대하는 새로운 책임과 역할을 기꺼이 떠안았다. 그 결과 영국의 고등교육은 대학이라는 유구한 제도가 제공하는 공통점과 함께 상이한 배경과 역사를 가진 기관들이 보여주는 다양성이 공존하는 영역이 되었다.[3)]

이 연구의 일차적 목표는 전후 영국을 배경으로 대학의 구체적 모습을 관찰하고, 변화의 내용을 추적하며, 그 이면에서 작동하는 사회적 요구를 분석하는 것이다. 1960년대 소위 '신흥 대학교(New University)'의 등장은 영국 고등교육 시스템이 경험한 가장 극적인 사건 가운데 하나라는 평가를 받는다. 일곱 개의 '새로운' 대학들은 당시 영국 고등교육이 안고 있는 문제에 대한 해결책으로, 나아가 영국 사회 전체가 당면한 난관에 대한 대응책으로 고안되었다. 이 신생 기관들 역시 전통적인 모습과 혁신적인 면모를, 공통된 분모와 개별적 특성을 동시에 가지고 있었음은 물론이다. 신흥 대학교의 등장과 발전 과정을 복기하고 고등교육 기관의 구체적인 모습과 세부적인 특성을 재구성함으로써, 이 연구는 이차적으로 대학이라는 제도가 특정한 역사적 맥락 안에서 모습을 바꾸고 환경에 적응하는 양상을 확인할 것이다. 그리고 이러한 유연성이 대학이라는 제도 자체의 지속을 가능하게 했으며, 나아가 개별 대학의 성공과 실패를 결정짓는 주요 요인이 된다는 점을 밝힐 것이다. 이를 위해 본고는 신흥 대학교 가운데 가장 성공적이라는 평가를 받는 워릭대학교(University of Warwick)의 사례에 집중한다.[4)]

로버트 앤더슨(Robert Anderson)이 지적했듯이, 대학의 역사에 대한 서술이 1960년대부터 꾸준히 이루어지고는 있음에도 불구하고 이 주제는 역사학

중하면, 영국을 구성하는 네 국가의 역사적 경험의 차이는 더욱 두드러진다.

3) 이내주(2007), 「1960년대 영국 고등교육의 발전: '신흥 대학교(New University)'를 중심으로」, 『영국 연구』 제17호, 영국사학회, 198~199쪽.

4) Ourania Filippakou and Ted Tapper(2016), "Policymaking and the Politics of Change in Higher Education: The New 1960s Universities in the UK, Then and Now," *London Review of Education* 14:1, p. 19.

분야의 '공식적인' 연구 주제로 온전히 인정받지 못하고 있다. 그는 또한 대학의 역사 연구가 주로 사회사 분야에 편중되어 있으며 전체사 연구와 유리된 채로 전개되고 있는 점은 문제라고 지적한다. 기존 연구가 영국식 대학 제도의 성립과 발전, 잉글랜드와 스코틀랜드의 제도적 차이, 소위 '옥스브리지'의 고등교육 복점(複占) 등 제한된 주제에 쏠려있는 것 역시 이 분야의 한계라고 할 것이다.[5] 덧붙여 대학 역사 서술의 많은 부분이 개별 대학이 스스로 작성한 '공식적' 역사에 해당하거나 또는 그것에 기대고 있다는 사실은 대학의 역사라는 세부 분과의 성립을 가로막는 장애물이 되고 있다. 이에 앤더슨은 이 주제를 더 넓은 사회적 변화를 다루는 연구와 연동하고, 광범위한 지적 발전과 문화적 변동에 대한 분석에 통합시킬 것을 제안한다.[6]

한편, 20세기 후반 영국 대학을 다루는 사회사 연구는 이념적 지형의 변화와 고등교육의 변천 사이의 즉각적인 대응성을 강조하는 경향을 보인다. 1945년 이후 사회민주주의의 발흥과 쇠퇴, 1980년대 이후 신자유주의의 궁극적 승리가 고등교육 시스템의 모습을 결정했다는 것이다. 그 결과 신흥 대학교로 대표되는 1960년대의 대학 교육과 무한 경쟁 아래 놓인 1990년대의 대학 교육은 여러 면에서 상반되는 특성을 보인다고 파악한다. 그러나 최근의 연구는 이러한 이분법이 훨씬 복잡한 현실을 지나치게 단순화하고 양자 사이에 존재하는 공통점과 연속성을 무시한다고 비판한다.[7] 또한 2000년대 이후에 등장한 연구들은 기존의 사회사적 관점에서 벗어나 문화사의 영역으로 학문적 관심을 확장하고 있다. 이에 대학과 엘리트의 관계성, 학생들의 고등교육 경험, 여성의 대학 진학 증가, 대학이 제공하는 커리큘럼의 변화

5) Robert Anderson(2017), "Writing University History in Great Britain, from the 1960s to the Present," *CIAN-Revista de Historia de las Universidades* 20:1, pp. 17-18.

6) Anderson, "Writing University History in Great Britain," p. 38.

7) Josh Patel(2021), "Imagining the Role of the Student in Society: Ideas of British Higher Education Policy and Pedagogy 1957-1972," Ph.D. Thesis: University of Warwick, p. 5.

등 다양한 주제가 대학의 역사 연구에 편입되었다.[8] 특정한 학교나 구체적 기관의 사례를 중심으로 이 시기 대학의 역사를 다시 쓰는 작업도 활발하게 이루어지고 있다. 이는 모두 앞서 언급한 대학 역사 연구의 한계를 극복하려는 노력의 일환으로 볼 수 있다. 본 연구도 같은 연구 배경과 유사한 문제의식을 최근의 연구와 공유한다고 할 것이다.

이 글은 먼저 영국 대학 교육의 성립과 발전을 개괄하고 20세기 후반 신흥 대학교의 등장과 고등교육의 변화를 살펴본다. 이를 통해서 특정한 역사적 맥락 안에서 고등교육이 변화하는 구체적 양상을 확인할 수 있을 것이다. 이어서 신흥 대학교의 대표 주자라고 할 수 있는 워릭 대학교의 개교 과정과 이후의 발전상을 재구성한다. 워릭의 역사는 고등교육이 국가와 지역, 사회와 경제의 요구에 부응하는 실제 모습을 확인할 수 있는 사례가 되며, 동시에 특정 교육 기관이 달라진 환경에 적응하고 심지어 성공을 거두는 데 필요한 자질이 무엇인지 고민해 볼 수 있는 기회를 제공한다. 마지막으로, 워릭의 학사 과정을 면밀하게 관찰함으로써 일차적으로는 이 대학이 건학의 목표를 현실 속에서 추구하는 방법을 파악하고, 이차적으로는 다양한 사회적 요구와 대학의 교육·연구 활동이 상호작용하는 방식을 이해할 수 있을 것이다.

II. 영국 대학의 역사: 옥스브리지에서 신흥 대학교까지

대학은 11세기 말 볼로냐에서 그리고 약간의 시간차를 두고 파리에서 저명한 학자와 그를 따르는 학생들이 모여 길드(guild) 또는 조합(corporation)을 조직하면서 시작되었다. 오늘날 우리가 보는 대학의 모습의 상당 부분은 이 제도를 배태한 중세 성기(High Middle Ages)에 이미 결정되었다. 당시 대학의 지상 목적은 "신의 진리에 대한 추구와 배움"이었고, 그에 따라 대학의

8) Anderson, "Writing University History in Great Britain," pp. 17-18.

가장 중요한 기능은 '교육(teaching)'이었다. 학부 과정의 핵심에는 '교양교육(liberal education)'이 있었고,[9] 대학원 과정에서 신학, 의학, 법학 등을 학습할 수 있었다. 오늘날 대학의 3대 기능 가운데 하나인 '연구(research)'는 초기 대학에서는 핵심적 가치로 여겨지지 않았고, 스콜라 철학의 방법론 아래에서 교육과 분리되지 않은 채 부수적으로 수행될 뿐이었다. 중세 말까지 유럽 전역에 약 80개의 대학이 세워졌고, 이 기관들은 교황이나 군주가 발행한 허가장(charters)을 기반으로 여러 가지 '법적' 권리들을 누렸다. 여기에는 학위를 수여할 권리, 커리큘럼을 결정하고 시험을 실행할 권리, 구성원을 재판하고 처벌할 수 있는 권리, 파업을 결정하고 시행할 권리 등이 포함되었다.[10]

이 글에서 살펴보는 영국의 대학 교육은 1096년 옥스퍼드 대학교, 1209년 케임브리지 대학교의 설립과 함께 시작되었다. 흔히 '옥스브리지(Oxbridge)'라고 통칭되는 이 두 학교는 중세 이래로 오늘날까지 영국식 대학의 규준으로 기능하고 있다. 이들은 "정치적으로 그리고 종교적으로 동질적인 엘리트"를 사회에 공급하고 법률가, 성직자, 의사 등 전통적인 전문직군을 배출하는 역할을 수행했다.[11] 이들의 뒤를 이어 잉글랜드에 세 번째 대학이 등장한 것은 19세기의 일이었다. 1836년 런던 킹스 칼리지(King's College London) 등 수도에 위치한 몇몇 고등교육 기관이 합병하여 런던 대학교(University of London)을 구성하게 되었다. 이 학교는 옥스브리지 이외의 기관에서 수학한 학생들에게 학위를 수여할 수 있는 포괄적 권한을 가졌다. 이듬해에는 북부 지방에 더럼 대학교(Durham University)가 문을 열었다. 그러나 이들의 등장은 지난 600년 동안 지속된 옥스브리지 체제에 변화를 가져오기에는 역부족이었다.

---

9) 중세 대학에서 교양 교육의 내용은 '7과목(seven liberal arts)'으로 대표된다. 여기에는 문법, 수사학, 논리학, 수학, 음악, 기하학, 천문학이 포함된다. 수업은 교수가 교재의 내용을 읽고, 그에 대한 해설과 해석을 제시하는 방식으로 진행되었다.

10) John C. Scott(2006), "The Mission of the University: Medieval to Postmodern Transformations," *The Journal of Higher Education* 77:1, pp. 4-9.

11) Anderson, *British Universities Past and Present*, pp. vii-viii.

19세기의 마지막 20년 동안 맨체스터, 버밍엄, 리버풀 등 잉글랜드 산업 도시를 중심으로 9개의 '민립 대학교(Civic University)'가 세워졌다.[12] 이 새로운 고등교육 기관의 등장은 산업화의 직접적 결과물인 동시에, 국내외적인 다양한 압력이 작용한 결과물이었다. 한 세기에 걸쳐 진행된 산업혁명의 결과 19세기 중엽 영국은 세계의 공장이자 세계의 은행이 되었으며, 과거와 완전히 다른 사회 구조를 갖게 되었다. 후기 빅토리아 시대에 이르러 영(제)국은 세계 최초의 산업 국가이자 세계 제일의 패권 국가로서 후발 주자들의 맹렬한 추격에 쫓기고 있었고, 그와 함께 국력의 쇠퇴에 대한 우려가 부상하고 있었다. 이런 분위기 속에서 "독창적인 연구야말로 국부의 원천"이라는 믿음과 기존 대학들이 (전인적 교양 교육에 치우쳐) 과학기술 분야를 경시한다는 지적이 점차로 힘을 얻었다. 한편 19세기 독일 지역에 등장한 대학교들은 학생 교육에 비해 부수적인 것으로 여겨졌던 '연구'를 대학의 주요 사명으로 삼았고, 이러한 독일식 대학 모델은 곧 전세계로 확산되었다.[13] 이러한 조류 속에서 탄생한 민립대학교들은 과학과 기술 분야를 포괄하고, 교육만큼이나 연구를 중시했으며, 그 지역적 정체성을 강조하는 등 기존의 대학들과 다른 모습을 보여주었다. 그러나 이 "붉은벽돌 대학교(redbrick university)"들은 옥스브리지의 권위에 결코 도전할 수 없었고, 두 단계로 나누어진 위계적 고등교육 시스템의 하단을 차지하게 되었다.[14]

---

12) 이내주, 「1960년대 영국 고등교육의 발전」, 198~199쪽.

13) 1809-1810년 베를린 대학교(University of Berlin) 개교는 국가와 대학 사이의 상호 접근을 예고하고, 대학의 사명을 재정의하는 계기가 되었다. 이전에는 학생 교육이 대학의 주요 역할이었고 연구는 그에 종속된 것 또는 부수적인 것으로 여겨졌지만, 베를린 대학교와 그 이후에 등장하는 독일어권 대학교에서는 교육과 연구가 대학의 기본적 '사명'이 되었다. 베를린 대학교 설립의 주역인 빌헬름 폰 훔볼트(Wilhelm von Humboldt)는 "최고의 지성(知性)을 임명하고, 그들에게 (그 결과가 어떻게 나오건) 연구를 수행할 수 있는 자유를 주는 것"을 기조로 삼았고, 그 결과 대학 내 '학문적 자유'의 원칙이 확립되었다: Scott, "The Mission of the University," pp. 19-23.

14) Anderson, *British Universities Past and Present*, pp. 65-86.

영국 대학의 본격적인 '혁신'은 두 차례의 세계대전이 지나간 후에야 이루어졌다. 이 시기에 이루어진 주요 결정들의 이면에는 전후 영국 사회의 상황과 새로운 고민이 자리하고 있었다. 1944년 교육법(the Education Act)은 중등교육의 기회를 대폭 확대했고, 이는 고등교육에 대한 수요의 급증으로 이어졌다. 종전 직후의 베이비 붐은 다가오는 시대에 학생의 붐을 예고했으며, 전후에 장기간 지속된 경제적 풍요는 더 많은 이들이 더 오래 더 많은 교육을 받고자 하는 사회적 분위기를 가열시켰다.[15] 이 시기 고등교육에 대한 '열망'은 중간계급에서 가장 두드러졌지만, 계급적 구분선을 넘어서는 현상이었다. 학위 소지자에 대한 사회적 수요 역시 증가했다. 그러나 여전히 고등교육에 접근할 수 있는 학생의 숫자는 지극히 제한적이었다. 1960년대 초 통계에 따르면, 해당 연령대의 약 8.5퍼센트가 전일제 학생으로 고등교육기관에 입학했고 그 절반이 안 되는 4퍼센트만이 대학교에 진학했다.[16] 또한 영국식 교육의 시스템과 내용에 대한 지적이 쏟아져나왔다. 많은 이들이 영국의 고등교육이 전후의 국내외적 환경 변화에 제대로 대응하지 못하고 있다고 판단했고, 심지어는 대학교가 국가적 발전을 선도하기는커녕 저해하고 있다고 비난했다. 이 비판의 핵심에는, 양차 대전과 냉전이 과학기술이 국력을 좌우한다는 사실을 증명했음에도 불구하고 영국의 고등교육이 여전히 이 분야를 등한시하고 있다는 현실 인식이 놓여있었다.[17]

이러한 문제의식은 1961년 '고등교육 위원회(Committee on Higher Education)'의 구성으로 이어졌다. 이 위원회는 영국 고등교육의 문제점을 파악하고 그에 대한 해결책과 대안을 모색하는 작업을 수행했고, 그 위원장의 이름을 따 '로빈스 보고서(Robbins Report)'라고 불리게 될 최종 보고서를 1963년 제출했다. 이들은 당시 영국의 고등교육이 엘리트주의에 물들어있고, 그 규모와 내용 측면에서 사회적 요구에 충분히 부응하지 못하고 있다고

15) 이내주, 「1960년대 영국 고등교육의 발전」, 202~203쪽.
16) Anderson, *British Universities Past and Present*, p. 152.
17) 이내주, 「1960년대 영국 고등교육의 발전」, 199~201쪽.

비판했다. 또한 고등교육 기관의 서열화와 대학 교육과 과학기술 교육의 이분화 역시 큰 문제점이라고 파악했다.[18] 이에 로빈스 보고서는 고등교육이 다음과 같은 네 가지 목표를 지향한다고 선언한다: 일반 교육과 동등한 위치를 갖는 과학기술 교육을 확대할 것; 단순한 전문가가 아닌 교양인에 걸맞은 일반적 지적 능력을 함양할 것; 교육의 목적은 진리의 탐구와 학문의 발전에 있는 만큼 교육과 연구의 균형을 유지할 것; 공통의 문화와 시민 사회의 기준을 후대에 전수할 것. 이 보고서는 또한 능력과 성취도에 따라 자격을 갖춘 모든 사람이 대학교에 입학할 수 있어야 한다는 이른바 '로빈스 원칙'을 천명했다.[19] 이 보고서는 영국 고등교육 발전의 "결정적 변곡점"이 되었다는 평가를 받지만,[20] 그 제안 사항이 모두 실현되었던 것은 아니다. 특히 대학교 교육과 과학기술 교육 사이의 통합은 요원한 일이었고, 1960년대 중반 이후 오히려 '이원적 시스템(binary divide, binary system)'은 강화되었다.[21] 이 시기 "기술 교육은 결코 일어나지 않은 변화의 바람이었다"는 한 역사가의 논평이 너무 가혹하다고 할 수는 없을 것이다.[22]

이러한 전후의 국가적 요구와 사회적 필요에 의해 1960년대 초 잉글랜드에 일곱 개의 신흥 대학교가 건립되었다. 1961년 서식스(University of Sussex)를 필두로 이스트 앵글리아(University of East Anglia), 에식스(University of Essex), 켄트(University of Kent), 랭커스터(Lancaster University), 요크(University of York), 워릭 대학교의 등장은 전후 영국 고등교육 분야에서 일어난 가장 중요한 사건으로 여겨진다.[23] 이들은 기존의 대학들이 갖는 문제점을 보완하고

18) Anderson, *British Universities Past and Present*, pp. 131-134.
19) Committee on Higher Education(1963), *Higher Education: Report of the Committee on Higher Education Appointed by the Prime Minister under the Chairmanship of Lord Robbins 1961-63* (Cmnd. 2154), London: HMSO.
20) Anderson, *British Universities Past and Present*, p. 131.
21) Patel, "Imagining the Role of the Student in Society," p. 258.
22) Peter Hennessy(2019), *Winds of Change: Britain in the Early Sixties*, Milton Keynes: Penguin, p. 467.
23) 이내주, 「1960년대 영국 고등교육의 발전」, 206쪽.

궁극적으로는 고등교육 시스템을 개혁하는 것을 과제로 삼았다. 그 목표를 달성하기 위해 수준 높은 교양교육을 제공하고, 소규모 강의를 운영하고, 연구 역량을 강화하고, 전공 및 학과 사이의 장벽을 허물고, 학제간 강의를 도입하고, 캠퍼스를 배경으로 공동체를 되살리는 등 다양한 방법을 기획하고 실행했다.[24)] 이 "판유리 대학교(plate-glass university)"들은 기존의 대학과 달리 정부가 제공하는 공적 기금으로 설립되고 운영되었다. 그러면서도 대학 고유의 자율권과 자치권을 충분히 누렸고, 개교와 동시에 학위를 수여할 수 있는 권한을 가졌다. 그러나 "셰익스피어 시대풍의 일곱 대학교(Shakespearean Seven)"라는 별칭을 통해 유추할 수 있듯이 이들은 과학기술 관련 지식으로 무장한 전문가를 길러내는 것보다 교양교육을 통해 전인적 인간을 양성하는 것을 중시했고, 공학이나 응용과학보다 인문학과 순수과학 분야에 집중했다.[25)] 신흥 대학교의 '혁신성'을 둘러싼 논쟁이 여전히 진행 중인 이유는 바로 이런 모습 때문일 것이다.[26)] 그러나 신흥 대학교의 등장으로 대학의 문이 확실히 넓어졌고, 옥스브리지와 구별되는 새로운 형태의 고등교육 시스템이 들어섰다는 점은 부정하기 어려워 보인다. 이제 대학은 소수의 엘리트를 양산하는 역할에서 벗어나, 대중 교육을 제공하는 기관으로 변모했다.[27)]

1970년대에 영국 대학교들은 오래 지속될 위기의 시대에 진입했다. 가장 큰 문제는 재정이었다. 전후에 고등교육 기관이 국가에 재정적으로 의존하는 정도가 심화되었고, 특히 신흥 대학교들은 거의 전적으로 정부가 제공하

24) Harold Perkin(1991), "Dream, Myth and Reality: New Universities in England, 1960-1990," *Higher Education Quarterly* 45:4, pp. 294-310.

25) Patel, "Imagining the Role of the Student in Society," pp. 251-258.

26) Filippakou and Tapper, "Policymaking and the Politics of Change in Higher Education," pp. 11-14.

27) Peter Mandler(2020), "Afterwards: The Utopian Universities in Historical Perspective," in Jill Pellow and Miles Taylor(eds.), *Utopian Universities: A Global History of the New Campuses of the 1960s*, London: Bloomsbury Academic, pp. 375-376.

는 재원에 기대고 있었다. 이러한 상황에서 국가 경제의 쇠퇴와 정부의 지출 삭감은 교육 기관에 직접적인 타격을 주었다. 특히 1979년 마가렛 대처(Margaret Thatcher)의 수상 취임 이후 공공영역의 대표 기관인 대학은 경제적으로 고전할 수밖에 없었다.[28] 1975년부터 1980년까지 중앙 정부는 전체 대학 지원금을 10퍼센트 삭감하였고, 1980년대에 들어서는 대학 재정 지원을 적게는 10퍼센트에서 많게는 40퍼센트까지 차등적으로 삭감했다.[29] 대학에 불어닥친 신자유주의의 바람은 필연적으로 효율성의 강조와 경쟁의 심화를 가져왔으며, 대학 고유의 자율성을 저해하고 학내 민주주의를 쇠퇴시켰다.[30] 대학들은 스스로 사회와 국가에 그 쓸모를 입증해야 했고, 끊임없는 변화와 혁신에 대한 압력에 시달려야 했다.

그러나 이러한 환경 속에서도 1980년대 이후 영국 고등교육은 다시금 양적인 팽창을 경험한다. 한편에서는 고등교육 진학률의 지속적 증가에 힘입어 기성 대학교들이 과거에 비해 몸집을 불렸고, 다른 한편에서는 다수의 기술대학과 전문대학들이 '대학교'의 지위를 획득했다. 이와 관련하여, 앤더슨은 1980-90년대야말로 영국의 대학이 엘리트 교육에서 대중 교육으로 이행하는 "진정한 전환기"라고 평가했고, 피터 맨들러(Peter Mandler)는 1940년대부터 시작된 대중 교육으로의 이행이 1980년대 후반에 들어 "확실한 정점에 도달했다"고 기술했다.[31] 이후 영국의 대학 교육은 양적인 면에서나 내용적인 면에서나 정체기에 접어들었다. 20세기 말의 변화를 설명하기 위해 '기업가형 대학교(Entrepreneurial University)'라는 표현이 사용되기도 하지만,

28) Anderson, *British Universities Past and Present*, pp. viii-ix.
29) David Palfreyman(1989), "The Warwick Way: A Case Study of Entrepreneurship within a University," *Entrepreneurship & Regional Development* 1, p. 207.
30) Connor Woodman(2016), "Warwick University PLC: Neo-Liberalism, Authoritarianism and Resistance," *Prometheus* 34:1, pp. 39-48.
31) Peter Mandler(2020), *The Crisis of the Meritocracy: Britain's Transition to Mass Education Since the Second World War*, Oxford: Oxford University Press, p. 123; Anderson, *British Universities Past and Present*, p. vii.

이 개념은 여전히 모호하고 상당한 논쟁의 여지를 안고 있다.[32] 게다가 그 정의나 조건을 만족시키는 대학교의 사례는, 심지어 그것을 추구하는 기관 중에서도, 지극히 소수에 한정된다.[33] 21세기 전환기 영국의 고등교육을 논하기에는 아직 시간이 필요해 보인다.

Ⅲ. 워릭대학교의 설립과 발전: 새로움을 넘어 기업가형 대학교로

워릭대학교는 1965년 "대담하고 젊은 영국의 일곱 대학교"[34] 가운데 가장 늦게 그 문을 열었다. 다른 신흥 대학교들과 마찬가지로 워릭 역시 당시 영국이 경험했던 문제의식과 그에 따른 사회적 기대 위에 서 있었다. 이들에 대한 국가적 요구 또는 사회적 수요를 한마디로 표현하면 "부유하고 자유로운 사회를 만드는 데 기여하고 영국의 쇠퇴를 되돌릴 수 있는 역량을 갖춘 인력"을 배출하는 것이었다.[35] 워릭은 특히 지리적 이점을 강조하며 국가가 필요로 하는 고등교육 서비스를 제공하는 '전국적' 기관이 될 수 있다고 자부했다. 국토의 정중앙에 위치하고, 철도 교통이 편리하며, 런던을 포함하는 남동부 지역에의 접근성이 높다는 점은 영국 전체를 포괄하는 교육의 허브

32) 가장 일반적인 설명 방식에 따르면, '기업가형 대학교'는 "운영 방식을 혁신하고, 재원 기반을 다각화하며, 외부의 이해관계자(특히 산업계)와 협력하여 경제적, 사회적 가치를 창출하기 위해 적극적으로 노력하는 대학"이라고 정의할 수 있다: Burton R. Clark(1998), Creating Entrepreneurial Universities: Organizational Pathways of Transformation, New York: Emerald Group Publishing Limited.

33) Michael Shattock(2010), "The Entrepreneurial University: An Idea for its Time," *London Review of Education* 8:3, pp. 263-271.

34) 이내주, 「1960년대 영국 고등교육의 발전」, p. 207.

35) Josh Patel(2021), "Breadth, 'National Needs', and Reimagining the Role of the University in Society: The Early University of Warwick," *Exchanges: The Interdisciplinary Research Journal* 8:4, p. 11.

가 되기에 확실히 유리한 조건이었다.[36)]

한편 워릭은, 다른 신흥 대학교들과 달리, 학교가 속한 지역과 그것을 둘러싼 산업과의 긴밀한 관계 속에서 출발했다. 이는 워릭대학교 초기의 모습을 결정하고, 그 학풍을 결정했을 뿐만 아니라, 이후에 거둘 성공의 발판이 되었다.[37)] 따라서 이 학교의 역사와 특성을 온전히 이해하기 위해서는 워릭이 처해 있었던 고유한 환경을 먼저 파악해야만 한다. 사실 이 학교의 이름은 그 지리적 위치와 부합하지 않는다. 워릭대학교는 1068년 윌리엄 정복왕(William the Conquerer)이 축조한 성을 품고 있는 역사와 전통의 도시 워릭(Warwick)이 아니라, 중서부지방(the West Midlands)의 대표적인 자동차 공업 도시인 코번트리(Coventry)에 위치하기 때문이다. 이 도시는 산업화 초기에 실크를 활용한 직물 가공을 주요 산업을 삼았으나, 19세기 중엽에는 시계 제작에 그리고 19세기 후반에는 자전거 생산에 집중했다. 20세기에 들어서는 자동차 공업에 특화하는 모습을 보였으며, 두 차례의 세계대전 기간에는 군수공업 분야에서 두각을 나타냈다. 특히 제2차 세계대전 시기에는 스핏파이어(Spitfire) 등 전투기 생산의 중요한 기지가 되었다.[38)] 바로 그 이유로 1940년 말 독일군의 집중적 공습의 대상이 되었고, '코번트리 블리츠(Coventry Blitz)'로 도심의 대부분이 파괴되는 막대한 피해를 입었다. 전후 코번트리는 전쟁의 상흔에서 벗어나기 위해 각고의 노력을 기울였는데, 여기에는 도시의 핵심 산업인 자동차 공업의 현대화와 산업적 부흥을 뒷받침할 수 있는 고등교육 기관을 설립이 포함되었다.

1950년대 후반 코번트리 시정부와 지역의 주요 자동차 생산업체들은 과학기술 분야에 특화된 (기술전문대학이나 직업교육기관이 아닌) '대학교'를

---

36) Patel, "Imagining the Role of the Student in Society," pp. 263-265.

37) Josh Patel(2023), "Midland Industrialist, Liberal Education and the Founding of the University of Warwick," *Midland History* 48:2, p. 240.

38) Tom Donnelly(2019), "Coventry: A Growing City," in Jason Begley et al. (eds.), *Revival of a City: Coventry in a Globalising World*, Cham: Palgrave Macmillan, pp. 11-39.

설립하고자 했다. 그러나 "중부지방의 MIT"를 만들고자 했던 이들의 계획은 초기에 좌초되었다.[39] 오래지 않아 새로운 문이 열렸으니, 1950년대 말 대학기금위원회(University Grants Committee, 이하 UGC)가 팽창주의를 표방하고 중앙정부가 이를 재정적으로 지원하기로 결정하면서 대학을 신설할 수 있는 절호의 기회가 찾아온 것이다.[40] 코번트리와 워릭셔(Warwickshire)의 지방 정부, 지역의 산업가들이 발빠르게 움직였고 그 결과 1961년 UGC로부터 대학교 설립 허가를 받아냈다. 이 과정을 주도했던 집행위원회(Executive Committee of the Promotion Committee, 이하 ECPC)에는 코번트리 5대 자동차 기업 중 하나인 루츠 자동차(Rootes Motors)의 윌리엄 루츠(William Rootes, 1st Baron of Rootes), 항공기 제조업체 브리스톨 시들리(Bristol Siddeley Engines Limited)의 아놀드 홀 경(Sir Arnold Alexander Hall) 등이 포함되어 있었다. 짐작할 수 있듯이, 이들은 신생 대학교 내에서 공학 분야를 강화하려 했고 학교 운영에 기업가적 관점을 접목하고자 했다.[41] 이처럼 워릭은 "그 지역의 대학교"라는 성격이 강했다.[42]

1961년 10월 워릭대학교 설립을 위한 교학위원회(Academic Planning Board, 이하 APB)가 구성되었고, 여기에서 학교의 조직과 운영, 교육 과정, 평가 방식 등에 대한 전반적인 의사 결정이 이루어졌다.[43] 이 위원회는 ECPC와 마찬가지로 지역의 기업가 3인을 포함하고 있었고, 1962년에는 워릭의 초대 부총장(Vice-Chancellor)이 될 존 잭 버터워스(John Jack Butterworth)를 영입했다. APB는 "균형 잡힌" 교양대학교를 설립하고는 것을 목표로 삼았다. 교학위원회는 이 신생 대학교가 광범위한 그리고 학제적인 교양교육을 통해 자유롭고 풍요로운 현대 사회에 기여할 수 있는 "유연한 인력"을 양

39) Patel, "Imagining the Role of the Student in Society," pp. 271-275.
40) Anderson, *British Universities Past and Present*, pp. 136-139.
41) Patel, "Imagining the Role of the Student in Society," pp. 272-273.
42) Mark Bobe(2002), "The University of Warwick and its Region: Deepening the Engagement," *Industry and Higher Education* 16:2, p. 92.
43) 이내주, 「1960년대 영국 고등교육의 발전」, p. 209.

산하는 기관이 될 것이라고 선언했다. 이들은 지역과 기업들의 관심을 반영하여 인문학과 과학 사이의 '균형'을 중시했지만, 일부 ECPC 위원들이 주장하는 방식의 과학기술 중심주의는 배격했다.[44)]

1965년 워릭대학교는 드디어 칙허장(Royal Charter of Incorporation)을 수령하고 본격적인 개교를 선언했다. 첫해에는 총 450명의 학생이 학부 과정에 입학했으며, 이 숫자는 가파르게 증가할 터였다. 이 신생 대학교는 코번트리시 남서부 외곽, 워릭셔와의 경계 지역에 위치했다. 두 지방 정부가 기증한 부지 위에 들어선 캠퍼스의 넓이는 약 400에이커에 달했는데, 이는 역대 영국 대학 설립 계획 중 가장 큰 규모에 해당했다.[45)] 이 캠퍼스는 또한 실용적인 구성과 구조로 유명한 사례가 될 것이었다.[46)] 이 종합대학교는 경직된 학과 시스템을 피하고, 학문 분과의 경계를 넘나들고 다양한 분야를 아우르는 교육과 연구를 실시하고자 했다. 이를 위해 포괄적인 학사위원회(Boards of Study)를 구성하고, 그 아래에 실제 수업을 담당하는 학부(Schools of Study)를 두었다. 학사위원회는 원래 인문학(arts)과 과학(science) 분야로 나누어 설치되었고, 차후에 사회과학(social science) 분야가 추가되었다.[47)] 학제적 접근과 '폭넓은 지식(breadth)'의 강조는 수업의 구성과 운영 측면에서도 드러났다. 1학년 학생들은 전공을 불문하고 공동의 교양과목을 이수해야 했고, 2학년 이후에 본격적인 전공 교육이 이루어졌다. 이 기초 과정은 다양한 전공과 주제를 포괄한 것이었고, 차후 전문적 지식 획득의 기초를 제공할 것이라고 여겨졌다.[48)] 이 신생 대학교에 속한 연구소들은 다양한 전공이 수렴하는 학제

---

44) Patel, "Imagining the Role of the Student in Society," pp. 273-275.

45) Patel, "Imagining the Role of the Student in Society," p. 251.

46) Gillian Darley(1991), "Visions, Prospects and Compromises," *Higher Education Quarterly* 45:4, p. 359.

47) 인문학 학사위원회 내에는 영문학, 유럽어문학, 역사학이 포함되었고, 과학 위원회에는 수학, 공학, 순수과학, 컴퓨터공학 등이 포함되었다. APB가 마지막에 추가한 사회과학 학사위원회는 경제학, 산업·경영학, 철학, 정치학, 법학 등의 전공을 포괄하였다.

적 연구를 제일의 원칙으로 삼았고, 따라서 단일한 전공으로 이루어진 연구 기관은 전무했다.

워릭대학교의 초기 역사에서 가장 두드러지는 면모 중 하나는 성공적인 '펀딩'이었는데, 이 역시 그 지역적 특성과 무관하지 않다. 1960년대 중반 개교를 전후한 3년 동안 이 학교는 총 275만 파운드의 기금을 유치했는데, 이는 같은 시기에 세워진 신흥 대학교와 비교하여 압도적인 규모였다. 워릭의 뒤를 랭카스터와 요크가 따르지만, 이들이 확보한 자금의 규모는 각각 워릭의 80퍼센트와 67퍼센트 수준이었다. 1964년과 1967년 사이 워릭은 개인 기부자로부터 36만 파운드, 너필드 재단(the Nuffield Foundation)에서 15만 파운드, 포드 재단(Ford Foundation)에서 10만 파운드 이상을 확보했다. 워릭에 7.5만 파운드 이상을 제공한 '2등급' 기부 단체의 숫자도 열 개가 넘는데, 이들 중 다수는 해당 지역의 기업체들이었다. 워릭의 이러한 재정적 강점은 부분적으로는 소수의 거물들에게서 기인한다. 워릭의 설립 과정에서 핵심적 역할을 수행했던 루츠 경은 학교 역사상 가장 능력 있는 자금 조달자였으며, 버터워스는 기부금 모집 과정에서도 그 특유의 추진력을 십분 발휘했다. 코번트리시가 학교에 제공한 것 가운데 가장 핵심적인 것은 캠퍼스 부지였지만, 재정적 지원 측면에서도 다른 지방 정부에 비해 훨씬 후한 편이었다. 워릭이 초기에 거둔 재정적 성공은 그야말로 "1960년대 초 중서부 지방에 응집된 산업, 상업, 개인의 부가 함께 작용한 놀라운 결과"였다.[49)]

그러나 1970년대 초입에 워릭은 큰 시련을 경험했다. 소위 "워릭 파일 사건(Warwick Files Affair)"이 터지면서 아직 안정기에 접어들지 못한 신생 대학교는 엄청난 위기에 봉착했다. 당시 학교 당국과 마찰을 빚고 있던 일단의 학생들이 대학 본부 점거 중 비밀 서류를 발견했고, 이를 바탕으로 학교가

48) Patel, "Imagining the Role of the Student in Society," pp. 296-297.
49) Jill Pellow(2020), "The New British Campus Universities of the 1960s and their Localities: the Culture of Support and the Role of Philanthropy," in Pellow and Taylor(eds.), *Utopian Universities*, pp. 232-235.

직원과 학생들을 감찰하고 있다고 주장했다. 당시 이 대학 역사학과 부교수이자 영국 사회사학계의 톱스타였던 E. P. 톰슨(E. P. Thompson)을 중심으로 모인 학생들은 사건 발생 일주일만에 『유한회사 워릭대학교 *Warwick University Ltd: Industry, Management and the Universities*』라는 책을 출간했다. 저자들은 워릭이 "산업가들의 과두정치(oligarchy of industrialists)" 아래에 놓여 있다며 학교 본부에 대해 신랄한 비판을 쏟아냈다.[50] 일련의 사건과 도서의 발간은 학내 투쟁을 더욱 격렬한 방향으로 이끌었고, 그 과정에서 이 신흥 대학교는 "빨갱이 워릭(Red Warwick)"이라는 별명까지 얻었다. 그러나 지역의 기업인들이 대학의 운영에 불합리한 권력을 행사하고 과도하게 개입하고 있다는 톰슨의 주장은 공고한 근거를 갖지 못했던 것으로 보인다.[51] 한 역사가는 이 상황을 두고 "사악한 기업가들의 '실재하지 않는' 대학 장악에 대한 격렬한 항의"라고 묘사했다.[52] 결국 이 사건은 개교 전부터 지속된 신생 대학과 지역 기업 사이의 돈독한 관계를 반영하며, 이를 바라보는 우려 혹은 불만의 시선이 교내외에 존재했음을 보여준다.

다른 영국 내 대학들과 마찬가지로, 워릭대학교 구성원들에게 1970년대는 가혹한 시간이었다. 중앙정부의 지출 삭감으로 커다란 재정적 어려움에 부딪혔으며, 워릭 파일 사건과 학생 운동의 격화로 학교의 명예가 크게 추락했다. 심지어는 학교가 문을 닫을지도 모른다는 소문까지 떠돌았다. 그러나 1978년을 기점으로 워릭은 그야말로 "치고 나가기" 시작했고, 얼마 지나지 않아 7개의 신흥 대학교 가운데 가장 선두에 선 기관이 되었다.[53] 1980년대에 들어서 워릭은 판유리 대학교 가운데 가장 큰 규모를 가진 학교가 되었을

50) E. P. Thompson(1970/2014), *Warwick University Ltd: Industry, Management and the Universities*, Nottingham: Penguin, pp. 146-166.

51) Patel, "Midland Industrialist, Liberal Education and the University of Warwick," p. 240.

52) A. Phillips Griffiths(1991), "The New Universities: The Humanities," *Higher Education Quarterly* 45:4, p. 337.

53) Perkin, "New Universities in England, 1960-1990," pp. 307-308.

뿐만 아니라, 연구 성과와 학교 운영 측면에서도 최고 수준의 성과를 자랑했다. 학교의 공신력도 크게 높아져 "언론이 가장 사랑하는 대학교"에 그 이름을 올리기도 했다.[54] 또한 1994년에는 신흥 대학교 가운데 처음으로 러셀 그룹(the Russel Group)에 가입함으로써, 개교 30년만에 영국 내에서 일류대학의 반열에 올랐음을 보여주었고 또한 세계적 수준의 연구 역량을 갖춘 기관임을 증명해냈다.[55]

워릭이 거둔 이와 같은 성공에 대한 일반적인 설명은 이 학교 특유의 '기업가적 정신(entrepreneurship)'을 강조한다. 1962년부터 1985년까지 워릭의 부총장 자리를 지켰던 버터워스는 고등교육 기관에 기업적 운영 방식을 도입한 것으로 유명했고, 이로 인해 (워릭 파일 사건에서 표출되었던 것과 같은) 비난의 대상이 되기도 했다. 그러나 오늘날에는 교육과 연구의 분야에서 학술적 우수성을 추구하는 동시에 학교 운영의 측면에서 기업적 특성을 구현하려고 했던 그의 노력이 워릭의 성공의 기틀을 다졌다는 평가에 반대하는 사람을 찾아보기는 어렵다. 1970년대 중반 이후 대학을 둘러싼 환경이 변화하고 "단순한 유지 관리가 아닌 혁신과 창조적 문제 해결"이 요구되자, 확실히 "워릭의 방식(the Warwick way)"이 빛을 발했다. 기업적인 학교 '경영' 정책은 정부에 대한 재정적 의존도를 낮추고, 외부에서 더 많은 기금과 자원을 확보하고, 산업 및 지역과의 연계성을 강조하는 것을 포함했다.[56] 워릭은

---

54) Patel, "Midland Industrialist, Liberal Education and the University of Warwick," pp. 242-243.

55) Anderson, *British Universities Past and Present*, pp. 185-186; Filippakou and Tapper, "Policymaking and the Politics of Change in Higher Education," p. 19; '러셀 그룹'은 영국 내에서 "가장 명망이 높고 리서치에 특화된 대학교"들로 구성된 일종의 협회이다. 이 그룹은 1994년 옥스퍼드와 케임브리지를 포함하는 17개의 연구 중점 대학교가 모여서 시작되었다. 당시 제1차 세계대전 이후에 세워진 대학 가운데 워릭 대학교가 유일하게 여기에 포함되었다. 2012년 요크 대학교가 1960년대에 세워진 신흥 대학교 중 두 번째로 러셀 그룹의 회원이 되었다. 현재 러셀 그룹 회원 기관은 총 24개이다. 이 중 20개의 대학교가 잉글랜드에 속하고, 스코틀랜드 기관이 2개, 웨일즈와 북아일랜드 기관이 각각 1개이다.

또한 기업과 마찬가지로 대학도 비용을 절감하고, 수익 창출을 위한 사업을 추진하고, 기꺼이 위험을 감수하고, 자본의 가치를 고려하고, 무엇보다 다양한 혁신을 추구하는 일에 관심을 두어야 한다고 보았다. 기업 컨설팅 업체 서비스 활용, 학내 벤처 기업 창업 및 운영, 산학 공동 연구 단지 설립 등 다양한 기업적 활동이 이루어졌다. 1980년대 중반 한 언론사의 표현처럼 워릭의 이러한 노력은 "대처의 귀에는 음악처럼 들릴" 법했다.[57] 실제로 이 수상은 워릭의 '기업가적 경로'를 상찬했고, 다른 기관들도 그 혁신성, 유연성, 효율성을 본받아야 할 것이라고 추켜세웠다. 워릭은 단순히 새로운 대학교를 넘어 기업가형 대학교가 되고자 했고, 그 노력은 대체로 성공한 것처럼 보인다.[58] 물론 그것이 가져온 결과가 바람직한 것인지에 대해서는 여전히 논쟁이 진행 중이지만 말이다.

Ⅳ. 워릭대학교의 학사 운영: 전인적 전문가를 양산하기

살펴보았듯이 워릭대학교는 고등교육에 대한 국가적 비전과 지역적 비전이 결합한 바람직한 사례로 자리매김했다.[59] 그에 더해, 다른 신흥 대학교와 달리, 기업들과 가까운 관계를 유지하고 산업계의 기대에 기민하게 반응하는 기관이 되었다. 이 장에서는 워릭이 스스로 세운 건학의 이념을 현실에서

---

56) 실제로 워릭대학교는 880개가 넘는 기업과 협력 관계를 구축하는 데 성공했다. 여기에는 로버(Rover), 롤스 로이스(Rolls Royce)와 같은 자동차 생산업체는 물론이고, 브리티시 텔레콤(British Telecom), BP(British Petroleum), ICI(Imperial Chemical Industries) 등 국내외의 유수 기업이 포함되었다: Perkin, "New Universities in England, 1960-1990," p. 308.

57) Palfreyman, "The Warwick Way," pp. 207-210, 218.

58) Filippakou and Tapper, "Policymaking and the Politics of Change in Higher Education," p. 19.

59) Patel, "Imagining the Role of the Student in Society," p. 268.

어떻게 구현하는지, 학교를 둘러싼 다양한 집단의 요구에 어떻게 반응하는지, 그리고 이 과정을 통해 어떤 결과를 거두는지를 구체적인 교과 과정의 운영을 통해 살펴보려 한다. 먼저 전인적 교육을 추구하는 종합대학교의 근간이 되는 교양교육의 원칙과 내용을 검토하려 한다. 이어서 동시대의 사회적 요구에 여실히 노출되어 있지만 전통적인 엘리트 교육에는 포함되지 않았던 전공이 신흥 대학교라는 새로운 틀 안에서 어떤 형식과 형태를 취하는지 확인할 것이다. 이 글은 그와 같은 전공의 대표적 사례로 경영학과 공학을 살펴볼 것이다.

1. 교양교육

워릭의 설립을 주도했던 이들은 기존의 고등교육이 국가의 인력을 최대한으로 활용하는 데 실패했다고 평가하고 국가적 쇠퇴를 되돌리기 위해서는 새로운 형태의 고등교육을 제공해야 한다고 주장하면서도, 과학기술 중심주의를 배격하고 대학이 특정 직업을 위한 기술을 가르치는 기관으로 전락하는 것을 경계했다. 오히려 이들은 전인적인 교양교육이야말로 산업 사회가 필요로 하는 인력을 배출하는 데 필수적이라고 보았다. 전통적인 학습을 통해 인문학적 소양을 갖춘 학생만이 복잡한 현대 사회 안에서 자신의 전문 지식이 동반하는 역할과 의무를 이해할 수 있으며, 자유주의와 자본주의의 도덕적 가치를 이해하고 실행할 수 있을 것이기 때문이다. 이들이 상정하는 대학과 국가 사이의 관계성은 지역 단위에도 그대로 적용될 수 있었다. 즉, 학술적인 교양교육을 받은 인력은 지역과 지역 산업의 발전에도 이바지할 것이었다.[60] 따라서 워릭의 APB는 학생들의 인격(character)과 덕성(virtue)을 개발하고, "실제적인 문제에 적용할 수 있는 순수한 지식을 갖춘" 인력을 양

60) Patel, "Midland Industrialist, Liberal Education and the University of Warwick," pp. 243-244.

산할 수 있는 교양교육을 계획하고 준비하는 데 많은 자원을 투입했다.[61)]

APB는 모든 1학년 학생이 전공과 상관없이 공동의 교양 과정을 이수해야 한다고 결정했다. 언어학, 논리학, 윤리학 등을 포괄하는 이 과정은 학생들이 "명료하게 생각하고 글을 작성할 수 있으며, 자신과 사회가 맺고 있는 관계성을 이해할" 수 있게 할 것이었다. APB는 이 기초 과정이 학생들에게, 전공을 불문하고, 이후 전문 지식 획득의 바탕이 되는 "공통의 언어"를 제공할 것이라고 기대했다. 또한 학생들이 획득할 전문 지식을 둘러싼 '맥락'을 파악하고 그것이 갖는 한계를 발견하는 데에도 도움을 줄 것이라고 보았다. 나아가 이와 같은 교양교육은 기존 대학 교육의 고질적 병폐로 지적되었던 지나친 전문화와 엘리트주의를 타파하고, 학생 개인이 사회의 일원으로서 살아가는 동안 경험할 수 있는 다양한 문제에 대비할 수 있도록 도움을 줄 것이었다. 이처럼 1학년의 교과 과정이 교양교육에 치중되어 있었기 때문에, 학생들은 2학년이 되어서야 본격적인 전공 교육을 받을 수 있었다. 이공계 신입생은 1학년 후반부에 과학적 연구 방법론과 수학 관련 과목을 이수할 수 있었지만, 인문계 신입생의 경우에는 1학년이 끝날 때까지 특정 전공에 집중하는 기회를 가질 수 없었다. 이는 학생들이 "깊이 있게 탐구하고자 하는 주제를 결정하는 일을 최대한 미룰 수" 있도록 하기 위함이었다.[62)]

1960년대 중반 워릭에서 이루어진 교양교육의 특징을 가장 잘 보여주는 예는 《탐구와 비판(Enquiry and Criticism)》이다. 이 강의는 '모든' 신입생을 대상으로 했고, 다양한 학문의 분과를 넘나드는 주제로 채워졌다. '모든' 전공의 교수들이 이 강좌를 만들고 운영하는 데 참여해야 했는데, 이들에게는 최소한의 가이드라인과 최대한의 자율성이 주어졌다. 그러나 이 과목에 대한 불만과 반발도 적지 않았다. 이 과목이 일종의 전공들 사이의 경연으로 비춰지면서 여기에 참여하는 교수들에게 큰 부담을 주었기 때문이다. 한 강

61) Patel, "Imagining the Role of the Student in Society," pp. 296-297.
62) Patel, "Breadth, 'National Needs', and Reimagining the Role of the University," p. 19.

의자의 회고에 따르면, 《탐구와 비판》에 참여하는 교수들은 청중을 대상으로 자신의 전공이 얼마나 흥미로운지 보여주기 위해 갖은 노력을 다해야 했다.[63] 또한 강좌의 목표가 지나치게 광범위한 나머지 그 지향점이 불분명하고, 따라서 무엇을 어떻게 가르쳐야 할지 모르겠다는 불평이 쏟아져 나왔다. 무엇보다 강의에 대한 학생들의 반응이 좋지 않았다. 교수들에게는 가르치기 어려운 과목이고, 학생들에게는 이해하기 난해한 과목이었다. 결국 《탐구와 비판》은 1968년 여름 폐지되었다. 그 대신 학생들이 최대한 자유롭게 지적 관심을 추구하고 학문적 탐구를 지속할 수 있도록 다양한 공개 강좌들이 개설되었고, 모든 전공 과정은 학제적 이해를 증진하기 위해 '일반적 관심사'를 다루는 강의를 '전체' 학생에게 개방해야 했다.[64]

이처럼 워릭의 교양교육은 광범위한 교육을 받은 학생들만이 졸업 이후 국가와 사회에서 기대되는 역할을 제대로 수행할 수 있으며 산업과 경제 분야에서도 유용하게 쓰일 수 있다는 믿음을 바탕에 두고 있었다. 즉, 국가와 사회가 필요로 하는 전문가를 양성하는 데 필요한 것은 당장 사용 가능한 기술 교육이 아니라 장기적으로 도움이 될 기본적인 '자질'을 길러줄 수 있는 전인교육과 교양교육이라는 것이다. 이러한 원칙은 가장 실용적인 학문이라고 여겨지는 경영학, 공학과 같은 전공을 가르치는 과정에도 그대로 적용되었다.

2. 경영학

오늘날 워릭의 경영대학은 영국 내에서뿐만이 아니라 유럽 내에서도 최고 수준의 명성을 누리고 있다. 특히 그 대학원 과정이 전세계적으로 유명한

63) Jon Agar(2020), "Science and the New Universities," in Pellow and Taylor(eds.), *Utopian Universities*, p. 134.

64) Patel, "Breadth, 'National Needs', and Reimagining the Role of the University," p. 19.

데, 몇몇 세부 전공 분야는 세계 최고 랭킹을 자랑한다.[65] "워릭 비즈니스 스쿨(Warwick Business School, 이하 WBS)"은 워릭대학교가 이룬 가장 두드러진 성취인 동시에 그 역사를 통틀어 가장 꾸준히 지속되고 유지되는 성과라는 평가를 받고 있다.[66] 또한 워릭의 혁신성과 기업가 정신을 가장 잘 보여주는 사례이기도 하다.

'비즈니스 스쿨'을 향한 워릭의 염원은 개교를 준비하던 APB 단계에서부터 두드러졌다. ECPC와 APB에 모두 참여했던 루츠는 공개적으로 그리고 열렬하게 경영대학원의 설립을 주장했다. 버터워스 역시 APB에 합류한 직후부터 경영대학원 설치에 대한 강력한 의지를 드러냈다. 1963년 그는 포드 재단의 지원을 받아 하버드, 시카고, MIT 등 미국 유수 경영대학원들을 견학하는 기회를 가졌는데, 이 때에 장래의 WBS를 위한 청사진을 준비했던 것으로 보인다.[67] 그는 이 새로운 형태의 비즈니스 스쿨이 신생 학교에서만 실현될 수 있다고 보았다. 그의 비판에 따르면, 영국 내 기성 대학교들은 견고한 학과 체제를 기반으로 작동하고 있으며 관성에 휩쓸려 변화와 혁신을 억제하기 때문이다.[68] 워릭은 산업과 경영 분야에 특화할 수 있다는 자신감을 가지고 있었고, 코번트리에 위치한 기업들은 물론이고 영국의 산업계도 이 계획을 크게 환영했다. 그러나 당시의 일반적 인식과 관행에 따르면 이는 종합대학교가 취하기에 적절하지 않은 선택이었다.[69] 게다가 UGC는 이미 맨체스터와 런던, 이 두 대학교의 경영대에만 자금을 지원하기로 결정했기 때문에,

65) Bobe, "The University of Warwick and its Region," p. 92.
66) Patel, "Midland Industrialist, Liberal Education and the University of Warwick," pp. 253-254.
67) Patel, "Breadth, 'National Needs', and Reimagining the Role of the University," pp. 20-21.
68) Patel, "Midland Industrialist, Liberal Education and the University of Warwick," p. 253.
69) Nick Tiratsoo(1998), "Management Education in Postwar Britain," in L. Engwall and V. Zamagni(eds.), *Management Education in Historical Perspective*, Manchester: Manchester University Press, pp. 116-118.

워릭으로서는 중앙 정부의 경제적 지원을 기대할 수도 없었다.[70] 따라서 이 신생 대학교가 경영대학원 설립이라는 계획을 현실화하기 위해서는 자원의 문제를 최우선적으로 해결해야만 했다.

다행히도 APB와 버터워스의 경영학 교육에 대한 비전은 기업체와 산업계의 큰 관심을 끌었고, 이들의 지지는 적극적인 자금 지원으로 이어졌다. 개교에 앞서 프레스드 제철(Pressed Steel Company), 전국 관리자 협회(Institute of Directors) 등이 기금을 제공했고, 개교 후에는 포드 재단이 연구소 설립을 위한 기금을 내놓았다. 결국 UGC의 경제적 지원 없이, 1967년 산업·경영학부(School of Industrial and Business Studies, 이하 SIBS)가 그 문을 열었다. 여기에 소속된 5인의 교원은 모두 실제 "산업계의 실무 경험"을 갖고 있는 이들이었다. 1967년 설립된 산업학 연구소(Centre for Industrial Studies)는 그 이듬해에 두 가지 세부 전공을 위한 석사 과정을 신설하고 20명의 과정생을 받아들였다.[71] 결과적으로 SIBS는 대성공이었다. 첫해 입시에는 정원의 스무 배가 넘는 지원자가 몰려들었고, 과정 설립 5년 만에 과정생 숫자는 50명으로 늘어났다. 게다가 그 대다수는, 아마도 장래의 수입 증대를 기대하며, 수업료를 스스로 부담했다.[72]

SIBS 석사 과정의 교육 내용과 교습법은, 1963년 버터워스의 미국 방문이 예고하듯이, 하버드를 비롯한 미국식 경영대학원과 유사한 측면이 많았다. 그 커리큘럼은 교육과 연구, 이론과 실무를 동시에 포괄하는 것이어야 했다. 따라서 석사 과정의 절반은 "장래에 기업을 경영하면서 마주치게 될 문제들을 해결"하는 데 도움이 될 수 있는 동시에 "즉각적으로 산업계의 관행에 유의미한 변화를 가져올 수 있는" 연구 과목에 할애되었다. 교습법의 측면에서도 첨단의 방식이 강조되었다. 기본적 이론과 경영 분석 기법 등 전통적인

70) Patel, "Midland Industrialist, Liberal Education and the University of Warwick," pp. 253-254.
71) https://www.wbs.ac.uk/about/history/ [Accessed on April 24, 2025]
72) Patel, "Imagining the Role of the Student in Society," pp. 285-287.

내용을 다루지 않은 것은 아니나, 당시 미국에서 선풍적 인기를 끌었던 '경영 사례 연구(business case studies)' 등 새로운 기법이 SIBS 강의실에 대거 도입되었다. 석사 과정의 마지막 학기에 모든 학생은 "추상적 이론을 구체적 상황에 적용하는 연구" 프로젝트를 수행해야 했다. 이 연구를 통해 학생들은 자료를 바탕으로 합리적인 판단을 내리는 능력을 기르는 한편 장차 책임감 있게 행동하는 법을 배울 것이라고 기대되었다.[73]

이 비즈니스 스쿨을 설계하고 운영한 이들은 산업 및 경영 전문가를 양성하는 데 일종의 단계가 있다고 보았다. 즉, 학부 단계에서 학생은 광범위한 교양교육을 받고 지적 기반과 인격적 토대를 닦은 후에 대학원에서 전문가로서 직업 수행에 필요한 구체적 지식과 실용적 기술을 획득하는 것이 순서라고 여겼다. 전인적인 교양교육이 선행되지 않은 전문가 양성 교육은 소용이 없거나 심지어는 불가능한 일이었다. 이와 관련하여 버터워스는 워릭대학교의 지향점을 명확하게 밝힌 바 있다. 그는 SIBS 대학원 과정이 "(학부 단계에서) 전인교육을 받은 학생들이 방향을 재조정하도록 하고, 이 고급 인력을 국가의 산업 분야로 끌어들인다"고 자랑스럽게 말했다.[74] 워릭과 SIBS의 목표를 이보다 더 정확하게 표현한 예는 찾기 어려울 것이다.

1969년 SIBS는 처음으로 학부생을 선발했다. 여기에는 문과와 이과 출신 학생 모두가 입학할 수 있었다. 학부에서 이루어지는 경영학 교육의 초점은 실무가 아닌 학술적인 내용에 있었고, 무엇보다 학생들이 "추상적인 방식"을 현실에 적용하는 능력을 갖추도록 하는 것을 우선시했다. 그렇다고 SIBS가 실무에서 필요로 하는 지식과 기능을 아예 도외시했던 것은 아니다. 그 커리큘럼에는 경영 분석, 의사 결정, 비용 분석, 기회 분석 등을 포함되어 있었다. 또한 SIBS는 "기업 경영도 결국 사람과 관련된 일"이라는 사실을 강조하

73) Patel, "Breadth, 'National Needs', and Reimagining the Role of the University," pp. 20-21.
74) Patel, "Midland Industrialist, Liberal Education and the University of Warwick," pp. 253-254.

며 학생들에게 경제학, 사회학, 심리학, 공학 등을 함께 수학하기를 장려했다.[75] SIBS의 전공 교육은 전인적 교양교육과 광범위한 지식의 추구를 바탕에 두고 이루어졌다.

SIBS는 이후 괄목할 만한 성장세를 보였다. 1967년에서 1977년 사이에 교원 수는 8배가 넘게 늘어 41명이 되었고, 소속 학생 숫자는 200명을 훌쩍 넘겼다. 1981년에는 MBA 과정을 신설했고, 이 과정에 대한 수요가 치솟자 채 5년이 되지 않아 그 교육 과정을 대폭 확대하고 원격 교육을 시행하기 시작했다. 1986년 시작된 이 과정은 오늘날 세계 1위 자리를 수성하고 있는 '워릭 온라인 MBA(Warwick Online MBA)'의 전신이 되었다. 출범 20년이 되는 1987년에 이르면 SIBS는 100명이 넘는 교직원과 800명이 넘는 학생이 소속된 거대한 조직으로 성장했다. 그리고 1988년에는 드디어 그 이름을 산업경영대학에서 "워릭 비즈니스 스쿨"로 변경하고, 더욱 공격적인 운영과 성장을 추구했다. 오늘날까지도 "학문적 우수성과 실무 관련성에 대한 헌신"은 WBS의 모토이며, "혁신에 대한 의지"는 이들의 정체성으로 자리 잡았다.[76]

한편 SIBS는 대학이 국가적, 사회적, 산업적 요구에 적극적으로 대응하고 심지어는 그 환경을 일종의 기회로 활용하는 하나의 모범적 사례를 제공한다. 워릭은 그 설립 단계에서부터 산업학과 경영학을 가르치고 연구하는 일에 특화할 수 있다고 자신했고, 이러한 장담이 허언이 아니었음을 짧은 시간 안에 증명해냈다. 이 신흥 대학교는 자신이 가진 전문 지식의 산업 사회에서 갖는 의미를 인식할 수 있는 인력을 길러냈고, 이론과 실무를 겸비한 유연한 인재를 배출했다. 이러한 측면에서 워릭대학교가 그리고 WBS가 국가의 필요와 산업계의 요구에 성공적으로 부응했음을 부정하기는 어려울 것이다. 그러나 이 기관이 해당 지역의 기대와 수요를 얼마나 충족시켰는지 묻는다면, 긍정적인 답을 기대하기 어려워 보인다. WBS가 여전히 지역과의 연계성을 강

75) Patel, "Imagining the Role of the Student in Society," pp. 285-287.
76) https://www.wbs.ac.uk/about/history/ [Accessed on April 24, 2025]

조하고 지역 기업들의 자문 역할을 수행하고 그 인력의 재교육을 일부 담당하고는 있지만,[77] 중부지방의 산업을 되살릴 역군의 산실이 되지는 못했다. 워릭 졸업생 대다수는 10대 후반과 20대 초반을 중부지방에서 보낸 뒤, 런던을 포함하는 영국 남서부 지방으로 이동하여 직업인으로서의 삶을 시작했다.

3. 공학

일반적인 설명에 따르면, 1960년대 신흥 대학교의 등장은 영국의 고등교육이 오히려 과학에서 멀어지는 결과를 가져왔다. 애초에 이 새로운 기관의 설립을 가능하게 했던 주요 동력 가운데 하나가 일찌감치 꺼진 것이다. 실제로 대부분의 판유리 대학교에서 과학 관련 전공은 좋은 성적을 내지 못했다. 특히 학부 수준에서 이루어지는 기초 및 응용 과학 교육의 성과는 더욱 좋지 않았다.[78] 그러나 여기에서 살펴보는 워릭대학교의 사례는 이러한 일반론에서 벗어나 있다. 태생적으로 그것을 둘러싼 지역 및 산업과 높은 연관성을 갖고 있었던 워릭은 적어도 과학·기술 분야에서는 다른 신흥 대학교들과 상이한 경로를 밟아나갔고, 결국에는 이 분야의 교육과 연구에서 예외적인 성공 사례가 되었다.

과학·기술 분야에 대한 워릭의 높은 관심은 그 설립을 준비하던 단계에서부터 드러났다. APB는 인문학과 과학 분야의 균형을 중시하여, 학생 수의 절반은 문과에 나머지 절반은 이과에 배분하였다. 이는 해당 지역과 산업계의 공학(engineering science)에 대한 수요와 관심을 반영한 결정이었다.[79] 이는 물론 옥스브리지 방식의 엘리트주의를 표방했던 요크대학교 같은 곳에서는 상상도 할 수 없는 일이었다. 다만 워릭의 APB가 집중했던 과학·기술 분야가 구체적으로 무엇이었는지 확인할 필요가 있다. 이들은 철저히 학술

77) Bobe, “The University of Warwick and its Region,” p. 93.
78) Mandler, “The Utopian Universities in Historical Perspective,” pp. 376-377.
79) Patel, “Imagining the Role of the Student in Society,” p. 273.

적인(academic) '순수 공학(pure engineering science)'에만 관심을 두었으며, 산업 현장에 바로 적용할 수 있는 '기술'의 훈련에는 대체로 무관심하였다. 전자는 "기술과 공학이 얼마나 발전하는지와 상관없이 학생의 평생에 걸쳐 도움이 될" 일반적인 원리 원칙과 지식을 제공하지만, 후자는 짧은 시간 안에 변화하고 따라서 금방 도태되고 말 것이기 때문이다.[80] 같은 이유로 과학 교육 과정은 구체적인 지식을 전달하고 실제적인 문제를 다루는 것이 아니라, 원론적 법칙과 연구 방법론을 학습하고 적용하는 것에 초점을 두어야 했다.

그렇다고 워릭의 과학대학이 '응용' 공학 분야를 도외시했던 것은 아니다. 오히려 APB는 독창적인 방식으로 그 균형추를 맞추고자 했다. 코번트리에 위치한 과학·기술 전문 고등교육 기관인 랜체스터 기술 대학(Lanchester College of Technology)을 공학부의 일부로 흡수하려 했던 것이다. 여기에는 중복적인 자본 투입을 피하고자 하는 경제적 논리와 지역 기술 대학과의 마찰을 피하려는 계산이 함께 작용하였다.[81] ABP의 계획에 따르면 워릭대학교는 '순수' 공학에 해당하는 분야를 전공하는 교수진을 새롭게 확충하고 '응용' 공학 분야는 랜체스터가 이미 갖고 있는 교수진과 시설을 활용할 수 있을 것이었다. 그러나 일반 대학 교육과 기술 교육을 분리하는 이원적 체제를 고수하는 교육부와 UGC의 반대로 이 계획은 실현될 수 없었다. 이 결정은 워릭대학교의 APB에게 큰 좌절을 안겨주었고, 그 개교 준비 과정이 예상보다 길어지는 결과를 가져왔으며, 무엇보다 신생 공학부가 다소 기형적인 모습을 갖도록 만들었다.

1965년 개교 당시 과학 분야 학사위원회는 수학, 물리학, 공학, 분자과학, 총 4개의 전공을 포함하였다. 나머지 3개 학부와 마찬가지로, 공학부의 교육 목표는 전문적인 지식을 단순히 주입하는 것이 아니라 학생들이 "기본적인 과학 지식을 창의적으로 사용할 수 있는 능력"을 개발할 수 있도록 하는 것

80) Patel, "Midland Industrialist, Liberal Education and the University of Warwick," p. 249.
81) Agar, "Science and the New Universities," p. 130.

이었다.[82)] 이러한 분위기는 이 학부 최초의 교수로 임명되었던 아서 셔클리프(Arthur Shercliff)를 통해서도 확인할 수 있다. 그의 전공은 응용 수학이었고, 그가 생각하는 공학의 목표는 수학을 실제 사회에서 벌어지는 문제에 적용하고 수학의 통합적 기능을 사회의 맥락 안에 위치시키고 확인하는 것이었다. 그의 수업은 전문적인 지식을 가르치는 것보다 품성을 고양하고 사고방식을 개발하는 데 집중했다. 그는 학생들이 기본적 지식과 적극적 상상력이라는 바탕 위에 "자신만만하고 비판적이며 (...) 때로는 회의적인 태도"를 갖추어야 한다고 주장했다. 그리고 이를 위해서 좁은 전공에 매몰되지 말고 수학, 물리학, 공학, 컴퓨터, 경영학 등 폭넓은 지식을 두루 섭렵할 것을 권장했다. 그는 심지어 "특정한 기술의 영역에 곧장 진입하는 데 필요한 교육과 훈련을 원하는 학생이라면 워릭대학교가 아닌 다른 곳으로 가기를 권한다"고 말하기를 주저하지 않았다.[83)]

그러나 이 신생 공대는 산업과의 특별한 관계를 결코 놓치지 않았다. "그 지역의 자동차 산업에 대해서라면 할 말이 없었던" 셔클리프도, 이 학부의 장으로서, 산업계와의 연결 고리를 만들고 유지하는 일에는 열성을 보였다. 그는 학생들이 산업 현장에서 실습 기회를 가질 수 있는 '샌드위치 과정(sandwich courses)'을 개설했고, 실무에 종사하는 이들을 객원 교원으로 선발하여 강의와 연구 모두에서 이 인력을 적극적으로 활용하였다. 개교 첫해에는 자동차 산업 연구 협회(the Motor Industry Research Association), 셸(Shell) 등에서 파견된 4인이 공학부 초빙 교수로 근무했고, 1972년에 이르면 웰컴(Wellcome), 플레시스(Plesseys) 등의 회사들이 추가로 교수를 파견하여 초빙 교수의 숫자는 모두 11명으로 늘어났다. 학교는 이러한 '접촉'이 학생들을 산업계의 문제, 체계, 업무 태도 등에 노출시키는 효과가 있을 것이라고 기대했다.[84)] 이처럼 워릭 공대는 산업 현장에서 바로 사용할 수 있는 직

82) Patel, "Breadth, 'National Needs', and Reimagining the Role of the University," p. 21.

83) Patel, "Imagining the Role of the Student in Society," p. 284.

업 기술을 교육하는 일과는 확실히 거리를 두었지만, 졸업 후 산업계에 진입하게 될 학생들에게 원론적 지식과 합리적 사고 방식, 문제 해결 능력 등을 교육하고 나름의 방식으로 학생들의 직업 생활과 장래의 경력을 준비시키는 역할을 수행했다.

사실, 워릭대학교와 산업계와의 특별한 관계는 교육보다는 연구의 영역에서 두드러진다. 워릭에서 '대학과 기업의 협력' 그리고 '기술과 경영의 협력'는 단순한 수사를 넘어 일종의 정체성으로 자리 잡았는데, 이를 가장 단적으로 보여주는 것이 바로 '워릭 매뉴팩쳐링 그룹(Warwick Manufacturing Group, 이하 WMG)'이다. 이 산학 협력 연구소는 "학문의 관점이 아닌 기업의 관점에서 엔지니어링 문제를 다루고 (...) 통합적 관점에서 경영 전략을 수립하는 데 도움을 제공"하는 것을 목표로 1980년에 세워졌다. 특히 WMG가 레인지 로버, 롤스 로이스 등 지역의 업체들에 기술 및 경영 자문 서비스를 제공하게 됨에 따라, 코번트리를 비롯한 중부지방에 위치한 전통적인 제조업체들과 워릭대학교 사이의 친밀한 관계를 확인하고 그것을 강화하는 계기를 제공했다.[85] 이 기관은 또한 이 지역의 산업 현장에서 실무를 담당하는 엔지니어들에게 기술과 지식을 향상할 수 있는 파트타임 교육 기회를 제공했다. 오늘날에도 WMG는 세계적 수준의 제조 기술 연구소로서 높은 명성을 누리고 있으며, 무엇보다 "대학과 기업의 성공적 협업 모델을 제시"한 사례로 인정받고 있다.[86] WMG로 시작된 전통은 이후 워릭대학교가 국립 자동차 혁신 센터(National Automotive Innovation Centre), 영국 첨단 추진력 연구소(Advanced Propulsion Centre UK) 등 기술 연구 기관의 중심이 되도록 했다.

이처럼 워릭대학교 공대의 초기 역사는 이 고등교육 기관이 자신을 배태

---

84) Patel, "Imagining the Role of the Student in Society," pp. 283-285.

85) Bobe, "The University of Warwick and its Region," pp. 91-96.

86) David Morris(2019), "Toward a New Knowledge Economy?," in Begley et al. (eds.), *Revival of a City*, p. 252; T. Barnes, I, Pashby, and A. Gibbons (2002), "Effective University-Industry Interaction: A Multi-Case Evaluation of Collaborative R&D Projects," *European Management Journal* 20:3, pp. 272-273.

한 지역 및 산업과 연결된 줄을 끊어내지 않고 그 배경을 정체성의 일부로 받아들이는 데 성공했음을 보여준다. 또한 지역과 산업이, 더 나아가 국가와 사회가 대학에 기대했던 바에 나름의 방식으로 부응했음을 증명한다. 적어도 과학·기술의 분야에서 워릭은 고유의 목표 의식과 실행 방식을 통해 다른 신흥 대학교들이 거두지 못한 성과를 거둘 수 있었다.

Ⅵ. 나가며

올해로 워릭대학교는 개교 60주년을 맞이했다. 이를 기념하며 내건 "과거를 기리고, 현재를 축하하며, 미래를 향해 나아간다"는 표어가[87] 과하다고 느껴지지 않는 것은 워릭이 그 역사를 통해 보여준 저력과 그간 이룩한 성과 덕분일 것이다. 워릭은 1960년대 중반 잉글랜드의 신흥 대학교 가운데 하나로 출발하여, 20세기가 다 가기 전에 이미 기업가형 대학교의 세계적 성공 사례로 자리매김했다. 이 학교는 같은 시기에 출발한 학교들과 마찬가지로 전후 영국 사회라는 특수한 맥락, 특히 국가적 쇠퇴를 우려하고 이를 되돌리고자 하는 사회적 분위기 속에서 탄생했다. 동시에, 다른 신흥 대학교와 달리, 학교를 둘러싸고 있는 지리적, 경제적, 산업적 이해와의 긴밀한 관계 속에서 등장했고 그 영향력 안에서 성장했다. 워릭의 모습은 이처럼 특정한 국가적·지역적 요구에 의해 그리고 사회적·경제적 필요에 의해 결정되었다. 이러한 환경 속에서 워릭은 대학교의 본질을 유지하면서도 특유의 유연성와 혁신성을 발휘하였고 그 결과 단기간 내에 압축적인 성장과 괄목할 만한 성공을 이루어냈다. 이 사례는 대학이라는 전통적인 제도가 끊임없이 변화하는 환경 속에서 어떻게 지속될 수 있는지, 나아가 어떻게 변신하고 발전하며 고유의 목적을 달성할 수 있는지를 고민하는 기회를 제공한다.

---

87) https://warwick.ac.uk/about/60/ [Accessed on July 24, 2025]

【참고문헌】

Anderson, R.(2006). *British Universities Past and Present.* London: Hambledon Continuum.

Begley, J. et al.(2019). *Revival of a City: Coventry in a Globalising World.* Cham, Switzerland: Palgrave Macmillan.

Clark, B. R.(1998), *Creating Entrepreneurial Universities: Organizational Pathways of Transformation.* New York: Emerald Group Publishing Limited.

Committee on Higher Education(1963). *Higher Education: Report of the Committee Appointed by the Prime Minister under the Chairmanship of Lord Robbins 1961-63* (Cmnd. 2154). London: HMSO.

Hennessy, P.(2019). *Winds of Change: Britain in the Early Sixties.* Milton Keynes: Penguin.

Mandler, P.(2020). *The Crisis of the Meritocracy: Britain's Transition to Mass Education Since the Second World War.* Oxford: Oxford University Press.

Pellow, J, and Taylor M.(2020). *Utopian Universities: A Global History of the New Campuses of the 1960s.* London: Bloomsbury Academic.

Thompson E. P.(1970/2014). *Warwick University Ltd: Industry, Management and the Universities.* Nottingham: Penguin.

Agar, J.(2020), "Science and the New Universities," in Pellow, J, and Taylor M. (eds.). *Utopian Universities: A Global History of the New Campuses of the 1960s.* London: Bloomsbury Academic.

Anderson, R.(2017), "Writing University History in Great Britain, from the 1960s to the Present," *CIAN-Revista de Historia de las Universidades* 20:1.

Barnes, T., Pashby, I.. and Gibbons, A.(2002), "Effective University-Industry Interaction: A Multi-Case Evaluation of Collaborative R&D Projects," *European Management Journal* 20:3.

Bobe, M.(2002), "The University of Warwick and its Region: Deepening the Engagement," *Industry and Higher Education* 16:2.

Darley, G.(1991), "Visions, Prospects and Compromises," *Higher Education Quarterly* 45:4.

Donnelly, T.(2019), "Coventry: A Growing City," in Begley J. et al. (eds.). *Revival of a City: Coventry in a Globalising World.* Cham, Switzerland: Palgrave Macmillan.

Filippakou, O., and Tapper, T.(2016), "Policymaking and the Politics of Change in Higher Education: The New 1960s Universities in the UK, Then and Now," *London Review of Education* 14:1.

Griffiths, A. P.(1991), "The New Universities: The Humanities," *Higher Education Quarterly* 45:4.

Mandler, P.(2020), "Afterwards: The Utopian Universities in Historical Perspective," in Pellow, J. and Taylor M.(eds.). *Utopian Universities: A Global History of the New Campuses of the 1960s.* London: Bloomsbury Academic.

Morris, D.(2019), "Toward a New Knowledge Economy?," in Begley J. et al. (eds.). *Revival of a City: Coventry in a Globalising World.* Cham, Switzerland: Palgrave Macmillan.

Palfreyman, D.(1989), "The Warwick Way: A Case Study of Entrepreneurship within a University," *Entrepreneurship & Regional Development* 1.

Patel, J.(2021), "Imagining the Role of the Student in Society: Ideas of British Higher Education Policy and Pedagogy 1957-1972," Ph.D. Thesis: University of Warwick.

Patel, J.(2021), "Breadth, 'National Needs', and Reimagining the Role of the University in Society: The Early University of Warwick," *Exchanges: The Interdisciplinary Research Journal* 8:4.

Patel, J.(2023), "Midland Industrialist, Liberal Education and the Founding of the University of Warwick," *Midland History* 48:2.

Pellow, J.(2020), "The New British Campus Universities of the 1960s and their Localities: the Culture of Support and the Role of Philanthropy," in Pellow, J. and Taylor M.(eds.). *Utopian Universities: A Global History of the New Campuses of the 1960s.* London: Bloomsbury Academic.

Perkin, H.(1991), "Dream, Myth and Reality: New Universities in England, 1960-1990", *Higher Education Quarterly* 45:4.

Scott, J. C.(2006), "The Mission of the University: Medieval to Postmodern

Transformations," *The Journal of Higher Education* 77:1.

Shattock, M.(2010), "The Entrepreneurial University: An Idea for its Time," *London Review of Education* 8:3.

Tiratsoo, N.(1998), "Management Education in Postwar Britain," in Engwall, L, and Zamagni, V.(eds.). *Management Education in Historical Perspective.* Manchester: Manchester University Press.

Woodman, C.(2016), "Warwick University PLC: Neo-Liberalism, Authoritarianism and Resistance," *Prometheus* 34:1.

이내주(2007), 「1960년대 영국 고등교육의 발전: '신흥 대학교(New University)'를 중심으로」, 『영국 연구』 17, 영국사학회.

전통서원의 현대적 운명:
농남서원의 현대적 발전 경로와 교육 기능 재구성

웨이통량(魏同亮)·석달호

Ⅰ. 서언

중국의 서원은 전통 교육체계의 중요한 구성요소로서, 역사적으로 매우 중요한 지위를 차지해 왔다. 송대 이래로 성행한 서원은 관학이나 사숙과는 구별되는 독특한 교육 형태로 자리 잡았으며, 학술 연구·인재 양성·도덕 교화의 영역에서 핵심적인 역할을 수행하였다 서원은 유교사상 전파의 주요 매개체였을 뿐 아니라, 사대부들이 학문을 토론하고 수양하며 치학(治學)하는 중요한 장으로 기능하였고, 수많은 경세치용(經世致用)의 인재를 배출하여 중국사회 발전에 심대한 영향을 미쳤다.

근대에 접어들어, 사회의 격변과 서구문화의 충격에 직면하면서 전통서원 교육체계는 심대한 도전에 직면하였다. 특히 서북지역의 경우, 자연조건·민족구성·역사적 배경의 특수성으로 인해 서원교육의 전환과정은 한층 복잡하였다. 그 가운데 청대 감숙(甘肃)지역의 대표적 도립서원이었던 농남서원(陇南书院)은 독특한 사례를 제공한다. 이 서원은 전통서원에서 신식학당으로의 제도적 변혁을 거쳤을 뿐 아니라, 현대 감숙성 천수제1중학교(甘肃省天水市第一中学)로까지 이어지는 독특한 생명력을 지녔다. 이와 같은 명확한 제도적 전승 맥락은, 전통 교육기관이 근대화 과정 속에서 어떻게 지속적으로 적응하고 문화적 연속성을 확보했는지를 살필 수 있는 이상적 표본이라 할 수 있다.

최근 중국 사회에서 일고 있는 '서원부흥'의 열기는 전통문화 가치에 대한 재평가이자, 현대 교육 체제의 잠재적 결핍에 대한 반성일뿐 아니라,"중화 민족의 기본적 문화 유전자와 당대 문화의 조화, 현대 사회와의 조율"[1]을 모색하는 시도라 할 수 있다. 이러한 배경에서, 전통서원이 역사적 격류 속에서 어떻게 전환과 문화적 계승을 실현하였는지를 고찰하는 일은 민족 문화적 자부심을 고양하고 교육 개혁을 촉진하는데 중요한 현실적 의의를 지닌다. 농남서원의 전환 과정을 세밀히 분석함으로써, 전통문화 유전자가 현대 교육 속에서 어떻게 연속성과 혁신을 동시에 구현했는지를 밝히고, 오늘날 교육 실천에 역사적 지혜를 제공할 수 있다.

중국 서원에 관한 연구는 국내외 학계에서 풍부한 성과를 거두었다. 등홍파(邓洪波)등의 학자는 서원의 전체 역사·기능·지역적 차이를 총괄적으로 정리하여 연구의 거시적 틀을 구축하였다.[2] 기존 연구는 주로 청말민초의 '서원개제(書院改制)' 흐름에 초점을 맞추어, 전통서원이 신식학당으로 전환된 제도적 배경, 구체적 과정, 직면한 도전을 탐구하였다.[3] 연구에 따르면, 개혁은 서원·사묘의 공산(公産)을 신식학당으로 전환하는 과정에서 사회적 갈등과 권력 재편을 초래하였다.[4] 동시에 신식학당은 재정·사회적 인정 측면에서 난관에 봉착했으며, 전통 사숙체제는 심각한 압박과 주변화에 직면 하였다.[5]

---

1) 习近平：《建设社会主义文化强国着力提高国家文化软实力》, 2013年12月30日在十八届中央政治局第十二次集体学习时的讲话。
2) 详见, 熊欢欢、邓洪波：《2023年书院研究综述》,《南昌师范学院学报》2024年第6期；肖永明、刘艳伟：《新中国成立以来书院研究的梳理与反思》,《大学教育科学》2020年第3期；邓洪波、赵瑶杰、姚岳：《2012年书院研究综述》,《北京联合大学学报(人文社会科学版)》2013年第11期；等。
3) 详见, 杨杰：《晚清书院研究综述》,《太平天国及晚清社会研究》2021年第2辑。
4) 陈月圆、龙登高：《整合与承继：清末民间公产转型与新式教育体系的建构》,《清史研究》2022年第4期。
5) 蒋纯焦：《职业变迁与教育转型－从塾师阶层消失看中国基础教育现代化》,《华东师范大学学报(教育科学版)》2009年第3期。

최근 몇 년간 청 말기 서원 교육 전환에 관한 연구는 주로 강남(江南)·강절(江浙) 등 지역에 집중되어 있으며, 서북지역 서원교육에 대한 연구는 상대적으로 부족하다.[6] 현존문헌은 주로 서원의 교육내용, 교육과정, 과거제도의 변천에 주목해 왔으나, 서원이 지역사회에서 수행한 문화적 기능과 지방안정에 미친 영향에 대해서는 상대적으로 소홀하였다. 동시에, 전통문화의 부흥과 더불어 당대서원의 '부활' 현상 역시 주목을 끌고 있다. 예컨대 악록서원(岳麓書院)이나 홍콩신아서원(香港新亚书院) 등의 성공사례는 전통서원이 현대사회에서 어떻게 전환과 재생을 실현할 수 있는지를 보여준다. 이들은 단순한 공간 복원이 아니라 교육이념과 기능의 회귀와 혁신을 의미하며, 전통 형식과 내적 정신의 균형을 추구하였다고 강조 한다.[7] 반면, 일부 신설서원은 형식이 내용보다 앞서거나 교육 본질에서 벗어난 사례도 나타나, 정부의 효과적 지도와 관리가 필요하다는 지적도 있다. 현대의 서원제도는 위치설정· 관리체제· 교육내포 측면에서도 도전 과제를 안고 있으며, 일부대학에서는 서원을 명예학원으로 동일시하거나 학생관리와 교양강좌에만 치중하여 정예 인재양성과의 연계가 부족한 실정이다.[8]

비록 중국 서원의 역사·전환·현대적 발전에 관해 이미 다양한 논의를 연구 축적하였으나, 농남서원에 대한 체계적 연구는 여전히 부족하다. 기존 문헌은 농남서원의 창건·운영·지방 교육에 대한 영향과 현대 학교로의 변천을 언급하였지만,[9] 각 역사 단계에서 어떻게 연속성과 전승을 유지했는지에 대

6) 详见, 杨杰：《晚清书院研究综述》,《太平天国及晚清社会研究》2021年第2辑。
7) 详见, 夏金龙：《岳麓书院从传统书院到现代大学书院制的转型》,《中国民族》2023年第7期。
8) 贺梓秋：《回归教育、传播文化：让古老书院活在当下》,《光明日报》, 2018年12月08日04版。
9) 可参见, 陈尚敏：《陇南书院考述》,《档案》2022年第9期；毛珩宇：《陇南书院及其价值探析》,《陇东学院学报》2020年第3期；赵维玺：《湘军与甘肃书院的复兴－以陇南书院和甘州书院为例》,《青海民族大学学报(社会科学版)》2013年第4期；刘夏清：《陇南书院的创建及其对陇东南文化教育的影响》,《天水师范学院学报》2013年第4期；等。

한 일관된 서술은 부족하였다. 이에 본 연구는 농남서원을 구체적 사례로 삼아, 청대 창건 이래의 발전궤적을 체계적으로 정리하고, 농남서원이 지속적으로 존속할 수 있었던 내적 논리를 집중적으로 고찰하며, 청말민초 이후의 현대적 전환과정을 심층 분석하여 각 시기 문화적 계승방식을 탐구하고자 한다.[10] 이러한 연속성 있는 분석을 통해, 전통교육기관이 근대화의 흐름 속에서 어떻게 생명력을 이어가며 가치 재구성을 이루었는지를 밝히고, 중국 전통교육기관의 현대적 전환을 위한 실천적 시사점을 제시하고자 한다.

Ⅱ. 농남서원의 역사발전과 전통기능

1. 문창서원(文昌书院)의 연원과 초기교육 실천: 농남서원의 전신 고찰

농남서원은 돌연히 등장한 기관이 아니라, 청대 문창서원에 그 기원을 두고 있다. 문창서원은 처음 감숙성 민현[岷县, 옛명칭 민주(岷州)]에 설치되었는데, 당시 이곳은 궁친계도(巩秦阶道)의 도치 소재지였다. 문창서원의 창건 시기와 창건자에 대해서는 사료마다 다소 차이가 존재한다.

《광서민주속지채방록(光绪岷州续志采访录)에 따르면, 문창서원은 도광(道光) 초년 순도(巡道) 정덕윤(程德润)이 창립했다고 기록되어 있다. 반면《선통감숙신통지(宣统甘肃新通志)》56권《직관지(职官志)·대리전하(大吏传下)》의《정덕윤전(程德润传)은 더욱 구체적으로 정덕윤이 도광 15년[1835년] 도민도(洮岷道)로 부임한 후 문학 진흥에 힘쓰며 문창서원을 창립하고, 모금을 주도해 장학금을 증액시키며 경사서적을 구입해 학자들이 읽을 수 있도록 했다고 밝혔다. 또한 이 지서의《이유교전(李儒郊传)》에도 이유교(李儒郊)가 도광 16

10) 详见, 杨杰 :《晚清书院研究综述》,《太平天国及晚清社会研究》2021年第2辑。

년(1836년) 도민도로 부임해 우수매(牛树梅)를 주임강사로 초빙했다고 언급되어 있다. 우수도(牛树桃)의 《포형기략(胞兄纪略)에 따르면 우수매가 문창서원에서 주임강사를 맡은 기간은 도광 17년부터 19년까지 약 2년간 이었다.[11] 이러한 사료들을 종합해 볼 때 문창서원의 창립 시기는 도광 15년[1835년]으로 추정되며, 창립자는 정덕윤이지만 이우교와 엄량훈(严良训) 등 관료들도 그 발전에 크게 기여했다고 판단할 수 있다.

문창서원의 초기 교육 실천은 지역에 긍정적인 영향을 미쳤다. 이곳은 "19개 속주" 또는 "19개 주현" 출신의 사대부들을 유학하러 끌어들였다. 우수매가 주임강사 하던 시기, 그의 제자 왕정원(王正元)과 사배당(史培棠)은 향시에서 우수한 성적을 거두었으며, 통위(通渭)의 유병훈(刘炳勋)과 복강(伏羌)의 양윤중(杨允中), 이승원(李承元), 요경숭(姚景崇), 그리고 통위의 오중화(伍重华)는 "농상오준(陇上五俊)"으로 불리게 되었다.[12] 이는 문창서원이 지방 문풍을 진흥시키고 인재를 양성하는 데 중요한 역할을 했음을 보여주며, 특히 타주와 민주 등 소수민족이 밀집하고 문교가 상대적으로 뒤떨어진 지역에서 그 설립은 현지 문학 활동의 부흥을 촉진했다.

그러나 문창서원의 운명은 순탄치 않았다. 동치3년[1864년], 전란으로 인해 궁친계도 도서와 문창서원이 함께 소실되었다.[13] 이와 같은 외부의 정치·사회적 격변은 기관의 존속을 강제로 위협하였다. 이후 도서는 진주[秦州, 오늘날 감숙 천수시]로 옮겨졌고, 문창서원 역시 그에 따라 이전하여 새로운 재건의 길을 모색하게 되었다. 이는 전통사회에서 도교육기관이 외부환경의 급격한 변화에 적응해야만 생존할 수 있음을 잘 보여 준다. 전란 속에서도 교육의 불씨는 꺼지지 않고 새로운 터전에서 다시 타올랐으며, 이는 훗날 농남서원의 창립을 가능케 한 기반이 되었다.

---

11) 陈尚敏 :《陇南书院考述》,《档案》2022年第9期。
12) 陈尚敏 :《陇南书院考述》,《档案》2022年第9期。
13) 刘夏清 :《陇南书院的创建及其对陇东南文化教育的影响》,《天水师范学院学报》2013年第4期。

2. 농남서원의 창건·운영·학풍: 동문환(董文涣)과 임기창(任其昌) 부자의 공헌과 경세치용 학풍의 창도

농남서원의 정식 창건은 청대 지방관이 문교진흥을 적극 추진한 대표적 사례라 할 수 있다. 청대말기 중국의 서원제도는 전례 없는 제도적 위기에 직면하였다. 내우외환의 이중 압력속에서 전통교육 체계는 심대한 도전을 받았는데, 과거제도의 경직화로 인해 서원이 점차 "과거의 부속물"로 전락하며 주희가『백록동서원게시(白鹿洞书院揭示)』에서 천명한"명리수신(明理修身)"의 본래 취지에서 멀어졌다. 동시에 민족적 생존위기는 서학(西学)수용에 관한 격렬한 논의를 촉발시켰다. 강남지역과 달리, 서북지역의 서원은 내륙 깊숙한 지리적 조건, 취약한 관학 기반, 교육재정의 부족, 신학(新學)전파의 지연, 국방 압력 등 '실학 구국'이 지역 공동인식으로 자리 잡았다.

광서2년[1876년], 궁친계도 병비도(兵备道)로 있던 동문환[董文涣, 1833-1877]이 주도하여 농남서원을 창건하였다. 그는 문인으로 명성이 높았으며, 함풍6년[1856년]진사에 급제한 인물이었다. 그는 막대한 심혈을 기울이며 4만관이 넘는 자금을 투입해 서원을 건립하였고,[14]『헌초산방일기(岘樵山房日记)』에 그 창건 과정을 상세히 기록하였다. 창건과정은 험난했으나, 동문환은 완공된 농남서원에 큰 포부를 품었으며, 그의 시「농남서원낙성시동사제생(陇南书院落成示同舍诸生)에는 "강사실의 사방은 벽으로 둘러싸였고, 학재는 두 줄로 배치되었다. 백여명을 수용할 수 있으며, 동서로 구분되어 배치되었다."라는 구절로 서원의 규모와 면모를 묘사하였다.[15]

서원 낙성 후 동문환은 즉시 진주의 저명한 대유학자 임기창[任其昌, 830-1900]을 초빙해 초대 산장(山长)으로 임명하고, 그에게 큰 기대를 걸었다.

임기창은 과거 동치4년[1865년] 진사에 급제한 인물로, 후일 관직을 사직

---

14) 天水市政协文史资料委员会编,《陇南书院》, 兰州: 甘肃文化出版社, 2017年版。
15) 毛珩宇 :《陇南书院及其价值探析》,《陇东学院学报》2020年第3期。

한 뒤 고향으로 돌아와 교육과 공익활동에 헌신하였다. 그는 제자들에게 몸소 모범을 보이며 인성에 맞춘 교육을 시행하여 진주지역학풍을 크게 변화시켰다. 그의 문하에서 수학한 제자는 천명에 달했고, 이 가운데80~90명이 진사나 향시에 급제하여 그는 "농남문종(陇南文宗)"으로 칭송받았다.

그의 아들 임승윤[任承允, 1864~1934] 또한 광서20년[1894년] 진사에 급제하였으며, 부친 사후 서원의 산장을 계승하였다.[16]

이처럼 농남서원의 학문적 성취는 임기창 부자의 탁월한 지도와 교육덕분에 크게 고양되었다. 이는 서원의 성패가 핵심적 지도자, 즉 산장의 학덕과 교육역량에 크게 의존했음을 잘 보여준다. 이러한 개인적 학문적 권위와 인격적 소양을 중심으로 한 운영방식은 현대학교의 제도화·표준화된 관리방식과 뚜렷이 구별되는 특징이다.

농남서원은 교육 이념에 있어서 "지육(智育)과 덕육(德育)을 다같이 중요시 한다"는 교육 철학을 견지하며, "관직에 뛰어들지 않고, 허영을 추구하지 않으며, 오직 학문을 중시하고 재능을 진정으로 존중한다"는 주장을 펼쳤다.[17] 학생들의 능력 배양을 중시하며 "경전(經典) 연구와 실무 처리를 병행한다"는 학풍과 "경세(經世)적 실용"을 명확히 주창했다.[18] 동문환(董文渙)은 《창건농남서원기(创建陇南书院记)》와 《농남서원낙성시동사제생(陇南书院落成示同舍诸生)》에서 이 목적을 반복해서 강조하며, 학생들에게 경전 연구뿐만 아니라 실제 사무에 관심을 두고 학문을 실천에 활용하도록 격려했다.[19] 광서 11년[1885년], 당시 공진계도(巩秦阶道)였던 요협찬(姚协赞)도 학자들에게

16) 刘夏清 :《陇南书院的创建及其对陇东南文化教育的影响》,《天水师范学院学报》2013年第4期。
17) 刘夏清 :《陇南书院的创建及其对陇东南文化教育的影响》,《天水师范学院学报》2013年第4期。
18) 刘夏清 :《陇南书院的创建及其对陇东南文化教育的影响》,《天水师范学院学报》2013年第4期。
19) 刘夏清 :《陇南书院的创建及其对陇东南文化教育的影响》,《天水师范学院学报》2013年第4期。

경계(警戒)를 주며 "품성(品性)을 세워 기반을 확립 한다", "경전을 깊이 연구하여 쓰임새를 넓혀야 한다", "역사를 읽어 견식을 넓혀야 한다", "고대의 풍속을 널리 익혀 예술을 익혀야한다"는 학습 원칙을 제시했으며, "문행(文行)을 교차하여 수련하고, 화려함과 실질을 함께 갖추라"는 점을 강조했다.[20)]

이러한 경세치용(經世致用) 이념에 대한 지속적인 강조는 농남서원의 기초적이고 연속적인 교육 철학이다. 또한 서원은 학생들의 학문 태도에 높은 요구를 제기하며, 시간을 낭비하는 것을 용납하지 않았다. 임기창은 학문 연구에 있어 먼저 경사(經史)를 배우고, 곁에 고문사(古文辭)를 접하며, 몸소 실천을 근본으로 삼는 것을 강조했다. 요협찬은 서원 제도를 더욱 완성시켜 경학(經學) 연구, 학문, 광범위한 서적 읽기에 대한 구체적인 요구를 제시했으며, 급진적 사고를 가진 독서 풍조를 반대하고 시무학(時務之學)을 중시하여 학생들이 시사에 관심을 갖고 사회를 이해하도록 요구했다. 심지어 학생들에게 저보(邸报)를 필독과목으로 지정하여 시사에 대한 관심을 독려하였다.[21)]

서원은 단순한 학문적 추구에 그치지 않고 당시 사회가 요구하는 능력 있는 관리 인재를 양성하는 직접적인 응답이었으며, 서원 교육과 사회적 실질적 수요의 높은 부합을 보여주었다. 이러한 학문과 실천을 결합한 교육 방향은 그 자체로 청나라 배경에서 '시대와 보조를 맞추는' 모습을 보여주었으니, 즉 교육을 통해 실제 문제를 해결하고 사회에 기여할 수 있는 인재를 양성하는 것이었다. 이러한 실용적인 교육 이념은 불안한 변화의 시대 속에서도 농남서원의 생명력을 유지할 수 있는 내재적 동력을 제공했다.

주목할 점은 서원의 시대적 변화가 지역적 적응성에서도 드러난다는 것이다. 1904년 청나라 조정의 개혁 조령이 도달했을 때, 서원은 동남 모델을 전면적으로 복제하지 않고 점진적 개혁을 채택했다. 먼저 이름을 "감남중학당"으로 변경하면서 경학 기반을 유지하는 동시에 수학, 물리, 화학 등의 자

20) 陈尚敏 :《陇南书院考述》,《档案》2022年第9期。

21) 赵维玺 :《湘军与甘肃书院的复兴 - 以陇南书院和甘州书院为例》,《青海民族大学学报(社会科学版)》2013年第4期。

연과학 실용적인 과목을 추가했다.[22] 이러한 단계적 조정은 국가 교육의 근대화 요구에 부응하는 동시에 서북 지역 사회 변혁의 점진적 특성을 고려함으로써, 그 발전과 전승을 더욱 원활히 할 수 있는 조건을 마련했다.

3. 농남서원의 지역 교육 중심지로서의 위상: 동남지역 인재 육성과 문풍 진흥에 미친 영향

도립서원인 농남서원은 오늘날의 감숙(甘肃) 천수(天水), 농남(陇南) 및 정서(定西) 일부 지역, 즉 이른바 '삼군(三郡)'의 선비들을 대상으로 했다.[23] 진주에 설립된 이 서원은 해당 지역의 교육 수준과 인재 양성에 큰 기여를 했다. 농남서원이 설립되기 전까지 진주의 과거 성적은 두드러지지 않았다. 그러나 농남서원의 설립은 이러한 상황을 완전히 바꾸어 놓았다. 광서 6년[1880년]과 광서 12년[1886년] 두 차례에 걸친 회시에서 진주에서 총 8명의 진사가 합격했는데, 이는 변방의 작은 주에 전국적인 기적으로 평가받았다. 통계에 따르면, 농남서원에서 배출한 학생 중 진사(进士)와 거인[举人, 향시에 합격 한 사람]에 합격한 이는 80~90명에 이른다.

〈표 1〉 청대 진주 진사, 거인 시간분포

공명/시기	顺治	康雍乾	嘉庆	道光	咸丰	同治	光绪	合计
进士	1			1	4	15	21	41
举人	24	8	4	9	8	8	67	110

청대 진주 진사, 거인의 시간 분포를 보여주었는데, 그 속에 농남서원 성립 후 현지 과거 인재 양성에 대한 현저한 추진 작용을 뚜렷하게 볼 수 있다.

표에서 볼 수 있듯이, 광서 연간 동안 진주의 진사와 거인 합격자 수가

22) 《陇南书院：沉寂之后焕新颜》, 秦州区政府网, http://m.tianzhishui.com/article/17812, 查询时间：2025年6月17日。

23) 毛珩宇：《陇南书院及其价值探析》,《陇东学院学报》2020年第3期。

급증하는 양상을 보였다. 이는 농남서원의 활약 시기와 일치하며, 지역 교육 시설로서 인재 양성에 많은 공헌을 하였음을 증명하였다.

농남서원은 대량의 걸출한 인재를 배출하였는데 그들은 다양한 분야에서 중요한 역할을 발휘하였다.

예를 들면: 유영형[刘永亨, 850-1906년]은 광서3년[1877년] 진사에 합격하여 청렴한 관료로 예부시랑(礼部侍郎), 공부시랑(工部侍郎)을 공직하였다.

장세영[张世英, 1843-1915년]은 광서6년[1880년]에 진사에 합격하여 교육을 통한 국가 구원에 힘썼으며, 부임 하는 곳마다 학교를 운영하여 채원배(蔡元培)로부터 "위대하고 걸출한 청말 민족 교육가"라는 찬사를 받았다.

하예[哈锐, 1862-1932년]는 광서18년[1892년] 진사에 합격하고 병성양회주식유한공사(炳兴火柴股份有限公司)를 설립하고 농동남 지역 민영 공업의 선구자가 되었으며 "감숙의 장건(张謇)"으로 불렸다.

진양원[陈养源, 1865-1905년]은 광서27년[1901년] 진사로 합격 한 후 상해(上海)에서 경금서국(竟今书局)을 설립하고 진보사상을 선전하였으며, 이는 신학문을 진주에 처음 도입한 인물로 평가되였다.[24)]

이런 사례들은 농남서원이 단순히 지역의 과거 합격률을 높인 데 거치지 않고, 덕행과 실력을 겸비한 실용 인재를 대량으로 양성하고, 사회적 책임감과 혁신 정신을 갖춘 다원화된 인재를 키워냈음을 분명히 보여준다. 이를 통해 농남서원은 농동남 지역 문화 부흥의 상징이 되었으며, 지역의 학풍과 선비 문화의 변혁 및 문화 교육의 번영에 두드러지게 기여했다.

4. 전통 서원 교육 기능과 제사 활동: 도덕 교화, 학파 응집과 문화 전파에서의 작용

전통 서원의 교육 기능은 다차원적이며. 그 핵심은 '전도제민(传道济民)'과

24) 陈尚敏 :《陇南书院考述》,《档案》2022年第9期。

‘경세치용(经世致用)’에 있다. 개인의 수양과 학문적 역량을 강조하고 사회에 기여할 인재를 양성하는 것을 목표로 하였다.[25] 일상적인 강학 수업뿐만 아니라 제사 활동은 서원 교육에서 없어서는 안 될 중요한 구성 부분으로 서원의 3대 사업 중 하나로 불렸다. 서원의 학궁(学宫)은 교육 공간이자 제사 공간이었으며, 교육과 제사를 모두 중시하였다. 이를 통해 선비들은 석전의 예를 행함으로써 성현에 가까이 다가가고, 그 과정을 통해 은연중에 자신의 기질과 품성을 함양하고자 하였다.

서원의 제사 활동은 오랜 발전과 변화를 거쳐 왔다. 서주시기(西周时期)의 학교 제사 활동에서 시작하여, 한대(汉代) 원제(元帝)가 공자(孔子)의 후예인 공패(孔霸)를 불러 공자를 제사하게 한 것을 거쳐, 북송(北宋)시대 악록서원(岳麓书院)에서 정식으로 제도화되면서 제사는 점차 서원의 상징적 특징으로 자리 잡았다. 남송(南宋) 시기에 이르러 서원의 제사 대상은 공자와 선유(先儒)만을 모시는 것에서 각 학파의 선현(先贤)을 모시는 방향으로 전환되었으며, 이는 서원의 학문적 계보와 학파를 확립하는 데 기여했다. 원대(元代) 때 서원이 관학화 되면서 공자 제사는 필수 과목이 되었지만, 동시에 제사 대상도 점점 다양해지고 복잡해졌다. 명청(明清) 시기에는 과거 제도가 크게 성행함에 따라 서원에서 문창제군(文昌帝君)을 제사하는 풍조가 유행했으며, 이는 심지어 과거 기능을 강화하는 수단이 되기도 했다. 청나라 조정은 문창신앙을 국가 제사 의전에 포함시켜 그 신앙을 절정에 달하게 했고, 이로 인해 거의 모든 서원에 문창묘(文昌庙)가 세워지는 현상이 나타났다.[26]

서원의 제사는 일반적으로 공묘(孔廟), 대성전(大成殿), 문창각(文昌閣) 또는 장서루(藏書樓) 등에서 거행되었으며 엄격한 규정이 따랐다. 제사 대상은 주로 위대한 스승, 지역의 현인(鄉賢), 학문적으로 명성이 높은 유학자(名儒), 그리고 지방 관료 등을 포함했다. 이러한 제사 활동은 다음과 같은 다중 교

25) 郭艳琳、陆俊 :《古代书院祭祀文化中的中国尊师传统》,《思想政治课教学》2020年第1期。
26) 左伟、王红 :《古代书院祭祀的发展变迁与教育意涵》,《教育研究与实验》2016年第5期。

육적 의미를 담고 있다.

첫째, 제사는 도덕 교화를 실시하는 중요한 형식이었다. 선성(先聖)과 선현(先賢)을 공경히 모심으로써 도덕적 귀감을 세우고, 학자들로 하여금 '어진 이를 보고 그를 따르려 노력하게(見賢思齊)' 하여 무의식중에 덕성을 함양하고 성현이 되고자 하는 뜻을 느끼게 했다. 이러한 귀감 교육은 책 속의 인물을 생생하게 만들어 학자들과 선현 사이의 심적 거리를 좁혀주었다.

둘째, 제사는 학파 내부의 결속력을 강화하는 데 도움이 되었다. 서원은 흔히 학파별로 구분되었는데, 자신의 학파 종사를 제사함으로써 학파 내부의 학술적 연대를 공고히 하고, 사생들의 단합을 증진시키며, 학파에 대한 정체감을 강화할 수 있었다. 예를 들어, 주희(朱熹)가 백록동서원(白鹿洞书院)에서 주돈이(周敦颐), 정호, 정이(二程) 형제 등을 제사한 것은 주자학파(朱子学派)의 전승 계보를 강화하는 역할을 했다.[27]

셋째, 제사는 문화 전파의 생동감 있는 형식이었다. 이는 관방 유학의 제사 형식을 흡수하면서도 시대적 문화를 융합하고, 새로운 학파, 새로운 사상, 새로운 인물을 수용하는 데 주력했다. 엄숙하고 신성한 제사 의례를 통해 학자들에게 유교 예절의 과정을 보여주고, 유교가 문장(文章)과 문자(文字)를 중시하는 전통을 보급하며, 글자를 사랑하고 책을 아끼며 성현의 도를 중시하는 유교 교의를 내면화하게 했다. 이러한 대중성과 강력한 시각적 효과는 문자 전파의 한계를 뛰어넘어 문화 발전과 유학 이론의 보급에 있어서 대체 불가능한 역할을 했다.

서원 제사의 기능은 초기 순수한 정신적·의례적 행위에서 점차 더 실질적인 교육 및 사회 정치적 기능으로 발전하였으며, 특히 학문적 정체성 강화와 과거 합격 지원 측면에서 뚜렷한 적응력을 보여주었다. 이러한 변화는 전통 기관이 끊임없이 변화하는 사회적 요구에 직면했을 때, 내부 관행을 조정하여 자신의 관련성을 유지하는 방법을 보여준다. 더 나아가 '묘학화(廟學

27) 肖永明、戴书宏：《书院祭祀与时代学术风尚的变迁》，《东南学术》2011年第6期。

化)' 과정과 제사 활동의 통합은 교육 사명에서 벗어난 것이 아니라, 교육에 신성함을 부여하고 도덕적 귀감을 제공하며 공동체 소속감을 조성함으로써 서원의 교육 기능을 강화하는 방식이었다. 이는 서원의 교육 기능으로 회귀하는 것이 겉으로는 비학문적이거나 의례적으로 보일 수 있는 요소들을 재통합함을 의미할 수 있음을 시사한다. 왜냐하면 이러한 요소들이 역사적으로 학생들의 전인적 발전을 효과적으로 지원했기 때문이다. 전통 교육 모델에 대한 이러한 깊이 있는 이해는 현대 교육이 역사적 지혜를 활용하여 덕행과 재능을 겸비한 인재를 양성하는 데 중요한 시사점을 제공한다.

Ⅲ. 농남서원의 현대적 전환과 기능 변천

1. 청말 서원 개혁 물결 아래 제도 변화: 전통 서원에서 신식 학당으로의 전환 배경과 과정

청나라 말기, 내우외환과 서양 열강의 충격에 직면하여 청 정부는 교육 현대화의 시급함을 인지하고 전국적인 규모의 교육 개혁 물결을 일으켰다. 이 개혁은 서양의 교육 모델을 참조하여 근대 사회 발전 요구에 부응하는 새로운 형태의 인재를 양성하는 것을 목표로 했다.

광서27년[1901년], 청 조정은 유명한 '계묘학제(癸卯学制)'를 공포하며 서원 개혁에 관한 조서를 내려 전국 각 성의 서원을 일률적으로 새로운 형태의 학당으로 개편할 것을 요구했다. 구체적으로 "성의 서원은 대학당으로, 각 부 및 직할주의 서원은 중학당으로, 각 주와 현의 서원은 소학당으로 개편한다"고 규정했다.[28] 이러한 위에서 아래로 시행된 강제적 개혁은 중국 전통 서원 교육 체제의 종말을 의미함과 동시에 현대 학교 제도의 전면적 설립을

28) 舒新城：《中国近代教育史资料(上册)》, 北京：人民教育出版社, 1961年版, 第416页。

알리는 것이었다.

농남서원 또한 이번 개혁 물결 속에서 제도적 변환을 이루었다. 28년간의 운영을 마친 후, 농남서원은 광서30년(1904년)에 폐지되고 감남중학당(甘南中学堂)으로 개편되었다.[29] 이 조치로 인해 하나의 전통적인 도립 서원이 현대적 의미의 중등학교로 공식적으로 탈바꿈하게 되었다.

그러나 서원 개편은 순탄치만은 않았으며, 수많은 도전과 갈등을 동반했다. 그중 가장 두드러진 문제는 서원과 사묘 재산을 포함한 공유 재산이 새로운 형태의 학당으로 이관되는 과정이었다. 이 과정은 종종 지방 사회의 갈등과 소송을 불러일으켜, 공유 재산의 유실과 훼손을 초래했으며 지역 사회의 권력 구조를 변화시켰다. 새로운 학당은 설립 초기 재정적 어려움에 직면했을 뿐만 아니라, 졸업생들이 사회에서 아직 광범위한 인정을 받지 못해 교육성과에 대한 의문이 제기되기도 했다. 동시에 전통적인 사숙 체계도 새로운 교육 제도의 격렬한 충격을 받아 그 수가 급감하였고, 숙사 계층은 빠르게 주변화 되었다.

1901년의 서원 개편 조서는 비록 교육 현대화를 추진하려는 의도를 지녔지만, 그 강제적이고 위에서 아래로 시행되는 특성으로 인해 전통 교육 기관에 거대한 체계적 혼란을 초래했다. 이러한 개혁 방식은 일정 부분 전통 서원이 지방 사회에서 오랜 시간에 걸쳐 형성해 온 제도적 완결성과 사회 구조를 간과하였으며, 이로 인해 '시대에 발맞춤'이라는 과정 자체가 도전으로 가득 찼다. 외부의 힘에 의해 강요된 이러한 변화는 비록 그 목표가 진보적이었더라도, 실행 방식 때문에 예상치 못한 부정적 결과를 낳을 수 있으며, 심지어 기관 본래의 정체성 훼손과 상실까지 초래할 수 있었다. 이는 기관 변혁 과정에 내재된 복잡성을 이해하는 데 중요한 시사점을 제공한다.

29) 陈尚敏 :《陇南书院考述》,《档案》2022年第9期 。

2. 농남서원에서 현대학교로의 변화 경로

농남서원은 청말 개편 이후 그대로 사라진 것은 아니다. 새로운 기관 형태로 교육 사명을 이어갔으며, 최종적으로는 오늘날의 감숙성 천수시 제1중학교로 발전하였다. 그 변화 궤적은 분명하며, 명칭과 성격의 변천은 중국 근대 교육 발전의 축소판을 보여주고 있다.

1) 기관 연혁과 명칭 변천

〈표 2〉 농남서원에서 천수시 제1중학교 역사 연혁

연도	개칭명	주요사건/변화내용
1876	陇南书院	由董文涣创建，道立书院，强调"经世致用"
1904	甘南中学堂	清末书院改制，保留国学并引入现代科学文化知识
1914	甘肃省立第三中学	民国时期，课程更新，成为现代意义上的新学
1933	甘肃省立陇南中学	甘肃省立第三中学与第六师范学校合并 11
1936	甘肃省立天水中学	学校改制后定名
1939	甘肃省立天水中学(设高中部)	成立高中部，成为陇东南唯一的完全中学
1958	甘肃省天水第一中学	更名，成为省级重点中学
1978	甘肃省天水市第一中学	更名，沿用至今
1992	天水市第一中学(完全高级中学)	停止初中招生，转为完全高级中学
2000	天水市第一中学(省级示范性普通高中)	首批通过评估验收，成为省级示范性普通高中

2) 학교 운영 이념과 교육 모델의 전환

농남서원은 전환 과정에서 교육 기능의 위치도 함께 조정되었다. 처음에 감남중학당은 기존의 국학(國學)을 유지하는 기반 위에서 현대 과학 문화 지식을 전파하기 시작했다. 이는 교육 내용이 단일한 유학 경전에서 다원화된 현대 학문으로 확장되는 중요한 지표였다.

오늘날의 천수시 제1중학교는 농남서원의 직계 기관 계승자로서, 그 운영 실천이 "시대에 부합하며(與時俱進)" "교육 본연의 기능으로 회귀"하는 이념을 충분히 구현하고 있다. 시대 부합 측면에서는 국가 교육 개혁에 적극 호응하여 '3신(三新)' 교과과정 개혁[새로운 교육과정 기준, 새로운 대입제도, 새로운 교재]을 심화하고, '쌍사제(雙師制)' 교육 모델과 '학습 공동체' 교수법 같은 혁신적 인재 양성 방식을 탐구하고 있다. '교육 본연 기능 회귀' 측면에서는 학생들의 핵심 역량과 전인적 성장을 강조하며, 도덕 교육[감숙성 '도육 6성급 학교' 선정], 예술, 과학, 체육 및 심리 안정 교육을 중시하고 다양한 학교 문화 활동을 조직하고 있다. 이러한 전인교육에 대한 강조는 농남서원 초기 '경세치용(經世致用)'과 인격 함양 이념과 맥을 같이하며, 전통 교육 가치가 현대적 맥락에서 어떻게 계승 발전되고 있는지를 생생히 보여주고 있다.

3. 전환기 교육 기능의 재정립: 유학 경전에서 현대 과학 문화 지식의 도입과 융합

농남서원이 현대 학교로 전환되는 과정에서 그 교육 기능과 방향성이 뚜렷하게 재정립되었으며, 이는 교육 내용이 유학 경전 중심에서 현대 과학 문화 지식의 도입과 융합으로 전환된 것에서 핵심적으로 드러난다.

청말 개혁 초기, 농남서원이 감남중학당으로 바뀌었을 때 그 설립 취지에는 기존 국학(國學)을 유지하는 동시에 현대 과학 문화 지식을 본격적으로 전파한다는 점이 명확히 명시되었다. 이러한 변화는 당시 중국 교육 현대화의 필연적인 흐름이었으며, 서양의 과학 기술과 사상을 도입하여 국가 위기에 대처할 수 있는 실용 인재를 양성하려는 목표를 지녔다. 이처럼 교육 내용이 확장되면서 학교는 더 이상 유가 경전을 연마하는 공간에 머물지 않고, 중·서양 문화가 교류하고 옛것과 새것이 공존하는 플랫폼으로 변모하였다.

비록 교육 내용에 거대한 변화가 있었지만, 농남서원의 계승자인 천수시 제1중학교는 현대 과학 문화를 수용하는 동시에 전통 교육의 정수를 완전히 버리지 않았다. 학교는 새로운 교육과정과 대입제도 개혁을 시행하면서도 여전히 학생들의 '핵심 역량'과 '다양한 발전'을 강조하고 있다. 이는 전통 서원이 지녔던 '문장(文章)과 실천(實踐)을 함께 닦고, 화려함과 실질을 함께 갖춘다'는 이념과 궤를 같이한다. 예를 들어, 학교의 도덕 교육, 예술, 체육, 심리안정 교육에 대한 투자와 다양한 학교 문화 활동은 모두 단순한 학업 성적 추구가 아닌 학생들의 전인적 발전을 목표로 한다. 이러한 교육 모델의 지속은 농남서원의 교육 유산이 현대 학교 안에서 창의적으로 변용되고 계승되고 있음을 보여준다.

천수시 제1중학교는 농남서원의 직계 기관 계승자로서, 새로운 교육과정·새로운 대학입시제도·인공지능 등 기술의 교육 적용과 같은 현대 교육 개혁에 적극적으로 적응해나가고 있다. 이는 바로 '시대와 함께 나아간다(與時俱進)'는 정신의 구현이다. 동시에 학교가 도덕 교육, 핵심 역량, 학생의 전인적 발전에 부여하는 중요성은 '교육 본질 기능으로의 회귀', 즉 서원 교육이 지향하던 인성 함양과 전인 교육이라는 핵심 가치로 돌아가려는 지향성을 보여준다. 이러한 구조와 내용 측면에서 시대적 요구에 끊임없이 적응하면서도, 정신과 목표 측면에서는 교육 본연의 사명을 견지하는 능력이 바로 농남서원과 그 계승 기관이 오랜 시간 생명력을 유지하며 지속적으로 영향력을 발휘할 수 있었던 핵심 비결이다. 이러한 전통과 현대를 융합한 교육 실천은 오늘날 중국 교육 개혁에 귀중한 교훈을 제공한다. 즉, 현대화 과정에서 어떻게 전통의 뿌리를 잃지 않으면서도 시대의 변화에 적응할 수 있을지에 대한 해답을 보여주고 있다.

Ⅳ. 농남서원의 오늘날까지 보존된 내재적 논리

농남서원이 백여 년의 풍상을 겪으며 청대 서원에서 현대 중학교로 성공적으로 변모하고, 그 교육 기능을 지속적으로 발휘할 수 있었던 근본 원인은 시대와 함께 발전하는 능력과 서원 교육 본질 회귀에 대한 확고한 신념에 있다.

1. 시대와 함께 발전하는 적응성

농남서원의 생명력은 먼저 각 시대별 사회적 요구에 대한 예리한 대응과 교육 내용 및 방식의 지속적인 혁신에서 드러났다.

청대 농남서원의 설립 자체가 당시 사회적 필요에 대한 적극적인 응답이었다. 문창서원이 동치3년[1864년] 전란으로 소실된 후, 동문환이 진주에 신속히 재건하고 농남서원으로 개명한 사실은 이러한 외부 충격 속에서도 빠르게 조정하여 기관을 재설립 했던 초기 적응 능력을 보여준다. 더욱 중요한 것은, 농남서원이 설립 초기부터 "경학 연구와 실무 능력을 함께 중시(治經與治事並舉)"하고 "실천적 효용성(經世致用)"을 강조하는 학풍을 명확히 표방했다는 점이다. 이 이념은 청대의 맥락에서 능력과 책임감을 갖춘 관료에 대한 사회적 필요에 대한 직접적인 대응이었다. 이는 단순한 과거 공부의 실용주의를 넘어, 배운 것을 실천에 옮겨 실제 문제를 해결하고 사회에 기여할 인재를 양성하는 데 중점을 두었다. 이는 당시로서는 선견지명이 담긴 '시대를 앞서가는(與時俱進)' 태도였으며, 서원 교육이 국가 통치와 지역 발전에 긴밀히 연계될 수 있게 하였다.

청말 민초 교육 개혁기로 접어들며, 농남서원은 다시 한번 뛰어난 적응력을 발휘했다. 1901년 청나라 조정이 내린 서원 개편 칙령에 따라 농남서원은 1904년 시대 흐름에 발맞춰 감남중학당으로 전환되었다. 이 전환이 위에서 아래로 진행된 강제 개혁이었고 공공 재산 이관 등 여러 사회적 갈등을 동반했지만, 농남서원의 기관 실체는 새로운 형태로 유지되며 운영을 지속할 수 있었다. 이때부터 현대 과학 문화 지식을 도입하기 시작하며 단일 유학 경전 교육 모델에서 점차 벗어났다. 이러한 제도적 신속 대응을 통해 농남서원의 교육 기능은 새로운 시대적 배경 아래에서도 지속될 수 있었다.

현대에 이르러 농남서원의 계승자인 천수시 제일중학교는 '시대와 함께 나아간다(與時俱進)'는 이념을 극대화하고 있다. 학교는 새로운 대입제도 개혁에 적극 대응하며 '3신(三新) 개혁'[새 교육과정 기준·새 대입제도·새 교과서]을 심화하고, '쌍교사 제도(雙師制)' 수업 모델과 '학습 공동체' 같은 혁신적 교수법을 탐구하고 있다. 또한 과학 기술 발전을 적극 수용하여 '천수시 캠퍼스 과학관'과 '전국 청소년 인공지능 혁신 실천 활동', '4성 우수(四星卓越)' 등 지정을 받으며, 교육 과정과 내용에 현대 과학 기술을 깊이 통합하고 있음을 입증했다. 이러한 지속적인 교육 과정과 수업 개혁은 현대 교육 체제 내에서 학교의 선도적 위치와 경쟁력을 확고히 하고 있다.

다른 성공적으로 전환된 서원 사례와 비교해 볼 때, 농남서원의 사례도 공통점을 지니고 있다. 예를 들어, 악록서원은 개혁개방 이후 여러 차례의 복원을 통해 물리적 공간을 회복했을 뿐만 아니라, 학술 연구, 인재 양성, 문화 교류 등 핵심 기능을 회복하는 데 중점을 두고 현대 관광업에 적극적으로 참여하여 문화 교육의 회귀와 시대와 함께 발전을 유기적으로 결합시켰다. 홍콩의 신아서원은 역사학자 첸무(錢穆) 등이 1940년대 말에 설립하여 새로운 역사적 시기에 중화 전통 문화를 전승하고자 했으며, 결국 홍콩 중문대학의 창립 서원 중 하나가 되었다. 이러한 사례들은 성공적인 전환을 위해서는 기관이 자신의 핵심 가치를 유지하는 동시에 시대적 변화를 적극적으로 수용하고 새로운 발전 경로를 모색해야 함을 보여준다.

그러나 경계해야 할 점은, 모든 현대 서원의 부흥이 진정으로 시대와 함께 발전하고 교육 기능으로의 회귀를 이루지는 못했다는 것이다. 일부 신설 서원들은 단순히 물리적 형태의 복원에 그치거나, 국학을 피상적으로 교육과정에 포함시키는 데 그쳐 교육의 본질에서 벗어나고, 심지어 체계적인 관리 시스템조차 갖추지 못하는 경우도 있다. 이는 진정한 시대와 함께 발전이 단순한 형태의 모방이나 표면적인 개혁이 아니라, 시대적 요구를 깊이 있게 이해하고 교육 이념, 내용 및 방식에서 깊이 있고 의미 있는 혁신을 필요로 함을 시사한다.

2. 서원 교육 기능으로의 회귀와 고수

시대와 함께 발전하는 적응성 외에도, 농남서원이 오래도록 존속할 수 있었던 또 다른 핵심 요소는 바로 서원 교육 기능으로의 회귀에 대한 확고한 지킴에 있다. 여기서 회귀란 단순히 고대 서원의 교육 방법이나 내용을 복원하는 것을 의미하는 것이 아니다. 그것은 각기 다른 역사적 맥락 속에서, 서원의 교육 본연의 심원과 문화적 사명을 재해석하고 실천하는 것을 뜻한다.

전통 서원의 초심은 개인의 수양과 학문적 연마를 강조하고 도를 전파하고 백성을 구제하는 인재를 양성하는 데 있으며, 그 교육 목표는 덕성과 재능을 겸비하고 사회에 봉사하며 세상을 구제하고 백성을 안정시킬 수 있는 선비를 양성하는 것이다. 이러한 전인교육의 이념은 서원 교육의 핵심 가치이다. 농남서원의 초기 실천에서 이러한 교육 기능에 대한 고수는 '경세치용(經世致用)'의 학풍에서 나타난다. 동문환(董文渙)과 요협찬(姚協贊) 등이 주창한 '품성을 수립하여 기초를 다지며, 문장과 덕행을 함께 닦아야 꽃과 열매가 함께 무성하다' 등의 이념은 모두 명확히 인격 함양과 전면 발전을 지향하고 있다. 이는 청나라 시대에 조차 농남서원이 단순한 과거 시험 중심의 교육을 넘어서 고상한 품성과 실천 능력을 갖춘 선비를 양성하기 위해 힘썼음을 보여준다.

현대에 와서 농남서원의 계승자인 천수시 제1중학교(天水市第一中学)는 교육 개혁의 물결 속에서도 여전히 이러한 핵심 교육 기능에 대한 지킴을 이어가고 있다. 이 학교가 학생들의 인격 형성, 전인적 발전 그리고 사회적 책임감에 지속적으로 주목하는 것은 바로 전통 서원의 교육 이념이 현대 교육 속에서 구체적으로 구현된 사례이다. 이러한 핵심 교육 기능에 대한 고수는 학교가 단순히 지식을 전수하는 장소가 아니라, 건전한 인격을 함양하고 미래 시민을 형성하는 요람이 되게 한다.

또한 농남서원의 유적이 보존되어 천수시 제1중학교에 의해 그 역사적 원천으로 여겨지고 있다는 점 자체가 중요한 문화 전승이라 할 수 있다. 이러한 유형적 연결을 통해 농남서원의 정신은 새로운 기관 안에서도 계속 이어져 나가며, 지역 문화 기억과 정체성의 중요한 구성 요소가 되고 있다.

서원 교육 기능으로의 회귀라는 이념은 현대적 맥락에서 직업 기술이나 시험 대비 능력 훈련에 그치는 것이 아닌, 전인교육, 인격 함양 및 전통 가치관의 계승을 재강조함을 의미한다. 이러한 회귀는 순수한 현대화 교육 모델에 내재할 수 있는 한계에 대한 대응이며, 서원의 지속적 가치는 고상한 도덕 정서를, 깊고 두터운 인문 소양 및 강한 사회적 책임감을 갖춘 전인적 개인을 양성하는 데 있음을 상기시켜 준다.

농남서원의 사례를 통해 관찰할 수 있듯이, 한 문화 기관이 외부 환경에 지속적으로 적응하는 동시에 그 교육의 본래 목적을 늘 염두에 두고, 그 핵심 가치를 시대적 요구에 부합하는 방식으로 해석하고 실천한다면, 강력한 생명력을 얻어 문화의 혈맥이 영원히 이어질 수 있는 것이다.

V. 결론

농남서원의 백여 년에 걸친 여정은 현대화 과정 속 전통 교육 기관의 본보기라 할 수 있다. 그가 오늘날까지 보존되어 교육 기능을 지속적으로 발휘할 수 있었던 데는 주로 다음과 같은 몇 가지 특징이 있다.

첫째, 탁월한 적응력.

농남서원은 각기 다른 역사적 시기마다 외부 환경 변화에 대한 예리한 통찰과 적극적인 대응을 보여주었다. 문창서원이 전란으로 인해 터를 옮겨 농남서원으로 재건된 것에서부터, 청말 국가 교육 개혁에 능동적으로 발맞추어 새로운 형태의 학교로 변모한 것, 그리고 현대에 천수시 제1중학교가 교육·수업 개혁을 지속적으로 심화하고 과학기술의 최전선을 수용하기까지, 모든 중대한 기관 변천은 그 스스로의 형태와 기능을 유연하게 조정하는 강력한 능력을 구현했다. 이러한 적응력은 격변의 시대 속에서도 기관이 생존을 이어갈 수 있게 했다.

둘째, 핵심 교육 이념의 견지.

비록 기관의 형태와 교육 내용이 끊임없이 변화해 왔지만, 농남서원과 그 계승자는 줄곧 '경세치용(經世致用)'과 전인 양성이라는 교육의 본래 목적을 굳게 지켜왔다 청나라 시대 동문환(董文渙)과 임기창(任其昌) 부자가 주창한 '경학 연구와 실무 능력을 함께 갖추기(治經與治事竝擧)', '문장과 덕행을 함께 닦음(文行交修)'에서부터, 현대 천수시 제1중학교가 강조하는 핵심 소양, 다원적 발전, 덕육육성교(德育六星校)에 이르기까지, 학생의 인격 형성, 사회적 책임감 및 전인적 발전에 대한 강조는 줄곧 이어져 내려오고 있다. 교육의 본질에 대한 이러한 끈질긴 고수는 기관이 형태적 변화 속에서도 정신적 연속성을 유지할 수 있게 했다.

셋째, 핵심 인물의 선도적 역할

농남서원의 번영과 변혁은 동문환(董文渙), 임기창(任其昌) 부자와 같이 선견지명과 헌신 정신을 갖춘 교육자들의 추진력 없이는 불가능했을 것이다. 그들의 개인적 매력, 학문적 조예, 그리고 교육 사업에 대한 헌신은 서원이 각기 다른 시기에도 활력을 유지할 수 있었던 중요한 요소였다.

전통 교육 기관의 생명력은 그 형태의 고수에 달려 있는 것이 아니라, 변화 속에서 생존을 모색하고 새로운 길을 찾는 데에 있다. 농남서원의 사례는 교육 기능이 사회적 격변 속에서도 유연성을 발휘하며, 기관의 재정립과 기능 조정을 통해 지속될 수 있음을 보여준다.

동시에 서원의 제사 등 전통 활동의 기능 변화도 시대적 요구에 적응하기 위해 전통 기관이 수행한 실용적 조정을 구현하고 있다. 청말의 위에서 아래로의 개혁은 비록 시스템적 충격을 가져왔지만, 동시에 전통 기관이 현대화 전환을 하도록 압박하기도 했다.

농남서원의 성공은 단순히 개혁을 수동적으로 수용하는 데 그치지 않고, 후속 발전 과정에서 전통과 현대를 능동적으로 융합하여 교육 이념의 깊은 계승을 실현했다는 점에 있다.

더 나아가 농남서원의 사례는 현재 중국에서 진행 중인 서원 문화 부흥, 전통문화 계승, 그리고 교육 개혁에 다음과 같은 중요한 시사점을 제공한다.

첫째, 서원 문화 부흥에 대한 시사점.

농남서원의 경험은 진정한 서원 부흥이 단순히 물리적 공간의 복원이나 형식적 모방에 그쳐서는 안 되며, 그 핵심 교육 기능의 활성화와 재창조에 더 주목해야 함을 보여준다. 성공적인 서원 부흥은 전통 서원의 교육 정수를 깊이 있게 발굴하고, 현대 사회의 요구에 부합하는 방식으로 해석하고 실천하는 것을 필요로 한다. 이는 전통의 계승과 혁신의 수용 사이에서 균형점을 찾아야 하며, 형식주의를 경계해야 함을 요구한다.

둘째, 전통 문화 계승에 대한 교훈.

농남서원의 전환 과정은 기관 형태가 급변하는 상황에서도 전통 문화가 어떻게 그 맥을 이어나갈 수 있는지를 보여준다. 이는 문화 계승이 과거를 경직되게 복제하는 것이 아니라, 그 핵심 정신을 이해하고 새로운 시대적 배경 아래에서 창의적 전환과 혁신적 발전을 이루어야 함을 일깨워 준다. 전통 가치관[예: 인격 교육, 경세치용]을 현대 교육 체제에 융합함으로써, 전통 문화는 현대 사회에서 새로운 생명력을 얻을 수 있다.

셋째, 교육 개혁에 대한 시사점

농남서원이 전통 서원에서 현대 학교로 변화해온 과정은 현재 진행 중인 교육 개혁에 소중한 경험을 제공한다. 이는 현대 교육이 전통 서원의 전인교육 이념에서 지혜를 쟁취하여, 단순한 지식 전수나 시험 위주 교육을 넘어 학생들의 핵심 소양, 도덕 품성 및 사회적 책임감 함양에 더 주목해야 함을 보여준다. 이를 통해 보다 종합적, 균형 잡히고 지속 가능한 교육 체계를 구축하는 데 기여할 수 있다.

농남서원의 백년 역사는 단순히 전통 교육 기관이 시대의 흐름 속에서 자리 잡음과 재형성을 모색한 축소판이 아니라, 중국 교육 전환 과정에 내재된 논리와 깊은 내막을 선명하게 보여준다. 그 역사적 맥락을 되짚어보면, 우리는 전통 서원이 현대화라는 전환을 맞아 직면한 도전과 기회, 그리고 그 안에 담긴 풍부한 지혜와 전략적 안목을 선명하게 읽어낼 수 있다. 탁월한 적응력, 핵심 교육 이념에 대한 확고한 지킴, 그리고 주요 인물의 리더십을 통해 농남서원은 역사의 깊은 곳으로부터 성공적으로 걸어 나와, 새것과 옛것의 교체 속에서 전승과 혁신의 결합점을 찾아냈으며, 전통 교육 기관과 현대 교육의 융합 발전을 이루는 뛰어난 본보기가 되었다.

오늘날 중국 사회는 급속한 변화와 깊은 문화적 재형성을 경험하고 있으며, 전통과 현대의 균형, 계승과 혁신의 조화는 시급히 풀어야 할 시대적 과제가 되었다. 농남서원의 성공 경험은 우리에게 다음과 같은 교훈을 전해준다. 문화 부흥과 교육 개혁은 역사와의 단절이 아니라, 역사의 토대 위에 서서 전통 문화의 핵심 가치를 깊이 이해하고 실천하며, 시대적 요구에 창의적으로 응답하는 것이어야 한다. 전통 교육 기관의 개편 또한 단순히 과거를 버리는 것도, 무조건적 전승도 아닌, 전통 정신에서 지혜를 쟁취하여 창조적 방식으로 기관 기능의 현대적 전환을 추진하는 길임을 보여주고 있다.

참고문헌

陈尚敏, 陇南书院考述[J]. 档案, 2022(9): 53-58.

陈月圆, 龙登高. 整合与承继：清末民间公产转型与新式教育体系的建构[J]. 清史研究, 2022(4): 105-112.

邓洪波, 赵瑶杰, 姚岳. 2012年书院研究综述[J]. 北京联合大学学报(人文社会科学版), 2013, 11(3): 80-87.

邓洪波, 中国书院史[M]. 上海:东方出版中心,2004.

董寿平, 李豫 主编, 清季洪洞董氏日记六种[M] .北京:北京图书馆出版社,1997.

甘肃省地方史志编纂委员会编纂. 甘肃省志·教育志: 第59 卷[M]. 兰州: 甘肃人民出版社, 1991.

郭艳琳, 陆俊. 古代书院祭祀文化中的中国尊师传统[J]. 思想政治课教学, 2020, 1(1): 24-29.

韩自强, 陇南书院与历史同行[M]. 广州: 中国评论学术出版社, 2018.

蒋纯焦, 职业变迁与教育转型 – 从塾师阶层消失看中国基础教育现代化[J]. 华东师范大学学报(教育科学版), 2009, 3(2): 45-51.

刘夏清. 陇南书院的创建及其对陇东南文化教育的影响[J]. 天水师范学院学报, 2013, 4(2): 36-42.

毛珩宇, 陇南书院及其价值探析[J]. 陇东学院学报, 2020, 3(1): 18-22.

舒新城, 中国近代教育史资料(上册)[M]. 北京: 人民教育出版社, 1961416.

苏鉴, 晚清秦州考生轶闻[C] || 天水市政协. 天水文史资料(第八辑),1995.

天水市地方志编纂委员会编, 天水市志[M]. 北京: 方志出版社, 2004.

天水市秦城区地方志编纂委员会编, 秦城区志[M]. 兰州: 甘肃文化出版社, 2001.

天水市文化和旅游局编, 天水市文化志(1985 – 2011) [M]. 兰州: 甘肃文化出版社, 2007.

天水市政协文史资料委员会编, 陇南书院[M]. 兰州: 甘肃文化出版社, 2017.

天水市政协文史资料委员会编, 陇南书院[M]. 兰州: 甘肃文化出版社, 2017.

王权, 任其昌：《重纂秦州直隶州新志》, 秦州:光绪十五年, 陇南书院刻本。

夏金龙, 岳麓书院从传统书院到现代大学书院制的转型[J]. 中国民族, 2023, 7(6): 90-97.

肖永明, 刘艳伟, 新中国成立以来书院研究的梳理与反思[J]. 大学教育科学, 2020, 3(2): 50-58.

熊欢欢, 邓洪波. 2023年书院研究综述[J]. 南昌师范学院学报, 2024, 6(4): 67-73.

杨杰, 晚清书院研究综述[J]. 太平天国及晚清社会研究, 2021, 2(1): 112-118.

赵昌荣, 天水古代建筑[M]. 西安:陕西人民出版社,2010.

赵维玺, 湘军与甘肃书院的复兴 - 以陇南书院和甘州书院为例[J]. 青海民族大学学报(社会科学版), 2013, 4(2): 76-82.

左伟, 王红, 古代书院祭祀的发展变迁与教育意涵[J]. 教育研究与实验, 2016(5): 92-97.

유산을 대중에게 더 가깝게: 베트남 문묘의 보존 접근법 변화

쩐득뚱(TrầnĐứcTùng)·쩐홍항(TrầnHồngHạnh)

Ⅰ. 서론

최근 몇 년 동안 베트남의 문화유산 보호사업은 눈에 띄는 성과를 거두어, 역사적·문화적 유산가치를 보존·계승함과 동시에 그 경제적 잠재력을 발굴하여 국가문화 발전에 크게 기여하였다. 그러나 이러한 과정에는 보호와 개발, 보존과 활용, 경제적 목표와 문화적 목표 사이의 균형이라는 과제가 여전히 존재 한다.[1)]

11세기에 건립된 문묘-국자감은 최대 규모의 유교 제사 및 교육 중심지로서의 지위를 유지하며 베트남에 수천 명의 과거 진사(博士)와 현인을 배출하였다. 오늘날 문묘-국자감에는 고건축군과 귀중한 문화유산이 보존되어 있으며, 규문각(奎文阁), 진사비(进士碑), 대성전(大成殿), 제사 조형물(祭祀塑像) 및 학문을 숭상하고 의리를 중시하며 스승을 존중하고 인재를 예우하는 전통을 기리는 편액(匾额) 시스템 등이 포함되어 있다. 베트남 문묘-국자감의 발전과 보존 과정을 통해, 이 논문은 해당 유산 보존 이념의 변화 과정을 설명하는

1) Nguyễn Thị Kim Thành (2014), *Bảo tàng, di tích – Nơi khơi nguồn cảm hứng dạy và học lịch sử cho học sinh phổ thông*, Nhà xuất bản Giáo dục Việt Nam, Hà Nội.

데 목적을 두고 있다. 이를 통해 베트남 역대 지식인들이 유교 사상 전파와 학문 숭상 전통 구축에 기여한 점을 확인할 수 있다. 건축 공간과 실물 자료를 보존하는 것 외에도, 베트남의 문화 관리자들은 문묘-국자감을 학문적 전통을 계승하는 문화유산 교육 공간으로 전환하였다. 또한, 현대 기술을 적용하여 문묘-국자감의 문화유산에 활력을 효과적으로 불어넣고, 과거와 미래를 연결하는 다리 역할을 할 수 있도록 하였다.

Ⅱ. 베트남 문묘-국자감 개요

역사 기록에 따르면, 1070년 리성종[LýThánhTông, 1023~1072] 리왕조시기에 문묘를 건립하여 공자와 주공의 상을 봉안하고 공자의 72제자의 초상을 그려 넣었으며, 황태자로 하여금 이곳에서 학문을 배우도록 하였다. 1076년 조정은 국자감을 설치하였다. 1253년 쩐왕조시기에는 국자감을 국자원으로 개칭 하였고, 1483년 후기 레왕조시기에는 태학당으로 불렸다. 응우옌 왕조시기에는 이곳이 하노이 문묘로 불리게 되었다.[2)]

역사적으로 이곳은 공자·주공·72성현 및 추반안[ChuVănAn, 1292~1370] 등을 제사하는 장소였으며, 리왕조부터 레왕조에 이르기까지 베트남 유학교육의 최고 학부였다. 현재도 82기의 진사 비석이 남아있으며, 리왕조에서 후레왕조까지의 각 과거시험 합격자 명단이 기록 되어 있다.[3)]

천년에 가까운 세월 동안 유적의 건축양식은 여러 차례 변화가 있었으나,

---

2) Đạt Thức (2012), "Di tích lịch sử và kiến trúc nghệ thuật Văn Miếu - Quốc Tử Giám", Theo *Hồ sơ xếp hạng di tích, tư liệu Cục Di sản văn hóa.*
Đường Ngọc Hà (2025), "Vai trò của di sản trong việc thúc đẩy học tập trong chương trình giáo dục nội và ngoại khóa (nghiên cứu trường hợp của di tích Văn Miếu - Quốc Tử Giám)", *Tạp chí Văn hoá nghệ thuật, số* 605, tháng 5.

3) Dương Thị Thu Hà (2010), "Giá trị của 82 pho "sử đá" tại Văn Miếu - Quốc Tử Giám", *Tạp chí Du lịch Việt Nam,* (4).

〈사진 1〉 베트남 문묘-국자감 전경(항공 촬영)

지금도 일부 리왕조 및 응우옌왕조 시기의 건축요소가 보존되어 있다. 새로 지어진 태학구역은 1999~2000년 국가의 투자로 복원 되었다. 기능에 따라 유적은 크게 두 부분으로 나눌 수 있다. 문묘는 선현을 제사하는 장소이며, 국자감은 유학 인재를 양성하는 학부였다.

문묘는 길이 300m, 너비 70m의 장방형 부지 위에 건설 되었으며, 사방은 벽돌담으로 둘러싸여 있다. 주요 건축물로는 문호(文湖), 외의문(外儀門), 내의문(內儀門), 대중문(大中门), 계문각(奎文阁), 대성문(大成门), 배당(拜堂), 대성전(大成殿) 등이 있다.

국자감은 문묘 뒤편에 위치하며, 원래 강당, 학생기숙사, 판각 보관창고 등의 건물이 있었다. 국자감이 후에(顺化)로 이전된 뒤 이곳은 계성구(启圣区)로 바뀌어 공자의 부모를 제사하는 공간이 되었다. 계성전(启圣殿) 양측에는 좌우행랑이 있고 중앙에는 넓은 마당이 있었다. 현재는 좌우행랑, 태학당 등이 남아 있다. 또한 문묘구역 안에는 토신사(土神祠)와 모신전(母神殿)도 존재한다.

역사와 문화유산의 관점에서 볼 때, 베트남 문묘-국자감은 다음과 같은 다중적인 대표성과 가치를 지닌다.

첫째, 베트남 최초의 국립학교로서 리왕조부터 레왕조까지 수많은 인재를 양성하며 베트남 발전에 지대한 기여를 했다.

둘째, 베트남 유학 관련 유적 가운데 가장 대표적인 유학 기념지로서 뛰어난 건축 예술과 미학적 가치를 지니고 있다.

셋째, 이 유적지는 방대한 양의 귀중한 문화유산 자료를 보유하고 있으며, 유네스코(UNESCO)로부터 '세계기록유산'으로 지정되었다.

넷째, 오늘날에도 여전히 관광객들을 끌어들이는 문화 관광 명소로서 하노이 수도와 베트남의 전반적인 발전에 활발히 기여하고 있다.

이러한 뚜렷한 역사적, 문화적, 과학적 가치를 인정받아 베트남 정부는 문묘-국자감을 특별 국가급 유적으로 지정하였다.

Ⅲ. 유교사상 전파에서 베트남의 학문숭상 전통의 상징으로

베트남 문묘-국자감은 창건 초기부터 유학의 창시자와 베트남 선현 및 명인을 봉제하는 중요한 장소였다. 이러한 사상 이념을 바탕으로 베트남 봉건 왕조는 교육 활동을 조직하여 지식인들이 유가의 '수신제가치국평천하(修身齊家治國平天下)'라는 정통 길을 따르도록 이끌었다. 이 중 '수신(修身)'은 모든 사상의 근본으로, 일생을 관통하는 실천 규범이다. 수신은 '인(仁), 지(智), 용(勇)'이라는 세 가지 큰 덕목을 갖추어야 했다.[4]

4) Đường Ngọc Hà (2020), "Tôn vinh danh nhân Chu Văn An qua hoạt động giáo dục tại Văn Miếu - Quốc Tử Giám", *Tạp chí Văn hoá Nghệ thuật*, số 433. Nguyễn Thị Kim Thành (2014), *Bảo tàng, di tích - Nơi khơi nguồn cảm hứng dạy và học lịch sử cho học sinh phổ thông*, Nhà xuất bản Giáo dục Việt Nam,

문묘가 처음 세워질 당시, 최고 통치자였던 리성종(Lý Thánh Tông) 황제는 제례 장소이자 교육기관이라는 이중적 기능을 확립하였다. 1070년 문묘 건립과 1076년 국자감 설치는 베트남 과거제 교육체계를 구축하는 중요한 기초가 되었다. 역사 과정에서 문묘-국자감은 여러 차례 보수와 확장을 거듭하였으며, 최고 학부로 격상되어 상서관 관원이 관리하였다. 교재는 모두 사서(四書)와 오경(五經) 같은 유교 고전이었다. 유생들은 이곳에서 과거 최고단계 시험에 대비하며 '진사'라는 당시 가장 영예로운 칭호를 얻고자 공부하였다.

쩐왕조 시기부터 문묘-국자감은 베트남에서 가장 중요한 교육중심지로 자리 매김하였고, 후 레왕조시기에는 그 학술적 규모가 정점에 달했다. 당시 이곳은 강당, 대강당, 300명을 수용할 수 있는 기숙사, 창고, 도서관 등 현대적 학교와 같은 시설을 갖춘 종합 학술기관이 되었다. 가르치는 이는 덕행이 높고 학식이 뛰어난 유학자였으며, 학생들은 현·부 수준 시험을 통과한 연구생으로서 여기서 계속 공부하여 과거시험에 응시하였다.

〈사진 2〉 규문각(KhuêVănCác) 베트남 문묘-국자감의 상징적 건축물

Hà Nội.

Nguyễn Quang Lộc - Phạm Thúy Hằng (2009), *Văn Miếu - Quốc Tử Giám, Thăng Long - Hà Nội,* Nhà xuất bản Hà Nội, Hà Nội.

또한, 문묘-국자감은 단순한 학문 전파의 장을 넘어 베트남 학문 전통을 드높이는 장소였다. 1484년 리성종은 과거 합격자들의 이름을 새긴 비석을 세우도록 명하였으며, 현재 82기의 진사비가 남아있다. 각 비석은 거북 모양 받침 위에 세워져 있고, 총 1,305명의 진사의 이름·출신·응시 연도가 기록되어 있다. 이는 베트남 교육사·역사인물·출신지 연구에 매우 귀중한 사료다.[5)]

리왕조시기에는 특히 교육을 중시하는 정책이 잘 드러났다. 1070년 수도 탕롱(ThăngLong)에 문묘를 세워 유학성현을 제사하고 황태자가 이곳에서 공부하도록 하였다. 1075년 리인종[Lý Nhân Tông, 1066~1127]은 베트남 역사상 최초의 과거시험인 "명경박학과(明經博學科)"를 시행했고, 이듬해 국자감을 설립해 귀족자제를 교육했다. 쩐왕조에 이르러 국자감은 점차 확대되어 우수한 평민자제까지 받아들였으며, 레왕조시기에는 과거제도가 정점에 달하여 국자감은 국가 인재양성의 핵심지가 되었다. 응우옌왕조시기 수도가 후에로 옮겨 갔음에도 숭학(崇學)정책은 제도적으로 이어졌다.

조정의 숭학 정책 외에도 마을과 사족 가문에서는 민간 교육 장려 조치도 보편적으로 시행되었다. 전국 각 지방의 마을과 사에는 보편적으로 지방급 문묘(文庙), 문사(文祠), 문지(文址)를 세워 유교 선현들을 모시고 베트남 관습에 따라 "물을 마실 때는 그 근원을 생각한다(饮水思源)"는 전통 미덕을 실천했다. 많은 과거 전통을 가진 마을과 가문은 해당 마을이나 가문의 합격자 이름을 문사나 문지에 새기거나 종사에 모셨다. 이러한 형태들은 선현들의 학문 정신을 기리는 동시에 자손들이 학업에 힘쓰도록 격려하는 동력이 되었다.[6)]

현대에 들어 문묘-국자감은 베트남 국가 주관 학위 및 학위 수여식의 중요한 장소가 되었을 뿐만 아니라, 우수한 학생과 학자를 격려하는 장소이자

---

5) Dương Thị Thu Hà (2010), "Giá trị của 82 pho "sử đá" tại Văn Miếu - Quốc Tử Giám", *Tạp chí Du lịch Việt Nam*, số 4.

6) Tô Thị Thuý Nga (2020), "Hoạt động văn hóa tại Văn Miếu - Quốc Tử Giám hiện nay", *Tạp chí Văn hoá Nghệ thuật*, số 446.

매년 음력 정월 대보름에 '시회(诗会)'를 개최하는 곳이기도 하다. 특히 시험철이 다가오면 수험생들이 이곳에 와서 행운을 빌고 길한 조짐을 얻기를 바란다. 설 명절이 되면 각지에서 사람들이 몰려와 향을 피우며 자손들의 학업 발전과 공명성취를 기원하였다.

Ⅳ. 베트남문묘 - 국자감 유산보존의 여정

문묘-국자감은 베트남의 도덕적 전통, 학문적 성취, 그리고 장기적 안목을 상징하는 역사유적으로서, 오랜 세월 여러 세대에 걸쳐 보호되고 전승되어 왔다.

1906년, 이 유적은 프랑스령 인도차이나 총독부에 의해 역사문화유적으로 지정되었으며, 이후 1904년, 1920년, 1947년에 프랑스 극동학원(EFEO)의 지원으로 보수 작업이 진행되었다. 1956년에도 복원 공사가 있었고, 1962년에는 베트남 문화통신부[현 문화체육관광부]에 의해 역사문화유적으로 다시 지정되었다.

1898년부터 1954년까지 문묘-국자감은 프랑스 극동학원과 긴밀한 관계를 맺으며, 유적의 보호·복원·제례 기능 회복 등을 지속적으로 추진하였다. 이는 문묘가 하노이 도시 경관 속에서 중요한 지위를 유지하는 데 큰 역할을 하였다. 20세기 초부터 프랑스 철수 직전까지의 보존 작업은, 문묘 보호가 어떻게 인식되고 실행되었는지를 잘 보여준다.

역사적 사실이 보여주듯이, 문묘-국자감의 수리와 보존 과정에는 프랑스 극동학원이 핵심적인 역할을 담당했으며, 여기에는 프랑스와 베트남 연구진은 물론 응우옌 왕조 관료들까지 참여했다. 1902년 하노이에 설립된 이래 프랑스 극동학원은 고고학 탐사, 필사본 수집, 유적 보존, 그리고 인도부터 일본에 이르는 아시아 문명의 소수민족, 언어 및 역사 연구에 꾸준히 헌신해 왔다. 이 기간 동안 해당 기관은 문묘를 중요한 유산으로 인식했다. 특히 교육가이자 한의학 전문가인 쩐함떤[TrầnHàmTấn, 1887-1957]을 주목할 필요가 있다. 그는 1920년 학자 신분으로 프랑스 극동학원에 합류하여 생애 마지막까지 활동을 하였다. 쩐함떤은 팜응우라오[PhạmNgũLão, 1255~1320)를 모신 리국사(Lý Quốc Sư) 사원 관리위원회 위원장일 뿐만 아니라, 1951년 문묘-국자감 대규모 보수 공사의 총 책임 건축가로도 활약했다. 그의 명성은 문묘에 관한 권위 있는 연구 저서와 깊이 연관되어 있으며, 이 저서는 진사비 내용을 체계적으로 해석한 것으로 평가된다.

연구원 쩐반지엡[TrầnVănGiáp, 1898-1973]은 프랑스 여러 대학에서 학업을 마치고 베트남으로 돌아와 프랑스 극동학원의 학자로 임명되었다. 그는 한놈(漢喃)과 필사 문헌 연구 부서를 담당했다. 프랑스 학자들인 귀스타브 뒤무티에[Gustave Dumoutier, 1850~1904], 레오나르 오루소[Leonard Aurousseau, 1873~1950], 샤를르 바튀르[Charles Batteur, 1880-1932] 또한 베트남 역사 문화 연구에 헌신하며 문묘를 비롯한 여러 사원 수리 작업에 참여했다. 특히 1907~1938년 동안 하동((河東) 총독을 재임했던 황쫑푸[HoàngTrọngPhu, 1872~1946]는 1917~1920년 문묘 수리 공사에서 뛰어난 기여를 했으며, 그는 전통 수공예 기술을 활용하여 이 유적을 복원하는데 특히 기여하였다.

최근 수십 년간 문묘-국자감 진사비 문화재는 중점 보호 대상이 되었다. 문묘-국자감 과학 교육 활동 센터에서는 매년 부드러운 솔 도구와 맑은 물을 사용한 세정을 통해 석비 표면의 유해 곰팡이와 오염 물질을 제거하며, 보수 과정에서 화학적 방부제 사용을 엄격히 금지하고 있다. 해당 센터는 정기적으로 비각 건축물을 점검하고, 파손된 기와를 신속히 수리 및 교체하며, 지붕 위 덩굴과 잡초를 제거하고, 문화재와 관람객을 분리하는 보호 난간을 보강하여 유물의 안전을 확보하고 있다. 또한 진사비에 대한 방화 및 폭발 예방조치와 소방 관리 제도를 엄격히 시행하고 있다. 진사비 부지에서 대규모 문화 행사 및 인파가 밀집하는 행사를 개최할 경우, 센터는 문화재 손상을 엄격히 예방하기 위한 특별 보호 계획을 마련한다.

〈사진 3〉 베트남 문묘-국자감 내 진사비

결론적으로, 다양한 주체들의 공동 노력을 통해 연구자들은 문묘-국자감을 하노이와 나아가 베트남의 상징적인 역사 문화유산으로 자리매김하게 했으며, 이는 베트남 민족의 지혜와 오랜 학문 전통을 상징한다. 바로 이 때문에 이 유적은 오랜 세월과 역사적 변화를 겪었음에도 항상 적절하게 보존되고 전승되어왔다.

V. 유산교육 개념에 기반 한 보호실천

문묘-국자감의 문화유산 보존 작업은 단순한 고건축군의 수호를 넘어, 베트남 역사와 오랜 교육 전통에 뿌리내린 소중한 정신적 가치의 계승이다. 베트남 과거제도 역사의 상징적 유적으로서, 문묘-국자감은 매년 학교에서 조직한 많은 학생 방문객을 맞이한다. 통계에 따르면 연간 약 700개 단체 총 17만 5천 명의 학생이 방문하며, 이는 유적 관리 기관에 유산과 학교 교육의 깊은 융합을 요구하는 과제가 되고 있다. 2016년부터 문묘-국자감은 선도적으로 유적 교육 기지 테마 구축을 시작했으며, 현재까지 유치원부터 고등학생까지 적용 가능한 26개의 문화유산 교육 테마 프로그램을 개발했다. 문화유산을 통한 교육은 특별한 교육 형태로, 문화유산을 직관적 교재로 활용하여 학습자가 역사, 전통, 민족 정체성을 더 깊이 이해하도록 한다.[7)]

유네스코(2013)는 유산 교육을 "문화유산의 문화적, 역사적, 자연적 가치를 활용하여 공동체, 특히 젊은 세대를 교육함으로써 문화유산 보호에 대한 인식과 책임감을 높이는 과정"으로 정의했다. 베트남 〈문화유산법〉[2001년 공포, 2009년 개정] 또한 문화유산의 교육적 역할을 강조하며, "문화유산은 과거의 재산일 뿐만 아니라 전통, 애국정신 및 민족적 책임감에 대해 젊은 세대를 교육하는 소중한 자료"라고 명확히 명시하고 있다. 유산 교육의 중요한 특징은 높은 실천성에 있으며, 이는 책을 통한 이론 교육과는 달리 학습자로 하여금 문화재 실물과 문화 역사 공간에 직접 접촉하게 한다.

문묘-국자감의 유산 교육 프로그램은 2018년 시행되었으며, 2019년 11월 유적지 내에 50제곱미터의 체험 교실을 마련한 후 본격적으로 시작되었다. 현재 각 체험 활동은 최대 150명의 학생을 수용할 수 있으며, 6명의 전담 교육 인력이 상주하고 있다.

체험형 학습

체험형 학습은 유산 교육이 지루함을 벗어나 학생들의 관심을 불러일으키는 핵심 방법으로, 단순히 지식 습득을 돕는 것을 넘어 그들의 기술 구축과 사고 능력을 함양한다. 유적지에서 진행되는 교육 활동은 학생들의 자율성과 적극성을 함양하는 것을 목표로 한다.

대표적인 사례는 "고대 교실 탐험" 활동을 통해 추반안(ChuVănAn) 선생의 교육 현장을 재현한 것이다. 초대 국자감 교장 중 한 사람이었던 추반안

---

7) Đường Ngọc Hà (2025), "Vai trò của di sản trong việc thúc đẩy học tập trong chương trình giáo dục nội và ngoại khóa (nghiên cứu trường hợp của di tích Văn Miếu - Quốc Tử Giám)", *Tạp chí Văn hoá nghệ thuật*, số 605.

은 국자감의 설립, 확장 및 발전에 지대한 공헌을 했을 뿐만 아니라 두 명의 황제가 되는 태자 쩐헌종[TrầnHiếnTông, 1319~1341]과 쩐유뚱[TrầnDụTông, 1336~1369]을 직접 가르쳤다. 국자감에서 근 30년 동안 근무하는 동안 추반안은 엄격한 학문적 기준을 준수하며 국자감 교재 '사서설약(四書說約)'을 편찬했다.[8] 또한, 인재 선발 기준, 교육 계획 및 시험 제도를 정립하여 국가를 위해 인재를 양성하고 선발했다.

유산 콘텐츠와 일반 교육 과정의 연계

문묘-국자감은 하나의 유적지로서 풍부한 문화유산을 보유하고 있다. 연구자들은 유산을 정리하고 분류하는 작업을 진행했으며, 학교 교육과정 연계를 통해 각 연령대 학생들에게 적합한 체험 주제를 개발했다. 문화 기관의 목적은 단순히 유산을 전시하는 데 그치지 않고, 학생들이 배운 내용과 교육과정을 연결 짓도록 도움으로써 포괄적이고 융합적인 방식으로 새로운 지식을 탐구하고 이해하는 능력을 함양하는 데 있다.

예를 들어, 동일한 유산 대상인 규문각(奎文閣)에 대해 교육진은 각 학년의 지식 기준과 학습 요구에 따라 서로 다른 유산 교육 주제를 설계했다. 1학년 수학 교과의 경우 정사각형, 원, 삼각형과 같은 도형 인식이 요구되므로, 교육 주제는 1학년 학생들이 규문각 건축물을 통해 기하학적 형태를 익히도록 구성되었다. 반면 4학년 학생들은 민족 문양의 아름다움을 학습하고 미술 수업에서 민족 문양을 묘사하는 연습을 통해 규문각의 전통무늬를 탐구하는 학습을 가진다. 교육진은 이런 교육을 "규문각 건축 탐험"이라는 주제로 개발하였다.

2016년 새로운 유산 교육 방법론을 도입한 이후, 문묘-국자감은 유치원부터 고등학교까지를 대상으로 하는 수십 가지 유산 교육 프로그램을 선보

---

8) Đường Ngọc Hà (2020),"Tôn vinh danh nhân Chu Văn An qua hoạt động giáo dục tại Văn Miếu - Quốc Tử Giám", *Tạp chí Văn hoá Nghệ thuật, số* 433.

였다. 그중 '고대 교실', '맹호도', '규문각 탐구', '고건축에서 찾는 신비한 동물', '과거제와 학문', '고문헌과 목판 인쇄 탐구', '진사비 탐구', '고대 문묘 건축 영상', '국자감', '환경과 경관' 등 일부 프로그램은 현장에서 뚜렷한 성과를 거두었다.

현재 문묘-국자감에서는 매년 약 2,000명의 학생이 유산 교육 체험 활동에 참여하며, 일반적으로 소그룹 형태로 관람을 진행한다. 또한 교사들이 자발적으로 학생들을 데리고 체험 수업 및 지역 역사 교육의 일환으로 유적지를 방문하는 경우도 있고, 가정에서는 방학시기에 아이들을 데리고 관람하기도 한다. 참여 학생들의 피드백에 따르면, 그들은 유산 지식을 습득할 뿐만 아니라 유적지에서의 체험 활동을 통해 사고와 성찰을 키우며 개인적인 관점을 제시하고 생활 속에서 새로운 사고방식을 함양하게 되었다고 한다. 기존의 단순 해설 청취 방식과 비교했을 때, 학생들은 테마형 유산 교육 프로그램에서 더 적극적이고 열정적으로 참여하고 있다. 유산 지식 학습 외에도 해당 프로그램은 팀워크, 발표력, 공공장소 및 제사 공간에서의 소통과 예절 등 다양한 기술을 연습할 수 있는 기회를 제공한다.

Ⅵ. 현대적 기술요소의 도입과 보존활동

디지털 시대에 베트남 문묘-국자감은 현대적 과학기술 요소를 도입하여 보존과 활용 방식을 혁신하였다. 현대 기술의 적용과 문화 산업 서비스 제품의 발전을 통해 문묘-국자감은 유산 체험 방식을 재정의하며 매번의 방문이 강렬한 인상을 남기는 새로운 체험 공간으로 거듭났다.

최근 몇 년간 문묘-국자감은 "특별 국가급 유적의 3D 데이터베이스 구축을 통한 디지털 전환 및 스마트 관광 발전 촉진"이라는 정보기술 적용 프로젝트를 시행하였다. 해당 프로젝트는 4차 산업혁명 기술[상호작용 기술, 3D 디지털화, 전자책 기술, AR/VR 기술, 3D 복원 시뮬레이션 기술] 등과 역사문화

〈사진 4〉 문묘-국자감에서 진행되는 3D 영상 상영

연구를 융합하여 국내외 다양한 계층의 대중을 위한 유산 연구, 확산 및 홍보에 기여하는 고품질 문화 콘텐츠를 창출하는 것을 목표로 한다.

제품 체계는 다음과 같다: 무형문화유산 디지털 데이터베이스 시스템, 문묘-국자감 관련 연구 성과, 저작물, 출판물 및 문헌 시스템, 문묘-국자감에 기록된 명사, 진사 및 유학학자 관련 정보 등. 해당 시스템은 4차 산업혁명 기술 플랫폼을 기반으로 연구, 통합, 수집 및 디지털화를 추진하며, 디지털 출판물[기술 서적]과 3D 전자책을 포함한다.

현대 4차 산업혁명 기술[3D 상호작용 기술, 증강현실/가상현실 기술, 자동 가이드 시스템]을 적용한 3D 전자책은 유적의 건축 예술적 가치와 역사 문화적 내포를 직관적이고 생생하게 실현하며, 국자감의 교육 이야기, 베트남 유학 정신 및 무형유산 가치를 전달하여 방문객에게 흥미롭고 유익한 체험을 제공한다. 3D 전자책은 베트남어-영어 이중언어 버전으로 동시 개발되어 전 세계에 홍보된다.

또한 문묘-국자감은 유형문화유산 디지털 데이터베이스 시스템을 구축하였으며, 그 내용은 다음과 같다: 2D 스캔 데이터[탁본, 인쇄본, 문헌 사진],

진사비, 조각 예술품, 미술 작품 등의 3D 디지털화, 전 구역 건축 공간의 3D 디지털화, 레왕조시기 문묘-국자감 공간의 3D 복원 등 이다. 동시에 디지털 도서관 저장 관리 및 데이터 마이닝 소프트웨어 시스템을 개발하였으며, 개인용 컴퓨터 검색, 교육 서비스 및 스마트폰 정보 검색에 적용 가능한 애플리케이션 소프트웨어를 갖추고 있다.

여기에 서버, 워크스테이션, 조회 단말기, VR 고글 등 관련 하드웨어 시설도 구비되었다.

기술 적용 제품을 개발하는 동시에 해당 센터는 과학기술과 예술 기획을 결합하여 문화 학술 활동을 보다 효과적으로 조직하고 유산 가치를 홍보하는 방안을 탐구하고 있다. "상창산두(ThượngtườngSơnđẩu): 추반안", "국자감: 최초의 국립학교", "1898-1954년 하노이 유산 부흥 속의 문묘" 등 전시에서 디지털 기술의 힘을 활용하고 있다. 이러한 기술 제품들은 방문객의 요구를 효과적으로 충족시키고 유산 교육의 효과를 제고하며, 유적지를 더욱 매력적인 관람, 학습 및 연구의 장소로 만들고 있다.

유산의 홍보와 활성화를 위해 문묘-국자감 센터는 또한 무선 해설 지원 시스템 구축, 스마트폰용 QR 코드 적용, 이미지 인식, 3D 인식, 멀티미디어 체험 콘텐츠 등을 포함한 상호작용 시스템 개발과 같은 과학기술 기반 서비스 및 편의시설을 지속적으로 개발하고 있다.

주요 하이라이트 프로그램인 '문묘-국자감 야간 체험'은 LED 조명과 3D 프로젝션 매핑 기술을 통해 역사적 장면을 생동감 있게 재현한다. 이 프로그램은 방문객들에게 낮 시간과는 완전히 다른 새로운 유적지의 모습을 야간에 경험할 수 있게 한다. 핵심 구성 요소인 '유학 정수' 3D 프로젝션은 앞쪽 건물 정면을 거대한 스크린으로 활용하여 고대 교육의 전설과 베트남 유학 문화의 가치를 선보인다.

2025년 개최된 '문묘-국자감: 유산에서 창의적 공간으로의 여정' 전시는 지난 40년간 특별 국가급 유적지의 가치 수호와 발전 과정을 조명하며, 이곳에서 길러진 학문 숭상·교육 중시·스승 공경·인재 예우의 정신을 부각했다.

문헌, 이미지, 인포그래픽과 현대 기술을 통한 전시는 유적지가 심각한 훼손 위기를 겪었던 어려운 시절부터 최근의 비약적 변화까지를 생생히 재현했다. 이 여정에는 지도자, 과학자, 국내외 기관 및 개인, 그리고 역대 센터 직원들의 공동 헌신이 담겨 있다.

비석 뒤에 숨겨진 이야기를 전달하기 위해 기획된 '비석이 전하는 이야기' 전시는 방문객에게 새롭고 생생하며 친근한 시각을 제공했다. 이 전시는 단순한 정보 배치를 넘어, 과거와 현재를 연결하는 탐험의 여정으로 관람객으로 하여금 진사비가 간직한 역사적·문화적 가치를 깊이 느끼도록 했다. 해당 전시는 비문의 내용을 해설하는 데 그치지 않고 현대적인 기법을 활용하여 관람객이 보다 쉽고 재미있게 정보를 습득할 수 있도록 했다. 혁신적인 전시판 디자인은 마치 '비석이 스스로 이야기를 전달하는' 효과를 냈다. 정보 패널은 인포그래픽 형태로 제시되어 직관적으로 이해하기 쉬우며, 특히 젊은 세대가 베트남 문화유산과 보다 긴밀하게 연결될 수 있도록 하였다.

말하자면 문묘-국자감은 유산 보존과 혁신이 결합된 전형적인 사례이다. 유산 관리 기관과 기술 개발자 간의 협력은 이 유적지가 고풍스러운 모습을 유지하면서도 현대적인 서비스와 체험을 제공할 수 있도록 했다. 이러한 노력은 문화 산업의 발전을 촉진했을 뿐만 아니라 하노이를 국내외 방문객에게 더 매력적인 목적지로 만들었다.

Ⅶ. 결론

형성과 발전의 모든 과정 속에서 베트남 문묘-국자감은 항상 베트남 문화와 과거 교육 역사의 중심지로서 자리를 지켜왔다. 그 본래의 의미는 유교를 제사하고 전파하며 그 지위를 확고히 하는 데 있었으며, 문묘-국자감은 베트남 인민의 스승 공경과 학문 숭상 정신의 상징으로 건설되었다. 더 중요한 것은, 이곳이 천년의 세월을 지나오면서도 각기 다른 역사적 시기에 한 세대 한 세대 베트남인들에 의해 세심하게 보호 되어 왔다는 점이다. 이는 단순히 건축 공간과 역사 유물을 보존하는 데 그치지 않고, 유산 활성화 과정에 '유산 교육'이라는 이념이 접목되었음을 보여준다

또한 과학 기술의 발전에 맞서 베트남의 정책 입안자들은 빠르게 현대 기술을 접목하고 적용하여 문묘-국자감의 보존 작업을 더욱 효율적으로 만들어왔다. 오스카 살레민크[Oscar Salemink, 1958~202]의 견해처럼, 만약 "문화 보존이 현대성을 거부하는 것을 의미한다면, 이는 그 문화 공동체를 과거에 가두는 것과 다르지 않다."[9]

이처럼 유산보존에 현대 과학기술을 적용해야 할 필요성은 분명하다. 왜냐하면, 전통과 문화는 항상 변화하는 환경 속에서 재구성되고 재창조 되기 때문이다.

비록 여전히 추가적인 연구와 논의가 필요한 문제들이 존재하지만, 어느 정도까지는 현대 과학기술의 유산보존 적용이 오늘날 베트남 문묘-국자감에 변화와 다양성을 불러오고 있다. 이것은 과거와 미래를 연결하는 중요한 통로이다.

---

9) Oscar Salemink (2002), "Sự bảo tồn văn hóa và biểu hiện văn hóa, trong Tính đa dạng văn hóa của Việt Nam - Những tiếp cận về sự bảo tồn", *Kỷ yếu Hội nghị về sự bảo tồn và phát huy di sản phi vật chất của các dân tộc thiểu số ở Việt Nam), UNESCO*, Trung tâm Khoa học Xã hội và Nhân văn quốc gia, Hà Nội, trang153.

참고문헌

Dương Thị Thu Hà (2010), "Giá trị của 82 pho "sử đá" tại Văn Miếu - Quốc Tử Giám", *Tạp chí Du lịch Việt Nam*, số 4.

Đạt Thức (2012), "Di tích lịch sử và kiến trúc nghệ thuật Văn 저자명(연도)Miếu - Quốc Tử Giám", *Theo Hồ sơ xếp hạng di tích, tư liệu Cục Di sản văn hóa.*

Đường Ngọc Hà (2025), "Vai trò của di sản trong việc thúc đẩy học tập trong chương trình giáo dục nội và ngoại khóa (nghiên cứu trường hợp của di tích Văn Miếu - Quốc Tử Giám)", *Tạp chí Văn hoá nghệ thuật*, số 605.

Đường Ngọc Hà (2020),"Tôn vinh danh nhân Chu Văn An qua hoạt động giáo dục tại Văn Miếu - Quốc Tử Giám", *Tạp chí Văn hoá Nghệ thuật*, số 433.

Nguyễn Thị Kim Thành (2014), *Bảo tàng, di tích - Nơi khơi nguồn cảm hứng dạy và học lịch sử cho học sinh phổ thông*, Nhà xuất bản Giáo dục Việt Nam, Hà Nội.

Nguyễn Quang Lộc - Phạm Thúy Hằng (2009), *Văn Miếu - Quốc Tử Giám, Thăng Long - Hà Nội*, Nhà xuất bản Hà Nội, Hà Nội.

Oscar Salemink (2002), "Sự bảo tồn văn hóa và biểu hiện văn hóa, trong Tính đa dạng văn hóa của Việt Nam - Những tiếp cận về sự bảo tồn", *Kỷ yếu Hội nghị về sự bảo tồn và phát huy di sản phi vật chất của các dân tộc thiểu số ở Việt Nam)*, UNESCO, Trung tâm Khoa học Xã hội và Nhân văn quốc gia, Hà Nội, trang153.

Oscar Salemink (2006), "Một vài suy nghĩ về những người thợ thủ công, nghệ sĩ và trí thức văn hóa trong điều kiện thị trường", *Tạp chí Di sản Văn hóa*, số 3 (16), 2006, trang 53.

Tô Thị Thuý Nga (2020), "Hoạt động văn hóa tại Văn Miếu - Quốc Tử Giám hiện nay", *Tạp chí Văn hoá Nghệ thuật*, số 446.

Unesco (2003). *Công ước về bảo vệ di sản văn hoá phi vật thể.*

▣ 저자 소개

이수환 : 영남대학교 명예교수
김순한 : 영남대학교 민족문화연구소 연구교수
박소희 : 경상국립대학교 경남문화연구원 선임연구원
백지국 : 영남대학교 역사학과 시간강사
윤정식 : 영남대학교 역사학과 객원교수
이광우 : 영남대학교 민족문화연구소 연구교수
이병훈 : 한국국학진흥원 책임연구위원
채광수 : 영남대학교 민족문화연구소 연구교수
류준형 : 영남대학교 역사학과 교수
황혜진 : 영남대학교 역사학과 조교수
웨이통량(魏同亮) : 중국 운남대학교 민족학 및 사회학학원 박사연구생
석달호 : 중국 운남대학교 민족학 및 사회학 박사연구생
쩐득뚱(TrầnĐứcT ùng) : 베트남 사회과학원 연구원
쩐홍항(TrầnHồngHạnh) : 중국 운남대학교 민족학 및 사회학학원 석사연구생

동아시아 서원 문화의 현재적 계승과 활용

초판 인쇄 2025년 11월 14일
초판 발행 2025년 11월 21일

편 자 영남대학교 민족문화연구소

펴낸이 신학태
펴낸곳 도서출판 온샘
등 록 제2018-000042호
주 소 서울시 용산구 한강대로62다길 30, 트라이곤 204호
전 화 (02) 6338-1608 팩스 (02) 6455-1601
이메일 book1608@naver.com

ISBN 979-11-92062-60-0 93910
값 35,000원